書目題跋叢書

藏園群書經眼録

（一）

目録
經部　傅增湘　撰

中華書局

圖書在版編目(CIP)數據

藏園群書經眼録/傅增湘撰. –2版.—北京:中華書局,2009.4(2019.4重印)
(書目題跋叢書)
ISBN 978–7–101–06601–2

Ⅰ.藏… Ⅱ.傅… Ⅲ.古籍–善本–圖書目録–中國 Ⅳ.Z838

中國版本圖書館 CIP 數據核字(2009)第 028612 號

責任編輯:洪 濤 趙 伏

書目題跋叢書

藏園群書經眼録

(全四册)

傅增湘 撰

＊

中 華 書 局 出 版 發 行

(北京市豐臺區太平橋西里 38 號 100073)

http://www.zhbc.com.cn

E-mail:zhbc@zhbc.com.cn

北京瑞古冠中印刷廠印刷

＊

850×1168 毫米 1/32 · 50 印張 · 1000 千字
2009 年 4 月第 1 版 2019 年 4 月北京第 2 次印刷
印數:2001–4000 册 定價:168.00 元

ISBN 978–7–101–06601–2

《書目題跋叢書》出版説明

書目題跋，是讀書的門徑，治學的津梁。

早在漢成帝時，劉向奉詔校經傳、諸子、詩賦，每一書成，“輒條其篇目，撮其指意，録而奏之”（《漢書·藝文志》），並把各篇書録編輯在一起，取名《别録》。這裏所謂的“條其篇目”，就是在廣泛搜集傳本、考證異同的基礎上，確定所録各書的篇目、次序；所謂的“撮其指意”，就是撰寫各書的書録。劉向所撰書録，在内容上應該包括：書名篇目、文本鑒别、文字校勘、著者生平、著述原委、圖書主旨及學術評價等，實際上就是我們今天所説的書目題跋或提要之濫觴。劉向死後，其子劉歆又在《别録》的基礎上，“撮其指要，著爲《七略》”，對後世書目題跋的發展産生了深遠的影響。

此後，隨着圖書事業的日益繁榮，官私藏書的日趨豐富，圖書目録的著録形式也變得多種多樣。在官修目録、史志目録之外，各種類型的私家目録解題也大量涌現。

南朝劉宋時，王儉依劉向《别録》、劉歆《七略》之體，撰成《七志》。《七志》雖無解題或提要，却在每一書名之下，爲撰著者作一小傳，豐富了圖書目録的内容，開創了書目而有作者小傳的先河。梁阮孝緒的《七録》則增撰了解題，繼承了劉向《别録》的傳統，是私家解題的創新之作。唐代的毋煚撰有《古今書録》，其自序云“覽録而知旨，觀目而悉詞”，可知，《古今書録》也應該是書目解題一類的著作。

到宋代，官修《崇文總目》，不僅每類有小序，每書都有論説，而且在史部專列目録一類。這不僅説明圖書目録的高度發展，而且

説明當時對書目題跋的重視,此後的許多官私書目也大都有書目解題或題跋。尤袤的《遂初堂書目》,羅列版刻,兼載版本,爲自來書目之創格。而流傳至今、最爲著名的是晁公武的《郡齋讀書志》。晁公武曾接受井度(字憲孟)的大批贈書,加上自己的收藏,"躬自校讎,疏其大略",撰成《郡齋讀書志》,成爲我國現存最早的私家書目解題或稱書目題跋;稍後的陳振孫(號直齋)利用自己傳録、積累的大量書籍,仿照晁公武《郡齋讀書志》的體例,撰爲《直齋書録解題》,並首次以"書録解題"名其書。晁氏《讀書志》、陳氏《書録解題》是書目解題的傑作,號稱爲宋代私家圖書目録的"雙璧"。《四庫全書總目》評價《書録解題》説:"古書之不傳於今者,得藉是以求其崖略;其傳於今者,得藉是以辨其真僞,核其異同。亦考證之所必資,不可廢也。"(卷八五)

　　到了明代,隨着藏書、刻書事業的發展,私家題跋也日見增多,如徐𤊹的《紅雨樓題跋》、毛晉的《隱湖題跋》,都是當時的名作;又如高儒(自號百川子),所撰《百川書志》,也部分撰有簡明提要。

　　入清以後,由於文禁森嚴,許多文人學者埋頭讀書,研究學問,私人藏書盛況空前,私家解題的撰述也豐富多彩。明末清初,錢曾的《讀書敏求記》,專門收録所藏圖書中的宋、元精刻,記述其授受源流,考訂其繕刻異同及優劣,開啟了以後編輯善本書目的端緒。稍後,黃丕烈的《百宋一廛書録》和《藏書題識》,注重辨別刊刻年代,考訂刊刻粗精,成爲獨闢蹊徑的鑒賞派目録學著作。瞿鏞的《鐵琴銅劍樓藏書目録》每書必載其行款,陳其異同;楊紹和的《楹書隅録》在考核同異,檢校得失的同時,又詳録前人序跋,間附己意。周中孚號鄭堂,其《鄭堂讀書記》仿《四庫全書總目》的體例,著録圖書四千餘種,被譽爲《四庫提要》的"續編"。至於藏書家張金吾,把"宋、元舊槧及鈔帙之有關實學而世鮮傳本者",逐一著明版

式，鈔録序跋，對《四庫全書》不曾收入的圖書，則"略附解題"。陸心源仿照張氏的成規，撰成《皕宋樓藏書志》，專門收録元代以前所撰序跋，"於明初人之罕見者"，亦"間録一二"，陸氏"間有考識，則加'案'字以別之"。上述諸書，既著録了衆多古籍善本，又保存了前人所撰大量序跋，其中，間有著録原書或本人文集不見記載的資料，不僅查閲方便，而且史料價值很高。丁丙的《善本書室藏書志》，既著録明人著作，又留意鄉邦文獻，鑒賞、考證，兼而有之。沈德壽的《抱經樓藏書志》則仿張、陸二氏而作，收録範圍延至清代。繆荃孫的《藝風藏書記》、耿文光的《萬卷精華樓藏書記》也都各有所長。所有這些，都可歸之爲藏書家自撰的書目題跋。

此外，有些藏書家和學者，不是爲編撰書目而是從學術研究入手，邊收集圖書，邊閲讀、研究，遇有讀書心得和見解，隨得隨記，這便是類似讀書札記的書目題跋。清人朱緒曾性嗜讀書，邊讀邊記，日積月累，被整理成《開有益齋讀書志》，其内容皆與徵文考獻有關，被稱爲"方駕晁、陳，殆有過之"。除了藏書家自撰或倩人代撰書目題跋之外，有些學者或藏書家在代人鑒定或借觀他人藏書時，也往往撰有觀書記録或經眼録，有的偏重於記録版本特徵，有的鑒定版本時代，有的則兼及圖書内容、作者行實，這些文字，也可以歸於書目題跋之内。

總之，書目題跋由來久遠，傳承有緒。書目題跋，既可以説它是伴隨圖書目録而産生，又可以説它是圖書目録的一個流派。有書目不一定都有題跋，有題跋也不一定有相同的體例、相同的内容。書目題跋既是一個相當寬泛的概念，又是一種相對靈活的著録形式。不同的撰者有不同的背景、不同的學問專長、不同的價值取向，因此，所撰題跋又各有側重、各有特色，各有其參考價值。與普通圖書目録相比，書目題跋具有更多的内容、更多的信息，更高

的參考價值，對讀者閱讀、研究古籍，也更能發揮其引導作用。一部好的書目題跋，不啻爲一部好的學術著作。而且，近人自撰或編輯他人題識、札記，也往往以“題跋”名書，如陸心源所撰《儀顧堂題跋》、《儀顧堂續跋》，潘祖蔭、繆荃孫等人所編黃丕烈《士禮居藏書題跋記》，吳壽暘所編其父吳騫所撰《拜經樓藏書題跋記》，今人潘景鄭先生所編錢謙益所撰《絳雲樓題跋》，可見，“書目題跋”之稱，已被學者廣泛采用。

有鑒於此，我局於 1990 年出版了《清人書目題跋叢刊》十輯，2006 年又在該叢刊的基礎上，增編爲《宋元明清書目題跋叢刊》十九册，雖說還不够完善，但已爲讀者提供了重要而有價值的參考資料。由於上述叢刊所收書目題跋僅至清代爲止，晚清以來的許多重要書目題跋尚付闕如，而已經收入叢刊的，也有個别遺漏，加之成套影印，卷帙較大，不便於一般讀者參考，於是決定編輯出版這套《書目題跋叢書》。

這套《書目題跋叢書》與上述叢刊不同，以收集晚清以來重要、實用而又稀見的，尤其是不曾刊行的書目題跋爲主，同時適當兼收晚清以前重要題跋專書的整理本或名家增訂本、批注本；以提要式書目和題跋專著爲主，同時適當兼收重要學者和著名藏書家所撰題跋的輯録本；以圖書題跋爲主，同時適當兼收書畫題跋及金石、碑傳題跋。在出版方式上，不采用影印形式，而是按照古籍整理的規範，標點排印，以方便廣大的文史研究者、工作者、愛好者，尤其是年輕的讀者閱讀和使用。

我們希望，這套叢書的出版，能够得到國内外學者的支持和協助，並受到廣大讀者的歡迎。

中華書局編輯部
2007 年 10 月

藏園羣書經眼録整理説明

　　先祖藏園先生畢生致力於目録、版本、校勘之學，所藏近二十萬卷古籍中，手自校勘的有一萬六千餘卷，撰有題跋五百餘篇，校記若干種。平生所見各書更不止數十萬卷，大都擇優做了記録。本書就是根據這些觀書和藏書記録手稿整理而成的。

　　先祖逐年南北訪書時，必携帶筆記和一部莫友芝撰《邵亭知見傳本書目》。所見善本詳記在筆記上，題名爲《藏園瞥録》或《藏園經眼録》。又把各書行欵牌記序跋摘要記在《書目》上，以便檢索核對，題名爲《雙鑑樓主人補記邵亭知見傳本書目》。數十年來，《瞥録》積至四十餘册，《書目》也批注殆滿。十餘年前，《瞥録》小有散佚，現在尚存三十八册。

　　現存三十八册手稿中，有二十九册記所見北京圖書館、江南圖書館、故宮圖書館、上海商務印書館的涵芬樓以及近代國内著名藏書家如瞿氏鐵琴銅劍樓、楊氏海源閣、盧氏抱經樓、潘氏滂喜齋、長白盛昱、宜都楊守敬、江陰繆荃孫、嘉興沈曾植、德化李盛鐸、南陵徐乃昌、烏程蔣汝藻、上虞羅振玉、海鹽張元濟、江寧鄧邦述、臨清徐坊、吳縣顧麟士、吳興張鈞衡、武進陶湘、蕭山朱文鈞、溧陽張允亮、吳興劉承幹、寶應劉啟瑞、項城袁克文、南海潘宗周、至德周暹諸家所藏精品。歷年在北京、天津、上海、蘇州、南京、揚州、杭州、寧波等地於書肆所見，也擇優入録。另二册是一九二九年秋赴日本觀書的記録，包括日本宮内省圖書寮、内閣文庫、岩崎氏静嘉堂（卽吳興陸心源皕宋樓舊藏）、内藤氏

恭仁山莊、前田氏尊經閣和西京諸古刹所藏善本。别有七册記自藏部分善本。通計三十八册中録書五千種，近代流傳的重要善本基本包括在内。這些書除少數流散國外，絶大部分分别收藏在全國各圖書館和文物管理部門。所以這部記録是了解近代所存善本概貌和流傳、佚存情況的重要史料。所論各書的特點、淵源、優劣都出於數十年觀書經驗與校勘心得，對於今天鑑别和整理善本古籍也仍有參考價值。

熹年謹以這三十八册《瞥録》爲主，參考其他撰述和札記手稿等，整理成此書，計經部二卷，史部四卷，子部五卷，集部八卷，共十九卷，又在前面增編總目一卷。全書收録各種善本約四千五百種，共百餘萬言，定名爲《藏園羣書經眼録》。現將整理工作説明如下：

一、原稿前後三十餘年積累而成，先祖晚年曾準備手自裁定，統一體例，編成問世，因病未能實現。先祖病中，先父晉生先生根據先祖指授，對全稿需要訂正處做了記録或標誌，可惜近年也已散佚。這次整理時，只能就記憶所及，參照日記、札記、題跋、識語和《補記邵亭書目》等手稿，儘可能按先祖晚年的意見加以訂正。無依據的一仍其舊，不敢妄改。所以在這個整理稿中已經不可能把先祖晚年的改訂意見無遺地反映出來了。

二、原稿據所見先後入録，現依四庫分類，並參考《北京圖書館善本書目》、《北京大學圖書館藏李氏書目》和上海圖書館、江蘇省圖書館的書目編定。

三、同一書有不同版本、寫本和校本的，先刊本，後寫本，校本隨所用的底本，各按時代順序排列。個别有朝鮮、日本等外國刊本、寫本的，附在該書各本之後。

四、原稿中頗有同一書同一版本前後記録過幾部的。因爲宋、元和明前期的刊本傳世很少，在整理時以明正德劃界。明正德以前的刊本，重複的也一併收入，條文中重複部分酌爲删減，主要記序跋題識和

收藏印記等不同部分。明嘉靖以後刊本重複的只收一部,各條詳略不同可以互補的併爲一條。

五、整理時爲劃一體例,在力求保持原文的原則下,酌量做必要的技術性調整,大體有下面幾種情況:

1　各條内容絶大多數是:前標書名卷數,其下小字記作者和存卷;正文首時代、版本、版式、本書序跋、刻書牌記,次後人題識,次收藏印記,最後是作者的鑑定意見或評論,都各自爲段;照録原書序跋或後人題識全文的低一格另起;收藏者和獲觀該書的時間地點以小字附在本條末行之尾。整理時凡作者鑑定或評論都在前面加一"按"字,以資區別;對一部分順序不一致的條文,在不改原文的原則下,前後段落調動,使歸一致;也有些條的寫法是先泛稱某朝刊本、寫本,甚至照録原標錯誤名稱,再在按語中加以考辨,這類條文即不加變動,以保持按語的完整。

2　原稿有的書名寫得比較簡略,有的卷數只記存卷,有的著者失記或稱字和別號,整理時都儘量爲補足全名全卷。

3　各書有刻書牌記的,如原稿按原式記録,也按原式(或改竪排为横排)提行另起;如原稿僅爲録文,則加引號後接排。原稿所記印章不論是依原式還是録文,爲便於印刷,都改爲接排,而各註明印文之朱白於下。

4　原稿各條末尾多記收藏者和觀書的時間地點,一部分失記的儘可能根據日記所載補入;日記也失載的,據其前後條推定記録的年代,補記干支於末。

5　原稿中記題識者和收藏者時,多有記其字或別號的。整理時儘可能以小字補其名於後。近人中之以字行者則不一一補入。

6　原稿中所用術語不盡統一:如版式中的行數都是指半葉,但文中有的標明,有的没有標明;邊闌有四周單闌、上下單闌左右雙闌和四

周雙闌三種，文中有時把四周單闌略稱爲「單闌」，左右雙闌略稱爲「雙闌」；寫本中，清代以前寫本都標出朝代，凡稱「舊寫本」的，一律指清寫本，但也有標明爲「清寫本」的；寫本的行格，墨格有時又稱「烏絲闌」，紅格有時又稱「朱絲闌」。這類情況頗多，未能盡改，特作説明。文中一部分宋刊本記有板框尺寸，因爲不是一時所記，所用尺長是否一致已無法核對，只能一仍其舊，僅供參考。

　　熹年學識淺陋，於此道拋荒已久，在整理、分類和編排工作上難免有不妥和錯誤之處，敬希讀者批評指正。

　　最後，要向中華書局編輯部的同志們致謝，由於他們的辛勤努力，本書才有和讀者見面的機會。

一九八〇年春傅熹年謹記

目　録

卷一　經部一

總　類

八經十卷　宋刊白文無注本　存易、詩、書、周禮、禮記、孝經、論語、孟子，
　　計八種 …………………………………………………………………………（1）

九經　明刊白文無注本 ………………………………………………………………（2）

足利本七經　日本足立學校活字印本　周易十卷、尚書十三卷、毛詩二
　　十卷、禮記二十卷、春秋經傳集解三十卷、論語十卷、孟子十四卷 …………（2）

十三經注疏　明末毛氏汲古閣刊本　清金鳳翔手校 ……………………………（3）

十三經注疏　明末毛氏汲古閣刊本　清焦循手批 ………………………………（5）

易　類

周易四卷　明弘治丙辰莊澤刊白文無注本 ………………………………………（7）

周易鄭康成注　元至元六年慶元路儒學刊本 ……………………………………（7）

鄭氏周易注三卷　舊寫本 ……………………………………………………………（7）

周易注十卷　日本足立學校活字印本 ……………………………………………（7）

周易注九卷　略例注一卷　宋撫州公使庫刊遞修本 ……………………………（7）

周易略例注一卷　明寫本 ……………………………………………………………（7）

周易正義十四卷　宋紹興十五至二十一年間臨安府刊本 ………………………（7）

周易注疏十三卷　宋兩浙東路茶鹽司刊宋元遞修本　缺首卷　陳鱣跋 ……（8）

周易正義九卷釋文一卷　明永樂二年刊本 ………………………………………（8）

魁本大字詳音句讀周易上下卷　元至正十二年梅隱書堂刊本 ………………（9）

易傳集解十七卷　略例註一卷　明嘉靖三十六年朱睦㮮聚樂堂刊本 …（9）

周易李氏集解十七卷　明寫本　存卷十 ……………………………（9）

周易口訣義六卷　清袁氏貞節堂寫本 ……………………………（9）

東坡易傳九卷　明宣德寫本 …………………………………………（9）

蘇氏易解八卷　明萬曆二十二年陳所蘊冰玉堂刊本 ………………（9）

東坡先生易解八卷　舊寫本 …………………………………………（9）

晦庵先生校正伊川易傳□卷　宋刊本 ……………………………（10）

周易本義經二卷傳十卷　宋刊本　象上下傳二卷抄配 ……………（10）

周易本義上下經二卷傳十卷　宋咸淳元年吳革刊本　象上下傳、象

　上下卷抄配 ………………………………………………………（10）

周易本義五卷圖説一卷五贊一卷　明正德十六年袁州府仰韓堂刊本 …（10）

周易本義啟蒙翼傳三卷外篇一卷　明刊本 ………………………（11）

程朱二先生周易傳義十卷　元延祐元年翠巖精舍刊本 ……………（11）

程朱二先生周易經傳十二卷　元刊本 ……………………………（12）

周易程朱先生傳義附録二十卷程子上下篇義一卷朱子易圖

　説一卷周易五贊一卷筮儀一卷　元延祐二年圓沙書院刊本 ……（12）

周易程朱先生傳義附録二十卷程子上下篇義一卷朱子易圖

　説一卷周易五贊一卷筮儀一卷　元至正二年居敬書堂刊本 ……（12）

周易程朱傳義十五卷，附録繫辭二卷　元至正九年廬陵竹坪書堂

　刊本 ………………………………………………………………（12）

周易程朱先生傳義十五卷　明刊本 ………………………………（12）

周易傳義附録十四卷　元刊本 ……………………………………（12）

周易義海撮要　舊寫本 ……………………………………………（12）

張先生校正楊寶學易傳二十卷　明嘉靖二十三年魯藩刊本 ………（13）

張先生校正楊寶學易傳二十卷　明寫本 …………………………（13）

大易粹言十卷總論三卷　宋建安劉叔剛宅刊本　韓應陛跋 ………（13）

周易集義六十四卷　宋刊本　存四十七卷 ………………………（13）

周易要義十卷　宋淳祐十二年魏克愚刊本　存六卷 ……………………（14）

周易經義三卷　舊寫本　吳翌鳳、吳騫跋 …………………………（14）

周易集説四十卷　元刊本　存下經一卷 ……………………………（15）

易纂言外翼十二卷　元刊本 ………………………………………（15）

大易象數鈎深圖三卷　明寫本 ……………………………………（15）

周易經傳集程朱解附録纂註十四卷　元刊本 ………………………（15）

大易鈎玄三卷　舊寫本 ……………………………………………（15）

直音旁訓周易注解十卷　元泰定三年敏德書堂刊本 ………………（16）

直音旁訓周易句解八卷　清安樂齋寫本 …………………………（16）

玩易意見二卷　舊寫本 ……………………………………………（16）

涇野先生周易説翼三卷　舊寫本 …………………………………（16）

周易象旨決録七卷　明嘉靖四十一年熊迴刊本 ……………………（16）

學易記五卷　明雲門書屋寫本 ……………………………………（17）

今文周易演義十二卷　明刊本　缺卷五、六 ………………………（17）

周易象通八卷　明刊本 ……………………………………………（17）

周易圖三卷　明寫本 ………………………………………………（17）

易測十卷　舊寫本　四庫底本 ……………………………………（17）

陳氏易説□卷　舊寫本 ……………………………………………（18）

周易觀象補義略十六本　稿本　戴光曾跋 …………………………（18）

古易音訓二卷　清刊本 ……………………………………………（18）

古三墳書三卷　宋紹興十七年婺州州學刊本　元陸元通題識 ………（19）

周易乾鑿度注二卷　清雅雨堂叢書本 ……………………………（20）

書　類

書經一卷　明刊白文本 ……………………………………………（20）

書經六卷　明弘治丙辰莊襗刊白文本 ……………………………（20）

尚書傳十三卷　宋刊本 ……………………………………………（20）

尚書傳十三卷　附音釋　宋刊巾箱本 ……………………………（20）

尚書傳十三卷　日本足利學校活字印本 …………………………（20）

尚書孔氏傳十三卷　日本古活字本 ………………………………（20）

古文尚書十三卷　日本古寫本 ……………………………………（21）

婺本點校重言重意互注尚書十三卷　宋刊巾箱本 ………………（21）

監本纂圖重言重意互注點校尚書十三卷　宋刊本 ………………（21）

尚書正義二十卷　宋刊本 …………………………………………（21）

尚書注疏二十卷新雕尚書纂圖一卷　金刊本　卷三至六鈔配 …（22）

尚書注疏二十卷　覆刻金刊本　存卷十八，計一卷 ……………（22）

尚書注疏二十卷　明永樂刊本 ……………………………………（23）

附釋文尚書注疏二十卷　宋建安魏縣尉宅刊本 …………………（23）

附釋音尚書注疏二十卷　元刊本 …………………………………（23）

附釋音尚書注疏二十卷　元刊本 …………………………………（24）

尚書注疏二十卷　元刊本 …………………………………………（24）

三山拙齋林先生尚書全解四十卷　舊寫本　缺五卷 ……………（24）

禹貢山川地里圖上下卷　宋刊本 …………………………………（24）

禹貢論二卷　地理圖二卷　影寫宋刊本　存二卷 ………………（24）

尚書説七卷　明萬曆刊本 …………………………………………（24）

朱文公訂正門人蔡九峯書集傳六卷書傳問答一卷　宋淳祐十
　年呂遇龍上饒郡學刊本 …………………………………………（25）

書集傳殘本　宋元間刊本　存卷第四 ……………………………（25）

書蔡氏傳旁通六卷　元刊本 ………………………………………（25）

尚書表注上下卷　宋元間刊本　周春跋 …………………………（25）

書集傳輯録纂註六卷又一卷朱子説書綱領輯録一卷　元延祐
　五年建安余氏勤有堂刊本 ………………………………………（26）

書集傳輯録纂註六卷　元延祐五年建安余氏勤有堂刊本 ……………（26）

尚書通考十卷　元至正刊本　卷一缺葉、卷四不缺 …………………（26）

尚書通考十卷　元至正刊本　卷一、卷四均有缺葉 …………………（26）

科塲備用書義斷法六卷　元刊本 ………………………………………（26）

書集傳音釋六卷　元至正五年虞氏明復齋刊本 ………………………（26）

尚書纂傳四十六卷　清影寫元刊本　存十六卷 ………………………（27）

古書世學六卷　明寫本 …………………………………………………（27）

尚書大傳四卷　清愛日草廬刊本　龔橙、莫棠識語 …………………（27）

尚書大傳註四卷補一卷　清惠棟紅豆齋寫本　翁方綱校 ……………（27）

詩　類

毛詩四卷　宋刊本　旁加音訓 …………………………………………（28）

會通館校正音釋詩經二十卷　明弘治十年華燧會通館活字印本 ……（28）

韓詩外傳十卷　明嘉靖十八年薛來芙蓉泉書屋刊本 …………………（28）

韓詩外傳校正十卷附拾遺一卷　清乾隆五十六年周氏營道堂刊本 ……（28）

韓魯齊三家詩考六卷　元刊本 …………………………………………（28）

毛詩鄭箋二十卷附纂疏　明玄覽堂刊本 ………………………………（29）

毛詩鄭氏箋二十卷　日本古活字本 ……………………………………（29）

毛詩正義四十四卷　宋紹興九年紹興府刊本　存三十三卷 …………（29）

毛詩詁訓傳二十卷　宋刊本　查慎行、顧廣圻跋　吳榮光觀欵　存三卷 …（30）

監本纂圖重言重意互注點校毛詩二十卷圖譜一卷　宋刊本

　　卷五至七鈔配 ………………………………………………………（30）

附音釋毛詩注疏二十卷　元刊本　存十二卷 …………………………（31）

毛詩名物解二十卷　宋刊本 ……………………………………………（31）

毛詩名物解二十卷　舊寫本 ……………………………………………（31）

李迂仲黃實夫毛詩集解四十二卷　舊寫本　存卷一至十八 …………（31）

詩集傳二十卷　宋刊本 ……………………………………………………（32）

詩集傳音釋十卷　明刊本 …………………………………………………（32）

詩集傳名物鈔音釋纂輯二十卷　元至正十四年餘慶書堂刊本 ………（32）

詩集傳音考二十卷　元刊本 ………………………………………………（32）

詩集傳通釋二十卷　元至正十二年日新書堂刊本 ……………………（33）

詩集傳通釋二十卷綱領一卷外綱領一卷　元至正十二年日新書

　堂刊本 ………………………………………………………………………（33）

呂氏家塾讀詩記三十二卷　宋刊本　二本合配 ………………………（33）

詩説十二卷總説一卷　宋刊本　明吳寬、錢同愛識語　缺二卷 ………（34）

詩地理考六卷　元刊本 ……………………………………………………（34）

詩經疏義會通二十卷　明嘉靖二年安正書堂刊本　唐翰題跋 ………（34）

詩經旁訓　元刊本 …………………………………………………………（35）

詩意　明寫本　存一冊 ……………………………………………………（35）

毛鄭詩考正四卷首一卷　清寫本　吳騫批校 …………………………（35）

毛詩名物解　焦循手稿 ……………………………………………………（35）

詩比興箋四卷　清刊本　龔橙跋 …………………………………………（36）

詩小序翼二十六卷　清寫本 ………………………………………………（36）

禮　類

周禮注十二卷　宋婺州市門巷唐宅刊本　存卷一至六，餘配另一宋刊本 …（36）

周禮注十二卷　宋蜀大字本　存二卷 ……………………………………（37）

周禮註十二卷　宋岳氏家塾刊本　存四卷 ………………………………（37）

周禮注十二卷　明嘉靖徐氏刊本　錢聽默、黃丕烈、陸損之校 ………（38）

周禮注十二卷　附音釋　明刊本 …………………………………………（38）

周禮注六卷　附音釋　明刊本 ……………………………………………（38）

周禮注十二卷　附釋文　宋刊本　存二卷 ………………………………（38）

纂圖互註周禮十二卷圖説二十七葉　宋刊本 …………………（38）

纂圖互注重言重意周禮十二卷　宋刊本 ……………………（38）

周禮注十二卷　宋刊巾箱本　存五卷………………………（39）

京本點校附音重言重意互注周禮　明刊本 …………………（39）

周禮疏五十卷　宋刊元明遞修本　存二十七卷……………（39）

周禮疏五十卷　宋刊元修本 …………………………………（39）

周禮註疏四十二卷　明嘉靖應檟刊本 ………………………（39）

虞齋考工記解上下卷　宋刊本　查慎行跋 …………………（40）

周禮五卷冬官補亡一卷　明李綱刊本 ………………………（40）

周禮傳五卷翼傳二卷圖説二卷　明嘉靖四十二年吳鳳瑞刊本 …（40）

讀禮疑圖六卷　明刊本　存四卷 ……………………………（40）

周官析疑　舊寫本 ……………………………………………（41）

以上周禮

儀禮十七卷　宋元間刊本 ……………………………………（41）

儀禮注十七卷　明嘉靖本 ……………………………………（41）

儀禮注十七卷　明嘉靖徐氏刊本 ……………………………（41）

儀禮注疏十七卷　明正德十六年陳鳳梧刊本 ………………（41）

儀禮十七卷儀禮圖十七卷旁通圖一卷　元刊明修本 ………（41）

儀禮圖十七卷　元刊本 ………………………………………（42）

儀禮要義五十卷　宋刊本 ……………………………………（42）

儀禮集説十七卷　元刊本 ……………………………………（42）

儀禮鄭注句讀十七卷　清寫本　張敦仁跋 …………………（42）

雙峰先生内外服制通釋九卷　舊寫本　存卷一至八………（43）

以上儀禮

禮記三卷　明刊本 ……………………………………………（43）

禮記三卷　明嘉靖三十一年翁溥刊五經白文本 ……………（43）

禮記注二十卷　宋淳熙四年撫州公使庫刊本　顧廣圻跋 …………（43）

禮記注二十卷　宋義烏酥溪蔣宅崇知齋刊本　存五卷 …………（43）

禮記注二十卷　日本古活字本 ……………………………………（43）

禮記注二十卷　日本慶長間足利學校活字印本 …………………（44）

禮記注二十卷　宋刊本 ……………………………………………（44）

纂圖互註禮記二十卷舉要圖一卷　宋刊本　尤侗、林佶、錢天樹、張

　蓉鏡等跋 …………………………………………………………（44）

纂圖互注禮記二十卷舉要圖一卷　宋刊本 ………………………（44）

監本纂圖重言重意互注禮記二十卷　宋刊本　楊守敬跋 ………（45）

禮記正義七十卷　宋紹熙三年浙東茶鹽司刊本　惠棟跋 ………（46）

禮記注疏六十三卷　清武英殿本　孔繼涵據宋本校並跋 ………（46）

禮記集説一百六十卷　影寫宋刊本 ………………………………（47）

禮記集説一百六十卷　清精寫本 …………………………………（47）

禮記要義三十三卷　宋淳祐十二年魏克愚刊本　存三十一卷 …（47）

禮記集説十六卷　元刊本 …………………………………………（47）

禮記集説十六卷　明初刊本 ………………………………………（48）

禮記集説三十卷　明刊本 …………………………………………（48）

大戴禮記注十三卷　元至正十四年嘉興路儒學刊本　嵇承謙校 ………（48）

大戴禮記注十三卷　明嘉靖十二年袁裦嘉趣堂刊本 ……………（48）

大戴禮記八十一篇　明刊本　有前人批點，號稱徐渭 …………（48）

大戴禮記注十三卷　明刊本 ………………………………………（49）

大戴禮記注十三卷　王念孫録戴震、汪中校本 …………………（49）

大戴禮記注十三卷　清雅雨堂叢書本　汪叔辰校 ………………（49）

大戴禮記補注十三卷　清嘉慶五年巽軒叢書本　龔橙跋 ………（49）

大戴禮曾子義疏十卷　清寫本 ……………………………………（49）

夏小正解一卷　明刊本 ……………………………………………（50）

夏小正經傳考三卷　舊寫本　孫星衍校　…………………………（50）

以上禮記

析城鄭氏家塾重校三禮圖集注二十卷　蒙古定宗二年刊本　………（50）

三禮考注六十四卷　明成化九年謝士元刊本　……………………（50）

五服圖解一卷　元至治刊本　黃丕烈跋　……………………………（51）

以上三禮總義

儀禮經傳通解三十七卷續二十九卷　宋嘉定十年南康道院刊本　……（51）

儀禮經傳通解殘本　宋刊本　存中庸說　………………………………（52）

儀禮經傳通解三十七卷續二十九卷　元翻宋本　……………………（52）

儀禮經傳通解三十七卷續二十九卷　明正嘉間刊本　………………（52）

以上通禮

司馬氏書儀十卷　清雍正元年汪亮采刊本　孫星衍據宋本校　………（52）

家禮五卷附錄一卷　宋刊本　卷一至三影寫補完　……………………（52）

文公家禮集註十卷　元刊本　存三卷　…………………………………（52）

文公家禮儀節八卷　明正德十三年常州府刊本　……………………（53）

家禮集說不分卷　明刊本　………………………………………………（53）

以上雜禮書

春 秋 類

新刊左氏舊文十六卷　明刊白文本　……………………………………（53）

春秋經傳集解三十卷　宋撫州公使庫刊本　存卷一、二，計二卷　李

盛鐸跋　……………………………………………………………（53）

春秋經傳集解三十卷　宋嘉定九年興國軍刊遞修本　鈔配七卷　………（54）

春秋經傳集解三十卷　宋嘉定九年興國軍刊遞修本　存十五卷　………（56）

春秋經傳集解三十卷　日本翻宋興國軍本　………………………………（56）

春秋經傳集解三十卷　日本古活字印本　…………………………………（56）

春秋經傳集解三十卷　日本慶長間足利學校活字印本 ……………（56）

春秋經傳集解三十卷　宋蜀大字本 ………………………………（56）

春秋經傳集解三十卷　宋鶴林于氏家塾棲雲閣刊本　缺卷十，存二十

九卷 ………………………………………………………………（57）

春秋經傳集解三十卷　宋鶴林于氏家塾棲雲閣刊本　存四卷 ……（57）

春秋經傳集解三十卷　宋刊巾箱本 ………………………………（57）

春秋經傳集解三十卷　宋潯府劉氏家塾刊本 ……………………（57）

纂圖互註春秋經傳集解三十卷　宋龍山書院刊本 ………………（58）

春秋經傳集解三十卷　宋岳氏荆谿家塾刊本　存卷十六至三十，餘明

本配 ………………………………………………………………（58）

春秋經傳集解三十卷　宋岳氏荆谿家塾刊本　存一卷 …………（58）

春秋經傳集解三十卷　明嘉靖翻岳氏本 …………………………（59）

春秋經傳集解三十卷春秋名號歸一圖二卷　明翻宋阮氏種德堂

刊本 ………………………………………………………………（59）

春秋經傳集解三十卷　明翻宋阮氏種德堂刊本 …………………（60）

春秋左傳三十卷　清張穆手寫本 …………………………………（60）

春秋左傳正義三十六卷　宋刊本 …………………………………（60）

附釋音春秋左傳註疏六十卷　元刊明補本 ………………………（61）

春秋左傳注疏六十卷　明末汲古閣刊本　惠棟校並跋 …………（61）

春秋公羊傳二十卷春秋穀梁傳十二卷　明嘉靖張鳳翼刊白文本 ……（61）

春秋公羊經傳解詁十二卷　宋撫州公使庫刊本 …………………（61）

春秋公羊釋文一卷　宋撫州公使庫刊本 …………………………（62）

春秋公羊經傳解詁十二卷　宋紹熙二年余仁仲萬卷堂刊本 ……（62）

監本附音春秋公羊註疏二十八卷　元刊明補本 …………………（62）

春秋公羊傳註疏二十八卷　元刊明補本 …………………………（62）

春秋公羊註疏二十八卷　明末汲古閣刊本　姚士鈺校 …………（63）

監本附音春秋穀梁註疏二十卷　元刊本　………………………（63）

監本附音春秋穀梁註疏二十卷　元刊明修本　王蕘鈴跋　………（63）

監本附音春秋穀梁註疏二十卷　元刊本　………………………（64）

春秋穀梁註疏二十卷　明末汲古閣刊本　姚世鈺校　……………（64）

春秋集傳纂例十卷　明刊本　……………………………………（64）

春秋名號歸一圖二卷　春秋二十國年表一卷　春秋圖説一

卷　宋刊本　………………………………………………（65）

春秋權衡十七卷　舊寫本　………………………………………（65）

春秋權衡十七卷　舊寫本　………………………………………（65）

春秋會義四十卷　清四庫館寫本　鄒道沂跋　…………………（65）

春秋五禮例宗十卷　宋刊本　存七卷　…………………………（66）

春秋五禮例宗十卷　舊寫本　吳騫跋　存七卷　………………（67）

春秋五禮例宗十卷　舊寫本　存七卷　…………………………（67）

春秋五禮例宗十卷　清王誦義寫本　……………………………（67）

春秋傳三十卷　宋刊本　…………………………………………（67）

春秋傳三十卷　宋乾道四年刊慶元五年修補本　………………（68）

春秋胡氏傳三十卷　元刊本　……………………………………（68）

東萊先生左氏博議句解十六卷　元刊本　………………………（68）

詳註東萊先生左氏博議二十五卷　明刊巾箱本　存十一卷　……（68）

春秋集傳二十六卷綱領一卷　舊寫本　孫原湘跋　缺七卷　……（68）

春秋集傳二十六卷綱領一卷　明刊本　…………………………（68）

春秋集註十一卷綱領一卷　宋端平二年臨江軍刊本　…………（69）

春秋五論一卷　明隆慶元年姚咨手寫本　………………………（69）

春秋五論一卷　明寫本　…………………………………………（69）

春秋經左氏傳句解七十卷　元刊本　存二卷　…………………（69）

音註全文春秋括例始末左傳句讀直解七十卷　元刊本　卷三以

　　下行欵改易 ·· (69)

音註全文春秋括例始末左傳句讀直解七十卷　元刊本 ········· (69)

林堯叟音注全文春秋括例始末左傳句讀直解七十卷　日本舊

刊本 ··· (70)

春秋諸國統紀六卷　元延祐七年刊本 ······················· (70)

春秋諸傳會通二十四卷　元至正十一年虞氏明復齋刊本　王蓮涇跋 ··· (70)

春秋諸傳會通二十四卷　元至正十一年虞氏明復齋刊本 ······· (71)

春秋諸傳會通二十四卷　元至正十一年虞氏明復齋刊本 ······· (71)

春秋屬辭十五卷　元至正商山義塾刊本 ····················· (71)

春秋胡氏傳纂疏三十卷　元至正八年劉叔簡日新堂刊本 ······· (71)

春秋胡氏傳纂疏三十卷　元至正八年劉叔簡日新堂刊本 ······· (71)

春秋胡氏傳纂疏三十卷　元至正八年劉叔簡日新堂刊本 ······· (72)

春秋胡氏傳纂疏三十卷　元至正八年劉叔簡日新堂刊本　存十三卷 ··· (72)

春秋集傳大全三十七卷　明刊本 ··························· (72)

春秋世學三十二卷　明寫本 ······························· (72)

春秋諸傳辨疑四卷　清初寫本 ····························· (72)

春秋左傳屬事二十卷　明萬曆十三年日殖齋刊本 ············· (72)

左傳註解辨誤二卷　明萬曆十一年日殖齋刊本 ··············· (72)

春秋續義纂要發微七卷　舊寫本 ··························· (73)

春秋傳注三十六卷　舊寫本　朱彝尊題識　缺三卷 ··········· (73)

春秋取義測十二卷　清刊本 ······························· (74)

春秋長曆一卷　清孔氏微波樹刊本 ························· (74)

魯史零言三十卷　朝鮮古刊本 ····························· (74)

春秋繁露十七卷　明正德十一年華堅蘭雪堂活字印本 ········· (74)

春秋繁露十七卷　明刊本 ································· (74)

春秋繁露十七卷　明刊本　馮武跋 ························· (74)

春秋繁露十七卷　明刊本　孔繼涵校 ……………………………（75）

孝 經 類

古文孝經一卷　日本嵩山房翻刊本 …………………………………（75）

孝經注一卷　宋刊本 …………………………………………………（75）

孝經註一卷　宋刊本 …………………………………………………（75）

孝經注一卷　明翻宋本 ………………………………………………（76）

孝經正義三卷　宋刊本 ………………………………………………（76）

卷二　經部二

四 書 類

四書白文　元刊本 ……………………………………………………（77）

論語二十卷孟子十四卷　元盱郡覆刻宋廖氏世綵堂刊本 …………（77）

論語集解十卷　日本天文癸巳刊本　楊守敬跋 ……………………（77）

論語集解十卷　日本足利學校活字印本 ……………………………（78）

論語集解十卷　精寫本 ………………………………………………（78）

論語集解義疏十卷　清王亶望刊本　吳騫校 ………………………（78）

論語義疏十卷　日本室町時代寫本 …………………………………（78）

論語義疏十卷　日本舊寫本 …………………………………………（79）

論語註疏十卷　宋蜀中刊大字本 ……………………………………（79）

魁本大字詳音句讀孟子二卷　元廣陽羅氏刊本 ……………………（79）

孟子注十四卷　日本慶長間足利學校活字印本 ……………………（79）

孟子注疏解經十四卷　宋刊本 ………………………………………（79）

孟子注疏解經十四卷　宋刊本　存卷三四上下 ……………………（80）

孟子註疏解經十四卷　宋刊本　存卷十三、十四上下 ……………………（80）

孟子注疏解經十四卷　明吳寬家叢書堂寫本　黃丕烈跋 …………………（80）

孟子音義二卷　清初影寫宋刊本 …………………………………………（80）

新刊唐昌黎先生論語筆解十卷　宋蜀刻本 ………………………………（81）

重廣陳用之真本入經論語全解義十卷　明寫本　吳騫校 …………………（81）

尹和靖論語解不分卷　明祁氏淡生堂寫本 ………………………………（81）

中庸説一卷　宋刊本 ………………………………………………………（81）

四書集註二十八卷　宋刊本 ………………………………………………（81）

四書集注二十八卷　宋刊本 ………………………………………………（82）

孟子集注十四卷　宋刊本　存卷七至十 …………………………………（82）

孟子集注十四卷　宋刊本　存十卷 ………………………………………（82）

四書章句集註二十六卷附考證四卷句讀一卷　清璜川吳氏刊本 …（82）

論語纂疏十卷　宋刊本 ……………………………………………………（82）

四書纂疏二十六卷　元刊本 ………………………………………………（83）

四書箋義纂要十二卷紀遺一卷　清初毛氏汲古閣影寫元刊本 …………（83）

論語集注十卷孟子集注七卷大學章句一卷或問一卷中庸章

　句一卷或問一卷　明刊本 ………………………………………………（83）

讀四書叢説八卷　舊寫本 …………………………………………………（83）

孟子通十四卷附孟子集註通證二卷　元刊本 ……………………………（83）

四書集義精要三十六卷　元至順元年江南行省官刊本 …………………（84）

四書經疑問對八卷　元至正十一年建安同文堂刊本 ……………………（85）

新編待問集四書疑節十二卷　舊寫本 ……………………………………（85）

重訂四書輯釋四十卷　明正統八年刊本 …………………………………（85）

孟子師説七卷　舊寫本 ……………………………………………………（85）

孟子私淑錄三卷　舊寫本 …………………………………………………（86）

論語雅言□卷　傳抄稿本 …………………………………………………（86）

樂　類

樂書二百卷目録二十卷　元至正七年福州路儒學刊本　序目卷一至

　三鈔配 ·· (86)

樂典三十六卷　鄭寒村家刊本 ·················· (86)

樂述三卷　精寫本 ·································· (86)

律吕新義四卷　舊寫本 ···························· (87)

吹豳録五十卷　清寫本 ···························· (87)

羣經總義類

鄭志三卷　清武英殿聚珍版書本　吳騫、陳鱣校　唐翰題題籤 ·········· (87)

經典釋文三十卷　宋淳熙四年撫州公使庫刊遞修本　存禮記釋文四卷

　曹元忠跋 ·· (87)

經典釋文三十卷　宋刊本 ·························· (89)

經典釋文三十卷　影寫宋刊本　朱錫庚跋 ······ (90)

經典釋文三十卷　清通志堂刊本　盧文弨校　存二卷 ·········· (91)

經典釋文三十卷　清通志堂經解本　臧鏞堂校並録葉萬、段玉裁跋 ····· (91)

經典釋文三十卷　清通志堂經解本　顧之逵校並録惠棟、段玉裁校及跋 ··· (92)

經典釋文三十卷　清通志堂經解本　袁清賀録顧之逵、江沅、管慶祺校

　及跋 ·· (93)

公是先生七經小傳三卷　宋刊本 ················ (94)

六經圖殘本　宋刊本　清朱嘉勤跋　存九十五葉 ·········· (95)

相臺書塾刊正九經三傳沿革例一卷　舊寫本 ·············· (95)

相臺書塾刊正九經三傳沿革例一卷　清鮑氏困學齋寫本　鮑廷博

　手校 ·· (95)

豫章熊先生家集七卷　舊寫本　彭元瑞跋 ·············· (96)

新編十一經問對五卷　元刊本　李文田跋　…………………（96）

新編十一經問對五卷　舊寫本　盧文弨、嚴元照校並跋　………（97）

五經同異三卷　清寫本　朱錫庚跋　…………………………（98）

駁五經異義一卷補遺一卷箴膏肓一卷起廢疾一卷發墨守一

　卷　舊寫本　翁方綱校　……………………………………（98）

古微書三十六卷　舊寫本　…………………………………（99）

書古微四卷　清何紹基手寫本　……………………………（99）

唐石經考異　舊寫本　………………………………………（99）

小 學 類

爾雅三卷附音釋　宋刊本　顧廣圻跋　………………………（99）

爾雅注三卷　宋刊大字本　…………………………………（99）

爾雅注三卷　元刊本　………………………………………（99）

爾雅注三卷　明景泰刊本　…………………………………（100）

爾雅注三卷　明刊本　張步瀛跋　…………………………（100）

爾雅注三卷　明嘉靖十七年吳元恭刊本　…………………（100）

爾雅注三卷　明嘉靖十七年吳元恭刊本　何友仲校　朱錫庚跋…………（100）

爾雅注三卷　明刊本　………………………………………（101）

爾雅注三卷　清刊本　………………………………………（101）

爾雅註三卷音釋三卷　明刊本　竇孝劼跋　………………（101）

爾雅注三卷音釋三卷　明刊本　……………………………（101）

爾雅註三卷音釋三卷　明萬曆間刊本　……………………（101）

新刊注釋爾雅三卷　明正嘉間刊本　………………………（101）

爾雅疏十卷　宋刊遞修本　…………………………………（102）

爾雅疏十卷　宋刊遞修本　存卷五至七　…………………（102）

爾雅疏十卷　宋刊遞修本　…………………………………（102）

爾雅注疏十一卷　元刊本　存卷第一 ……………………………（102）

爾雅注疏十一卷　元刊明修本 ……………………………………（103）

爾雅註疏十一卷　清武英殿本　孔繼涵據元本校 ………………（103）

爾雅註三卷　元刊本 ………………………………………………（103）

爾雅注二卷　葉自本刊本、盛百二手校 …………………………（103）

爾雅新義二十卷　舊寫本 …………………………………………（103）

爾雅一切注音十卷　清嚴可均手稿 ………………………………（103）

爾疋小箋四卷　稿本　劉文淇、劉寶楠、汪喜孫校 ……………（104）

輶軒使者絕代語釋別國方言解十三卷　宋慶元六年尋陽郡齋刊本 …（104）

輶軒使者絕代語釋別國方言解十三卷　明正德四年李珏刊本 ……（105）

釋名八卷　明刊本 …………………………………………………（105）

釋名八卷　明嘉靖三年儲良材刊本 ………………………………（105）

釋名疏證八卷補遺一卷續釋名一卷　乾隆五十四年畢氏靈巖山館

　刊本　失名臨顧廣圻校 ………………………………………（106）

博雅十卷　明正德十五年皇甫録世業堂刊本 ……………………（107）

廣雅十卷　明畢効欽刊本 …………………………………………（107）

字林考逸八卷　清寫本　紐匪石校 ………………………………（107）

匡謬正俗八卷　影寫宋刊本 ………………………………………（107）

羣經音辨七卷　宋紹興十二年汀州寧化縣學刊本　存卷三、四　李盛鐸跋 …（107）

重刊埤雅二十卷　元刊本 …………………………………………（108）

爾雅翼三十二卷　明正德十四年羅文殊刊本 ……………………（108）

駢雅七卷　明刊本 …………………………………………………（108）

字詁一卷義府二卷　光緒刊本 ……………………………………（109）

周秦名字解故二卷　清嘉慶刊本　王引之刪改稿本 ……………（109）

周秦名字解故附錄一卷　清道光刊本 ……………………………（109）

以上訓詁

急就篇注一卷　明寫本　黃丕烈校并跋　鈕匪石跋 ……………（109）

説文解字十五卷　唐人寫本　存木部一百八十八字　米友仁跋、俞松

　　題識　曾國藩、莫友芝、劉毓崧、張文虎、方宗誠跋 …………（109）

説文解字十五卷　宋刊遞修本　阮元跋 …………………………（109）

説文解字十五卷　存六卷 ……………………………………………（110）

説文解字十五卷　清汲古閣刊本　孫星衍、顧廣圻、瞿中溶校 ……（110）

説文解字十五卷　清汲古閣刊本　袁廷檮校 ……………………（110）

説文解字十五卷　清汲古閣刊本　失名臨錢景開、黃丕烈等校跋 …（110）

説文解字韻譜五卷　元刊本 ………………………………………（110）

重刊許氏説文解字五音韻譜十二卷　宋刊明修本 ………………（110）

説文解字五音韻譜十二卷　明陳大科刊本 ………………………（110）

説文解字補義十二卷　明刊本 ……………………………………（111）

説文解字通釋三十八卷　舊寫本 …………………………………（111）

説文考異五卷　舊寫本 ……………………………………………（111）

説文古本考十四卷　原稿本 ………………………………………（111）

大廣益會玉篇三十卷玉篇廣韻指南一卷　元延祐二年圓沙書院

　刊本 ………………………………………………………………（111）

大廣益會玉篇三十卷　元至正二十六年南山書院刊本 …………（111）

大廣益會玉篇三十卷新編正誤足註玉篇廣韻指南一卷　元建

　安蔡氏刊本 ………………………………………………………（111）

大廣益會玉篇三十卷　明內府刊本　紀昀跋 ……………………（112）

大廣益會玉篇三十卷　日本慶長間翻元至正二十六年南山書院刊本 …（112）

千字文一卷附蒙求一卷胡曾詠史詩一卷　元刊本 ………………（112）

纂圖附音增廣古注千字文上下卷　日本古刊本 …………………（112）

干禄字書一卷　宋寶祐丁巳刊本 …………………………………（113）

干禄字書一卷　明嘉靖六年丁亥孫沐萬玉堂刊本 ………………（113）

干禄字書一卷　清朱振祖手寫本 …………………………………（113）

五經文字三卷九經字樣一卷五經文字疑一卷九經字樣疑一

　　卷　清孔氏紅榈書屋刊本　孔繼涵跋 ………………………（114）

五經文字三卷九經字樣一卷　清獨山莫氏家寫本　莫友芝鄭珍跋 …（114）

汗簡七卷　清末寫本　臨馮舒跋 …………………………………（114）

佩觿三卷　明嘉靖六年孫沐萬玉堂刊本 …………………………（115）

佩觿三卷　清康熙四十九年張士俊澤存堂刊本　清弘曆題詩 ………（115）

佩觿三卷　清康熙四十九年張士俊澤存堂刊本　清何煌校 …………（115）

新集古文四聲韻五卷　舊寫本 ……………………………………（115）

字苑類編十卷　宋刊本 ……………………………………………（115）

類篇十五卷　明人影寫宋刊本 ……………………………………（115）

復古編二卷　清乾隆四十六年葛鳴陽刊本　徐松校 ………………（115）

復古編二卷　明馮舒手寫本　有跋 ………………………………（116）

復古編二卷　清初寫本 ……………………………………………（116）

復古編二卷　舊寫本　翁方綱校 …………………………………（116）

增修復古編四卷　明初刊本 ………………………………………（116）

重續千字文　影寫宋刊本 …………………………………………（116）

漢隸字源五卷碑目一卷附字一卷　宋刊本　何紹基跋 ……………（117）

漢隸字源五卷　翁方綱據宋本校 …………………………………（117）

班馬字類二卷　清初汲古閣影寫宋刊本 …………………………（117）

隸均十卷　存五卷　宋拓本　秦恩復、江藩、阮元、徐渭仁、趙烈文、楊守

　　敬、王宗跋，吳同甲、張睿、張伯英觀欸 ………………………（118）

龍龕手鑑四卷　宋刊本　明徐燉跋 ………………………………（119）

龍龕手鑑四卷　明影宋寫本 ………………………………………（120）

集漢隸分韻七卷　元刊本 …………………………………………（120）

集漢隸分韻七卷　元刊本 …………………………………………（120）

漢隸分韻七卷　明刊本　…………………………………………（120）

漢隸分韻七卷　舊寫本　吳騫據元本校　……………………（120）

漢隸分韻二册　舊寫本　…………………………………………（120）

六書本義十二卷　明萬曆三十八年金陵楊君覞刊本　………（120）

六書索隱五卷　清初精寫本　葉德輝跋　……………………（121）

同文備考八卷聲韻會通一卷韻要粗釋一卷　明嘉靖刊本　…（121）

字考啟蒙十六卷　明萬曆刊本　………………………………（121）

諸史夷語音義四卷　明萬曆刊本　……………………………（121）

正韻篆二卷　明天啟二年自刊本　……………………………（121）

厄言一卷　舊寫本　……………………………………………（121）

　　　　　　　　　　　　　　　　　　以上字書

廣韻五卷　宋刊本　存三卷　沈曾植題詩　…………………（121）

廣韻五卷　宋刊本　……………………………………………（122）

廣韻五卷　宋刊本　……………………………………………（123）

廣韻五卷　宋刊本　……………………………………………（123）

鉅宋廣韻五卷　宋乾道五年建寧黃三八郎書舖刊本　………（123）

廣韻五卷　元至正二十六年南山書院刊本　…………………（123）

廣韻五卷　元至正二十六年南山書院刊本　…………………（124）

廣韻五卷　元余氏雙桂書堂刊本　……………………………（124）

廣韻五卷　明內府刊本　紀昀跋　……………………………（124）

廣韻五卷　明詹氏進德精舍刊本　……………………………（125）

大宋重修廣韻五卷　清影宋寫本　存三卷　…………………（126）

集韻十卷　宋淳熙十四年金州軍刊本　………………………（126）

集韻十卷　清曹楝亭揚州使院刊本　段玉裁校　……………（128）

集韻十卷　清曹楝亭揚州使院刊本　陳鱣錄段玉裁校跋　…（128）

集韻十卷　清曹楝亭揚州使院刊嘉慶十九年顧廣圻重修本　湯裕校　……（129）

切韻指掌圖不分卷　宋紹定三年越州讀書堂刊本 …………………（129）

韻補五卷　元刊本 ……………………………………………………（129）

韻補五卷　明許宗魯刊本 ……………………………………………（130）

韻補五卷　清影寫元刊本 ……………………………………………（130）

韻補五卷　清影寫明刊本　蔡慶年、盛昱跋 ………………………（130）

附釋文互注禮部韻略五卷　宋刊本　有嘉定六年僞牌子 …………（130）

附釋文互註禮部韻略五卷　清曹棟亭揚州使院刊本　陳鱣校並録周

　錫瓚跋 ………………………………………………………………（131）

增修互註禮部韻略五卷　宋刊本 ……………………………………（131）

增修互註禮部韻略五卷　元至正十五年日新書堂刊本 ……………（131）

增修互註禮部韻略五卷　元明間刊本　缺一卷 ……………………（132）

增修互註禮部韻略五卷　元明間刊本 ………………………………（132）

紫雲增修校正禮部韻略釋疑五卷　影寫元刊本　桂馥跋 …………（132）

五十先生釋疑韻寶五卷　元刊本 ……………………………………（132）

文場備用排字禮部韻註五卷　元至正十二年徐氏一山書堂刊本　黄

　丕烈録錢大昕跋 ……………………………………………………（132）

魁本排字禮部韻注五卷　元德新書堂刊本　存三卷，餘配他元本及日

　本五山本 ……………………………………………………………（132）

改併五音類聚四聲篇十五卷　明成化十年刊本 ……………………（133）

正德乙亥重刊改併五音類聚四聲篇海　明刊本 ……………………（133）

大明萬曆己丑重刊改併五音集韻十五卷新編篇韻貫珠集一

　卷經史正音切韻指南一卷　明刊本 ………………………………（133）

新刊韻略五卷　影寫元刊本 …………………………………………（134）

元聲韻學大成四卷　明刊本 …………………………………………（134）

音論三卷詩本音十卷　清閩中林春祺銅活字印本 …………………（134）

韻歧五卷　清刊本 ……………………………………………………（135）

卷三　史部一

紀　傳　類

史記一百三十卷　明黃之寀刊白文本　舊人臨歸有光評點 ……………（137）

史記集解一百三十卷　北宋刊遞修本　配黃善夫本五卷，大德本九卷　…（137）

史記集解一百三十卷　北宋刊遞修小字本 ………………………………（138）

史記集解一百三十卷　北宋刊遞修小字本　存五十八卷 ………………（139）

史記集解一百三十卷　宋紹興間淮南路轉運司刊遞修本　存六十七

　卷　吳雲跋 ………………………………………………………………（139）

史記集解一百三十卷　宋紹興間淮南路轉運司刊遞修本　存二十九卷 …（139）

史記集解一百三十卷　宋紹興十年邵武東鄉朱中奉宅刊本 ……………（139）

史記集解一百三十卷　南宋初刊元明遞修本　存三十三卷　沈曾植跋 …（140）

史記集解一百三十卷　明正德十年白鹿書院刊本　楊守敬跋 …………（141）

史記集解一百三十卷　明末毛氏汲古閣刊本　葉樹廉臨明黃淳耀評

　點　存一百九卷 …………………………………………………………（141）

史記集解一百三十卷　明初影寫宋淮南路轉運司刊本　存一百一十卷 …（141）

史記索隱三十卷　明末汲古閣刊本　舊人據宋本及中統本校 …………（142）

史記集解索隱一百三十卷　宋乾道七年建安蔡夢弼東塾刊本 …………（142）

史記集解索隱一百三十卷　宋淳熙三年張杅刊八年耿秉補刊本 ………（143）

史記集解索隱一百三十卷　宋淳熙三年張杅刊八年耿秉補刊本　存

　九十九卷 …………………………………………………………………（144）

史記集解索隱一百三十卷　蒙古中統二年段子成刊本　缺三卷，配補 …（144）

史記集解索隱一百三十卷　蒙古中統二年段子成刊本 …………………（145）

史記集解索隱一百三十卷　明天順游明刊本　楊紹和跋 ………………（145）

史記集解索隱正義一百三十卷　宋黃善夫家塾刊本　存二卷 …………（146）

史記集解索隱正義一百三十卷　　元至元二十五年安成彭寅翁崇道

精舍刊本　缺六卷,配中統段子成本 …………………………（146）

史記集解索隱正義一百三十卷　　元至元二十五年安成彭寅翁崇道

精舍刊本　存二十三卷 …………………………………………（147）

史記集解索隱正義一百三十卷　明正德十二年廖鎧關西刊本 ……（147）

史記集解索隱正義一百三十卷　明嘉靖四年金臺汪諒刊本…………（148）

史記集解索隱正義一百三十卷　明嘉靖四至六年震澤王延喆刊本 …（149）

史記集解索隱正義一百三十卷　明嘉靖十三年秦藩刊二十九年重

修本 ……………………………………………………………（150）

史記集解索隱正義一百三十卷　明刊本 …………………………（150）

史記集解索隱正義一百三十卷　日本古活字本 …………………（151）

史記一百三十卷　宋元百衲本,五種合配 …………………………（151）

史記大全一百三十卷　明正德建寧府刊本 ………………………（152）

史記題評一百三十卷　明嘉靖十六年胡有恒、胡敦瑞刊本 …………（152）

史記題評一百三十卷　明嘉靖十六年胡有恒、胡敦瑞刊本　莫友芝跋 …（152）

史記一百三十卷　明張守約刊本 …………………………………（153）

史記評林一百三十卷　明凌稚隆刊本　舊人臨錢泰吉校 …………（153）

史記注補正不分卷　舊寫本 ………………………………………（153）

古史六十卷　宋刊遞修本 …………………………………………（153）

古史六十卷　宋衢州刊本　何紹基跋　葉啟勳題識………………（154）

南史八十卷　宋刊本　存五卷 ……………………………………（154）

南史八十卷　元大德十年刊本 ……………………………………（154）

北史一百卷　宋建本　存八十一卷 ………………………………（154）

北史一百卷　元信州路儒學刊本 …………………………………（155）

北史一百卷　明初刊本　存七卷 …………………………………（155）

南北史合注一百九十一卷　舊寫本 ………………………………（156）

南北史合注一百九十一卷　　清四庫館寫本…………………（156）

舊五代史一百五十卷目録二卷　　舊寫本…………………（156）

舊五代史一百五十卷目録二卷　　乾隆四十七年寫本…………（156）

五代史記七十四卷　南宋初撫州刊本　存十二卷…………（157）

五代史記七十四卷　宋刊遞修本…………………………（157）

五代史記七十四卷　元宗文書院刊本……………………（158）

五代史記七十四卷　元刊本　抄配三册…………………（158）

五代史記七十四卷　明嘉靖汪文盛刊本…………………（158）

以上通代

漢書注一百卷　北宋刊遞修本　黃丕烈、顧廣圻跋…………（158）

漢書注一百卷　宋紹興湖北提舉茶鹽司刊慶元四年重修本…………（159）

漢書集註一百卷　宋建安蔡琪一經堂刊本　存二卷…………（160）

漢書集註一百卷　宋嘉定十七年白鷺洲書院刊本　配明本四卷…（160）

前漢書注一百卷　宋刊元明遞修本　存八卷………………（160）

太平路學新刊班固漢書一百卷　元大德九年太平路儒學刊本………（161）

漢書注一百卷　明正統八至十年刊本……………………（161）

漢書注一百卷　明正統八至十年刊本……………………（161）

漢書注一百卷　明刊嘉靖十六年廣東崇正書院重修本…………（161）

漢書注一百卷　明嘉靖汪文盛刊二十八年廖言重修本…………（162）

漢書注一百卷　明末毛氏汲古閣刊本　杜文瀾跋，並倩人臨錢泰吉校本…（162）

漢書注一百卷　明末毛氏汲古閣刊本　沈欽韓校並跋…………（162）

漢書注一百卷　清初影宋寫本　毛晉、朱錫庚、翁同書、李盛鐸、袁克文、

徐鴻寶跋　存二十卷…………………………………（163）

漢書評林一百卷　明萬曆九年凌稚隆刊本　汪琬、惠周惕批點…………（166）

補訂班馬異同十二帙　明百尺樓寫本…………………（167）

後漢書注九十卷志注補三十卷　宋刊元明遞修本　卷一及目録鈔配……（167）

後漢書注九十卷志注補三十卷　宋刊元明遞修本　存志注補三十卷……（167）

後漢書注九十卷志注補三十卷　宋刊元明遞修本 ………………………（167）

後漢書注九十卷志注補三十卷　宋王叔邊刊本 …………………………（167）

後漢書注九十卷志注補三十卷　宋慶元間劉元起家塾刊本　存四

十九卷 …………………………………………………………………（168）

後漢書註九十卷志注補三十卷　宋嘉定元年建安蔡琪一經堂刊本

存七十三卷……………………………………………………………（168）

後漢書注九十卷志注補三十卷　宋白鷺洲書院刊本 ……………………（169）

後漢書註九十卷　宋建安黃善夫家塾刊本　存卷七十二下 ……………（169）

後漢書注九十卷志注補三十卷　元大德九年寧國路儒學刊本 …………（169）

後漢書注九十卷志注補三十卷　元大德九年寧國路儒學刊本　存

五十二卷 ………………………………………………………………（170）

後漢書注九十卷志注補三十卷　元大德九年寧國路儒學刊本 …………（170）

後漢書注九十卷志注補三十卷　明正統八至十一年刊本 ………………（170）

後漢書注九十卷志注補三十卷　明正統八至十一年刊本 ………………（171）

後漢書注九十卷志注補三十卷　明刊嘉靖十六年廣東崇正書院重

修本　何焯校 …………………………………………………………（171）

後漢書注九十卷志注補三十卷　明嘉靖汪文盛刊本 ……………………（171）

後漢書注九十卷志注補三十卷　明末毛氏汲古閣刊本　錢孫保批

校並跋 …………………………………………………………………（171）

後漢書注九十卷志注補三十卷　清初影寫宋刊本　存四十卷 ………（172）

後漢書注九十卷志注補三十卷　日本寬永翻元大德九年寧國路儒

學刊本 …………………………………………………………………（173）

後漢書註一百二十卷　明萬曆二十四年北京國子監刊本　失名臨何

焯校跋 …………………………………………………………………（173）

集補後漢書年表十卷　影寫宋刊本 ………………………………………（174）

續後漢書九十卷　傳鈔四庫本 ……………………………………（174）

續後漢書四十八卷　舊寫本 ……………………………………（174）

後漢書疏證　沈欽韓稿本 ………………………………………（174）

三國志注六十五卷　宋紹興初浙刻本　存二卷　曹元忠跋 ………（174）

三國志注六十五卷　宋衢州刊元明遞修本　存十三卷 ……………（175）

三國志注六十五卷　宋衢州刊元明遞修本 ………………………（175）

三國志注六十五卷　宋建本　鈔配三卷 …………………………（175）

三國志注六十五卷　元大德九路本 ………………………………（175）

三國志注六十五卷　明萬曆吳氏西爽堂刊本 ……………………（176）

三國志註六十五卷　明末毛氏汲古閣刊本　朱邦衡臨何焯、惠士奇批校 …（176）

三國志注六十五卷　清影宋刊大字本　存三十二卷 ………………（176）

三國志注六十五卷　明寫本 ………………………………………（177）

吳志二十卷　南宋初刊本 …………………………………………（177）

三國志註六十五卷　明秦四麟家寫單注本　内藤虎跋 ……………（178）

四史發伏四卷　舊寫本 ……………………………………………（178）

晉書一百三十卷　宋刊大字本　存二十卷 ………………………（178）

晉書一百三十卷　宋貴池刊本　存五十四卷 ……………………（179）

晉書一百三十卷音義三卷　元翻宋刊元明遞修本 ………………（179）

晉書一百三十卷音義三卷　元翻宋刊元明遞修本　明補三十一卷、

　鈔配一卷 …………………………………………………………（179）

晉書一百三十卷音義三卷　元翻宋刊元明遞修本 ………………（180）

晉書一百三十卷　元刊本　存四卷 ………………………………（180）

晉書一百三十卷　元刊明正德司禮監、嘉靖萬曆南京國子監遞修本 …（180）

晉書一百三十卷　明萬曆吳氏西爽堂刊本 ………………………（180）

晉書一百三十卷　明翻宋本 ………………………………………（180）

晉書一百三十卷　清影寫宋刊本　存一卷 ………………………（181）

晉書一百三十卷　朝鮮古活字印本 …………………………………（181）

宋書一百卷　宋刊元明遞修本　缺十六卷 ……………………………（181）

南齊書五十九卷　宋刊元修本 …………………………………………（181）

陳書三十六卷　宋刊元明遞修本 ………………………………………（182）

魏書一百十四卷　宋刊元明遞修本 ……………………………………（183）

魏書一百十四卷　宋刊元修本　存八十五卷 …………………………（183）

隋書八十五卷　南宋初刊小字本　存六十五卷 ………………………（183）

隋書八十五卷　宋中字建本　存三卷 …………………………………（184）

隋書八十五卷　元刊元修本　存六十四卷 ……………………………（184）

隋書八十五卷　元大德饒州路儒學刊明修本 …………………………（184）

隋書八十五卷　元至順三年瑞州路儒學刊本 …………………………（185）

舊唐書二百卷　宋紹興間浙東刊小字本　存六十九卷 ………………（185）

舊唐書二百卷　明嘉靖十八年閩人詮刊本　葉樹廉校 ………………（185）

舊唐書二百卷　明嘉靖十八年閩人詮刊本　李文田跋 ………………（185）

新唐書二百二十五卷目録二卷　宋紹興間刊小字本 …………………（186）

新唐書二百二十五卷　南宋初小字建本　存一百二十卷 ……………（186）

新唐書二百二十五目録二卷　宋建安魏仲立刊本 ……………………（187）

新唐書二百二十五卷　宋刊九行本　存殘葉 …………………………（188）

新唐書二百二十五卷　元翻宋十行本　明修明印 ……………………（188）

新唐書二百二十五卷　元翻宋十行本　鈔配十三卷 …………………（188）

新唐書二百二十五卷　元刊本 …………………………………………（188）

新唐書糾繆二十卷　明趙開美刊本　吳翌鳳臨盧文弨校并考訂　翁同

　書校並録錢大昕考證 …………………………………………………（189）

新唐書糾繆二十卷　清影宋寫本　沈巖校　存十五卷 ………………（189）

新唐書證誤不分卷　舊寫本 ……………………………………………（189）

南唐書三十卷　明嘉靖二十九年顧汝達刊本 …………………………（190）

南唐書三十卷　朝鮮古活字印本　楊守敬校 ……………………（190）

南唐書三十卷　臨明姚咨校本 ……………………………………（190）

南唐書十八卷　臨黃丕烈臨陸貽典校本 …………………………（190）

南唐書十八卷音釋一卷　明嘉靖四十三年錢穀手寫本　有錢穀跋 …（190）

宋史四百九十六卷　明成化七年朱英刊本 ………………………（190）

宋史殘本二十册　明成化七年朱英刊本　存二十八卷 …………（191）

宋史道學傳四卷　明成化刊本 ……………………………………（191）

東都事略一百三十卷　宋刊本 ……………………………………（192）

東都事略一百三十卷　宋刊本　鈔配二十三卷 …………………（192）

東都事略一百三十卷　宋刊本　配明刊本過半 …………………（192）

東都事略一百三十卷　明寫本 ……………………………………（192）

東都事略一百三十卷　明寫本 ……………………………………（192）

宋史略五卷　明刊本 ………………………………………………（193）

南宋書增削定本六十八卷　舊寫本 ………………………………（193）

宋史記凡例　清寫本 ………………………………………………（193）

遼史一百十六卷　明初刊本 ………………………………………（193）

金史一百三十五卷　元至正五年江浙行省刊本 …………………（193）

金史一百三十五卷　明初刊本 ……………………………………（193）

金史一百三十五卷　明嘉靖八年南京國子監刊本 ………………（193）

元史二百十卷目録二卷　明洪武三年内府刊嘉靖九、十年遞修本 ……（194）

元史二百十卷　毛申甫校本 ………………………………………（194）

皇明本紀二卷　明寫本 ……………………………………………（194）

皇明同姓諸王表六册　舊寫本　錢謙益校　存六册 ……………（194）

識大録五十二册　清初寫本 ………………………………………（194）

石匱書二百二十卷　舊寫本　缺十二卷 …………………………（194）

以上斷代

編 年 類

竹書紀年上下卷　郝懿行曬書堂校正寫本 ……………………………（197）

元經薛氏傳註十卷　盧文弨手校　存五卷 ……………………………（197）

司馬温公經進稽古録二十卷　明弘治十四年楊璋刊本　葉樹廉、黃

　丕烈跋 ………………………………………………………………（198）

資治通鑑二百九十四卷　宋紹興二至三年兩浙東路茶鹽司公使庫刊本 …（199）

資治通鑑二百九十四卷　宋百衲本 ……………………………………（199）

資治通鑑二百九十四卷　宋大字建本　存九十四卷 …………………（200）

資治通鑑二百九十四卷　宋大字建本　缺八卷鈔配 …………………（201）

資治通鑑二百九十四卷　宋大字建本　存一百四十九卷 ……………（201）

資治通鑑二百九十四卷　宋鄂州鵠山書院本　配至元二十八年福建

　翻蜀本　存二百二十三卷 …………………………………………（201）

資治通鑑二百九十四卷　宋覆刻龍爪本　殘 …………………………（202）

資治通鑑二百九十四卷考異三十卷　明嘉靖二十四年孔天胤刊本 …（202）

資治通鑑考異三十卷　宋紹興二至三年兩浙東路茶鹽司公使庫刊本

　缺四卷 ………………………………………………………………（203）

資治通鑑考異三十卷　宋建本　五卷元補 ……………………………（204）

資治通鑑考異三十卷　宋刊本　缺二卷 ………………………………（204）

資治通鑑目録三十卷　宋紹興二至三年兩浙東路茶鹽司公使庫刊本 …（204）

資治通鑑釋文三十卷　元刊本 …………………………………………（204）

通鑑釋文辨誤十二卷　元刊本　缺一卷 ………………………………（205）

資治通鑑音註二百九十四卷　元刊本 …………………………………（205）

資治通鑑音註二百九十四卷　元刊本　缺二十一卷 …………………（205）

資治通鑑音註二百九十四卷　元刊本 …………………………………（206）

通鑑注辨正附宮詹公題跋　錢大昕稿本 ………………………………（206）

入注附音司馬温公資治通鑑一百卷　宋刊本　存八十一卷　餘配

　　呂大著點校,標抹增節備注資治通鑑十九卷 ……………………（206）

資治通鑑補二百九十四卷　清瓶花書屋童氏活字印本 ……………（207）

少微家塾點校附音通鑑節要五十卷外紀五卷　明刊本 ……………（207）

增入名儒集議資治通鑑詳節□□卷　宋刊巾箱本 …………………（207）

陸狀元集百家注資治通鑑詳節一百二十卷　宋刊本配元刊本 ……（208）

增修陸狀元集百家注資治通鑑詳解一百二十卷　元刊本 …………（209）

資治通鑑綱目五十九卷　宋刊本 ……………………………………（209）

資治通鑑綱目發明五十九卷　元刊明修本存八卷 …………………（209）

資治通鑑綱目集覽五十九卷　明刊本　存三卷 ……………………（209）

通鑑續編二十四卷　元至正二十一年顧逖刊本　存八卷 …………（209）

增脩附註資治通鑑節要續編三十卷　明刊本　存卷一至十五 ……（210）

增修附注資治通鑑節要續編三十卷　明刊本　存卷八至十 ………（210）

增修附注資治通鑑節要續編三十卷　明刊本 ………………………（210）

大事記十二卷　明成化刊本 …………………………………………（210）

大事記續編七十七卷　明正統刊本 …………………………………（210）

歷代紀年十卷　影寫宋紹熙三年旴江郡齋刊本 ……………………（210）

編年通載十卷　宋刊本　黃丕烈跋　存卷一至四 …………………（210）

　　　　　　　　　　　　　　　　　以上通代

前漢紀三十卷後漢紀三十卷　明嘉靖二十七年黃姬水刊本　前漢紀

　　黃丕烈、孫潛校,後漢紀孫潛校,馮舒跋 …………………………（211）

前漢紀三十卷後漢紀三十卷　明萬曆二十六年南京國子監刊本 ……（212）

漢紀三十卷　明影寫宋刊本 …………………………………………（212）

前漢紀三十卷　舊寫本 ………………………………………………（213）

後漢紀三十卷　舊寫本　盛昱跋 ……………………………………（213）

蜀漢本末三卷　明寫本 ………………………………………………（214）

蜀漢本末三卷　舊寫本 …………………………………………（214）

續資治通鑑長編五百二十卷　舊寫本　錢大昕校 ………………（214）

續資治通鑑長編一百八卷　宋刊本　存五十一卷，影寫補全………（214）

續資治通鑑長編一百八卷　舊寫本　從宋本出 …………………（215）

續資治通鑑長編一百八卷　舊寫本 ………………………………（215）

續資治通鑑節要　宋刊本　存六卷 ………………………………（215）

續資治通鑑十八卷　元刊本　存卷五至九 ………………………（215）

續宋編年資治通鑑十八卷　元雲衢張氏刊本　存十三卷 …………（215）

續宋編年資治通鑑十八卷　日本影寫元雲衢張氏刊本 ……………（216）

續宋編年資治通鑑十二卷　舊寫本 ………………………………（216）

續資治通鑑十八卷　舊寫本 ………………………………………（216）

九朝編年綱目備要三十卷　宋末刊本 ……………………………（216）

九朝編年綱目備要三十卷　舊寫本　盛昱校 ……………………（217）

皇朝編年綱目備要二十五卷補刊編年備要五卷　宋刊本　有鈔配 …（217）

皇朝編年備要三十卷　清經鉬堂寫本 ……………………………（217）

皇朝編年備要三十卷　舊寫本 ……………………………………（217）

太平寶訓政事紀年五卷　新鈔本 …………………………………（217）

皇宋十朝綱要二十五卷　舊寫本 …………………………………（218）

孝慈淵聖皇帝要録二卷　舊寫本 …………………………………（218）

靖康要録十六卷　清蕭山王氏萬卷堂寫本　王宗炎校 ……………（218）

皇朝傳信録十卷　舊寫本　從永樂大典出 ………………………（218）

皇朝中興繫年要録　宋刊本　存十卷 ……………………………（219）

三朝北盟會編二百五十卷　舊寫本　吳城、朱文藻、江聲、吳小谷、平
　寬夫、陳伯恭校，彭元瑞跋　四庫底本 ………………………（219）

三朝北盟會編二百五十卷　舊寫本　鮑廷博校 …………………（221）

三朝北盟會編二百五十卷　舊寫本 ………………………………（221）

三朝北盟會編二百五十卷　舊寫本　版心題勤志館 ……………………（221）

三朝北盟會編二百五十卷　舊寫本　康熙六十一年庸菴跋 …………（221）

續宋中興編年資治通鑑十五卷　元刊本 …………………………………（222）

續資治通鑑□□卷　元刊本　存後集卷八至十五 ……………………（222）

續宋中興編年資治通鑑十五卷　舊寫本　吳壽暘校並録黄丕烈校跋 ……（222）

中興小紀四十卷　舊寫本 ……………………………………………………（224）

增入名儒講義皇宋中興兩朝聖政六十四卷　宋刊巾箱本　缺二

　十四卷 …………………………………………………………………………（224）

增入名儒講義皇宋中興聖政六十四卷　明影寫宋刊本…………………（224）

兩朝綱目備要十六卷　清顧氏藝海樓寫本 ……………………………（224）

宋季三朝政要六卷　元至治三年癸亥張氏刊本 ………………………（225）

宋季三朝政要六卷　影寫元至治三年張氏刊本…………………………（225）

宋季三朝政要六卷　舊寫本 ………………………………………………（225）

宋史全文續資治通鑑三十六卷　明刊本 ………………………………（225）

通鑑前編十八卷　元刊明補本　存六卷 ………………………………（226）

秘閣元龜政要十六卷　舊寫本 ……………………………………………（226）

皇明獻實八册　明寫本 ……………………………………………………（226）

通鑑續編一百二十七卷考辨一卷　舊寫本 ……………………………（226）

萬曆野獲編三十卷　清活字印巾箱本 …………………………………（226）

萬曆野獲編三十卷　舊寫本 ………………………………………………（226）

崇禎遺録一卷　清寫本 ……………………………………………………（227）

山書十八卷　清寫本 ………………………………………………………（227）

山書十八卷　清寫本 ………………………………………………………（227）

流寇長編二十卷　舊寫本 …………………………………………………（227）

明實録　明寫本　李應昇點校　李遜之跋 ……………………………（227）

明世宗實録十册　舊寫本　存五十八卷 ………………………………（227）

萬曆起居注一册　舊寫本 ……………………………………（228）

弘光實錄鈔四卷附弘光大臣月表　舊寫本 …………………（228）

以上斷代

紀事本末類

通鑑紀事本末四十二卷　宋淳熙二年嚴陵郡庠刊本　顧廣圻、石藴玉跋 …（228）

通鑑紀事本末四十二卷　宋刊遞修本　存二十一卷 ………（229）

通鑑紀事本末四十二卷　宋寶祐五年趙與籌刊本 …………（230）

皇朝中興紀事本末七十六卷　新鈔本　録朱彝尊、宋筠跋 …………（230）

蜀鑑十卷　明嘉靖刊本 ………………………………………（231）

卷四　史部二

雜 史 類

汲冢周書注十卷　元至正十四年嘉興路儒學刊本 ……………（232）

汲冢周書注十卷　元至正十四年嘉興路儒學刊本 ……………（232）

汲冢周書註十卷　明嘉靖二十二年章檗刊本 ………………（232）

汲冢周書注十卷　明河東趙標刊三代遺書本 ………………（232）

逸周書注十卷　舊寫本　盧文弨校跋　黄丕烈校　陳鱣、鍾文烝跋 …（233）

逸周書注十卷　日本天保辛卯彦藩弘道館活字印本 ………（233）

國語七卷　明弘治十五年刊本 ………………………………（233）

國語解二十一卷補音三卷　宋刊元明遞修本 ………………（234）

國語解二十一卷補音三卷　宋刊元明遞修本 ………………（234）

國語解二十一卷補音三卷　宋刊元明遞修本 ………………（234）

國語解二十一卷　明成化弘治間刊本 ………………………（234）

國語解二十一卷補音三卷　明嘉靖五年陝西刊本 ……………… (235)

國語解二十一卷補音三卷　明李克家校刊本 …………………… (235)

國語解二十一卷　明嘉靖七年金李澤遠堂刊本 ………………… (235)

國語解二十一卷　明末毛氏汲古閣影寫宋刊本 ………………… (235)

重録齊國紀事二卷　明寫本 ………………………………………… (235)

戰國策注三十三卷　清初影宋寫本 ………………………………… (235)

戰國策注三十三卷　明穴硯齋寫本 ………………………………… (236)

戰國策注三十三卷　明穴硯齋寫本　存二十六卷 ……………… (236)

鮑氏國策校注十卷　宋紹熙二年會稽郡齋刊本 ………………… (236)

鮑氏國策校注十卷　明嘉靖七年龔雷刊本 ……………………… (236)

戰國策校注十卷　明嘉靖刊本 …………………………………… (236)

戰國策校注十卷　元至正二十五年平江路儒學刊本 ………… (236)

戰國策三十三卷　明初刊本 ……………………………………… (237)

策士奇談上中下三卷　明刊本 …………………………………… (237)

路史前紀九卷後紀十三卷餘論十卷發揮六卷國名紀六卷國

　名紀注一卷大衍説一卷國姓衍慶紀原一卷　明嘉靖洪楩校

　刊本 ……………………………………………………………… (237)

路史四十七卷　明寫本 …………………………………………… (237)

吳越春秋六卷　舊寫本　王謨跋 ………………………………… (237)

吳越春秋音註十卷　元大德十年紹興路儒學刊本 …………… (237)

吳越春秋音註十卷　元大德十年紹興路儒學刊本 …………… (238)

吳越春秋音註十卷　明刊白口本 ………………………………… (238)

吳越春秋音注十卷　明刊黑口本 ………………………………… (238)

吳越春秋音註十卷　明刊本 ……………………………………… (238)

越絶書十五卷　明正德四年劉恒刊本 …………………………… (238)

越絶書十五卷　明嘉靖二十六年陳壜刊本 ……………………… (239)

越絶書十五卷　　明嘉靖三十年梅守德重刊劉恒本 ……………… (240)

越絶書十五卷　　明嘉靖三十三年張佳胤雙柏堂刊本　龔自珍跋 ……… (240)

華陽國志十二卷　　明嘉靖四十二年張佳胤刊本 ……………………… (240)

華陽國志十卷　　明嘉靖四十三年劉大昌刊本 …………………… (241)

華陽國志十二卷三州郡縣目録一卷　　明刊本　存四卷　顧廣圻手

　　校並手寫三州郡縣目録 …………………………………… (241)

華陽國志十二卷補三州郡縣目録一卷　　清嘉慶十九年廖氏題襟館

　　刊本　失名臨顧廣圻、吳翌鳳校 …………………………… (242)

華陽國志十二卷　　清刊本 ………………………………………… (243)

五胡十六國考鏡　　舊寫本 ………………………………………… (243)

後梁春秋二卷　　明萬曆刊本 ……………………………………… (243)

貞觀政要十卷　　明洪武三年王氏勤有堂刊本 …………………… (243)

貞觀政要集論十卷　　元刊本 ……………………………………… (244)

貞觀政要集論十卷　　明刊本 ……………………………………… (245)

牛羊日曆一卷　　舊寫本 …………………………………………… (245)

東觀奏記三卷　　清吳翌鳳寫本 …………………………………… (245)

東觀奏記三卷　　舊寫本 …………………………………………… (245)

平巢事蹟考一卷　　舊寫本 ………………………………………… (245)

九國志十二卷附三楚新志三卷　　傳鈔永樂大典本 ……………… (245)

九國志十二卷　　舊寫本 …………………………………………… (245)

五國故事二卷　　舊寫本 …………………………………………… (245)

南唐近事三卷　　明萬曆刊本 ……………………………………… (245)

江表志三卷　　舊寫本　劉彥芬跋 ………………………………… (245)

三楚新録三卷　　舊寫本 …………………………………………… (245)

錦里耆舊傳八卷　　舊寫本　存四卷 ……………………………… (246)

錦里耆舊傳八卷　　舊寫本　存四卷 ……………………………… (246)

蜀檮杌十卷　舊寫本　吳翌鳳跋 ……………………………………（246）

蜀檮杌二卷　清勞權手寫本 ………………………………………（246）

釣磯立談一卷　清康熙四十五年曹寅揚州使院刊本　黃丕烈校 ………（246）

江南野史十卷　舊寫本　失名傳校明趙琦美校跋　李木齋校跋 ………（246）

江南野史十卷　舊寫本 ……………………………………………（247）

吳越備史五卷補遺一卷雜考一卷　傳寫明萬曆二十七年錢達道刊本 …（247）

吳越備史六卷　舊寫本　朱錫庚跋 ………………………………（248）

建康實録二十卷　舊寫本 …………………………………………（248）

宋百名人小傳　明寫本 ……………………………………………（248）

宋西事案二卷　明刊本 ……………………………………………（249）

神宗皇帝即位使遼語録　清勞權寫本 ……………………………（249）

宣靖備史四卷　影寫明嘉靖刊本 …………………………………（249）

宣靖備史四卷　清經鉏堂寫本 ……………………………………（249）

靖康傳信録三卷　舊寫本 …………………………………………（251）

孤臣泣血録不分卷　明萬曆刊本 …………………………………（251）

北宋蒙塵録不分卷　舊寫本 ………………………………………（251）

靖康稗史七種　張氏適園傳鈔本 …………………………………（251）

建炎復辟記一卷　明姚咨寫本 ……………………………………（252）

建炎復辟記一卷　清寫本 …………………………………………（252）

僞齊録二卷　舊寫本　鮑廷博校　程慶餘跋 ……………………（252）

松漠紀聞一卷補遺一卷　舊寫本　清王宗炎跋 …………………（252）

松漠紀聞二册　舊寫本 ……………………………………………（252）

竊憤録一卷　舊寫本 ………………………………………………（253）

錢塘遺事十卷　清嘉慶四年席氏掃葉山房刊本　鮑廷博校　吳壽暘再

校并跋 ………………………………………………………………（253）

爐餘録二卷　舊寫本 ………………………………………………（253）

焚椒録一卷　　舊寫本 ………………………………………………（253）

契丹國志二十七卷　　元刊本 ………………………………………（253）

契丹國志二十七卷　　清畢瀧校　缺六卷 …………………………（253）

契丹國志二十七卷　　舊寫本 ………………………………………（253）

契丹國志二十七卷　　傳鈔廣林書堂刊本　馮景校並跋 …………（254）

大金國志四十卷　　明寫本 …………………………………………（254）

大金國志四十卷　　清影元寫本　清查慎行校 ……………………（254）

大金國志四十卷　　舊寫本　張敦仁校 ……………………………（254）

大金國志四十卷　　舊寫本　杭世駿、孔繼涵跋 …………………（254）

大金弔伐録不分卷　　清呂留良家影寫金刊本 ……………………（255）

弔伐録二卷　　清述古堂寫本 ………………………………………（255）

金國南遷録一卷　　舊寫本　黃丕烈臨葉樹廉校本　並跋 ………（255）

南遷録一卷　　舊寫本　陳鱣校　魏錫曾據拜經樓寫本校 ………（256）

金國南遷録一卷　　舊寫本 …………………………………………（256）

金小史□卷　　明刊本 ………………………………………………（256）

黑韃事略一卷　　舊寫本 ……………………………………………（256）

大元丙子平宋録一卷　　影寫元刊本 ………………………………（256）

宋紀受終考三卷　　明寫本　林佶跋 ………………………………（256）

元朝秘史五卷　　舊寫本　錢大昕、張穆跋 ………………………（257）

元朝秘史十卷續集二卷　　清影寫元刊本　顧廣圻校跋　周變詒題識……（257）

元朝征緬録一卷　　清嚴元照手寫本 ………………………………（258）

蒙古源流八卷　　舊寫本　彭楚克林沁校 …………………………（258）

招捕總録一卷　　清嚴元照手寫本 …………………………………（258）

隆平紀事二卷　　日本舊寫本 ………………………………………（258）

野紀矇搜十二卷　　明刊本 …………………………………………（258）

國史唯疑十二卷　　舊寫本　徐釚跋 ………………………………（259）

名臣寧攘要編不分卷　明刊本 ……………………………………（259）

姜氏秘史五卷　舊寫本 ………………………………………………（260）

明興雜記二卷　明刊本 ………………………………………………（260）

立齋閒録四卷　明寫本　蔣鳳藻跋 …………………………………（260）

英廟北狩録一卷　舊寫本 ……………………………………………（261）

南城召對一册　明寫本 ………………………………………………（261）

國朝典故一百十卷　明寫本 …………………………………………（261）

兩朝平攘録五卷　明刊本 ……………………………………………（261）

天鑒孤忠録一卷　日本舊寫本 ………………………………………（261）

滇游紀亂一卷　原稿本 ………………………………………………（261）

萬曆三大征考二册不分卷　明刊本 …………………………………（261）

東夷考略二册不分卷　明刊本 ………………………………………（262）

酌中志二十四卷　舊寫本　存十五卷　餘用刊本配補　何焯批注 ……（262）

酌中志餘　舊寫本 ……………………………………………………（262）

乙丙紀事　清康熙刊本 ………………………………………………（262）

先撥志始二卷　舊寫本 ………………………………………………（262）

毛大將軍海上情形一卷　舊寫本 ……………………………………（263）

社事始末一卷　舊寫本 ………………………………………………（263）

三垣筆記二卷　舊寫本　李文田考訂 ………………………………（263）

三垣筆記二卷　舊寫本　李文田校 …………………………………（263）

守汴日志　舊寫本 ……………………………………………………（263）

説略一卷　古香書屋寫本 ……………………………………………（263）

苞桑叢識一卷　原稿本 ………………………………………………（264）

甲申紀事雜録四册不分卷　舊寫本 …………………………………（265）

中興實録不分卷　舊寫本 ……………………………………………（265）

中興偉略不分卷　明刊袖珍本 ………………………………………（266）

馥聞續筆一卷　舊寫本 …………………………………（266）

思文大紀八卷　舊寫本 …………………………………（267）

也是録一卷　舊寫本 ……………………………………（267）

甲申野史彙鈔九種　舊鈔巾箱本 ………………………（267）

所見録四卷　舊寫本 ……………………………………（267）

耐嚴考史録不分卷　舊寫本 ……………………………（267）

滿清紀事一卷　日本活字本 ……………………………（267）

坒語秘彙不分卷　舊寫本　李文田批注 ………………（267）

坒語秘彙八卷　舊寫本　王頌蔚跋 ……………………（268）

閩頌彙編不分卷　清康熙刊本 …………………………（268）

五藩檮乘二卷　舊寫本　李文田跋 ……………………（268）

平定羅刹方略四卷　舊寫本 ……………………………（269）

隨鑾紀恩一卷　清研經草堂寫本 ………………………（269）

除邪紀略　舊寫本 ………………………………………（269）

黎陽見聞録　舊寫本 ……………………………………（269）

守濬日記一卷　舊寫本 …………………………………（269）

家居自述一卷　舊寫本 …………………………………（269）

皇朝藩部要略十六卷　清寫本　張穆改定 ……………（269）

澹静齋巡輶百日記一卷　清刊本 ………………………（269）

潰癰流毒四册　舊寫本 …………………………………（270）

夷匪犯境聞見録六卷　日本安政丁巳刊本 ……………（270）

阿芙蓉案彙聞七册　日本舊寫本 ………………………（270）

出圍城記一卷　舊寫本 …………………………………（270）

夷氛聞記五册　同治十二年寫本 ………………………（270）

紀古滇説集一卷　明刊本 ………………………………（270）

滇雲歷年傳十二卷　舊寫本 ……………………………（270）

東國史略六卷　明趙琦美手寫本　有跋 ……………………………（270）

朝鮮史略六卷　明萬曆四十五年趙宧光葛一龍等刊本 …………（271）

朝鮮志上下卷附箕田考　清劉喜海家寫本 …………………………（271）

紀年要覽二卷　稿本 ……………………………………………………（271）

朝野紀聞不分卷　朝鮮舊寫本 ………………………………………（272）

海東諸國紀不分卷　朝鮮古活字印本 ………………………………（272）

大越史記外紀七卷本紀十卷　清劉喜海家寫本 ………………………（272）

嘆咭唎紀略一卷　日本嘉禾六年刊本 ………………………………（272）

詔令奏議類

兩漢詔令二十三卷　影宋寫本 ………………………………………（273）

兩漢詔令二十三卷　元至正九年蘇天爵刊本　存西漢十二卷 ………（273）

西漢詔令　元至正九年蘇天爵刊本　存西漢卷一至六 ……………（273）

唐大詔令集一百三十卷　明寫本 ……………………………………（273）

宋大詔令集二百四十卷　清讀經廬鈔本 ……………………………（273）

明詔敕二卷　明寫本 …………………………………………………（273）

燕王令旨奏章一卷　明寫本 …………………………………………（273）

北京建太廟敕諭奏章一卷　明寫本 …………………………………（274）

聖典二十四卷　明萬曆刊本 …………………………………………（274）

以上詔令

東漢書疏八卷　明天順刊本 …………………………………………（274）

國朝諸臣奏議一百五十卷　宋淳祐十年史季溫刊元明遞修本　存二

十七卷 …………………………………………………………………（274）

註陸宣公奏議十五卷　宋刊本　存二卷 ……………………………（275）

註陸宣公奏議十五卷　元至正十四年翠巖精舍刊本 ………………（275）

註陸宣公奏議十五卷　明初刊本 ……………………………………（275）

經進新註唐陸宣公奏議二十卷　宋刊本　存十一卷 ……………（276）

重刊陸宣公奏議二十二卷　明天順元年廣州延公祥刊本 ………（276）

陸宣公奏議二十二卷　明萬曆九年徐必進刊本 …………………（276）

李相國論事集六卷　舊寫本　勞格校 ……………………………（277）

田表聖先生奏議集一卷　明寫本 …………………………………（277）

范文正公政府奏議二卷　元元統二年范氏歲寒堂刊本 …………（277）

孝肅包公奏議集十卷　明成化二十年張岫開封府刊本 …………（277）

東坡先生奏議十五卷　明翻宋刊本 ………………………………（278）

元城先生盡言集十三卷　明寫本　存八卷 ………………………（278）

讜論集五卷　清馮氏醉經樓傳鈔四庫本 …………………………（278）

宋丞相李忠定公奏議六十九卷附錄九卷　明正德十一年蕭洋陸

　讓邵武縣刊本 ……………………………………………………（278）

石林奏議十五卷　宋刊本 …………………………………………（279）

石林奏議十五卷　明末毛氏汲古閣影寫宋刊本　毛晉跋 ………（279）

石林奏議十五卷　清影寫宋刊本　葉廷琯跋 ……………………（280）

呂忠穆公奏議三卷　明嘉靖十九年呂清、呂欒刊本 ……………（281）

育德堂奏議六卷　宋刊本 …………………………………………（281）

宋特進左丞相許國公奏議四卷　明嘉靖刊本　存一卷 …………（281）

宋左史呂午公諫草一卷　舊寫本 …………………………………（281）

羅山奏疏七卷　明刊本 ……………………………………………（282）

晉溪奏議八卷　明寫本 ……………………………………………（282）

應郎中審錄疏略附林郎中疏略一卷　明寫本 ……………………（282）

梁端肅公奏議十四卷　明刊本 ……………………………………（282）

以上奏議

傳　記　類

春秋列傳五卷　明嘉靖刊本 ………………………………………（282）

古列女傳六卷　明正德刊本 …………………………………（282）

劉向古列女傳七卷續一卷　明嘉靖三十一年黃魯曾刊本 ………（282）

古列女傳八卷　明萬曆黃嘉育刊本 …………………………（283）

四書人物考四十卷　明嘉靖三十六年刊本 …………………（283）

高士傳三卷　明嘉靖三十一年黃魯曾刊本 …………………（283）

高士傳三卷　明傳鈔黃魯曾刊本　毛晉跋 …………………（283）

英雄記一卷　舊寫本 …………………………………………（284）

歷代故事十二卷　宋嘉定四年刊本 …………………………（284）

廣卓異記二十卷　舊寫本 ……………………………………（284）

壽者傳三卷　舊寫本 …………………………………………（284）

懿畜前編不分卷　清初寫本 …………………………………（285）

宦寺考八卷　明刊本　李文田跋 ……………………………（285）

唐忠臣錄三卷　明正統十四年衛庸刊本 ……………………（285）

孫內翰北里志不分卷　清葉樹廉手寫本 ……………………（285）

皇朝名臣續碑傳琬琰錄十六卷　宋刊本　鮑廷博跋　並錄孫星衍

　　跋、徐渭仁跋 ……………………………………………（285）

新刊名臣碑傳琬琰三集上集二十七卷中集五十五卷下集二

　　十五卷　宋刊明修本　缺上集卷第十一 …………………（285）

新刊名臣碑傳琬琰三集上集二十七卷中集五十五卷下集二

　　十五卷　宋刊明修本　缺四卷 ……………………………（285）

新刊名臣碑傳琬琰三集上集二十七卷中集五十五卷下集二

　　十五卷　清經鉏堂重錄宋本　苕溪漫士跋 ………………（286）

五朝名臣言行錄十卷三朝名臣言行錄十四卷　宋刊本 ………（287）

五朝名臣言行錄七十九卷　元刊本　存三十九卷　餘日本人鈔配 ……（287）

五朝名臣言行錄後集十四卷別集十三卷外集十七卷續集八

　　卷　明刊本 ………………………………………………（287）

宋名臣言行録十卷後集十四卷　明刊本 ……………………（287）

四朝名臣言行録　宋刊巾箱本　存卷三、四、六 ……………（287）

四朝名臣言行録別集十六卷後集十六卷　宋刊本 …………（288）

南宋名臣言行録十六卷　明刊本 ……………………………（289）

道命録十卷　影寫宋淳祐十一年九江郡齋刊本 ……………（289）

道命録十卷　舊寫本 …………………………………………（289）

國朝名臣事略十五卷　元元統三年余志安勤有書堂刊本　李兆洛、沈

　炳垣跋 ………………………………………………………（289）

國朝名臣事略十五卷　影寫元元統三年余志安勤有書堂刊本　存卷

　一至七　朱錫庚跋 …………………………………………（289）

國朝名臣事略十五卷　明末祁氏淡生堂寫本　黃丕烈校跋並抄補缺葉 …（290）

草莽私乘一卷　舊寫本　陳鍾英校 …………………………（290）

草莽私乘一卷　清乾隆五十年寫本 …………………………（290）

青樓集一卷　舊寫本　趙魏、周季貺、蔣鳳藻跋 ……………（290）

青樓集一卷　黃丕烈手校并跋 ………………………………（291）

元相臣傳十二卷　明刊本 ……………………………………（291）

元朝人物略不分卷（原名大都元气録）　孫承澤稿本 ………（292）

皇朝名臣言行録十四卷　明刊本 ……………………………（292）

殿閣詞林記二十二卷　明嘉靖三十一年書林詹氏就正齋刊本 ……（292）

殿閣詞林記二十二卷　明嘉靖刊本 …………………………（292）

皇朝中州人物志十六卷　明隆慶刊本 ………………………（292）

本朝分省人物考一百十五卷　明刊本 ………………………（293）

皇明相業考一卷軍功考一卷　明刊本 ………………………（293）

國朝内閣名臣事略十六卷　明末刊本　存九卷 ……………（293）

皇明理學名臣言行録上下卷續一卷　明萬曆刊本 …………（294）

三家世典一卷　明寫本 ………………………………………（294）

復社姓氏録一卷　　舊寫本 ……………………………………（294）

啓禎野乘一集十六卷二集八卷　　舊寫本 ……………………（294）

明末忠烈紀實二十卷　　舊寫本 ………………………………（294）

崇禎忠節録三十二卷　　清刊本 ………………………………（295）

殷頑録六卷　　舊寫本　缺卷五 ………………………………（295）

續名賢小紀　　清吳翌鳳手寫本 ………………………………（295）

四王傳四卷附録　　繆荃孫手寫本 ……………………………（295）

國朝名家小傳　　舊寫本　王引之校 …………………………（295）

皇朝大臣紀盛八卷　　稿本 ……………………………………（295）

蒭詢録□卷　　清康熙六年周亮工刊本 ………………………（297）

秦淮士女表一卷　　舊寫本 ……………………………………（297）

毘陵人品記十卷　　舊寫本 ……………………………………（297）

松陵文獻十五卷　　清康熙三十二年刊本 ……………………（298）

潤州先賢事實録六卷　　明天順姚堂鎮江刊本 ………………（298）

金華先民傳十卷　　明寫本 ……………………………………（298）

豫章書一百二十二卷　　明寫本 ………………………………（298）

　　　　　　　　　　　　　　　　　　以上總録

軒轅黄帝傳不分卷　　明刊本 …………………………………（299）

孔子通紀八卷　　日本活字印本 ………………………………（299）

晏子春秋八卷　　明刊本　王懿榮跋 …………………………（299）

晏子春秋八卷　　明刊本 ………………………………………（299）

晏子春秋　　明刊本　沈啓南校刊　存三、四卷 ……………（300）

晏子春秋四卷　　明萬曆十六年吳懷保刊本 …………………（300）

晏子春秋四卷　　明崇禎十三年郭紹孔傳抄萬曆十六年吳懷保刊本 …（300）

漢丞相諸葛忠武侯傳　　宋刊本 ………………………………（300）

諸葛忠武録五卷　　明嘉靖唐藩刊本 …………………………（300）

關王事迹五卷　明初刊本 ……………………………………（300）

紹陶録二卷　清知不足齋寫本　孔繼涵校并手鈔序 ……………（300）

魏鄭公諫録五卷　明正德二年曾大有刊本 ………………………（301）

魏鄭公諫録六卷　舊寫本 …………………………………………（301）

安禄山事迹三卷　舊寫本 …………………………………………（301）

安禄山事迹三卷　舊寫本 …………………………………………（301）

安禄山事迹三卷　舊寫本 …………………………………………（301）

安禄山事迹三卷　舊寫本 …………………………………………（301）

忠獻韓魏王家傳十卷別録三卷遺事一卷　明正德九年張士隆刊本 ……（301）

豐清敏公遺事一卷附録一卷　舊寫本 ……………………………（301）

歐公本末四卷　宋刊本 ……………………………………………（302）

新雕名臣紀述老蘇先生事實一卷　南宋初建本 …………………（302）

宋陳少陽先生盡忠録八卷　明正德十年孫育刊本 ………………（302）

宋陳少陽先生盡忠録八卷　明正德十年孫育刊本 ………………（302）

宋太學生陳東盡忠録八卷　舊寫本 ………………………………（303）

鄂國金佗稡編二十八卷續編三十卷　清經鉏堂重録宋本 ………（303）

鄂國金佗續編三十卷　宋刊本 ……………………………………（303）

鄂國金佗續編三十卷　元刊本 ……………………………………（303）

忠文王紀事實録五卷　宋咸淳七年吳安朝刊本 …………………（304）

岳飛傳一卷附岳忠武王廟名賢詩　明刊本 ………………………（306）

懷賢録不分卷　明正統刊本 ………………………………………（307）

宋待制徐文清公家傳一卷　明正德刊本 …………………………（307）

明良慶會録四卷　明成化刊本 ……………………………………（308）

宋丞相崔清獻公全録十卷　明刊本 ………………………………（308）

運使復齋郭公言行録一卷敏行録一卷　清張蓉鏡家影寫元刊本

　單學傳、繆荃孫跋 ………………………………………………（308）

熊襄愍事略一卷附淮南四鎮傳　舊寫本 ……………………………………（309）

國姓爺鄭成功傳上下卷　日本蒹葭堂刊本 ……………………………（309）

明季遂志録一卷　清刊本 …………………………………………………（309）

　　　　　　　　　　　　　　　　　　以上個人

澹然年譜二卷　明萬曆刊本 ………………………………………………（309）

秦襄毅公年譜　明刊本 ……………………………………………………（309）

牧翁先生年譜　舊寫本 ……………………………………………………（310）

徵君孫先生年譜二卷　舊寫本 ……………………………………………（310）

　　　　　　　　　　　　　　　　　　以上年譜

元郭天錫日記　清嘉慶四年趙之玉寫本　趙魏跋 ………………………（310）

南歸紀行上下卷附南歸詩稿一卷　明寫本 ………………………………（311）

春浮園別集六卷　清初刊本 ………………………………………………（311）

迎鑾日記一卷二紀一卷三紀一卷　清宋犖原稿本 ……………………（311）

果親王西藏日記不分卷　清允禮原稿本 …………………………………（312）

觀齋行年自記　清祁雋藻原稿本 …………………………………………（312）

　　　　　　　　　　　　　　　　　　以上日譜

紹興十七年同年録一卷　明弘治刊嘉靖十三年重修本 …………………（312）

宋紹興十八年同年小録一卷　清寫本　翁方綱、丁錦鴻校 ……………（312）

宋寶祐四年登科録一卷　明嘉靖刊本 ……………………………………（312）

宋寶祐四年登科録一卷　清寫本　林佶寫本傳　翁方綱校補　丁錦

　鴻校 ………………………………………………………………………（313）

明建文二年會試録　天一閣藏明寫本 ……………………………………（313）

隆慶二年進士登科録　明刊本 ……………………………………………（313）

皇明歷科狀元録　明刊本 …………………………………………………（313）

思樂編前集　舊寫本 ………………………………………………………（314）

　　　　　　　　　　　　　　　　　　以上貢舉

新刊真楷大字全號搢紳便覽一卷　明萬曆十二年北京葉鋪刊本 …… （314）

新刊南北直隸十三省府州縣正佐首領全號宧林備覽二卷　明

　萬曆十二年北京宣武門裏鐵匠胡同刊行 ………………………… （314）

以上職官録

鎮遠先獻記二十四卷　明刊本 ……………………………………… （314）

伊爾根覺羅氏家傳　舊寫本 ………………………………………… （315）

以上家傳

孔氏祖庭廣記十二卷　蒙古乃馬真后元年孔氏刊本　錢大昕等跋 …… （315）

孔氏祖庭廣記十二卷　影寫蒙古刊本 ……………………………… （315）

孔氏祖庭廣記十二卷　清愛日精廬寫本　張金吾校 ……………… （315）

漢天師世家不分卷　明萬曆二十三年張國祥刊本 ………………… （315）

李氏世譜　乾隆三十九年興化李氏刊本　李文田跋 ……………… （316）

以上譜牒

卷五　史部三

地　理　類

元和郡縣圖志四十卷　影寫宋刊本　存三十六卷 ………………… （317）

元和郡縣圖志四十卷　舊寫本　陳鱣校，黄丕烈、孫星衍跋　存三十

　四卷 …………………………………………………………………… （317）

元和郡縣圖志四十卷　明寫本 ……………………………………… （319）

元和郡縣圖志四十卷目録二卷　怡顏堂寫本 ……………………… （319）

太平寰宇記二百卷目録二卷　宋刊本　存三十三卷 ……………… （319）

太平寰宇記二百卷目録二卷　舊寫本 ……………………………… （320）

〔元豐〕新定九域志十卷　影寫宋刊本 …………………………… （320）

〔元豐〕新定九域志十卷　影寫宋刊本　吳騫、唐翰題跋 ……… （320）

〔元豐〕新定九域志十卷　清寫本 ……………………………………（321）

興地廣記三十八卷　宋九江郡齋刊嘉泰四年淳祐十年遞修本　顧廣

　圻、黃丕烈跋　存二十一卷 ………………………………………（321）

興地廣記三十八卷　宋九江郡齋刊嘉泰四年、淳祐十年遞修本　存十

　二卷 ……………………………………………………………（322）

興地廣記三十八卷　清初商丘宋氏寫本 …………………………（324）

興地紀勝二百卷　舊寫本　存一百六十八卷 ……………………（324）

新編方輿勝覽七十卷　宋刊本 ……………………………………（324）

新編方輿勝覽七十卷　宋刊本 ……………………………………（324）

方輿勝覽七十卷　宋刊本 …………………………………………（325）

新編四六必用方輿勝覽七十二卷首二卷　宋刊本 ………………（325）

聖朝混一方輿勝覽三卷　明初刊本 ………………………………（326）

聖朝混一方輿勝覽三卷　明初刊本 ………………………………（326）

歷代地理指掌圖不分卷　宋成都府市西俞家刊本 ………………（326）

歷代地理指掌圖不分卷　明刊本　吳騫跋 ………………………（327）

歷代地理指掌圖不分卷　明刊本 …………………………………（328）

大明清類天文分野之書二十二卷　明初刊本 ……………………（329）

明季郡國利病全書一百二十卷　清乾隆時吳中寫本 ……………（329）

歷代宅京記二十卷　清寫本　張敦仁、丁杰跋 …………………（329）

歷代宅京記二十卷　清寫本　彭元瑞手校 ………………………（330）

一統志案説十六卷　清崑山顧氏原本 ……………………………（330）

肇域記六卷　清韓應陛屬王雪舫影鈔淥園喜園藏本並録黃丕烈、錢大昕跋 …（330）

肇域志八冊　舊寫本　存南直隸一省 ……………………………（330）

欽定皇輿全覽□□卷　清康熙內府刊本　存三十九卷 …………（330）

以上總志

天府廣記四十四卷　舊寫本 ………………………………………（331）

〔乾隆〕永清縣志二十五卷　乾隆四十五年刊本 ……………………（332）

〔嘉靖〕固安縣志九卷　明嘉靖四十四年刊本 ………………………（332）

〔嘉靖〕遼東志九卷　明嘉靖刊本 ……………………………………（332）

〔景定〕建康志五十卷　清錢大昕家寫本　卷二十三末比刊本多半葉 …（332）

〔至正〕金陵新志十五卷　元至正四年集慶路儒學溧陽州學溧水州學

　刊本 …………………………………………………………………（332）

吳地記一卷後集一卷　學津討原本　唐翰題校並録錢大昕跋 ………（333）

吳郡圖經續記三卷　宋刊本　錢穀補缺葉　黃丕烈翁同龢跋 ………（333）

吳郡圖經續記三卷　乾隆二十四年朱鑒刊本　黃丕烈據錢穀刊本及影

　宋本校 ………………………………………………………………（333）

吳郡圖經續記三卷　清寫本　失名人校宋本　黃丕烈、顧廣圻跋 …（333）

吳郡圖經續記三卷　明錢穀寫本　顧廣圻、黃丕烈跋 ………………（333）

吳郡圖經續記三卷　清寫本　翁同龢手寫中、下二卷並跋 …………（333）

吳郡志五十卷　宋紹定刊本 …………………………………………（334）

〔洪武〕蘇州府志五十卷　明洪武刊本　宋賓王校 …………………（334）

〔正德〕姑蘇志六十卷　明正德刊本 …………………………………（335）

〔至正〕崑山郡志六卷　舊寫本 ………………………………………（335）

〔嘉靖〕崑山縣志十六卷　明嘉靖十七年刊本 ………………………（335）

〔咸淳〕毗陵志三十卷　宋刊本　存十四卷　餘抄配 ………………（335）

〔咸淳〕重修毗陵志三十卷　清寫本 …………………………………（336）

〔正德〕常州府誌續集八卷　明正德八年刊本 ………………………（336）

無錫志四卷　明初刊本 ………………………………………………（336）

〔弘治〕徽州府志　明成化刊本　存卷十一、十二, 并補遺 ………（336）

〔嘉靖〕太原縣志六卷　明天啓重修刊本 ……………………………（336）

〔嘉靖〕榮河縣志二卷　明傳寫嘉靖十七年刊本 ……………………（337）

〔嘉靖〕山東通志四十卷　明嘉靖刊本 ………………………………（337）

〔嘉靖〕登州府志十卷　明刊本 ……………………………………（337）

〔嘉靖〕高唐州志七卷　明嘉靖三十二年刊本 ……………………（338）

〔成化〕河南總志二十卷　明成化刊本　存十九卷 ………………（338）

〔萬曆〕濮州志六卷　明萬曆十年刊本　存五卷……………………（338）

雍大記三十六卷　明嘉靖刊本　明吳岫、張獻翼題識 ……………（338）

長安志二十卷圖三卷　明嘉靖十一年李經刊本　李文藻跋 ………（339）

長安志二十卷圖三卷　影寫明成化四年郃陽書堂刊本 ……………（339）

〔天啓〕渭南志十六卷　明天啓元年刊本 …………………………（339）

〔正德〕武功縣志三卷　明正德十四年刊本　林佶跋 ……………（340）

〔乾道〕臨安志十五卷　舊寫本　存卷一至三 ……………………（340）

〔咸淳〕臨安志一百卷　宋咸淳刊本　存八十三卷　又抄本十二卷 …（340）

咸淳臨安志一百卷　宋咸淳刊本　存十卷　又抄配十二卷…………（340）

咸淳臨安志一百卷　宋咸淳刊本　存十三卷　又抄配三卷…………（341）

咸淳臨安志三函　宋咸淳刊本　存十七卷　又抄配十五卷…………（341）

咸淳臨安志一百卷　清馬氏道古樓寫本　吳焯、蔣蔣邨校並跋　存九

　十五卷 …………………………………………………………（341）

〔咸淳〕臨安志一百卷　清寫本　盧文弨、陳鱣、錢大昕題識　存九十

　五卷 ……………………………………………………………（345）

海昌外志不分卷　清寫本　唐翰題跋 ………………………………（347）

〔正德〕富春誌六卷　明正德十三年刊本 …………………………（347）

〔乾隆〕乍浦志七卷　清刊本 ………………………………………（348）

〔至元〕嘉禾志三十二卷　舊寫本　管庭芬、李文杏等跋 ………（348）

嘉興府圖記二十卷　明嘉靖二十八年刊本 …………………………（348）

〔開慶〕四明續志十二卷　宋開慶元年刊本 ………………………（349）

四明它山圖經十一卷　清寫本　徐時棟跋 …………………………（349）

〔嘉泰〕會稽志二十卷　宋刊本　存十二卷 ………………………（349）

〔成化〕新昌縣志十六卷　明刊本 ……………………………（349）

〔嘉定〕赤城志四十卷　明成化刊本　存二十八卷…………（349）

赤城會通記二十卷　明刊本 …………………………………（350）

嚴州重修圖經八卷　宋刊本　存卷一至三 …………………（350）

新定續志十卷　宋刊本　錢大昕、顧廣圻跋 ………………（350）

〔康熙〕西江志二百六卷　清康熙五十九年刊本 …………（350）

〔正統〕嘉魚縣志三卷　明正統十四年刊本 ………………（351）

〔天順〕重刊襄陽郡誌四卷　明天順三年刊本……………（351）

隨志上下卷　明刊本 …………………………………………（351）

〔弘治〕八閩通志八十七卷　明弘治四年刊萬曆補修本……（351）

〔淳熙〕三山志四十二卷　清寫本　唐翰題跋 ……………（352）

〔淳熙〕三山志四十二卷　清寫本　程餘慶跋並校明寫本 …（352）

〔淳熙〕三山志四十二卷　新寫本　繆荃孫臨程餘慶校明寫本 …（352）

〔正德〕興寧志四卷　舊寫本 ………………………………（352）

〔嘉靖〕龍巖縣志二卷　明嘉靖三十七年刊藍印本………（352）

全蜀邊域考十三卷　存十冊 …………………………………（353）

〔康熙〕西充縣志十二卷　清康熙刊本 ……………………（355）

瀘州志□□卷　傳鈔永樂大典本……………………………（355）

〔嘉靖〕廣東通志七十卷　明嘉靖刊本 ……………………（356）

〔萬曆〕廣東通志七十二卷　明萬曆刊本 …………………（356）

〔嘉靖〕廣西通志六十卷　明嘉靖刊本 ……………………（356）

〔宣德〕桂林郡志三十二卷　明景泰刊本　存卷二十五至三十三，計

八卷 ………………………………………………………（357）

〔宣德〕桂林郡志三十二卷　明景泰刊本　存卷一至八、十九至二十

二,計十二卷 ……………………………………………（359）

貴州圖經新志十七卷　明刊本　存十一卷,餘抄配 ………（360）

三州輯略九卷　舊寫本 ……………………………………………（361）

　　　　　　　　　　　　　以上地方志

燕史一百二十卷　舊寫本　存三十三卷 ……………………………（361）

舊京遺事一卷　舊寫本 ……………………………………………（361）

黑龍江察邊考一册　舊寫本 ………………………………………（361）

中吳紀聞六卷　明弘治七年嚴春刊本 ……………………………（362）

中吳紀聞六卷　明正德九年龔弘刊本 ……………………………（362）

中吳紀聞六卷　明末毛氏汲古閣刊本　毛扆跋、陸貽典、蒙伯覬校并跋，

　鮑廷博、劉喜海題識 ……………………………………………（362）

中吳紀聞六卷　明末毛氏汲古閣刊本　何焯校並跋，馮登府、楊廷錫跋 ……（363）

中吳紀聞六卷　明末毛氏汲古閣刊本　失名人臨何焯校跋 …………（364）

中吳紀聞六卷　清白鹿山房活字印本 ……………………………（364）

吳中舊事一卷　明隆慶元年居節手寫本 …………………………（365）

吳中舊事一卷　舊寫本 ……………………………………………（365）

平江記事一卷　舊寫本 ……………………………………………（365）

虞鄉雜志一卷　明毛晉稿本 ………………………………………（365）

雲間志略二十四卷　明天啓刊本 …………………………………（365）

雲間雜識八卷　舊寫本 ……………………………………………（365）

幽蘭居士東京夢華錄十卷　元刊本 ………………………………（365）

幽蘭居士東京夢華錄十卷　元刊本　黃丕烈跋 ……………………（365）

幽蘭居士東京夢華錄十卷　明弘治翻元刊本 ……………………（366）

都城紀勝一卷　傳鈔永樂大典本 …………………………………（366）

夢粱錄二十卷　清寫本　周星譽題識 ……………………………（366）

武林舊事六卷　明正德十三年宋廷佐刊本 ………………………（366）

武林舊事六卷　明嘉靖三十九年陳柯刊本 ………………………（366）

增補武林舊事八卷　清初朱繩刊本 ………………………………（366）

吳興掌故集十七卷　明茅獻徵刊本　存十一卷 ……………… (367)

岳陽風土記一卷　明傳鈔許嶽重刊本 ……………………… (367)

廣禹貢楚絶書二卷　舊寫本 ……………………………… (367)

蜀都碎事四卷補遺一卷　清康熙刊本 ……………………… (367)

益部方物略記一卷　清內府寫本 ………………………… (367)

蜀中廣記一百八卷　明刊本 ……………………………… (367)

蜀中廣記一百八卷　明刊本　存方物記十二卷 …………… (367)

益部談資二卷　舊寫本 …………………………………… (368)

顏山雜記四卷　清四庫全書館校本 ……………………… (368)

邊州聞見錄十一卷　舊寫本 ……………………………… (368)

滇考二卷　舊寫本 ……………………………………… (368)

臺海見聞錄二卷　舊寫本 ………………………………… (368)

北戶錄注三卷　明文始堂寫本 …………………………… (368)

北戶錄注三卷　舊寫本 …………………………………… (368)

桂林風土記一卷　明謝氏小草齋寫本 …………………… (369)

桂林風土記一卷　清吳翌鳳手寫本　有跋 ………………… (369)

百粵風土記一卷　清鄭杰注韓居寫本 …………………… (369)

西域遺聞不分卷　清寫本 ………………………………… (370)

西藏見聞錄二卷　清寫本 ………………………………… (370)

藏徵錄□卷　清寫本　存一卷 …………………………… (370)

西陲要略四卷　清筠綠山房刊本 ………………………… (370)

海域大觀一卷　清寫本 …………………………………… (370)

以上雜志

東南防守利便三卷　明崇禎八年茅瑞徵刊本 ……………… (371)

大寧考一卷　明刊本 ……………………………………… (371)

邊事雜鈔一冊　明寫本 …………………………………… (371)

以上古邊防

廣西湖名山合志三十九卷外志五卷　　明刊本 ……………………（371）

茅山志十五卷　　元刊本　孫星衍跋 ………………………………（372）

茅山志十五卷　　元刊本　存七卷，餘劉履芬補寫………………（373）

茅山志十五卷　　元刊本 ……………………………………………（373）

虎丘志不分卷　　清吳翌鳳手寫本 ………………………………（373）

慧山記三卷　　明正德刊本 …………………………………………（373）

婺源山水游記二卷　　清乾隆五十五年活字印本 ………………（373）

泰山志四卷　　明嘉靖刊本 …………………………………………（373）

越中山水志不分卷　　明刊本 ……………………………………（374）

東山志十九卷　　明刊本 ……………………………………………（374）

雁山志四卷　　明刊本 ………………………………………………（374）

雁山志四卷　　明萬曆重修本 ……………………………………（374）

廬山記五卷　　宋刊本　存二卷，餘抄配 ………………………（374）

廬山紀事十二卷　　明嘉靖刊本 …………………………………（375）

金精風月二卷　　明刊本　徐𤆍跋 ………………………………（375）

武夷志略不分卷　　明刊本 …………………………………………（375）

南嶽總勝集三卷　　清嘉慶六年唐仲冕刊本 ……………………（376）

石湖志略一卷文略一卷　　影寫明嘉靖刊本 ……………………（376）

水經三卷　　明正德十三年盛黂刊本 ……………………………（376）

水經注四十卷　　宋刊本　存十二卷 ……………………………（376）

水經注四十卷　　明嘉靖十三年黃省曾刊本 ……………………（377）

水經注四十卷　　明崇禎二年武林嚴忍公刊本 …………………（377）

水經注四十卷　　清康熙項絪刊本　前人校並臨何焯校跋 ……（377）

水經注四十卷　　明寫本　沈廷芳、韓應陛校並跋 ……………（378）

水經注箋四十卷　　明萬曆四十三年李長庚刊本　郭毓圻批點並臨何焯

　校語 ……………………………………………………………（378）

水經注箋四十卷　明萬曆四十三年李長庚刊本　孫潛校跋,並錄趙琦

美題識　袁廷檮校並跋　存十六卷 …………………………………（378）

水經注釋四十卷首一卷附錄二卷水經注箋刊誤十二卷　清乾

隆五十一年趙氏小山堂刊本　王詠霓校並跋 ……………………（379）

崑崙河源考一卷　舊寫本 ……………………………………………（379）

河漕備考四卷　稿本 …………………………………………………（379）

以上山水水利附

三輔黃圖六卷　明弘治八年李瀚刊本 ………………………………（379）

三輔黃圖六卷　明嘉靖三十八年劉景韶刊本 ………………………（379）

三輔黃圖六卷　明萬曆三十年陝西布政使司刊秦漢圖記本 ………（380）

三輔黃圖六卷　明萬曆三十年陝西布政使司刊秦漢圖記本　毛扆校

顧廣圻跋 ………………………………………………………………（380）

遊城南記一卷　明萬曆三十年陝西布政使司刊秦漢圖記本 ………（380）

禁扁四卷　明寫本 ……………………………………………………（381）

以上宮殿

汴京遺蹟志二十四卷　明嘉靖二十五年李濂自刻本 ………………（381）

雍錄十卷　明嘉靖十一年李經刊本 …………………………………（381）

百泉書院志四卷　明嘉靖刊本 ………………………………………（382）

嵩陽書院志二卷　舊寫本 ……………………………………………（382）

白鹿洞書院新志八卷　明嘉靖刊本 …………………………………（382）

洛陽伽藍記五卷　明如隱堂刊本 ……………………………………（382）

金陵梵刹志五十三卷　明萬曆三十五年南京僧錄司刊本 …………（383）

以上古蹟寺院附

攬轡錄一卷驂鸞錄一卷吳船錄二卷　清趙昱小山堂寫本 …………（384）

使金錄一卷　明叢書堂寫本　有跋 …………………………………（384）

長春真人西遊記二卷　舊寫本　曾習經鈔補並跋 …………………（384）

西使記一卷　舊寫本 …………………………………………………（384）

遊志續編一卷　清勞權手寫本　並録錢穀、吳翌鳳、鮑廷博跋 ……（384）

西域行程記一卷　明鄭曉家寫本 …………………………………（384）

北虜事蹟一卷　明鄭曉家寫本 ……………………………………（385）

西番事蹟一卷　明鄭曉家寫本 ……………………………………（385）

西域番國志一卷　明鄭曉家寫本 …………………………………（385）

龔淵孟先生北征日記　清寫本 ……………………………………（385）

容陽紀游録不分卷　清寫本 ………………………………………（385）

冬集紀程一卷附詩　清寫本 ………………………………………（386）

北遊日記一卷　清寫本 ……………………………………………（386）

萬里行程記　舊寫本 ………………………………………………（386）

　　　　　　　　　　　　　　　　　　　　以上行記

大唐西域記十二卷　宋刊梵夾本　抄配二卷 ……………………（386）

大唐西域記十二卷　日本元和活字印本 …………………………（386）

宣和奉使高麗圖經四十卷　宋乾道三年澂江郡齋刊本 …………（386）

宣和奉使高麗圖經四十卷　清初寫本 ……………………………（387）

宣和奉使高麗圖經四十卷　舊寫本 ………………………………（387）

海外紀事六卷　清康熙刊本 ………………………………………（387）

朝鮮國志一卷　舊寫本 ……………………………………………（387）

海東諸國紀不分卷　朝鮮古活字印本 ……………………………（388）

日本輿地通志六十一卷　日本享保刊本 …………………………（388）

使琉球録二卷　明萬曆七年刊本 …………………………………（388）

諸蕃志二卷　舊寫本 ………………………………………………（388）

真臘風土記一卷　清吳翌鳳手寫本 ………………………………（388）

夷俗考一卷　明叢書堂寫本 ………………………………………（388）

咸賓録八卷　清初傳寫明萬曆辛卯劉一焜刊本 …………………（389）

　　　　　　　　　　　　　　　　　　　　以上外紀

卷六　史部四

職官類

大唐六典注三十卷　宋紹興四年溫州州學刊本　沈曾植、王秉恩跋

　存卷三、二十八至三十,計四卷 ……………………………（390）

大唐六典注三十卷　宋紹興四年溫州州學刊本　存卷七至十一,計五卷 …（392）

大唐六典注三十卷　明正德十年席書、李承勛刊本 …………（392）

大唐六典注三十卷　明嘉靖二十三年浙江按察司刊本 ………（392）

大唐六典注三十卷　傳寫明嘉靖二十三年浙江按察司刊本　失名人校 …（393）

麟臺故事五卷　明影寫宋刊本　錢穀、黃丕烈跋　存卷一至三 …………（393）

麟臺故事五卷　清寫本　錄錢穀、黃丕烈跋　存卷一至三 …………（393）

麟臺故事五卷　清寫本　錄黃丕烈跋　存卷一至三 ……………（394）

翰苑羣書上下卷　明內府寫本 …………………………………（394）

翰苑遺事一卷　清寫本 …………………………………………（394）

中興館閣錄十卷續錄十卷　宋刊本　黃丕烈二跋　缺卷一及續錄卷九 …（394）

中興館閣錄十卷續錄十卷　清初毛氏汲古閣寫本 ……………（394）

中興館閣續錄十卷　清吳焯瓶花齋校本 ………………………（394）

中興館閣續錄十卷　清寫本 ……………………………………（395）

中興館閣續錄十卷　盧文弨、施紹武校並跋　存卷八、九、十,計三卷 …（395）

秘書志十一卷　清寫本 …………………………………………（395）

秘書志十一卷　清寫本 …………………………………………（395）

使職文獻通編正編十卷外編十二卷　明嘉靖四十四年刊本 …（395）

吏部職掌八十卷　明刊本 ………………………………………（395）

車駕職掌三卷　清初寫本 ………………………………………（396）

館閣類錄二十二卷　明刊本 ……………………………………（396）

鴻臚寺志五卷　明崇禎刊本　………………………………（396）

辟雍紀事八卷　傳錄李木齋藏本　…………………………（396）

皇明太學志十二卷　明嘉靖三十六年國子監刊本　………（397）

皇朝太學志一百八十卷　原稿本　…………………………（397）

歷代官制考　舊寫本　………………………………………（398）

畫簾緒論一卷　明成化七年何鑑刊本　葉德輝跋　………（398）

牧民忠告二卷風憲忠告一卷廟堂忠告一卷　元刊本　郭尚先跋　…（399）

政　書　類

通典二百卷　宋紹興間浙江刊本　沈曾植跋　存一百七十三卷,內三十

　　三卷爲元補本　……………………………………………（399）

通典二百卷　宋紹興間浙江刊本　存卷一至一百,餘抄配………（401）

通典二百卷　宋紹興間浙江刊本　存卷一百六至一百十,計五卷　………（401）

通典　宋紹興間浙江刊元元統三年補刊本　存十一卷　…（402）

通典二百卷　明嘉靖刊本　…………………………………（402）

新刊浙本通典二百卷　明寫本　……………………………（402）

文獻通考三百四十八卷　元泰定元年西湖書院刊遞修本　…………（402）

文獻通考三百四十八卷　明寫本　存一百七十九卷………（402）

西漢會要七十卷　宋嘉定建寧郡齋刊本　存八卷,內四卷鈔配…（403）

西漢會要七十卷　清初寫本　………………………………（404）

西漢貫制叢錄七十卷　舊寫本　僞書　即西漢會要………（404）

東漢會要四十卷　宋寶慶二年建寧郡齋刊本　存二十八卷　………（404）

東漢會要四十卷　清初毛氏汲古閣影寫宋刊本　…………（406）

唐會要一百卷　舊寫本　……………………………………（406）

唐會要一百卷　舊寫本　彭元瑞校並跋　…………………（406）

五代會要三十卷　清寫本　…………………………………（406）

建炎以來朝野雜記甲集二十卷　明寫本　存十卷 …………………（406）

建炎以來朝野雜記甲集二十卷　清鮑廷博手寫本　並録吳焯校及

　吳城跋　卷九至十一、十四至二十別一人寫　周星詒跋 …………（406）

建炎以來朝野雜記乙集二十卷　舊寫本　鮑廷博臨吳焯校本 ………（407）

大元聖政國朝典章六十卷附新集至治條例不分卷　元至治二年

　刊本 ……………………………………………………………………（407）

皇明大政纂要□□卷　明寫本　存六卷 ……………………………（408）

大明令一卷　舊寫本 …………………………………………………（408）

國朝典故十九卷　明寫本 ……………………………………………（408）

皇明藩府政令六卷　明寫本 …………………………………………（408）

以上通制

大唐開元禮一百五十卷　舊寫本 ……………………………………（408）

政和五禮新儀二百二十卷　明初刊本　汪琬校 ……………………（408）

皇朝五禮精義註十卷　舊寫本　偽書 ………………………………（408）

金集禮四十卷　明寫本 ………………………………………………（409）

大金集禮四十卷　舊寫本 ……………………………………………（409）

金集禮四十卷　舊寫本 ………………………………………………（409）

大金集禮四十卷　舊寫本　存三十八卷 ……………………………（409）

皇明典禮二十卷　明刊本 ……………………………………………（409）

雜鈔一冊　明寫本 ……………………………………………………（409）

雯史四卷　舊寫本 ……………………………………………………（409）

以上典禮

海運備採十四卷　清代進呈底本 ……………………………………（410）

以上邦計

馬政志四卷　明嘉靖刊本 ……………………………………………（410）

陝西四鎮軍馬數　明刊本　吳岫跋 …………………………………（410）

楚邊餉二冊　明萬曆刊本 ……………………………………………（410）

以上軍政

御製大誥一卷　明洪武內府刊本 …………………………………（411）

御製大誥續編一卷　明洪武二十年太原府翻內府刊本 …………（411）

御製大誥三編一卷　明洪武十九年內府刊本 ……………………（412）

御製紀非錄一卷　舊寫本 …………………………………………（412）

以上法令

營造法式三十四卷　宋刊本　存半葉 ……………………………（412）

營造法式三十四卷　清末寫本 ……………………………………（412）

兩宮鼎建記二卷　清初寫本 ………………………………………（413）

以上工藝

明吏部考二司題稿十冊　舊寫本 …………………………………（413）

刑部事宜一冊　明寫本 ……………………………………………（413）

欽明大獄錄二卷　明寫本 …………………………………………（413）

魯府招詞一冊　明寫本 ……………………………………………（413）

河南布政司議稿　明寫本 …………………………………………（413）

以上公牘

宮中現行則例　清末寫本　不分卷 ………………………………（413）

內庭體制備考一冊　舊寫本 ………………………………………（414）

內庫珍藏款識八冊　清寫本 ………………………………………（414）

鞍庫則例一冊　清寫本 ……………………………………………（414）

大糧庫則例一冊　清寫本 …………………………………………（414）

以上檔冊

金石類

籀史二卷　舊寫本　吳翌鳳跋　存上卷 …………………………（414）

籀史二卷　清大末吾氏精寫本　存上卷 …………………………（414）

金石録三十卷　清吕無黨手寫本　有跋 ……………………………（414）

金石録三十卷　清寫本　失名人臨何焯跋………………………………（416）

金石録三十卷　清鮑廷博鈔校本　盧文弨、葉志詵校 ……………………（417）

隸釋二十七卷　明寫本　盛時泰跋 ………………………………（417）

隸釋二十七卷　明寫本 ………………………………………（417）

隸釋二十七卷　明寫本 ………………………………………（417）

隸釋二十七卷　明秦四麟家寫本　徐波題識 …………………………（417）

隸續二十一卷　影寫宋刊本 …………………………………（418）

隸續二十一卷　影寫清曹寅刊本　失名人臨何焯校及跋 ……………（418）

金石古文四卷　清寫本　吳騫跋 ………………………………（418）

金石韻府五卷　朱寫本 ………………………………………（419）

欣賞編　明刊本 ………………………………………………（419）

寒山堂金石林時地考一卷金石林一卷　舊寫本 ……………………（419）

金石文字記六卷　清寫本　李克正跋 …………………………………（419）

海東金石記五册　清翁方綱稿本 ……………………………………（419）

考古圖記十卷　元刊本 ………………………………………（419）

嘯堂集古録二卷　影宋寫本　翁方綱、陳鱣校並跋 …………………（420）

歷代鐘鼎彝器款識二十卷　舊寫本　張蓉鏡校並跋 ……………（420）

石雲先生金石評考一卷印譜考釋二卷　明刊本 ……………………（421）

寶刻叢編二十卷　宋寫本　存卷一、五,計二卷 ……………………（421）

寶刻叢編二十卷　明寫本 ……………………………………（421）

寶刻叢編二十卷　舊寫本　翁方綱、程瑶田、丁杰、錢綠窗批校 …………（421）

寶刻叢編二十卷　舊寫本 ……………………………………（421）

寶刻叢編二十卷　舊寫本 ……………………………………（421）

寶刻類編八卷　舊寫本　盧文弨校 …………………………………（421）

輿地碑記目四卷金石文字記補遺一卷　清袁氏貞節堂寫本　錢大

　昕跋 ……………………………………………………………（421）

金薤琳瑯二十卷　明正德刊本　葉樹廉跋 ………………………（422）

金薤琳瑯二十卷　明正德刊本 ……………………………………（422）

吳下冢墓遺文三卷續一卷　明賜書樓寫本 ………………………（422）

石刻便覽四卷拾遺一卷　手稿本 …………………………………（422）

國山碑釋文蒼頡廟碑釋文　翁方綱手稿 …………………………（422）

瘞鶴銘攷補一冊　舊寫本　翁方綱校改 …………………………（422）

光堯閣石經殘本目附宋太學石經記　清寫本 ……………………（422）

古甎錄四冊　原稿本　顧廣圻跋 …………………………………（423）

歷代鍾官圖經八卷　舊寫本　張廷濟補 …………………………（423）

古泉苑目錄　清劉氏嘉蔭簃寫本 …………………………………（423）

嘉蔭簃古泉隨筆八卷　清劉氏嘉蔭簃寫本　劉喜海跋 …………（423）

目　錄　類

欽定天祿琳瑯書目十卷　清內府寫本 ……………………………（423）

欽定天祿琳瑯書目十卷　清朱邦衡手寫本　有跋 ………………（424）

俄羅斯進呈書目不分卷　舊寫本 …………………………………（424）

　　　　　　　　　　　　　　　　　　　以上政府收藏

隸竹堂書目一卷　舊寫本 …………………………………………（425）

絳雲樓書目二冊　清寫本　曹溶、吳翌鳳跋 ……………………（425）

絳雲樓書目一卷　舊寫本 …………………………………………（425）

牧齋書目一冊　舊寫本　李文藻批，盛昱跋 ……………………（425）

也是園藏書目十卷　原稿本　錢曾增改 …………………………（425）

述古堂藏書目錄十卷　錢氏述古堂寫本 …………………………（425）

北平謝氏藏書目　江陰繆氏藝風堂寫本 …………………………（426）

竹崦盦傳鈔書目　　舊寫本　蔡瀨校　……………………………（426）

何子貞手寫家藏書目　　何紹基手寫本　………………………（426）

以上家藏

昭德先生郡齋讀書志四卷後志二卷附志一卷考異一卷　　宋刊本　…（426）

昭德先生郡齋讀書志　　舊寫本　……………………………………（427）

讀書敏求記四卷　　清刊本　胡重校　………………………………（427）

讀書敏求記四卷　　清沈祖彬手寫本　嚴元照校　…………………（427）

四庫全書考證一百冊　　清內府寫本　………………………………（428）

以上提要

古今方輿書目一卷　　舊寫本　………………………………………（428）

四部寓眼錄二卷　　舊寫本　周廣業、周勳懋跋　…………………（428）

以上其他書目

時 令 類

歲時廣記四十二卷　　清劉氏嘉蔭簃寫本　缺卷第五　……………（429）

革節卮言一卷　　舊寫本　……………………………………………（429）

史 評 類

史通二十卷　　明嘉靖十五年陸深蜀中刊本　………………………（429）

史通二十卷　　明萬曆五年張之象刊本　何焯批校並跋、又錄馮舒評語

　顧廣圻跋　……………………………………………………………（429）

史通二十卷　　明萬曆五年張之象刊本　唐翰題據宋本校　………（430）

史通二十卷　　明萬曆三十年張鼎思刊本　題錢謙益評點　存內篇十卷　…（431）

史通二十卷　　明末葉林宗家寫本　有失名人校　…………………（431）

史通通釋二十卷　　清浦氏刊本　周星詒夫婦手校並臨盧文弨校及陳鱣

　識語　…………………………………………………………………（431）

東萊先生音註唐鑑二十四卷　元刊本 ……………………………（433）

東萊先生音註唐鑑二十四卷　明弘治十年刊本 …………………（434）

東萊先生音註唐鑑二十四卷　明刊本 ……………………………（434）

唐史論斷三卷　舊寫本 ……………………………………………（434）

唐書直筆新例四卷新例須知一卷　清影寫宋刊本　沈巖、顧錫麒校 …（434）

四明尊堯集四卷　明初刊本 ………………………………………（435）

四明尊堯集四卷　明刊本　劉惇福跋 ……………………………（435）

致堂讀史管見三十卷　元刊本　存卷一至十五 …………………（435）

致堂讀史管見三十卷　元刊本　存卷十七、十八，計二卷 ……（435）

涉史隨筆一卷　清寫本 ……………………………………………（435）

舊聞證誤十五卷　明活字印本　魏錫曾跋　存二卷 ……………（435）

舊聞證誤十五卷　明末汲古閣影寫明活字本　存二卷 …………（436）

舊聞證誤十五卷　魏錫曾家寫本　卷一魏氏手寫　丁鈞跋　存二卷 ……（436）

小學史斷上下卷　宋刊本　黃丕烈、張蓉鏡跋 …………………（437）

史學提要三卷　元刊本 ……………………………………………（437）

新刊點校諸儒論斷唐三宗史編句解九卷　元刊本　存六卷 ……（437）

通鑑博論三卷　明永樂刊本　存二卷 ……………………………（437）

通鑑博論三卷　清寫本　宋筠校　存二卷 ………………………（437）

宋論三卷　明成化八年刊本 ………………………………………（438）

續宋論三卷　明刊本 ………………………………………………（438）

宋紀受終考三卷　舊寫本 …………………………………………（438）

元史闡幽一卷　舊寫本 ……………………………………………（438）

學史十三卷　明嘉靖刊本 …………………………………………（438）

世史積疑二卷　明寫本 ……………………………………………（438）

宋史筆斷十二卷　明刊本 …………………………………………（438）

元史論贊四卷　明項氏萬卷堂刊本 ………………………………（438）

玄羽外編四十六卷　明萬曆三十九年張養正刊本 ……………（439）

遠鑑録三卷　舊寫本 ……………………………………………（439）

余子説史十卷　清寫本 …………………………………………（439）

史 抄 類

十七史詳節二百七十三卷　明正德十一年劉弘毅慎獨齋刊本 ………（439）

東萊先生增入正義音註史記詳節二十卷　元刊本　存一卷 ……（439）

東萊校正晉書詳節三十卷　元刊本 ……………………………（439）

諸儒校正唐書詳節六十卷　宋刊元補本 ………………………（439）

古今歷代十八史略二卷綱目一卷　元刊本 ……………………（440）

澕東山房批校廬陵曾氏十八史略八卷　明萬曆刊本 …………（440）

諸史提要十五卷　宋乾道間紹興府學刊本 ……………………（440）

古今紀要十九卷　元刊本　存十七卷 …………………………（441）

通鑑總類二十卷　元刊本 ………………………………………（441）

兩漢博聞十二卷　宋乾道八年胡元質姑孰郡齋刊本 …………（441）

兩漢博聞十二卷　明刊本 ………………………………………（441）

兩漢博聞十二卷　明傳寫宋乾道八年胡元質姑孰郡齋刊本 …（441）

漢雋十卷　宋刊本 ………………………………………………（442）

漢雋十卷　宋刊本 ………………………………………………（442）

漢雋十卷　元刊本 ………………………………………………（442）

漢雋十卷　明翻元本 ……………………………………………（442）

漢語二十七卷　明寫本 …………………………………………（442）

永嘉先生三國六朝五代紀年總辨二十八卷目録四卷　明末毛

　氏汲古閣影寫宋刊本 …………………………………………（443）

晉書鉤玄　明萬曆刊本 …………………………………………（443）

南朝史精語十卷　清初寫本 ……………………………………（443）

元史節要二卷釋文一卷　明洪武三十年建安書堂刊本　宋筠跋……（443）

元史節要十四卷　明刊本 ………………………………………（444）

元史節要十四卷　明刊本 ………………………………………（444）

元史備忘録一卷　清寫本 ………………………………………（444）

通鑑紀事本末摘要二卷　舊寫本 ………………………………（444）

歷代史譜不分卷　明刊本 ………………………………………（444）

歷代帝王編年互見之圖一卷　日本刊本 ………………………（444）

卷七　子部一

總　　類

新刊五子全書　明刊本　存三種，計七卷 ………………………（447）

六子書六十二卷　明嘉靖六年許宗魯、王鏊樊川別業刊本 …………（447）

六子書六十卷　明嘉靖十二年顧春世德堂刊本 …………………（447）

十□子□□卷　明覆宋本　存十子，計十三卷 …………………（448）

先秦諸子合編十六種三十五卷　明萬曆三十年緜眇閣刊本 ……（448）

先秦諸子合編十六種三十五卷　明萬曆三十年緜眇閣刊本，有序……（449）

批選子集　明末寫本　存前集十一家 …………………………（450）

小十三經四冊　明嘉靖祇洹館刊本 ……………………………（450）

儒　家　類

孔子家語注十卷　宋蜀大字本 …………………………………（451）

孔子家語注十卷　明嘉靖三十三年黃魯曾刊本 ………………（451）

孔子家語注十卷　明刊本 ………………………………………（451）

孔子家語注十卷　清光緒十八年上海埽葉山房翻宋本 ………（451）

新編孔子家語句解十卷　元至正二十七年劉祥卿家刊本 …………… （451）

孔子集語二卷　清乾隆二年孔廣榮校刊本 ………………………… （452）

荀子二十卷　明黃之寀刊本　葉奕校並跋，葉樹廉跋 ……………… （452）

荀子二十卷　明芸窗書院刊六子書本 ……………………………… （453）

荀子二十卷　明嘉靖六年許宗魯、王鉴樊川別業刊六子書本 ……… （453）

荀子註二十卷　宋刊本 ……………………………………………… （454）

纂圖互註荀子二十卷　宋刊本 ……………………………………… （454）

纂圖互注荀子　宋刊本　存卷一至七，十五至二十 ……………… （454）

纂圖分門類題注荀子二十卷　宋刊本 ……………………………… （454）

音點大字荀子句解二十卷　宋刊本　存卷一至十 ………………… （454）

孔叢子注七卷　明刊本 ……………………………………………… （454）

孔叢子七卷釋文一卷　明刊本 ……………………………………… （455）

新語上下卷　明刊巾箱本 …………………………………………… （455）

新語二卷　明弘治十五年李廷梧刊本　存下卷 …………………… （455）

新語二卷　明天啟元年朱謀㙔覆刻弘治十五年李廷梧刊本 ……… （455）

新書十卷　明刊本 …………………………………………………… （455）

新書十卷　明正德陸相刊本 ………………………………………… （455）

賈誼新書十卷　明正德嘉靖間刊本 ………………………………… （455）

賈誼新書三卷　明刊本 ……………………………………………… （456）

賈太傅新書訂註十卷　明正德刊本 ………………………………… （456）

鹽鐵論十卷　明弘治十四年涂楨刊本 ……………………………… （456）

鹽鐵論十卷　明弘治十四年涂楨刊本 ……………………………… （456）

鹽鐵論十卷　明嘉靖三十年倪邦彥刊本 …………………………… （456）

鹽鐵論十卷　明嘉靖刊本 …………………………………………… （456）

鹽鐵論十卷　明萬曆十四年張表星聚堂太玄書室刊本 …………… （456）

鹽鐵論十卷　影寫明錫山華氏活字本　顧廣圻校 ………………… （457）

鹽鐵論註十二卷　明嘉靖三十二年張氏猗蘭堂刊本 ……………………（457）

鹽鐵論注十二卷　清乾隆五十六年王謨增訂漢魏叢書本　王昶校 ……（457）

劉氏二書三十卷　明嘉靖三十八年楊美益刊本 …………………………（457）

新序十卷　宋刊本　錢謙益、黃丕烈、金錫爵跋 …………………………（458）

新序十卷　明刊本　黃丕烈校並跋 ………………………………………（458）

新序十卷　明嘉靖三十八年楊美益刊劉氏二書本　蔣杲校並跋 ………（459）

説苑二十卷　宋刊本 ………………………………………………………（459）

説苑二十卷　宋咸淳元年鎮江府學刊遞修本　黃丕烈校並跋，顧廣圻跋

　　存卷一至七、十四至二十，餘抄配 …………………………………（459）

説苑二十卷　宋元間刊本　存卷十一至十九，又卷二十首葉 …………（459）

説苑二十卷　宋元間刊本　存卷十六至二十 …………………………（460）

校正劉向説苑二十卷　元刊本 …………………………………………（460）

説苑二十卷　明建文四年錢古訓刊本　存卷十一至二十 ……………（460）

劉向説苑二十卷　明永樂十四年西園精舍刊本 ………………………（460）

劉向説苑二十卷　明初刊本 ……………………………………………（461）

劉向説苑二十卷　明刊本　存卷十一至二十 …………………………（461）

劉向説苑二十卷　明刊本 ………………………………………………（461）

説苑二十卷　明刊本　孫志祖、吳騫、黃丕烈跋　缺卷第十四 ………（461）

説苑二十卷　明嘉靖二十六年何良俊刊本 ……………………………（462）

説苑二十卷　明萬曆刊本　李方赤、許印林校　吳重憙題識 …………（462）

揚子法言注十三卷音義一卷　宋刊本　顧廣圻跋 ……………………（462）

纂圖互註揚子法言十卷　宋刊本 ………………………………………（463）

纂圖互註揚子法言十卷　宋刊本 ………………………………………（463）

纂圖互註揚子法言十卷　明初刊本 ……………………………………（464）

新纂門目五臣音註揚子法言十卷　明嘉靖十二年顧春世德堂刊六

　　子書本　何焯臨何煌校又批校並跋 ………………………………（464）

新纂門目五臣音註揚子法言十卷　明嘉靖十二年顧春世德堂刊六

子書本　吳焯校並跋 ……………………………………………（465）

新纂門目五臣音註揚子法言十卷　明嘉靖十二年顧春世德堂刊六

子書本　袁廷檮校 ………………………………………………（465）

潛夫論十卷　明刊本 ……………………………………………（466）

潛夫論十卷　明刊本 ……………………………………………（466）

申鑒注五卷　明正德十四年黃氏文始堂刊本 …………………（466）

徐幹中論二卷　明弘治刊本 ……………………………………（466）

中論二卷　明弘治刊本　馮武題識，黃丕烈跋 ………………（466）

中論二卷　明翻弘治本 …………………………………………（466）

徐幹中論二卷　明嘉靖四十四年杜思刊本 ……………………（467）

傅子一卷補遺一卷　清武英殿聚珍本　孔廣根補遺 …………（467）

中說注十卷　宋刊本　葉奕、錢謙益跋 ………………………（467）

中說注十卷　宋刊本 ……………………………………………（468）

中說註十卷　明刊本 ……………………………………………（468）

中說註十卷　明嘉靖十二年顧春世德堂刊六子書本　唐翰題校 …（468）

中說註十卷　明桐陰書屋刻六子書本　失名臨何焯批校 ……（469）

中說注十卷　朝鮮活字本 ………………………………………（469）

中說註十卷　日本文政十年翻宋本 ……………………………（469）

伸蒙子三卷　明寫本 ……………………………………………（469）

素履子三卷　明寫本 ……………………………………………（470）

帝學八卷　明刊本 ………………………………………………（470）

二程遺書二十五卷附錄一卷　明成化刊本 ……………………（470）

二程遺書二十五卷附錄一卷　明嘉靖三年李中、余祐刊本 …（470）

河南程氏經說七卷　宋刊本 ……………………………………（470）

河南程氏遺書附錄一卷　宋刊本 ………………………………（470）

呂氏鄉約附鄉儀　宋刊本 ……………………………………（471）

藍田呂氏遺書鄉約一卷鄉儀一卷　明正德十四年李東刊本 ……（471）

公是弟子記一卷　明穴硯齋寫本　王芑孫跋……………………（472）

童蒙訓三卷　宋紹定二年刊本 …………………………………（472）

諸儒鳴道集七十二卷　清初宋氏榮光樓影寫宋刊本　宋筠校……（472）

致堂先生崇正辯三卷　明刊本 …………………………………（473）

近思録集解十四卷　元明間刊本 ………………………………（473）

閨範二卷　明影寫宋刊本　存上卷 ……………………………（473）

麗澤論説集録十卷　宋嘉泰四年呂喬年刊遞修本　殘本 ………（474）

麗澤論説集録十卷　宋嘉泰四年呂喬年刊遞修本 ………………（474）

潛室陳先生木鐘集十一卷　明弘治十四年鄧淮、高賓刊本 ………（474）

大學衍義四十三卷　宋刊巾箱本 ………………………………（474）

大學衍義四十三卷　元刊本 ……………………………………（474）

大學衍義四十三卷　元刊本 ……………………………………（474）

大學衍義四十三卷　元刊本 ……………………………………（474）

西山先生真文忠公讀書記甲集三十七卷　宋福州學官刊本 ………（474）

西山先生真文忠公讀書記甲集乙集丙集丁集　宋福州學官刊遞

　修本　丙集缺一册 …………………………………………（475）

真文忠公政經一卷　宋刊本 ……………………………………（475）

真文忠公政經一卷　明成化刊本 ………………………………（475）

心經一卷政經一卷　宋刊本 ……………………………………（475）

心經一卷　明成化刊本 …………………………………………（475）

慈溪黃氏日抄分類九十七卷　宋紹定二年積德堂刊本　存二卷 ……（475）

慈溪黃氏日抄分類九十七卷　元至元沈遠刊本　存十五册 ………（476）

新刊音點性理羣書句解前集二十三卷後集二十三卷　元刊本 …（476）

新編性理羣書句解前集二十三卷　元刊本 ……………………（476）

新刊音點性理羣書句解後集二十三卷　元刊本 ……………… (476)

省心雜言一卷　舊寫本 …………………………………………… (476)

東宮備覽六卷　清寫本　失名傳寫朱彝尊跋 ………………… (476)

東宮備覽六卷　清寫本 …………………………………………… (476)

研幾圖一卷　明正德四年刊本 ………………………………… (477)

養蒙大訓不分卷　元刊本 ………………………………………… (477)

辨惑編四卷附錄一卷　明萬曆二年益藩活字印本 ………… (477)

管窺外編不分卷　明成化九年呂洪刊本　毛扆跋 ………… (477)

夜行燭一卷　明正統十三年袁誠家寫本 ……………………… (478)

大學衍義節略二十卷　明嘉靖元年刊本 …………………… (478)

霍渭崖家訓一卷　清毛氏汲古閣影寫明刊本 ……………… (478)

明夷待訪錄不分卷附黃梨洲先生思舊錄　清醉竹軒寫本 ……… (478)

兵　家　類

武經七書二十五卷　宋刊本 …………………………………… (478)

武經七書全集二十三卷　明嘉靖刊本　存十二卷 ………… (479)

十一家注孫子三卷十一家注孫子遺說一卷　宋刊本 ……… (479)

孫子集註十三卷　明嘉靖刊本 ………………………………… (479)

孫子注□卷　舊寫本　前人朱筆校 …………………………… (479)

孫子書三卷　日本影寫明刊本 ………………………………… (479)

孫子參同五卷　明萬曆四十八年閔于忱刊本 ……………… (480)

孫子注三卷　孫星衍稿本 ………………………………………… (480)

尉繚子標釋一卷　明天啟三年及朴刊本 …………………… (480)

神機制敵太白陰經十卷　清初汲古閣寫本 ………………… (480)

虎鈐經二十卷　明天一閣刊本 ………………………………… (480)

虎鈐經二十卷　明刊本 …………………………………………… (480)

何博士備論不分卷　明穴硯齋寫本　黃丕烈、錢天樹、黃廷鑑、勞健跋

　　王芑孫、程恩澤觀欵 …………………………………………………（481）

武經龜鑑二十卷　宋刊本　存卷第九，五葉 …………………………（481）

張氏集注百將傳一百卷　宋刊本　存八卷 ……………………………（482）

十七史百將傳十卷　明刊本　李放跋 …………………………………（482）

十七史百將傳十卷　明景泰刊本 ………………………………………（482）

十七史百將傳續編四卷　明刊本 ………………………………………（482）

諸史將略十六卷　明嘉靖四十五年刊本 ………………………………（483）

讀史兵略不分卷　稿本　存宋元明三代，八冊，莫友芝跋 …………（483）

法 家 類

管子二十四卷　明刊本 …………………………………………………（483）

管子註二十四卷　宋刊本　黃丕烈跋 …………………………………（483）

管子注二十四卷　宋蔡潛道宅墨寶堂刊本　黃丕烈跋並録陸貽典跋 …（484）

管子註二十四卷　明萬曆十年趙用賢刊管韓合刻本　吳志忠校並跋 …（484）

管子補注二十四卷　明刊本　清陸貽典、黃丕烈校並跋 ……………（484）

管子補注二十四卷　明刊本　失名人校　王芑孫跋 …………………（484）

鄧析子二卷　明初刊本　陳乃乾校 ……………………………………（484）

商子五卷　明范氏天一閣刊天一閣奇書本　戈襄跋 …………………（485）

商子五卷　清末寫本　失名人臨嚴可均跋 ……………………………（485）

韓非子二十卷　明刊本 …………………………………………………（485）

韓非子二十卷　明嘉靖刊本 ……………………………………………（486）

韓非子二十卷　明萬曆十年趙用賢刊管韓合刻本　戈襄、王渭校並跋

　　韓應陛跋 ……………………………………………………………（486）

韓非子二十卷　明萬曆周孔教刊本 ……………………………………（486）

韓子二十卷　明汪應賓校刊本 …………………………………………（486）

韓非子二十卷　清錢曾述古堂寫本　黃丕烈校跋、顧廣圻跋 ……………（486）

韓非子校記　繆氏藝風堂寫本 …………………………………………（486）

史學指南八卷　元刊本 …………………………………………………（487）

祥刑要覽二卷　明成化二十二年林符刊本………………………………（487）

農 家 類

齊民要術十卷雜説一卷　明嘉靖三年馬直卿刊本 ……………………（487）

齊民要術十卷　清寫本 …………………………………………………（488）

農桑輯要七卷　元刊本　存三卷 ………………………………………（488）

農桑撮要不分卷　明刊本 ………………………………………………（488）

六經農用集傳十二卷　稿本 ……………………………………………（488）

煙草譜不分卷　清寫本 …………………………………………………（489）

醫 家 類

重廣補註黃帝內經素問二十四卷　明嘉靖二十九年顧從德翻宋本……（489）

黃帝內經素問二十四卷亡篇一卷　金刊本　存九卷 …………………（489）

新刊黃帝內經素問二十四卷亡篇一卷　元讀書堂刊巾箱本 …………（489）

新刊補注釋文黃帝內經素問十二卷　元至元五年胡氏古林書堂刊本 …（490）

新刊黃帝內經靈樞十二卷　元刊本 ……………………………………（490）

黃帝內經靈樞二十四卷　明嘉靖刊本　存十二卷 ……………………（490）

素問六氣玄珠密語五卷　舊寫本 ………………………………………（490）

素問入式運氣論奧三卷黃帝內經素問遺篇一卷　元刊本 ……………（490）

素問玄機原病式　明刊本 ………………………………………………（490）

四明滑伯仁先生讀素問鈔十二卷　明刊本 ……………………………（491）

以上醫經

經史證類備急本草三十一卷　宋嘉定四年劉甲刊本 …………………（491）

經史證類大觀本草三十一卷　　金刊元明遞修本 ……………（491）

重脩政和經史證類備用本草三十卷　　蒙古定宗四年張氏晦明軒刊

　　本　存十二卷 ……………………………………………………（491）

本草衍義二十卷　宋淳熙十二年江西轉運司刊慶元元年重修本 ……（493）

本草衍義二十卷　宋淳熙十二年江西轉運司刊慶元元年重修本 ……（493）

本草衍義二十卷　宋淳熙十二年江西轉運司刊慶元元年重修本 ………（494）

以上本草

金匱玉函經八卷　　清昭遠堂刊本 ……………………………………（494）

新刊王氏脉經十卷　　元天曆三年廣勤書堂刊本 …………………（494）

脉經十卷　　明嘉靖刊本 ………………………………………………（495）

纂圖方論脉訣集成四卷　　元至正九年廬陵竹坪書堂刊本 …………（495）

以上診法

醫說十卷　　宋刊本　缺卷二、卷七 …………………………………（495）

醫說十卷　　明嘉靖翻宋本 ……………………………………………（495）

張子和醫書十二卷　　金刊本 …………………………………………（496）

歷代名醫蒙求二卷　　宋刊本 …………………………………………（496）

醫經溯洄集一卷　　元刊本 ……………………………………………（496）

重刊孫真人備急千金要方三十卷　　元刊本 …………………………（497）

孫真人備急千金要方九十三卷　　明嘉靖二十二年喬世定小丘山房

　刊本 …………………………………………………………………（497）

千金寶要八卷　　明正統刊本 …………………………………………（497）

外臺秘要方四十卷　　宋紹興兩浙東路茶鹽司刊本 …………………（497）

大德重校聖濟總録二百卷　　元刊本　存四卷 ………………………（497）

太平惠民和劑局方十卷指南總論三卷圖經本草藥性總論一

　卷　元至正二十六年高氏日新堂刊本 ……………………………（497）

太平惠民和劑局方十卷附本草藥性總論一卷圖經用藥指南

總論三卷　元至正二十六年高氏日新堂刊本 ……………………（499）

太平惠民和劑局方十卷　元留畊書堂刊本 …………………（499）

太平惠民和劑局方十卷　元刊本 …………………………………（499）

增廣校正和劑局方三卷　宋刊本　缺卷一 ……………………（499）

史載之方二卷　宋刊本 ……………………………………………（499）

備急總効方四十卷　宋紹興二十四年刊本 ……………………（500）

本草集方十卷　宋刊本　存二卷 ………………………………（500）

三因極一病證方論十八卷　元刊本 …………………………（500）

活人事證藥方二十卷　宋建安余恭禮宅刊本 ………………（500）

濟生拔萃方十九卷　元刊本 ……………………………………（501）

世醫得効方二十卷　元後至元三年刊本 ………………………（501）

如宜方二卷　明刊本　存一卷 …………………………………（502）

新刊袖珍方四卷　明刊本 …………………………………………（502）

袖珍方四卷　明初刊本 ……………………………………………（502）

活人心法二卷　明刊本 ……………………………………………（502）

簡易普濟良方六卷　明嘉靖四十二年太平府知府費增校刊本 ………（502）

三元延壽參贊書五卷　元刊本 …………………………………（502）

壽養書十卷　明刊本 ………………………………………………（502）

新編養生大要一卷　明崇古書院刊本 ………………………（502）

以上方論

仲景全書四種　明萬曆二十七年趙開美翻宋本 ………………（503）

新編張仲景註解傷寒發微論二卷張仲景註解傷寒百證歌五
　卷　元刊本 ……………………………………………………（505）

新編張仲景註解傷寒發微論二卷百證歌五卷　影寫元刊本 ……（506）

傷寒總病論六卷附音訓一卷修治藥法一卷　宋刊本 ………（506）

傷寒明理論三卷　宋刊本　缺目録、卷三及方論 ……………（506）

傷寒明理論三卷方論一卷　明葛澄刊本　何煌校並録毛表跋 ……… （506）

新刊河間劉守真傷寒論方三卷後集一卷續集一卷別集一卷

　　元熊氏種德堂刊本 …………………………………………… （506）

類證增注傷寒百問歌四卷　元刊本 ……………………………… （507）

劉涓子鬼遺方五卷　宋刊本 ……………………………………… （507）

以上內外科

錢氏小兒藥證三卷　宋刊本　錢天樹跋 ………………………… （507）

誠書十六卷　清乾隆四十年沈仲梅寫本　唐翰題跋 …………… （507）

以上兒科

鍼灸甲乙經十二卷　明刊本 ……………………………………… （508）

新刊銅人鍼灸經七卷　元刊本 …………………………………… （508）

新編西方子明堂灸經八卷　元刊本 ……………………………… （508）

鍼灸資生經七卷目録二卷　元廣勤書堂刊本 …………………… （508）

以上針灸

天文算法類

革象新書二卷　明正德刊本 ……………………………………… （508）

象緯彙編二卷　明寫本 …………………………………………… （508）

大統曆啟蒙不分卷　清寫本　董恩綬跋 ………………………… （509）

不得已二卷　舊寫本　失名人録黄丕烈跋 ……………………… （509）

欽定選擇曆書十卷　清康熙二十四年刊本 ……………………… （509）

大明萬曆七年歲次己卯大統曆一卷　明萬曆刊本 ……………… （509）

大清順治三年歲次丙戌時憲書一卷　清順治刊本　沈曾植、王秉

　　恩、陳垣跋 …………………………………………………… （510）

大清乾隆六十三年歲次戊午時憲書一卷　清嘉慶刊本　陳垣跋 … （510）

大清祺祥元年歲次壬戌時憲書一卷　清刊本 …………………… （511）

周髀算經二卷九章算經五卷孫子算經三卷五曹算經五卷張

　丘建算經注釋三卷附劉孝孫細草二卷夏侯陽算經三卷緝古

　　算經一卷　明末毛氏汲古閣影寫宋嘉定鮑澣之汀州刊本　毛扆跋 ……（511）

數術記遺一卷　宋嘉定鮑澣之汀州刊本 ………………………………（512）

五曹算經注釋五卷　宋嘉定鮑澣之汀州刊本 …………………………（512）

算學源流一卷　宋嘉定鮑澣之汀州刊本 ………………………………（512）

九章詳註比類乘除算法大全十卷　明景泰元年王均刊弘治元年吳

　訥重修本 ………………………………………………………………（512）

天元曆理全書十二卷　清初刊本 ………………………………………（512）

釋橢　清寫本 ……………………………………………………………（512）

術　數　類

太玄經集注十卷　宋刊本　存一卷 ……………………………………（513）

太玄經解贊十卷説玄一卷釋文一卷　明嘉靖孫沐萬玉堂刊本　何

　焯校並跋 ………………………………………………………………（513）

太玄經解贊十卷説玄一卷釋文一卷　明嘉靖孫沐萬玉堂刊本 ………（513）

太玄經解贊十卷説玄一卷釋文一卷　明嘉靖三年郝梁刊本 …………（514）

太玄經□卷　宋寫本　卷數失記 ………………………………………（514）

集注太玄十卷　清臧庸傳寫袁氏貞節堂寫本 …………………………（514）

太玄集註十八卷　傳鈔永樂大典本 ……………………………………（514）

元包經傳注五卷元包數總義二卷　元翻宋紹興三十一年張洗蜀中

　刊本 ……………………………………………………………………（515）

元包經傳注五卷元包數總義二卷　舊寫本　翁方綱校 …………………（515）

元包經傳注五卷數義二卷　舊寫本 ……………………………………（515）

祝氏秘鉗六卷　舊寫本 …………………………………………………（515）

皇極經世解六卷　明寫本 ………………………………………………（515）

推衍皇極經世先天曆數綱要三卷　明萬曆刊本 ……………………（515）

皇極經世書説　明刊本 …………………………………………………（516）

　　　　　　　　　　　　　　　　　　　　　以上數學

觀象玩占四十九卷　明寫本 ……………………………………………（516）

觀象玩占五十卷　明寫本 ………………………………………………（516）

大唐開元占經一百二十卷目録二卷　舊寫本 ………………………（516）

　　　　　　　　　　　　　　　　　　　　　以上占候

重校正地理新書十五卷　金刊本 ……………………………………（516）

監本補完地理新書十五卷　影寫金刊本 ……………………………（516）

青烏經一卷楊氏青囊經一卷古本葬經二卷劉氏玉尺經二卷

　古本賴氏天星催官解二卷小玄空説一卷堪輿纂略一卷　舊

　寫本　錢孫保批點 …………………………………………………（516）

地理葬書集註一卷　明弘治謝昌刊本 ………………………………（517）

地理囊金集注一卷　明弘治謝昌刊本 ………………………………（517）

地理樞要四卷　明嘉靖刊本 …………………………………………（517）

郭氏古葬書二卷遺篇一卷集註三卷　明萬曆刊本 …………………（518）

地理源本説宗書四卷成書四卷　清寫本 ……………………………（518）

　　　　　　　　　　　　　　　　　　以上相宅相墓

靈棋經不分卷　明成化五年刊本　黃丕烈校　存下册 ……………（518）

靈棋經一卷　明成化十一年鮑栗之揚州刊本 ………………………（518）

靈棋經註解一卷　舊寫本　朱錫庚、王基盤跋 ………………………（518）

焦氏易林二卷　明嘉靖四十年潘藩勉學書院刊本 …………………（518）

焦氏易林二卷　明寫本 ………………………………………………（519）

焦氏易林二卷　明寫本　吳晉德臨陸貽典校及黃丕烈跋 …………（519）

焦氏易林四卷　明末毛氏汲古閣刊本　顧廣圻臨陸貽典校宋本 ……（519）

兵占焦氏易林四卷　明嘉靖十三年刊本 ……………………………（519）

京氏易傳三卷　舊寫本　沈彤臨葉樹廉臨馮班校本並跋 ……………（519）

玉靈聚義五卷　元刊本　項元汴題識 ………………………………（520）

六壬日占　明寫本 ……………………………………………………（521）

六壬古課抄存一冊　清刊本 …………………………………………（522）

夢占類考十二卷　明萬曆十三年信陽王氏刊本 ……………………（522）

以上占卜

新雕注疏珞琭子三命消息賦三卷附新雕李燕陰陽三命二卷

　金刊本　唐寅觀欵　黃丕烈跋 ……………………………………（522）

新編四家註解經進珞琭子消息賦一卷　明刊本　惠棟跋 …………（522）

新刊範圍數二卷　元刊本 ……………………………………………（522）

範圍數十卷　清盛守寫本　毛扆跋 …………………………………（522）

大定新編四卷　明刊本　黃丕烈跋 …………………………………（523）

以上命書相書

洪範政鑑十二卷　宋淳熙十三年內府寫本 …………………………（523）

禮緯含文嘉三卷　舊寫本 ……………………………………………（524）

洪範口義二卷　舊寫本 ………………………………………………（524）

箋元遁甲句解煙波釣叟歌　舊寫本 …………………………………（524）

類編陰陽備用差穀奇書十五卷　元後至元三年刊本 ………………（524）

陰陽定論三卷　明刊本 ………………………………………………（525）

五行類應九卷　明萬曆刊本 …………………………………………（525）

以上陰陽五行

藝 術 類

珊瑚木難八卷　舊寫本 ………………………………………………（525）

清河書畫舫十二卷　舊寫本　陸僎跋 ………………………………（525）

大觀錄二十卷　清墨緣堂寫本 ………………………………………（526）

石渠寶笈五册　舊寫本 ……………………………………………（526）

欽定石渠寶笈續編不分卷　清内府寫本 ………………………………（526）

硯山齋珍賞歷代名賢墨迹集覽一卷　舊寫本 …………………………（526）

吳越所見書畫録六卷　舊寫本 ………………………………………（526）

唐孫過庭書譜一卷姜堯章續書譜一卷書斷三卷續書斷二卷
　　明刊本 ……………………………………………………………（526）

法書要録十卷　明刊本 ………………………………………………（526）

法書要録十卷　明嘉靖刊本　寶玿題欵 ………………………………（526）

法書要録十卷　明末毛氏汲古閣刊津逮祕書本　何焯校並跋 …………（527）

法書要録十卷　明王世懋寫本　葛正笏、楊繼振跋 ……………………（527）

墨藪二卷附法帖音釋刊誤一卷　明程榮刊本 …………………………（528）

墨池編二十卷續編三卷　明隆慶二年李嵩永和堂刊本 ………………（528）

墨池編六卷　明萬曆八年揚州知府虞德燁刊本 ………………………（529）

宣和書譜二十卷　元大德吳文貴刊本 ………………………………（529）

宣和書譜宣和畫譜不分卷　清顧復摘鈔本 …………………………（529）

廣川書跋十卷　明無錫秦柄雁里草堂寫本　葉德輝跋 ………………（530）

廣川書跋十卷　明寫本　失名人傳録吳岫跋　存六卷 ………………（530）

廣川書跋十卷附東觀餘論上下卷　明寫本 …………………………（531）

草書禮部韻寶不分卷　元至元二十五年刊本 ………………………（531）

蘭亭考十二卷　清漱六軒寫本 ………………………………………（531）

蘭亭續考二卷　宋刊本　存上卷　下卷勞健鈔配 …………………（531）

金壺記三卷　宋刊本 …………………………………………………（532）

金壺記三卷　明寫本 …………………………………………………（532）

金壺記三卷　影寫宋刊本 ……………………………………………（532）

書苑菁華二十卷　明寫本　朱錫庚跋 ………………………………（532）

書苑菁華二十卷　明臥雲山房寫本 …………………………………（533）

書苑菁華二十卷　明寫本 ………………………………………（533）

書小史十卷　宋刊本　黃丕烈跋　存卷六至十，餘汲古閣抄配 ………（533）

法書考八卷　清曹寅揚州使院刊本　失名人臨何煌校本 ………（533）

法書考八卷　清寫本 ………………………………………（534）

書法鉤玄四卷　明初刊本　存三卷 ………………………（534）

書法鉤玄四卷　明嘉靖刊本 ………………………………（534）

書史會要九卷補遺一卷　明洪武九年盧祥、林應麟、張珤、張麒等人合

　刊本　盛昱跋 ……………………………………………（534）

書史會要九卷補遺一卷　明寫本 …………………………（535）

飛白錄二卷　清嘉慶九年黃氏擘荔軒刊本 ………………（535）

石刻鋪叙二卷　清刊本 ……………………………………（535）

石刻鋪叙二卷　清大末吾氏精寫本 ………………………（535）

歷代帝王法帖釋文考異十卷　明刊本 ……………………（535）

歷代帝王法帖釋文考異十卷　明寫本 ……………………（535）

玄牘記一卷　舊寫本　劉位坦跋 …………………………（535）

金石厄言石墨鐫華二王楷蹟蘭亭輯略　清寫本 …………（536）

珊網一隅四卷　清寫本 ……………………………………（536）

畫繼十卷米海嶽畫史一卷唐朝名畫錄一卷五代名畫補遺一

　卷畫評三卷古畫品錄一卷續畫品錄一卷後畫錄一卷續畫

　品一卷貞觀公私畫史一卷沈存中圖畫歌一卷筆法記一卷

　益州名畫錄三卷歷代名畫記十卷　明翻宋陳道人書籍鋪刊本……（536）

歷代名畫記十卷　何焯校本 ………………………………（537）

圖畫見聞誌六卷　明翻宋本 ………………………………（537）

宣和畫譜二十卷　元大德吳文貴刊本 ……………………（537）

宣和畫譜二十卷　元刊本　存卷一至十 …………………（537）

畫志一卷附評畫行　明寫本 ………………………………（537）

廣川畫跋六卷　明秦四麟家寫本　王士禛校 ……………………（537）

畫繼十卷　清初寫本 ……………………………………………（538）

畫鑒一卷　明程百二刊本 ………………………………………（538）

圖繪寶鑑五卷　元至正二十六年刊本　黃丕烈、吳騫、陳鱣、章鈺跋 ……（538）

圖繪寶鑑五卷補遺一卷　元至正二十六年刊本 ………………（539）

圖繪寶鑑五卷補遺一卷　明翻元本 ……………………………（539）

圖繪寶鑑五卷續編一卷　明嘉靖翻本 …………………………（539）

畫史會要五卷　舊寫本 …………………………………………（539）

寶繪録二十卷　知不足齋本 ……………………………………（539）

古今竹譜　舊寫本 ………………………………………………（539）

　　　　　　　　　　　　　　　　　　　　　以上書畫

琴史六卷　明寫本　吳焯跋 ……………………………………（540）

琴史六卷　清初寫本 ……………………………………………（540）

琹史六卷　舊寫本 ………………………………………………（540）

風宣玄品十卷　明刊本 …………………………………………（540）

瑟譜十卷　明末毛氏汲古閣寫本　黃丕烈跋 …………………（541）

　　　　　　　　　　　　　　　　　　　　　以上琴譜

學古編一卷　清乾隆四十二年吾氏竹素山房刊本 ……………（541）

印史四卷　明刊本 ………………………………………………（542）

　　　　　　　　　　　　　　　　　　　　　以上篆刻

漢官儀三卷　宋紹興九年臨安府刊本 …………………………（542）

漢官儀三卷　影寫宋紹興九年臨安府刊本 ……………………（542）

棊經一卷　明崇禎三年沈燁影寫元刊本 ………………………（542）

打馬圖一卷　清秦氏石研齋影寫宋刊本　秦恩復跋 …………（542）

角力記一卷　舊寫本　傳寫姚咨、吳翌鳳跋 …………………（543）

樂府雜録一卷　明寫本 …………………………………………（543）

　　　　　　　　　　　　　　　　　　　　　以上雜技

文房四譜四卷附治安藥石一卷　明龍山童子鳴刊巾箱本 ……………………（543）

文房四譜五卷　清乾隆五十五年蔡濱寫本並跋 …………………………………（543）

硯箋四卷　明萬曆四十二年潘膺祉如韋館刊本 …………………………………（543）

硯箋四卷　明寫本　傳錄黃丕烈跋 ………………………………………………（544）

硯箋四卷　明寫本 …………………………………………………………………（544）

硯箋四卷　明龍川精舍寫本 ………………………………………………………（544）

硯箋四卷　清沈嚴臨何焯校本 ……………………………………………………（544）

硯箋四卷　清嘉慶十五年張紹仁家寫本　張紹仁跋 ……………………………（544）

文林博錄不分卷　明刊本 …………………………………………………………（544）

墨史三卷　清吾氏精寫本 …………………………………………………………（545）

墨史三卷　清寫本　鮑廷博校 ……………………………………………………（545）

墨史三卷　清醉經樓寫本　黃椒升校 ……………………………………………（545）

靡墨亭墨考不分卷　稿本 …………………………………………………………（545）

筆史二卷　明刊本 …………………………………………………………………（546）

宣德鼎彝譜八卷宣爐博論一卷　清乾隆五十三年翁樹培寫本　周

　巒詒錄杭世駿跋 …………………………………………………………………（546）

玉紀一卷　舊寫本 …………………………………………………………………（546）

繡譜一冊　舊寫本　金湘跋 ………………………………………………………（546）

以上器物

飲膳正要三卷　明景泰七年內府刊本 ……………………………………………（546）

食譜十二卷　舊寫本 ………………………………………………………………（547）

茶經三卷　明嘉靖二十一年柯雙華刊本 …………………………………………（547）

酒經三卷　宋刊本　錢謙益跋 ……………………………………………………（547）

酒經三卷　明程百二刊本 …………………………………………………………（547）

以上食譜

汝南圃史十二卷　明萬曆四十八年書帶齋刊本 …………………………………（547）

藝林彙考二十七卷　清康熙二年刊本 ……………………………（548）

藝林彙考二十七卷　舊寫本　存飲食篇七卷 ……………………（548）

卷八　子部二

雜家類一

鶡子二卷尹文子二卷公孫龍子三卷　明弘治九年楊一清刊五子本 …（549）

墨子十五卷　明正統十年内府刊道藏本 …………………………（549）

墨子十五卷　明嘉靖三十二年唐堯臣刊本 ………………………（549）

墨子十五卷　明末堂策檻刊本 ……………………………………（549）

墨子六卷　明萬曆九年書林童思泉涵春樓刊本 …………………（549）

子華子二卷　明翻宋本 ……………………………………………（550）

子華子二卷文子一卷齊丘子一卷　明正嘉間刊本　有僞刻牌子 …（550）

慎子内外篇解二卷　明萬曆慎懋賞刊本 …………………………（550）

鶡冠子解三卷　明弘治碧雲館活字印本　乾隆帝弘曆題詩　四庫館臣跋 …（550）

鶡冠子解三卷　明嘉靖刊本 ………………………………………（550）

鶡冠子解三卷　清乾隆武英殿聚珍版書本　孫星衍校並跋 ………（551）

鶡冠子解三卷　清乾隆武英殿聚珍版書本　失名人校　梅伯言跋 …（551）

鶡冠子解二卷　明刊十□子書本　朱學勤、盛昱跋 ……………（551）

公孫龍子一卷　明嘉靖刊本 ………………………………………（551）

鬼谷子三卷　舊寫本　盧文弨、嚴元照、勞權、徐鯤校　嚴、勞、徐三家有跋 …（552）

鬼谷子三卷　清徐鯤手寫本　徐鯤、周廣業跋 …………………（552）

鬼谷子注三卷篇目考一卷附録一卷　清嘉慶十年秦氏石研齋刊本

　陳乃乾臨章鈺、繆荃孫校 ……………………………………（552）

騶子一卷　舊寫本　閑閑居士跋 …………………………………（552）

呂氏春秋訓解二十六卷　元至正嘉興路儒學刊本　……………………（552）

呂氏春秋訓解二十六卷　元至正嘉興路儒學刊本　……………………（553）

呂氏春秋訓解二十六卷　明弘治十一年李瀚刊本　……………………（553）

呂氏春秋訓解二十六卷　明嘉靖七年許宗魯刊本　彭兆蓀跋　………（553）

呂氏春秋訓解二十六卷　明萬曆張登雲等刊本　………………………（553）

呂氏春秋新校正二十六卷附攷一卷　清乾隆五十三年畢沅刊經訓

　　堂叢書本　王念孫校　又昌齋校　……………………………………（554）

淮南子二十一卷　明嘉靖六年許宗魯、王鏊樊川別業刊六子書本　………（554）

淮南子二十八卷　明吴仲刊本　…………………………………………（554）

淮南鴻烈解二十一卷　宋刊本　顧廣圻跋　……………………………（554）

淮南鴻烈解二十一卷　影寫宋刊本　陳奐跋　…………………………（554）

新刊淮南鴻烈解二十一卷　宋元間譚叔端刊本　傅嶽芬跋　…………（555）

淮南鴻烈解二十一卷　明萬曆十八年汪一鸞刊本　徐波跋　…………（555）

淮南子注二十一卷　清乾隆五十三年莊逵吉刊本　朱彬臨王念孫、王

　　引之校　…………………………………………………………………（555）

淮南子注二十一卷　清乾隆五十三年莊逵吉刊本　失名人臨陳奐校　…（555）

淮南鴻烈解二十八卷　明嘉靖十三年安正堂刊本　…………………（556）

淮南鴻烈解二十八卷　明刊本　………………………………………（556）

淮南鴻烈解二十八卷　明萬曆刊中立四子集本　□著言校並跋　……（556）

淮南鴻烈解殘本　明王宗沐刊本　朱邦衡臨惠松崖校　存七卷　………（556）

淮南鴻烈解二十八卷　明王溥刊本　…………………………………（557）

淮南鴻烈解二十八卷　明嘉靖九年黄焯刊本　………………………（557）

淮南天文訓補注二卷　舊寫本　顧廣圻跋　…………………………（557）

淮南雜識一卷　清聞維堉刊本　………………………………………（557）

白虎通德論十卷　元大德九年無錫州學刊本………………………（557）

白虎通德論十卷　元大德九年無錫州學刊本………………………（557）

白虎通上下卷　元刊本　黃丕烈跋 ……………………………（558）

白虎通德論二卷　明嘉靖元年傳鑰刊本 …………………………（558）

白虎通德論二卷　明楊祐校刊本 ……………………………………（558）

白虎通德論二卷　明萬曆二十二年蔣杰刊本 ……………………（558）

白虎通四卷　舊寫本　吳騫校 ………………………………………（558）

論衡三十卷　宋刊本　（日）細川潤次郎跋　存二十五卷 ………（558）

論衡三十卷　宋刊明修本 ……………………………………………（559）

論衡三十卷　宋刊本　存卷二十六至三十 …………………………（559）

論衡三十卷　明嘉靖十四年蘇獻可通津草堂刊本 ………………（559）

大德新刊風俗通義十卷　元大德九年無錫州學刊本 ……………（559）

大德新刊風俗通義十卷　元大德九年無錫州學刊元公文紙印本　存

　七卷 ………………………………………………………………（559）

風俗通義十卷附錄一卷　明嘉靖刊本 ……………………………（560）

天禄閣外史八卷　明寫本 ……………………………………………（560）

人物志注三卷　明正德刊本 …………………………………………（560）

人物志注三卷　明隆慶六年梁夢龍刊本 …………………………（560）

人物志注三卷　清乾隆翻宋本 ………………………………………（560）

人物志注三卷·　明寫本 ……………………………………………（561）

劉子殘卷　敦煌出唐人卷子本　存二百四十行 …………………（561）

劉子十卷　明龍川精舍寫本 …………………………………………（561）

劉子注十卷　明初刊本　黃丕烈跋 ………………………………（561）

劉子注十卷　明萬曆二十年蔣以化世恩堂刊本 …………………（561）

劉子註十卷　明傳寫道藏本　黃丕烈校並跋、葉子寅、許心宸跋、陸損之

　校並跋 ……………………………………………………………（562）

劉子上下卷　明嘉靖四十五年刊本 ………………………………（562）

顏氏家訓二卷　明嘉靖三年傳鑰刊本　朱軾評點 ………………（562）

顔氏家訓二卷　明萬曆三年顔嗣慎刊本　………………………………（563）

顔氏家訓七卷附考證一卷　清鮑氏知不足齋寫本　鮑廷博校　………（563）

續家訓八卷　宋刊本　黃丕烈跋　存三卷　…………………………（563）

長短經九卷　舊寫本　………………………………………………（563）

刊誤二卷　舊寫本　…………………………………………………（564）

封氏聞見記十卷　明雪晴齋鈔本　明朱良育跋　並錄元夏庭芝跋　……（564）

封氏聞見記十卷　明寫本　蔣杲跋　…………………………………（564）

封氏聞見記十卷　明上黨馮氏寫本　馮舒跋　………………………（565）

封氏聞見記十卷　清寫本　莫友芝、張嘯山跋　……………………（565）

因話錄六卷　清初寫本　……………………………………………（565）

兼明書五卷　明寫本　失名人校　…………………………………（565）

化書六卷　宋刊本　…………………………………………………（566）

化書六卷　明弘治十七年劉達刊本　………………………………（566）

化書六卷　明寶顔堂刊本　失名人用宋本校　……………………（566）

齊丘子一卷　明嘉靖刊本　…………………………………………（566）

南部新書十卷　明刊本　錢曾、胡珽校　何煇、周錫瓚、顧廣圻校並跋　…（566）

南部新書十卷補遺一卷　舊寫本　…………………………………（567）

南部新書不分卷　題甲至癸十集　清寫本　………………………（567）

東原錄一卷　明穴硯齋寫本　………………………………………（567）

東原錄一卷　舊寫本　………………………………………………（567）

東原錄一卷　清仁和趙昱小山堂寫本　……………………………（567）

江鄰幾雜志一卷　明天一閣寫本　…………………………………（567）

江氏筆錄二卷　清寫本　……………………………………………（567）

近事會元十卷　舊寫本　……………………………………………（568）

續墨客揮犀十卷　明正德四年志雅齋寫本　………………………（568）

續墨客揮犀十卷　清蔣氏茹古精舍影寫宋刊本　…………………（568）

麈史不分卷　明王肯堂鬱岡齋寫本　失名人校 ……………………（568）

麈史三卷　清寫本　燕巢主人校並跋…………………………………（568）

麈史三卷　清嘉慶五年趙家程家寫本　並錄徐波、毛扆、吳翌鳳跋 ………（568）

麈史三卷　清寫本 ……………………………………………………（569）

宋景文筆記三卷　舊寫本 ……………………………………………（570）

宋景文筆記三卷　清寫本　吳翌鳳跋 ………………………………（570）

夢溪筆談二十六卷　明翻宋本 ………………………………………（570）

夢溪筆談二十六卷　明翻宋本 ………………………………………（570）

夢溪筆談二十六卷　明刊本　存十五卷 ……………………………（570）

夢溪筆談三十卷補筆談三卷續談附　舊寫本 ………………………（571）

夢溪樂談一卷　明寫本 ………………………………………………（571）

東坡先生志林十二卷　明寫本 ………………………………………（571）

侯鯖錄八卷　明嘉靖二十三年芸窗書院刊本 ………………………（571）

侯鯖錄二卷　明鰲峯書院刊本 ………………………………………（571）

侯鯖錄二卷　清寫本　盧文弨校 ……………………………………（571）

珩璜新論存上卷　明寫本　存上卷　孫家淮校 ……………………（572）

珩璜新論一卷　舊寫本　吳騫、陳鱣校並跋 ………………………（572）

珩璜新論一卷　舊寫本 ………………………………………………（572）

孔氏談苑五卷　明穴硯齋寫本 ………………………………………（573）

晁氏客語一卷晁氏儒言一卷　明嘉靖三十三年晁瑮寶文堂翻宋本 …（573）

文昌雜錄六卷補遺一卷　清乾隆二十一年盧見曾雅雨堂叢書本　沈

　　欽韓校注並跋…………………………………………………………（573）

張太史明道雜志一卷　明顧氏文房小説本 …………………………（573）

冷齋夜話十卷　明刊本　黃丕烈抄補並跋……………………………（573）

冷齋夜話十卷　明刊本 ………………………………………………（573）

冷齋夜話十卷　日本五山刊本　存五卷、餘抄配……………………（573）

石林燕語十卷　明正德楊武刊本 ……………………………………（574）

石林避暑録話四卷　明萬曆項德棻宛委堂刊本 ……………………（574）

乙卯避暑録話二卷　明弘治三年寫本 ………………………………（574）

元城語録三卷行録一卷　明正德十三年張儒刊本　金澍本跋 ………（574）

元城先生語録三卷　明正德刊本 ……………………………………（575）

春渚紀聞十卷　明崇禎毛氏汲古閣刊本　勞格臨明人校宋本 ………（575）

春渚紀聞十卷　明寫本 ………………………………………………（576）

春渚紀聞十卷　明傳寫正德黎堯卿刊本 ……………………………（576）

春渚紀聞十卷　明寫本 ………………………………………………（576）

春渚紀聞十卷　影寫宋刊本　毛扆校並跋 …………………………（576）

猗覺寮雜記上下卷　明晉江謝肇淛小草齋寫本 ……………………（576）

猗覺寮雜記二卷　明寫本　吳焯、周星譽跋 ………………………（576）

猗覺寮雜記二卷　舊寫本　失名人臨何焯校跋 ……………………（576）

猗覺寮雜記上下卷　清初寫本 ………………………………………（577）

猗覺寮雜記二卷　清寫本 ……………………………………………（577）

猗覺寮雜記二卷　舊寫本 ……………………………………………（577）

南窗紀談一卷　舊寫本 ………………………………………………（578）

南窗記談一卷　清寫本　失名人臨勞權校跋　陸心源跋 …………（578）

南窗紀談一卷附後山談叢四卷　舊寫本 ……………………………（578）

可書一卷　明穴硯齋寫本 ……………………………………………（578）

却掃編三卷　明天一閣寫本 …………………………………………（578）

却掃編三卷　明穴硯齋寫本　黃丕烈跋 ……………………………（578）

却掃編三卷　清錢曾述古堂影寫宋刊本 ……………………………（578）

曲洧舊聞十卷　明嘉靖三十四年沈敕楚山書屋刊本 ………………（579）

曲洧舊聞十卷　汪汝瑮刊本　清高宗弘曆題詩 ……………………（579）

雞肋編不分卷　明穴硯齋寫本 ………………………………………（579）

雞肋編一卷　清初影寫元人寫本　録元陳孝先跋 ……………………（579）

雞肋編三卷　舊寫本 ……………………………………………………（580）

寓簡十卷　明正嘉間刊本 ………………………………………………（580）

寓簡十卷　舊寫本 ………………………………………………………（580）

北窗炙輠録二卷　清寫本　録明柳僉跋　吳翌鳳校 …………………（580）

無垢張狀元心傳録十二卷　明沈氏野竹齋寫本　朱之赤題識 ………（580）

清波雜志十二卷　宋刊本 ………………………………………………（581）

清波雜志十二卷　清寫本　王士禛、查慎行、朱錫庚跋 ……………（581）

五總志一卷　明穴硯齋寫本 ……………………………………………（581）

五總志一卷　清趙昱小山堂寫本 ………………………………………（581）

學林五卷　清初寫本　吳焯校 …………………………………………（581）

容齋隨筆十六卷續筆十六卷　宋刊本 …………………………………（582）

容齋隨筆十六卷二筆十六卷三筆十六卷四筆十六卷五筆十
　　卷　明弘治八年華燧會通館銅活字印本　四筆一至八鈔補　嚴元照跋 …（582）

容齋續筆十六卷　明弘治八年華燧會通館銅活字印本 ………………（583）

容齋隨筆十六卷續筆十六卷三筆十六卷四筆十六卷五筆十
　　卷　明弘治十一年李瀚刊本 ………………………………………（583）

容齋一筆十六卷二筆十六卷三筆十六卷四筆十六卷五筆十
　　卷　明刊大字本 ……………………………………………………（583）

容齋續筆十六卷　明崇禎三年馬元調刊本　何焯校並跋，李葆恂跋 ……（583）

容齋隨筆十六卷續筆十六卷三筆十六卷四筆十六卷五筆十
　　卷　明崇禎三年馬元調刊本　清何復齋臨何焯、陳訏批校及跋，朱昌
　　燕跋 ……………………………………………………………………（584）

容齋隨筆十六卷續筆十六卷三筆十六卷四筆十六卷五筆十
　　卷　明人傳寫宋刊本 ………………………………………………（585）

容齋隨筆十六卷二筆十六卷三筆十六卷四筆十六卷五筆十

卷　清傳寫馬元調刊本　清陳訏校　吳騫臨何焯校跋 ……………………（585）

容齋一筆十六卷二筆十六卷三筆十六卷四筆十六卷五筆十

　　卷　日本人寫本　一筆二筆田伏侯校 ……………………………………（588）

墨莊漫録十卷　明寫本　傳寫明唐寅、陸師道跋 ………………………（588）

紫薇雜説一卷師友雜志一卷　明穴硯齋寫本　王芑孫跋 ………………（588）

二老堂雜誌五卷　舊寫本 ………………………………………………（588）

程氏考古編十卷　舊寫本 ………………………………………………（588）

程氏續考古編十卷　明寫本　存卷六至十，餘抄配 …………………（589）

能改齋漫録十八卷　舊寫本　盧文弨校 ………………………………（589）

辨誤録二卷　舊寫本 ……………………………………………………（589）

西溪叢語二卷　明嘉靖二十七年俞憲鴞鳴館刊本 ……………………（589）

西溪叢語二卷　明沈氏野竹齋寫本　黃丕烈校並跋 …………………（589）

樂善録十卷　宋紹定二年刊本 …………………………………………（589）

蒙齋筆談二卷　明天一閣寫本 …………………………………………（590）

老學庵筆記十卷　明寫本 ………………………………………………（590）

老學庵筆記十卷　明穴硯齋寫本 ………………………………………（590）

獨醒雜志十卷附録一卷　明穴硯齋寫本　王芑孫跋 …………………（590）

獨醒雜志十卷　舊寫本 …………………………………………………（590）

習學記言序目五十卷　明寫本　葉樹廉跋 ……………………………（591）

經鉏堂雜誌八卷　明姚咨寫本 …………………………………………（591）

經鉏堂雜志八卷　明穴硯齋寫本 ………………………………………（591）

經鉏堂雜志八卷　舊寫本 ………………………………………………（591）

經鉏堂雜志八卷　清王氏十萬卷樓寫本　存卷一至四 ………………（591）

雲麓漫抄四卷　明王氏鬱岡齋寫本 ……………………………………（592）

雲麓漫鈔四卷　舊寫本　徐松跋 ………………………………………（592）

雲麓漫鈔十五卷　舊寫本 ………………………………………………（592）

新刊朝溪先生捫蝨新話十五卷　舊寫本 ……………………………（592）

蘆浦筆記十卷　明穴硯齋寫本　黃丕烈、王芑孫跋 ………………（592）

蘆浦筆記十卷　舊寫本　厲鶚跋 ……………………………………（592）

蘆浦筆記十卷　清吳翌鳳家寫本　黃丕烈、陳鱣校並跋，吳翌鳳跋 ………（593）

蘆浦筆記十卷　清寫本　傳寫黃丕烈、陳鱣、吳翌鳳跋 ……………（594）

蘆浦筆記十卷　清寫本 ………………………………………………（594）

游宦紀聞十卷　宋刊本 ………………………………………………（594）

游宦紀聞十卷　明寫本　唐寅校　黃丕烈跋 ………………………（594）

梁谿漫志十卷　明刊本 ………………………………………………（595）

梁谿漫志十卷　舊寫本 ………………………………………………（595）

西塘耆舊續聞十卷　舊寫本 …………………………………………（595）

賓退録十卷　宋臨安府睦親坊陳宅經籍鋪刊本 ……………………（595）

賓退録十卷　明影寫宋臨安府陳宅經籍鋪刊本 ……………………（595）

賓退録十卷　明影寫正德四年鞏昌府刊本　孫江跋 ………………（596）

賓退録十卷　清影寫宋陳宅經籍鋪刊本　何焯校並跋 ……………（596）

賓退録十卷　清寫本　失名人校 ……………………………………（597）

賓退録十卷　舊寫本 …………………………………………………（597）

密齋筆記五卷續記一卷　舊寫本　周鸞詒跋 ………………………（597）

鶴林玉露十六卷　明刊小字本 ………………………………………（597）

鶴林玉露六卷　明活字本 ……………………………………………（598）

鶴林玉露十六卷　明萬曆二十七年仁實堂刊本 ……………………（598）

鶴林玉露十六卷　明謝天瑞刊本 ……………………………………（598）

鶴林玉露十六卷　明南臺刊萬曆重修本 ……………………………（598）

鶴林玉露甲集六卷　日本元和活字印本 ……………………………（599）

玉峰先生腳氣集一卷　舊寫本 ………………………………………（599）

藏一話腴甲集二卷乙集二卷　明寫本　有王振生校勘記 …………（599）

話腴一卷　舊寫本 …………………………………………………（599）

困學紀聞二十卷　元泰定二年慶元路儒學刊本 ……………（599）

困學紀聞二十卷　明正統刊本 ………………………………（600）

困學紀聞二十卷　明萬曆三十一年吳獻臺刊本 ……………（600）

困學紀聞二十卷　清乾隆三年馬氏叢書樓刊本　錢大昕校　瞿中溶校

並跋 …………………………………………………………（600）

困學紀聞二十卷　清乾隆三年馬氏叢書樓刊本　全祖望箋注並臨何焯

批校 …………………………………………………………（600）

困學紀聞二十卷　清乾隆三年馬氏叢書樓刊本　顧蒓校並跋 ………（600）

困學紀聞二十卷　清他山書屋寫本 …………………………（601）

吹劍録外集一卷　清寫本　鐵菴題識 ………………………（601）

懷古録二卷　舊寫本 …………………………………………（601）

佩韋齋輯聞四卷　舊寫本 ……………………………………（601）

志雅堂雜抄一卷　舊寫本 ……………………………………（601）

齊東野語二十卷　明刊本 ……………………………………（602）

齊東野語二十卷　明正德十年胡文璧刊本 …………………（602）

齊東野語二十卷　明正德十年胡文璧刊本　味蔗居士跋　存十卷 ……（602）

齊東埜語二十卷　清寫本　吳重憙、章鈺跋 ………………（603）

敬齋古今黈十二卷　舊寫本 …………………………………（603）

湛淵静語二卷　舊寫本 ………………………………………（603）

玉堂嘉話八卷　舊寫本　失名人校 …………………………（603）

庶齋老學叢談三卷　明嘉靖元年柳僉家寫本 ………………（603）

硯北雜志二卷　明萬曆項德棻宛委堂刊本 …………………（604）

硯北雜志二卷　明末刊本　孔繼涵校並録孫雨題識 ………（604）

雪履齋筆記一卷　清初寫本 …………………………………（604）

閒居録一卷　清乾隆四十二年吾氏竹素山房刊本 …………（604）

冀越集一卷附相宅管説　清吳翌鳳寫本　黃丕烈校‥‥‥‥‥‥（604）

南村輟耕録三十卷　明成化十年戴珊刊本　存二十五卷‥‥（604）

南村輟耕録三十卷　明玉蘭草堂刊本‥‥‥‥‥‥‥‥‥‥‥‥（605）

諸子辨一卷　明叢書堂寫本‥‥‥‥‥‥‥‥‥‥‥‥‥‥‥‥‥（605）

蘿山雜言一卷　明叢書堂寫本‥‥‥‥‥‥‥‥‥‥‥‥‥‥‥（605）

貞固華先生慮得集四卷附録二卷　明嘉靖十一年華從智刊本‥‥（605）

郁離子十卷　明刊本‥‥‥‥‥‥‥‥‥‥‥‥‥‥‥‥‥‥‥‥（605）

草木子四卷　明初刊本‥‥‥‥‥‥‥‥‥‥‥‥‥‥‥‥‥‥‥（605）

草木子四卷　明嘉靖二十二年王宏刊本‥‥‥‥‥‥‥‥‥‥‥（605）

菽園雜記十五卷　明寫本　存十一卷‥‥‥‥‥‥‥‥‥‥‥‥（605）

菽園雜記十五卷　明寫本　存五卷‥‥‥‥‥‥‥‥‥‥‥‥‥（606）

青溪暇筆二卷　明寫本‥‥‥‥‥‥‥‥‥‥‥‥‥‥‥‥‥‥‥（606）

聞中今古四卷　明叢書堂寫本‥‥‥‥‥‥‥‥‥‥‥‥‥‥‥（606）

震澤長語二卷　舊寫本‥‥‥‥‥‥‥‥‥‥‥‥‥‥‥‥‥‥‥（606）

餘冬序録六十五卷　明刊本　存十三卷‥‥‥‥‥‥‥‥‥‥‥（606）

龍江夢餘録四卷　明弘治十七年郭經刊本‥‥‥‥‥‥‥‥‥‥（606）

七脩類稿五十一卷　明刊本‥‥‥‥‥‥‥‥‥‥‥‥‥‥‥‥（606）

山樵暇語十卷　明寫本‥‥‥‥‥‥‥‥‥‥‥‥‥‥‥‥‥‥‥（606）

濯纓亭筆記十卷　明嘉靖刊本　存五卷‥‥‥‥‥‥‥‥‥‥‥（606）

厄言倪八卷　陳與郊纂刊本‥‥‥‥‥‥‥‥‥‥‥‥‥‥‥‥‥（607）

王奉常雜著‥‥‥‥‥‥‥‥‥‥‥‥‥‥‥‥‥‥‥‥‥‥‥‥‥‥（607）

説林不分卷　舊寫本‥‥‥‥‥‥‥‥‥‥‥‥‥‥‥‥‥‥‥‥‥（607）

逌旃璅言二卷　舊寫本‥‥‥‥‥‥‥‥‥‥‥‥‥‥‥‥‥‥‥（607）

閑適劇談五卷　明刊本　存二卷‥‥‥‥‥‥‥‥‥‥‥‥‥‥‥（607）

蓉塘詩話二十卷　明嘉靖二十六年洪楩刊本‥‥‥‥‥‥‥‥‥（607）

蓉塘雜纂十卷　舊寫本‥‥‥‥‥‥‥‥‥‥‥‥‥‥‥‥‥‥‥（608）

畫禪室隨筆四卷　掞藻堂刊本　張穆、許瀚跋 …………………（608）

六硯齋筆記四卷二筆四卷三筆四卷紫桃軒雜綴三卷又綴三
　卷禮白嶽記三卷璽召録一卷竹嬾畫賸一卷續畫賸一卷附
　墨君題語一卷　明刊本 ……………………………………（608）

説原十六卷　舊寫本　存四卷 ………………………………（609）

暖姝由筆三卷　明刊本 ………………………………………（609）

戒菴老人漫筆八卷　清世德堂刊本　方功惠跋…………………（609）

道聽録五卷　舊寫本 …………………………………………（609）

筆奕八卷　清初寫本　存五卷 ………………………………（610）

疑砭録二卷　清吳翌鳳寫本 …………………………………（610）

采芹録四卷　舊寫本 …………………………………………（610）

天都載六卷　明萬曆刊本 ……………………………………（610）

小柴桑喃喃録二卷　明崇禎刊本 ……………………………（610）

纍瓦四編□卷　舊寫本 ………………………………………（611）

從先維俗議五卷　明萬曆刊本 ………………………………（611）

歐餘漫録十三卷　明萬曆刊本 ………………………………（611）

射林八卷　明刊本　存二卷 …………………………………（611）

炳燭齋隨筆一卷　清曲阜顏氏磨墨亭寫本 ……………………（611）

西窗摭餘録二册　舊寫本 ……………………………………（611）

南牖日箋七卷　舊寫本 ………………………………………（612）

棗林雜俎　舊寫本　存四册 …………………………………（612）

棗林雜俎六卷　舊寫本 ………………………………………（612）

虛堂手鏡上下卷　明刊本 ……………………………………（612）

虛窗手鏡二卷　清南昌彭氏知聖道齋寫本 ……………………（612）

五石瓠一卷附風人詩話一卷　舊寫本 ………………………（612）

風庭掃葉録四卷　舊寫本 ……………………………………（612）

春寒閒記一卷　舊寫本　厲鶚、□德水跋 ……………………………（613）

楝花磯隨筆　舊寫本 ………………………………………………………（613）

硯北雜録六册　舊寫本 ……………………………………………………（613）

巢林筆談六卷續編二卷　清乾隆三十年刊本 …………………………（613）

東山談苑八卷　舊寫本 ……………………………………………………（613）

林泉隨筆一卷　清寫本 ……………………………………………………（613）

桑榆漫志一卷　舊寫本 ……………………………………………………（613）

郊居偶録十二卷　日本人寫本 …………………………………………（613）

稗販八卷　存四卷 …………………………………………………………（613）

蘇齋筆記　舊寫本　存二卷 ……………………………………………（614）

平津館稿本三種　稿本 ……………………………………………………（614）

燕居瑣語四十卷續語十六卷　稿本 ……………………………………（614）

雨窗夜話三卷　手寫稿本 …………………………………………………（614）

霞城筆記十卷　原稿本 ……………………………………………………（614）

酌史巖摭談一卷　清馮登府手稿本 ……………………………………（614）

破邪詳辨三卷續一卷 ………………………………………………………（615）

尚友記二册　舊寫本 ………………………………………………………（615）

蒓浦隨筆六卷　清末寫本 …………………………………………………（615）

以上雜學、雜說

卷九　子部三

雜家類二

崔豹古今注三卷　明刊本　黄丕烈跋 …………………………………（616）

資暇集三卷　舊寫本 ………………………………………………………（616）

資暇集三卷　清寫本　臨勞格校跋 ……………………………………（616）

兼明書五卷　明寫本　失名人據宋本校……………………（617）

近事會元五卷　舊寫本……………………………………（617）

東觀餘論不分卷　宋刊本　勞權跋　存七十三葉　餘抄配…………（617）

東觀餘論二卷　明萬曆十二年項篤壽萬卷堂刊本……………（618）

東觀餘論二卷附録一卷　明末汲古閣刊津逮祕書本　翁方綱校並跋…（618）

東觀餘論二卷附録一卷　明末汲古閣刊津逮祕書本　勞權校並跋…（618）

東觀餘論二卷　明寫本　失名人校　黃丕烈跋……………（619）

東觀餘論二卷　舊寫本　盧文弨校並跋　王宗炎跋………（620）

程氏演繁露十六卷　宋刊本　存十卷……………………（621）

程氏演繁露十六卷續集六卷　明嘉靖三十年程煦刊本………（621）

程氏演繁露十六卷續集六卷　明萬曆四十五年鄧渼刊本………（622）

程氏演繁露十六卷　明萬曆四十五年鄧渼刊本　失名人據宋本校補

　　存八卷…………………………………………………（622）

程氏演繁露十六卷續集六卷　明萬曆四十五年鄧渼刊本　毛扆校補…（622）

程氏演繁露十六卷續録六卷　明姚咨寫本　何煌校跋　存十卷，餘

　　抄配……………………………………………………（622）

程氏演繁露十六卷續集六卷　清南昌彭氏知聖道齋寫本　有跋……（623）

程氏演繁露續集六卷　明寫本　吳省蘭識語………………（623）

程氏演繁露續集六卷　舊寫本……………………………（624）

緯略十二卷　明王肯堂鬱岡齋寫本………………………（624）

緯略十二卷　舊寫本　失名人校…………………………（624）

野客叢書三十卷附野老紀聞一卷　明嘉靖四十一年王穀祥刊本……（624）

履齋示兒編二十三卷　明潘膺祉如韋館刊本……………（624）

履齋示兒編二十三卷　明寫本　彭元瑞跋………………（624）

履齋示兒編二十三卷　舊寫本　顧廣圻校並跋…………（625）

學齋佔畢四卷　明寫本　顧廣圻校補並跋　黃丕烈跋……………（625）

朝野類要五卷　明寫本 ……………………………………………（625）

朝野類要五卷　舊寫本　惠棟校 …………………………………（625）

朝野類要五卷　舊寫本 ……………………………………………（626）

僧害四卷　明刊本 …………………………………………………（626）

丹鉛總録二十七卷　明萬曆刊本　錢士馨批點 …………………（626）

讀書劄記四卷　明刊本 ……………………………………………（626）

掌雋四册不分卷　明寫本 …………………………………………（626）

餘菴雜録三卷　舊寫本 ……………………………………………（626）

日知録八卷譎觚十事一卷　清康熙九年自刻本 …………………（627）

夢航雜綴一卷　舊寫本 ……………………………………………（627）

　　　　　　　　　　　　　　　　　　　　　以上雜考

世說新語八卷　明萬曆刊巾箱本 …………………………………（627）

世說新語注三卷敍録一卷考異一卷人名譜一卷　宋刊本 ………（627）

世說新語注三卷　宋刊本 …………………………………………（628）

世說新語注三卷　明嘉靖十四年袁褧嘉趣堂刊本 ………………（629）

世說新語注三卷　明嘉靖十四年袁褧嘉趣堂刊本　何焯校並跋 ………（629）

世說新語注三卷　明嘉靖四十五年太倉沙溪曹氏重刊袁褧刊本 ………（629）

世說新語注六卷　明刊本 …………………………………………（629）

世說新語注三卷　明萬曆刊本　吳騫跋 …………………………（630）

世說新語姓彙韻分十二卷　朝鮮銅活字印本 ……………………（630）

唐國史補三卷　影寫宋刊本 ………………………………………（630）

唐世說新語十三卷　明刊本 ………………………………………（630）

大唐新語十三卷　明寫本　存六卷 ………………………………（630）

明皇雜録上下卷　清乾隆四十七年紀御調寫本 …………………（630）

松窗雜録一卷　明顧氏文房小說本 ………………………………（630）

雲谿友議三卷　明刊本 ……………………………………………（631）

雲谿友議三卷　舊寫本 …………………………………………（631）

雲谿友議三卷　清寫本 …………………………………………（631）

雲溪友議十二卷　明寫本 ………………………………………（631）

雲溪友議十二卷　繆氏藝風堂傳鈔明寫本 ……………………（631）

南北史續世說十卷　明萬曆安茂卿刊，萬曆三十七年俞安期重修本 ……（631）

摭言十五卷　明寫本　存十卷 …………………………………（632）

唐摭言十五卷　清初寫本　宋筠校並録王士禛朱彝尊題識 ……（632）

唐摭言十五卷　清寫本　厲鶚校　勞權識語 …………………（633）

開元天寶遺事二卷　明寫本 ……………………………………（633）

金華子二卷　日本人寫本　王韜跋 ……………………………（633）

南唐近事二卷　明刊本 …………………………………………（633）

南唐近事三卷　舊寫本 …………………………………………（633）

北夢瑣言二十卷　明萬曆刊本 …………………………………（634）

北夢瑣言二十卷　明賜書樓寫本 ………………………………（634）

北夢瑣言二十卷　舊寫本　唐翰題跋 …………………………（634）

賈氏談録一卷　舊寫本　附胡珽、勞格校記 …………………（635）

洛陽搢紳舊聞記五卷　明穴硯齋寫本 …………………………（635）

涑水紀聞二卷　明寫本 …………………………………………（635）

涑水紀聞二卷　清初寫本 ………………………………………（635）

涑水紀聞八卷　舊寫本　周鑾詒觀欵 …………………………（635）

涑水紀聞十六卷　清寫本　存三卷 ……………………………（635）

澠水燕談録□卷　清寫本 ………………………………………（635）

澠水燕談録十卷　□漱六軒寫本　李北苑跋 …………………（636）

歸田録二卷　明活字印本 ………………………………………（636）

青箱雜記十卷　舊寫本　黃丕烈跋 ……………………………（636）

龍川略志六卷別志四卷　宋刊本 ………………………………（636）

續世説十二卷　影寫宋刊本 ……………………………………（636）

續世説十二卷　舊寫本 …………………………………………（636）

孫公談圃三卷　舊寫本 …………………………………………（637）

孫公談圃三卷　清初寫本 ………………………………………（637）

甲申雜記一卷聞見近録一卷　宋吉州刊本 ……………………（637）

湘山野録三卷　舊寫本 …………………………………………（637）

東軒筆録十五卷　明嘉靖三十四年沈敕楚山書屋刊本　………（637）

默記一卷　明穴硯齋寫本　王芑孫跋 …………………………（638）

默記一卷　清初寫本 ……………………………………………（638）

默記三卷　清乾隆四十一年胡鳳苞寫本　陳鱣校跋，又臨朱文藻、鮑廷

　博、吳騫批校及題識 …………………………………………（638）

唐語林二卷　明嘉靖二年齊之鸞刊本　黃丕烈、周錫瓚跋 …（638）

唐語林三卷　舊寫本　黃丕烈跋 ………………………………（639）

揮塵前録四卷後録十一卷三録三卷　宋刊本　後録缺九卷 …（640）

揮塵第三録三卷　宋刊本　孫原湘跋 …………………………（640）

揮塵前録四卷　明末汲古閣刊本　張紹仁校 …………………（640）

揮塵前録四卷後録十一卷三録三卷　明寫本 …………………（640）

揮塵前録四卷後録十一卷餘話三卷　清初毛氏汲古閣影寫宋刊本

　前録缺二卷，餘話全缺，配清寫本 …………………………（640）

揮塵録前録四卷後録十一卷　舊寫本 …………………………（641）

玉照新志五卷　舊寫本 …………………………………………（641）

投轄録一卷　清寫本　丁惠康跋 ………………………………（641）

邵氏聞見録二十卷　明寫本 ……………………………………（641）

邵氏聞見録二十卷　清寫本　陳塿校並跋 ……………………（641）

邵氏聞見録二十卷聞見後録三十卷　何煌手校本 ……………（642）

聞見後録三十卷　舊寫本　黃丕烈跋 …………………………（642）

家世舊聞二卷 明末毛氏汲古閣刊本 何焯跋 …………………（642）

家世舊聞二卷 明穴硯齋寫本 ……………………………………（642）

桯史十五卷 宋刊本 存十三卷 又配明本及清寫本二卷 ………（642）

桯史十五卷 明成化十一年江沂刊本 ……………………………（643）

桯史十五卷 明翻成化十一年江沂刊本 潘祖蔭題簽 …………（643）

愧郯錄十五卷 宋刊本 ……………………………………………（643）

愧郯錄十五卷 宋刊本 ……………………………………………（643）

愧郯錄十五卷 明萬曆岳元聲等刊本 ……………………………（643）

愧郯錄十五卷 舊寫本 ……………………………………………（644）

四朝聞見錄五卷 清吳焯繡谷亭寫本 ……………………………（644）

溫公瑣語一卷 清勞氏丹鉛精舍寫本 勞權校並跋 ……………（644）

漫堂隨筆一卷 清勞氏丹鉛精舍寫本 勞格校並錄姚咨跋 ……（644）

真率記事一卷 清勞氏丹鉛精舍寫本 勞權校並錄姚咨跋 ……（644）

歸潛志十四卷 舊寫本 存八卷 …………………………………（644）

水東日記三十八卷 明正嘉間刊本 ………………………………（645）

水東日記三十八卷 明刊本 王玉芝題歉 ………………………（645）

枝山野記四卷 明寫本 ……………………………………………（645）

病逸漫記一卷 舊寫本 ……………………………………………（645）

白涯書鈔二卷 舊寫本 ……………………………………………（645）

讀書續記一卷附答友朋書略 明寫本 ……………………………（645）

歸聞述夢一卷 李氏木樨軒寫本 …………………………………（645）

學圃齋隨筆□卷 舊寫本 …………………………………………（646）

謨觴隨筆二卷 明刊本 ……………………………………………（646）

客座贅語十卷 清末寫本 甘元煥跋 ……………………………（646）

偶記八卷 明刊本 …………………………………………………（646）

蘭葉筆存慎辭錄 舊寫本 …………………………………………（646）

諛聞隨筆　清寫本 ……………………………………………………（646）

人海記一卷　清松陵楊氏寫本　楊復吉、吳騫跋 …………………（647）

人海記不分卷　清劉氏味經書屋寫本 ………………………………（647）

人海記二卷　舊寫本 …………………………………………………（647）

清異録一卷　寫本 ……………………………………………………（647）

西圃叢辨三十二卷　清寫本 …………………………………………（648）

寒夜録二卷　清寫本 …………………………………………………（648）

蟲獲軒筆記　清寫本 …………………………………………………（648）

芝省齋隨筆　稿本四册 ………………………………………………（648）

古秀溪所聞上下卷補遺二卷　舊寫本 ………………………………（648）

　　　　　　　　　　　　　　　　　　　　　　　以上雜記

東坡先生物類相感志十八卷　明寫本 ………………………………（648）

負暄野録二卷　明葉恭煥家寫本 ……………………………………（648）

負暄野録上下卷　明寫本 ……………………………………………（648）

雲煙過眼録一卷　清影寫元人寫本　鮑廷博校 ……………………（649）

格古要論十三卷　明刊本 ……………………………………………（649）

新增格古要論十三卷　明天順六年徐氏善得書堂刊成化七年續增新

　　刊本　清俞善裕補 ………………………………………………（649）

新增格古要論十三卷　明刊本 ………………………………………（650）

霏雪録一卷　明弘治刊本 ……………………………………………（650）

　　　　　　　　　　　　　　　　　　　　　　　以上雜品

意林五卷　明嘉靖五年黃鳳儀刊本 …………………………………（650）

意林五卷　舊寫本　黃丕烈校　沈樹鏞跋　存二卷 ………………（650）

清異録二卷　明隆慶六年葉氏菉竹堂寫本 …………………………（650）

類説□□卷　宋刊本　存三卷 ………………………………………（650）

類說二十四册　明沈瀚家寫本　存二十四册 ………………………（651）

類説□□卷　明寫本 …………………………………………………（651）

新雕類説前集二十五卷後集二十五卷　清思齋寫本 …………（651）

皇朝事實類苑六十三卷　舊寫本 ……………………………………（651）

新雕皇朝類苑七十八卷　日本元和活字印本 …………………………（651）

皇朝仕學規範四十卷　宋刊本 ………………………………………（652）

皇朝仕學規範四十卷　宋刊本 ………………………………………（652）

皇朝仕學規範四十卷　明刊本　缺五卷 …………………………（652）

續談助五卷　清孫朝鎣手寫本　黄廷鑑跋 …………………………（652）

醉翁談録八卷　傳寫元刊本 …………………………………………（652）

醉翁談録八卷　舊寫本 ………………………………………………（652）

五色線三卷　明弘治二年刊本 ……………………………………（653）

自警編　宋刊本 ………………………………………………………（653）

自警編不分卷　宋刊本　缺戊編 …………………………………（654）

自警編不分卷　宋刊本 ………………………………………………（654）

自警編五卷　明初翻刻宋本 …………………………………………（654）

自警編甲乙丙丁戊五集　明刊本 …………………………………（654）

自警編五集　明刊本 …………………………………………………（654）

自警編五卷　朝鮮古活字印本 ……………………………………（654）

自警編十一卷　元明間刊本 …………………………………………（654）

養生類纂□五卷　明成化刊本 ……………………………………（655）

澄懷録二卷　明高百川家寫本　林佶跋 …………………………（655）

澄懷録二卷　清末李文田家寫本　潘祖蔭跋 ……………………（655）

新刊古杭雜記詩集四卷　明寫本 …………………………………（656）

外戚事鑒上下卷　清寫本 ……………………………………………（656）

物異考一卷　明吳氏叢書堂寫本 …………………………………（656）

玄覽八卷　明刊本 ……………………………………………………（656）

玄羽外編四十六卷　明萬曆刊本 ……………………………………（656）

歷代小史一百五卷　明刊本 …………………………………………（657）

掌雋　舊寫本 …………………………………………………………（657）

菰中隨筆三卷附詩律蒙告一卷亭林著書目一卷　清黃丕烈家寫

　　本　黃丕烈、孔憲庚、孔憲彝、葉名澧、慶何涵跋 ………………（657）

世寶錄十卷　清刊本 …………………………………………………（657）

續錦機十五卷補遺三卷　稿本 ………………………………………（658）

以上雜纂

小 説 家 類

山海經傳十八卷　明成化四年北京國子監刊本 ……………………（658）

山海經傳十八卷　明嘉靖十三年刊本 ………………………………（658）

山海經傳十八卷　明嘉靖十五年潘侃前山書屋刊本　吳慈培跋 ……（659）

山海經傳十八卷　清康熙五十四年項絪羣玉堂刊本　王念孫校　費念

　　慈跋 ………………………………………………………………（659）

穆天子傳注六卷　明萬曆十年李宗城青蓮閣刊本 …………………（659）

穆天子傳注六卷　明寫本 ……………………………………………（659）

穆天子傳註六卷　明寫本　失名人校 ………………………………（660）

漢武帝内傳一卷外傳一卷　舊寫本 …………………………………（660）

漢武内傳一卷　舊寫本　王洽校　王謨跋 …………………………（660）

博物志十卷　明弘治十八年賀泰刊本 ………………………………（660）

續博物志十卷　明弘治十八年賀泰刊本 ……………………………（660）

西京雜記六卷　明嘉靖沈與文野竹齋刊本 …………………………（660）

西京雜記六卷　明嘉靖三十一年關中官署刊本 ……………………（660）

西京雜記六卷　舊寫本　失名人校、吳志忠校 ……………………（661）

王子年拾遺記十卷　明嘉靖十三年顧春世德堂刊本 ………………（661）

王子年拾遺記十卷　明嘉靖十三年顧春世德堂刊本　毛扆校並跋 …… (661)

述異記二卷　影寫宋刊本 ………………………………………… (661)

幽怪録四卷續録一卷　明書林陳應翔刊本　繆荃孫校 ………… (661)

續玄怪録四卷　明隆慶三年姚咨寫本 ………………………… (662)

酉陽雜俎前集二十卷續集十卷　明萬曆三十年李雲鵠刊本………… (662)

續酉陽雜俎十卷　明寫本 …………………………………… (662)

劇談録二卷　明寫本　黄丕烈跋 …………………………… (662)

玄中記一卷碧雲騢一卷趨朝事實一卷　明姚咨寫本　周星詒記 … (662)

闕史二卷　清康熙中顧氏閭邱辯囿叢書本　吴志忠臨葉樹廉跋及葉奕校 … (663)

闕史二卷　舊寫本　録吴岫跋 ……………………………… (663)

闕史二卷　明寫本　存下卷　葉奕校並跋 ………………… (664)

重雕足本鑑誡録十卷　宋刊本　王士禎、朱彝尊跋 ………… (664)

重雕足本鑑誡録十卷　舊寫本　録朱彝尊、曹寅、徐嘉炎、查嗣瑮、汪

士鋐跋 …………………………………………………… (664)

燈下閑談二卷　清寫本　失名人校並録馮舒、葉樹葉識語 ……… (664)

友會談叢不分卷　清初寫本 ………………………………… (664)

夷堅甲志二十卷乙志二十卷丙志二十卷丁志二十卷　宋刊元

印本 ……………………………………………………… (664)

新編分類夷堅志甲集五卷乙集五卷丙集五卷丁集五卷戊集

五卷己集六卷庚集五卷辛集五卷壬集五卷癸集五卷　明嘉

靖二十五年洪楩清平山堂刊本 ………………………………… (665)

新編分類夷堅志甲至癸集五十一卷　明寫本　甲至戊、庚至癸九

集五卷、己集六卷　失名人校補………………………………… (665)

湖海新聞夷堅續志前集十二卷　元刊本　存二卷,餘抄配 ……… (665)

重刊湖海新聞夷堅續志後集不分卷　元刊本 ……………… (665)

湖海新聞夷堅續志前集十二卷後集七卷　前集元刊本　後集明

　　薛詡刊本 ……………………………………（665）

湖海新聞夷堅續志後集六卷　　舊寫本 ……………（666）

續夷堅志前集一卷後集一卷　　舊寫本 ……………（666）

續夷堅志四卷　　清嘉慶十三年余集手寫大梁書院刊本 ……（666）

分類夷堅志戊集五卷　　明活字印本 ………………（666）

虞初志□卷　　明刊本 ………………………………（667）

搜神秘覽三卷　　宋臨安尹家書籍鋪刊本 …………（667）

石田翁客座新聞十一卷　　舊寫本 …………………（667）

西樵野記十卷　　明寫本　存五卷 …………………（667）

新編連相搜神廣記前後集不分卷　　明刊本 ………（668）

雜事秘辛一卷　　舊寫本　王謨跋 …………………（668）

新刻徐比部燕山叢録二十二卷　　清寫本 …………（668）

白醉瑣言二卷　　明刊本 ……………………………（668）

灤陽銷夏録三卷　　清紀氏原稿本　紀昀、劉墉、賈臻、吳式芬跋 ……（668）

扶風傳信録　　清吳騫稿本 …………………………（669）

秋燭叢話十八卷　　舊寫本 …………………………（669）

卷十　子部四

類　書　類

修文御覽三百六十卷　　明寫本 ……………………（670）

藝文類聚一百卷　　明正德十年華堅蘭雪堂銅活字印本　殘本 ……（670）

藝文類聚一百卷　　明鄭氏宗文堂刊本 ……………（670）

北堂書鈔一百六十卷　　明寫本　存一百二十二卷 ……（671）

北堂書鈔一百六十卷　　明臥雲山房寫本　寶康跋 ……（671）

北堂書鈔一百六十卷　明寫本 …………………………………………（671）

北堂書鈔一百六十卷　舊寫本　勞格校並跋　又録朱彝尊跋 …………（671）

古唐類範一百六十卷　明寫本　黃丕烈跋　並録讀書敏求記　曝書

　　亭集各一則 ……………………………………………………………（672）

大唐類要一百六十卷　清顧氏藝海樓寫本　莫友芝跋 …………………（672）

龍筋鳳髓判二卷　明弘治刊本　失名人校 ………………………………（672）

龍筋鳳髓判二卷　明弘治十七年沈津刊本 ………………………………（673）

龍筋鳳髓判二卷　明弘治十七年沈津刊本　錢天樹跋 …………………（673）

龍筋鳳髓判二卷　清寫本　傳録查慎行跋　彭元瑞校並跋 ……………（673）

新雕初學記三十卷　宋紹興十七年余四十三郎宅刊本 …………………（673）

初學記三十卷　明嘉靖十年安國桂坡館刊本 ……………………………（675）

新刊初學記三十卷　明鄭氏宗文堂刊本 …………………………………（675）

白氏六帖事類集三十卷　宋刊宋代公文紙印本　樊增祥跋 ……………（675）

白氏六帖事類集三十卷　宋刊本 …………………………………………（676）

新雕白氏六帖事類添注出經三十卷　宋刊本 ……………………………（676）

唐宋白孔六帖一百卷　宋刊本　存三十八卷 ……………………………（677）

白孔六帖一百卷　明寫本　存八十卷 ……………………………………（677）

小名録上下卷　明寫本 ……………………………………………………（677）

標題徐狀元補注蒙求二卷　宋刊本 ………………………………………（677）

事類賦注三十卷　宋紹興十六年兩浙東路茶鹽司刊本 …………………（677）

事類賦注三十卷　明嘉靖十三年開封府白坪刊本　孫星衍跋 …………（678）

事類賦注三十卷　明影寫宋紹興十六年兩浙東路茶鹽司刊本　黃國瑾跋 …（678）

太平御覽一千卷　宋刊本　存三百六十六卷 ……………………………（679）

太平御覽一千卷　宋慶元五年成都路轉運司刊本　存七百六十六卷 ……（679）

太平御覽一千卷　宋慶元五年成都路轉運司刊本　有鈔配 ……………（680）

太平御覽一千卷　明萬曆元年倪炳刊本 …………………………………（680）

太平御覽一千卷　明萬曆二年周堂活字印本 ……………………………（681）

太平御覽一千卷　明寫本 ………………………………………………（682）

太平御覽一千卷　明寫本　存七百九十卷 ……………………………（682）

太平御覽一千卷　明寫本　存九百三十卷 ……………………………（682）

太平廣記五百卷目録十卷　明嘉靖四十五年談愷刊本 ………………（682）

太平廣記五百卷目録十卷　明隆慶萬曆間活字印本 …………………（683）

太平廣記五百卷目録十卷　明許自昌刊本　陳鱣校　吳騫跋 ………（683）

册府元龜一千卷　宋蜀中刊本　存一百四十四卷 ……………………（684）

册府元龜一千卷　宋蜀中刊本　存四百七十一卷 ……………………（685）

册府元龜一千卷　宋蜀中刊本　存十八卷 ……………………………（687）

新刊監本册府元龜一千卷　宋蜀中刊本　存八卷 ……………………（687）

新刊監本册府元龜一千卷目録十卷　明寫本 …………………………（688）

新刊監本册府元龜一千卷目録十卷　明寫本 …………………………（688）

新刊監本册府元龜一千卷目録十卷　明寫本　存七百九十四卷……（688）

新刊監本册府元龜一千卷　明寫本　存二十九册　失名人校　有偽

　錢謙益跋 ………………………………………………………………（689）

重廣會史一百卷目録一卷　宋刊巾箱本 ………………………………（689）

晏元獻公類要□□卷　寫舊本　存三十七卷 …………………………（689）

文選雙字類要三卷　明嘉靖十九年姚虞、季本刊本　公文紙印本………（690）

重修事物紀原二十六卷目録二卷　宋慶元三年建安余氏刊本………（690）

事物紀原集類十卷　明正統十二年閻敬刊本 …………………………（691）

事物紀原集類十卷　明成化八年李果刊本　失名人據宋建安余氏本校 …（691）

新刻事物紀原十卷　明胡文煥刊格致叢書本　失名人據宋建安余氏本校 …（691）

兩漢蒙求不分卷　舊寫本 ………………………………………………（691）

海録碎事二十二卷　明寫本　陳繼儒、宋思玉跋 ……………………（691）

帝王經世圖譜十卷　宋刊本　存八卷 …………………………………（692）

職官分紀五十卷　明寫本 ……………………………………（692）

職官分紀五十卷　明寫本 ……………………………………（692）

東萊先生分門詩律武庫二十卷　宋刊本 …………………（692）

東萊先生分門詩律武庫前集十五卷後集十五卷　宋刊本 ……（693）

東萊先生詩律武庫前集十三卷後集十七卷　明寫本　黃丕烈校

　　並跋 …………………………………………………………（693）

觀史類編　宋刊本　存一卷 …………………………………（693）

姬侍類偶不分卷　明寫本　失名人校 ………………………（694）

姬侍類偶不分卷　清陶智寫本　吳翌鳳跋 …………………（694）

錦繡萬花谷四十卷　宋刊本 …………………………………（694）

錦繡萬花谷四十卷　宋刊本　存一卷 ………………………（694）

錦繡萬花谷四十卷後集四十卷續集四十卷　明弘治七年華燧會

　　通館活字印本 ………………………………………………（695）

錦繡萬花谷四十卷後集四十卷續集四十卷　明嘉靖十四年徽藩

　　崇古書院刊本 ………………………………………………（695）

類編祕府圖書畫一元龜殘本　乙部宋刊本　存八十八卷　丙、丁部

　　宋余仁仲萬卷堂刊本 ………………………………………（695）

類編祕府圖書畫一元龜　宋刊本　存十八卷 ………………（695）

類編祕府圖書畫一元龜正部　宋刊本　存五卷 ……………（696）

新編古今事文類聚前集六十卷後集五十卷續集二十八卷別

　　集三十二卷新集三十六卷外集十五卷　元刊本 …………（696）

新編古今事文類聚續集二十八卷　元刊本　存一冊 ………（696）

新編古今事文類聚外集十五卷　元刊本 …………………（696）

新編古今事文類聚前集六十卷後集五十卷續集二十八卷別

　　集三十二卷新集三十六卷外集十五卷　明刊本 …………（696）

紀纂淵海一百九十五卷　元刊本　存一冊 …………………（697）

紀纂淵海一百九十五卷　明寫本 ……………………………………（697）

紀纂淵海後集九十四卷　明寫本 ……………………………………（697）

古賢小字錄二卷　舊寫本 ……………………………………………（697）

天台陳先生類編花果卉木全芳備祖前集二十七卷後集三十

　　一卷　元刊本　存四十二卷 ……………………………………（697）

全芳備祖前集二十七卷後集三十一卷　舊寫本 …………………（698）

新刊山堂先生章宮講考索目錄十卷丁集　宋刊巾箱本 …………（698）

山堂先生羣書考索前集六十六卷後集六十五卷續集五十六

　　卷別集二十五卷　元延祐七年圓沙書院刊本　缺別集二十五卷 ……（698）

羣書考索前集六十六卷後集六十五卷續集五十六卷別集二

　　十五卷　明正德十三年劉洪慎獨書齋刊本　缺別集二十五卷 ……（699）

古今合璧事類備要前集六十九卷後集八十一卷續集五十六

　　卷別集九十四卷外集六十六卷　宋刊本 ………………………（699）

璧水羣英待問會元九十卷　明活字印本　存序目及二卷 ………（700）

摽題註王先生十七史蒙求十卷　宋刊本 …………………………（700）

新箋決科古今源流至論前集十卷後集十卷續集十卷　元刊本

　　存三卷 ……………………………………………………………（700）

新箋決科古今源流至論前集十卷後集十卷續集十卷別集十

　　卷　元延祐四年圓沙書院刊本 …………………………………（700）

新箋決科古今源流至論前集十卷後集十卷續集十卷別集十

　　卷　明宣德二年書林劉克常刊本 ………………………………（701）

新箋決科古今源流至論前集十卷　明初刊本 ……………………（701）

玉海二百卷附詞學指南四卷　元後至元六年慶元路儒學刊本 ……（701）

六帖補二十卷　明寫本　存十四卷，餘抄配 ………………………（701）

六帖補二十卷　明寫本 ……………………………………………（702）

六帖補二十四卷　舊寫本 …………………………………………（703）

新編簪纓必用翰苑新書前集七十卷後集上二十六卷後集下

　　六卷別集十二卷續集四十二卷　明寫本 ……………………（703）

新編簪纓必用翰苑新書　明寫本　缺三冊 …………………………（704）

大學分門增廣漢唐事實□卷　宋刊本　存一卷 ……………………（704）

大學新編聲律資用萬卷菁華前集八十卷　明寫本 …………………（704）

大學增修聲律資用萬卷菁華前集八十卷後集八十卷　明寫本 …（704）

聖宋千家名賢表啓□□卷　宋刊本　存八卷 ………………………（705）

新編通用啓劄截江網十集七十四卷　宋刊本 ………………………（705）

纂圖增新羣書類要事林廣記前集二卷後集二卷續集二卷別

　　集二卷外集二卷　明永樂刊本 ……………………………………（705）

新編排韻增廣事類氏族大全十集十卷　元明間刊本　存五卷 …（705）

新編事文類聚翰墨全書甲至癸十集　明初刊本 ……………………（705）

新編古今姓氏遙華韻十集九十八卷　清劉氏嘉蔭簃寫本　劉喜海

　　跋　存八十一卷 ……………………………………………………（706）

漢唐事箋對策機要前集十二卷後集八卷　元至正六年日新堂刊本 ……（706）

漢唐事箋對策機要後集八卷　清道光李漮刊本 ……………………（707）

新編詩學集成押韻淵海二十卷　元後至元六年梅軒蔡氏刊本 ………（707）

新編增廣事聯詩學大成三十卷　元至正二年日新書堂刊本 ………（707）

新刊京本校正增廣聯新事備詩學大成三十卷　明書林劉氏刊本 …（707）

新編增廣事聯詩苑叢珠三十卷　元刊本 ……………………………（707）

新編詔誥表章事文擬題五卷　元刊本 ………………………………（708）

新編詔誥表章事實四卷　元刊本 ……………………………………（708）

羣書鈎玄十二卷　元刊本 ……………………………………………（708）

羣書鈎玄十二卷　元刊本 ……………………………………………（709）

羣書鈎玄十二卷　元刊明修本　唐翰題跋 …………………………（709）

永樂大典卷六百六十一至二　一東　雍　明內府寫本　存一冊 …（709）

永樂大典卷二萬一千二十五至六　三術　律　明內府寫本　存

一册 …………………………………………………………（709）

永樂大典卷二萬二千六十一　十合　劀　明內府寫本　存一册 …（709）

永樂大典卷八百二十一至三　二支　詩　明內府寫本　存一册 …（709）

永樂大典卷八百四十九至五十一　二支　詩　明內府寫本　存

一册 …………………………………………………………（711）

永樂大典卷九百八十一　二支　兒　明內府寫本　存一册 ………（711）

永樂大典卷二千二百八十二、三　六模　明內府寫本　存一册 …（711）

永樂大典卷二千六百十至十一　七皆　臺　明內府寫本　存一册 …（711）

永樂大典卷三千五百七十九至八十一　九真　村　明內府寫

本　存一册 …………………………………………………（711）

永樂大典卷六千七百至七百一　十八陽　江　明內府寫本　存

一册 …………………………………………………………（711）

永樂大典卷七千二百三十七至三十八　十八陽　堂　明內府

寫本　存一册…………………………………………………（712）

永樂大典卷七千五百六　十八陽　倉　明內府寫本　存一册 ……（712）

永樂大典卷七千五百十　十八陽　倉　明內府寫本　存一册 ……（712）

永樂大典卷七千五百十一　十八陽　倉　明內府寫本　存一册 …（712）

永樂大典卷七千五百十二　十八陽　倉　明內府寫本　存一册 …（712）

永樂大典卷七千六百二至三　十八陽　杭　明內府寫本　存一册 …（712）

永樂大典卷一萬五百三十九至四十　四濟　啟　明內府寫本

存一册 ………………………………………………………（712）

永樂大典卷一萬八百十三至十四　六姆　母　明內府寫本　存

一册 …………………………………………………………（714）

永樂大典卷一萬三千一百三十九至四十　一送　夢　明內府

寫本　存一册………………………………………………（714）

永樂大典卷一萬五千一百四十二至四十三　八隊　兗　明内
　府寫本　存一册 ……………………………………………（715）

御製校永樂大典詩并紀事一册　清寫本　許乃濟跋 …………（716）

尺牘筌蹄三卷　明刊本　存二卷 ………………………………（716）

史鉞二十卷　明景泰七年京兆劉氏翠巖精舍刊本　存五卷 …（717）

羣書集事淵海四十七卷　明成化刊本 …………………………（717）

經濟類編□□卷　明叢書堂寫本　存三十五卷 ………………（717）

童子習□卷　明刊本 ……………………………………………（717）

纂集古今百家事實韻府對偶四卷　明嘉靖三十二年書林詹國正刊本 …（717）

劉子威雜俎十卷　明刊本 ………………………………………（717）

劉子威雜俎十卷　清影寫明刊本 ………………………………（717）

典類□卷　明王穀祥手寫本 ……………………………………（718）

皇明聖製策要一卷　明隆慶四年刊本 …………………………（718）

博物策會十七卷　明萬曆元年刊本 ……………………………（718）

騈志二十卷　明萬曆刊本 ………………………………………（718）

彊識略三十六卷　明萬曆刊本 …………………………………（719）

事文玉屑十三卷　明刊本　存十三卷 …………………………（719）

嘉隆識小類編十二卷　明寫本 …………………………………（719）

古今萬壽全書六卷　明萬曆刊本 ………………………………（719）

兔園雜鈔十卷　明萬曆顧天圻刊本 ……………………………（720）

義墨堂宋朝別號録上下卷又續二卷　明郁逢慶手稿 …………（720）

史説萱蘇一卷　舊寫本 …………………………………………（720）

續二三場羣書備考三卷　明末刊本 ……………………………（721）

榕陰新檢十六卷　古天開書畫樓寫本 …………………………（721）

奇姓通十四卷　清初寫本 ………………………………………（721）

三才廣記三百五十四卷　明寫本 ………………………………（721）

緝柳編五卷　日本舊寫本　……………………………………（722）

歷代不知姓名録十四卷　清寫本　…………………………（722）

詞林聞筆六卷　清寫本　……………………………………（722）

江村語類二册　清寫本　……………………………………（722）

查聲山手稿二册　原稿本　…………………………………（722）

妝史二卷　原稿本　…………………………………………（724）

是菴日記十四卷　稿本、四庫底本　………………………（725）

蒙史　嚴天池手寫本　………………………………………（725）

姓氏尋源　清張澍稿本　存三十二卷　……………………（725）

三古人苑十卷　清張澍稿本　………………………………（725）

梵雅一卷　清馮登府稿本　…………………………………（725）

蒙雅一卷　清魏源稿本　龔橙跋　…………………………（725）

壽昌乘一卷　清末寫本　……………………………………（726）

釋　家　類

佛説四十二章經一卷附佛遺教經一卷永嘉真覺大師證道歌一

　　卷禪宗決疑集一卷　明正統刊本　……………………（726）

佛祖三經　元刊本　…………………………………………（726）

妙法蓮華經七卷　宋刊本　…………………………………（726）

妙法蓮華經七卷　宋刊本　…………………………………（727）

妙法蓮華經七卷　宋杭州沈八郎刊本　……………………（727）

金剛般若波羅蜜經一卷　宋王念三郎家刊本　……………（727）

維摩詰所説經註六卷　明戚繼光刊本　……………………（727）

大方廣佛華嚴經八十卷附普賢行願品一卷　宋刊本　……（728）

大方廣佛華嚴經八十卷　宋潘四娘刊本　…………………（729）

大方廣佛華嚴經八十卷　宋寶祐三年江陵府先鋒隰李安檜刊本　……（729）

大方廣佛華嚴經八十卷　元刊本　存六十五卷 ……………………（729）

大般若波羅蜜多經六百卷　元至元十八年杭州普寧寺刊大藏經本

存一卷 …………………………………………………………（729）

金剛頂瑜伽中略出念誦經　北宋福州東禪院萬壽大藏本　存一卷 ……（730）

佛說海意菩薩所問淨印法門經卷第一　宋刊本　存一卷 ………（730）

千眼千臂觀世音菩薩陀羅尼神咒經二卷　宋寶祐四年刊本 ………（730）

大樂金剛不空真實三昧邪經般若波羅蜜多理趣釋二卷　元大

德五年磧沙藏本 ………………………………………………（730）

造像量度經一卷續補一卷　清乾隆十三年刊本 …………………（731）

真覺禪宗一卷　明刊本 …………………………………………（731）

北山録注十卷　宋刊本　存七卷　項元汴題識 …………………（731）

北山録注十卷附北山録注解隨函二卷　元刊本　存卷一至六、注

解隨函全 ………………………………………………………（731）

古清涼傳二卷廣清涼傳三卷續清涼傳二卷　明洪武刊本 ………（732）

廣清涼傳三卷　明洪武刊本 ……………………………………（732）

續清涼傳上下卷　明洪武二十九年刊本 ………………………（732）

釋迦佛成道記　明洪武刊本 ……………………………………（732）

補陀洛伽山傳一卷　明洪武刊本 ………………………………（733）

明州阿育王山如來舍利寶塔傳一卷護塔靈鰻菩薩傳一卷　北

宋刊本 …………………………………………………………（733）

上乘藏經節要宗鏡録一百卷　明刊本 …………………………（733）

佛果圜悟禪師碧巖録十卷　日本翻元本 ………………………（734）

佛果圜悟真覺禪師心要二卷　宋刊本 …………………………（734）

祖庭事苑八卷　日本翻宋本 ……………………………………（734）

宗門統要録十卷　宋刊本 ………………………………………（735）

歷代編年釋氏通鑑十二卷　宋末刊本 …………………………（735）

禪林類聚二十卷　元大德刊本 ……………………………（735）

廬山蓮宗復教録二卷　朝鮮古刊本 ………………………（735）

佛祖歷代通載二十二卷　日本活字印本 …………………（736）

釋氏稽古略四卷　元刊本 …………………………………（736）

釋氏稽古略四卷　元刊本　存二卷 ………………………（736）

舒州梵天琪和尚註證道歌　元明間刊本 …………………（736）

諸佛菩薩妙相名號經呪　明宣德刊本 ……………………（736）

道院集要三卷　舊寫本 ……………………………………（736）

明宗集四卷　明刊本 ………………………………………（736）

四家録二卷　元刊本 ………………………………………（737）

臨濟慧照玄公大宗師語録附一卷　元刊本 ………………（737）

北磵語録一卷　元明間刊本 ………………………………（737）

雪堂行和尚拾遺録一卷　宋刊本 …………………………（737）

密庵和尚住衢州西烏巨山乾明禪院語録一卷　日本五山翻宋刊本 …（737）

虛堂和尚語録上中下三卷後録一卷　日本古活字印本 ……（738）

佛鑑禪師語録十四卷　宋刊本 ……………………………（738）

橫川和尚語録一卷　日本五山翻宋本 ……………………（739）

湖州雙髻禪菴語録一卷杭州西天目山師子禪院語録一卷示

　禪人語一卷　元刊本 ……………………………………（739）

石屋和尚住嘉興福源禪寺語録倡頌二卷　元刊本 ………（739）

師子林天如和尚剩語集二卷　元刊本 ……………………（739）

師子林天如和尚別録五卷　元至正八年刊本 ……………（740）

弘明集十四卷　日本古活字印本 …………………………（740）

西湖高僧事略一卷　舊寫本 ………………………………（741）

景德傳燈録三十卷　宋刊本　存十四卷 …………………（741）

景德傳燈録三十卷　元延祐三年湖州道場山禪幽菴刊本　存六卷 ……（741）

嘉泰普燈録三十卷　宋刊本 ⋯⋯⋯⋯⋯⋯⋯⋯⋯⋯⋯⋯ (742)

嘉泰普燈録三十卷　宋刊本　存六卷 ⋯⋯⋯⋯⋯⋯⋯⋯ (743)

五燈會元二十卷　宋刊本 ⋯⋯⋯⋯⋯⋯⋯⋯⋯⋯⋯⋯⋯ (743)

佛祖統紀五十五卷　宋咸淳五年刊本　沈曾植跋 ⋯⋯⋯⋯ (743)

一切經音義二十五卷　清刊本　失名人校 ⋯⋯⋯⋯⋯⋯ (745)

一切經音義二十五卷　清乾隆五十一年莊炘刊本　戴光曾臨盧文

弨校 ⋯⋯⋯⋯⋯⋯⋯⋯⋯⋯⋯⋯⋯⋯⋯⋯⋯⋯⋯⋯ (745)

一切經音義二十五卷　清乾隆五十一年莊炘刊本　失名人臨顧廣圻

臨盧文弨校並跋 ⋯⋯⋯⋯⋯⋯⋯⋯⋯⋯⋯⋯⋯⋯⋯⋯ (745)

翻譯名義集七卷　宋刊本 ⋯⋯⋯⋯⋯⋯⋯⋯⋯⋯⋯⋯ (746)

道 家 類

大明道藏經目□卷　舊寫本 ⋯⋯⋯⋯⋯⋯⋯⋯⋯⋯⋯⋯ (746)

道藏闕經目録二卷附道藏尊經歷代綱目　清袁氏貞節堂鈔本

錢大昕跋 ⋯⋯⋯⋯⋯⋯⋯⋯⋯⋯⋯⋯⋯⋯⋯⋯⋯⋯ (746)

道藏彙鈔十二種　舊寫本 ⋯⋯⋯⋯⋯⋯⋯⋯⋯⋯⋯⋯ (747)

道書全集　舊寫本　存三十七種 ⋯⋯⋯⋯⋯⋯⋯⋯⋯⋯ (747)

三子鬳齋口義十四卷　明嘉靖張士鎬刊本 ⋯⋯⋯⋯⋯⋯ (748)

黃帝陰符經解註三卷　明寫本 ⋯⋯⋯⋯⋯⋯⋯⋯⋯⋯⋯ (748)

黃帝陰符經註二卷　明寫本 ⋯⋯⋯⋯⋯⋯⋯⋯⋯⋯⋯⋯ (748)

黃帝陰符經集解三卷　明寫本 ⋯⋯⋯⋯⋯⋯⋯⋯⋯⋯⋯ (748)

陰符經解一卷　明刊本 ⋯⋯⋯⋯⋯⋯⋯⋯⋯⋯⋯⋯⋯ (749)

老子道德經章句二卷　宋建安虞氏家塾刊本 ⋯⋯⋯⋯⋯⋯ (749)

纂圖互注老子道德經二卷　元刊本 ⋯⋯⋯⋯⋯⋯⋯⋯⋯ (749)

纂圖互註老子道德經二卷　明刊本 ⋯⋯⋯⋯⋯⋯⋯⋯⋯ (749)

音注老子道德經□卷　宋麻沙劉通判仰高堂刊本 ⋯⋯⋯⋯ (749)

道德真經注一卷　明寫本 ……………………………（750）

老子注二卷　明錢穀手寫本　羅振常、吳昌綬跋 …………………（750）

道德真經註四卷　明存誠書館寫本 …………………（750）

道德經講義十二卷　明宣德七年周思得刊本 ……………（750）

老子道德經古本集註直解二卷　宋刊本　王闓運、繆荃孫、沈曾植、

　楊守敬、鄧邦述、章鈺跋 ……………………………（750）

道德經注解二卷　明寫本 ……………………………（752）

道德會元二卷　明寫本 ………………………………（752）

老解二卷　明寫本 ……………………………………（752）

莊子南華真經十卷　明如禪室刊無注本 ………………（752）

南華真經注十卷　宋刊本 ……………………………（753）

南華真經注十卷　宋安仁趙諫議宅刊本 ………………（753）

分章標題南華真經註十卷　宋建本 …………………（753）

南華真經注十卷　清袁廷檮校宋本　有跋 …………………（754）

纂圖互注南華真經十卷　宋末刊本 …………………（754）

纂圖互註南華真經十卷　元刊本 ……………………（754）

纂圖互註南華真經十卷　明初刊本 …………………（754）

纂圖互註南華真經十卷　明初刊本 …………………（755）

莊子義十卷　宋刊本　存五十五葉 …………………（755）

莊子鬳齋口義十卷　元刊本 …………………………（755）

莊子鬳齋口義十卷　元刊本 …………………………（755）

文始真經言外經旨三卷　元刊本 ……………………（756）

秘傳文始真經言外經旨一卷　明藏脩館刊本 …………（756）

參同契全書三卷　明刊本 ……………………………（756）

周易參同契三卷　明趙府味經堂刊本 ………………（756）

周易參同契發揮三卷釋疑一卷　明刊本 ……………（756）

周易參同契發揮九卷　明寫本 ……………………………（756）

周易參同契釋疑一卷　明寫本 ……………………………（756）

古文參同契三種　明楊愼校刊本 …………………………（756）

列子□卷　明羅彝鼎刊本 …………………………………（757）

冲虛至德眞經注八卷　宋刊本　黃丕烈、汪駿昌、葉昌熾跋 ……（757）

冲虛至德眞經注八卷　宋建本 ……………………………（757）

冲虛至德眞經注八卷　明初刊本 …………………………（757）

冲虛至德眞經注八卷　明初刊本　存五卷 ………………（757）

冲虛至德眞經注八卷　明顧春世德堂刊本　顧廣圻、袁廷檮校並跋……（757）

冲虛至德眞經注八卷　明顧春世德堂刊本　陳乃乾臨顧之逵、盧文弨

　校本 ………………………………………………………（758）

列子八卷　清秦恩復石研齋刊本　汪萊校 ………………（758）

冲虛至德眞經解十八卷　傳寫明道藏本 …………………（758）

列子盧齋口義二卷　宋刊本 ………………………………（758）

文子纘義十二卷釋音一卷　清乾隆武英殿聚珍本書本　盧文弨校……（759）

列仙傳二卷續仙傳一卷　明嘉靖三十二年黃省曾刊本 …（759）

抱朴子內篇二十卷外篇五十卷　明嘉靖四十四年魯藩承訓書院刊本 ……（759）

抱朴子內篇二十卷　明寫本 ………………………………（759）

新鍥抱朴子內篇四卷外篇四卷　明萬曆二十七年翁天臡刊本 ………（760）

抱朴子內篇四卷外篇四卷　明寫本 ………………………（760）

抱朴子外篇五十卷　明會稽鈕氏世學樓寫本　存二十九卷 ………（760）

太上黃庭內景王經一卷　明萬曆祕密閣刊本 ……………（760）

亢倉子一卷　明刊本 ………………………………………（760）

玄真子外篇三卷　明寫本 …………………………………（760）

天隱子一卷　明寫本 ………………………………………（760）

石藥爾雅二卷　清初毛氏汲古閣寫本　南懷仁跋 ………（760）

仙苑編珠三卷　清袁氏貞節堂寫本 ……………………………… (761)

金丹詩訣二卷　明刊本 ………………………………………… (761)

金丹辯惑一卷　明刊本 ………………………………………… (761)

太乙金鑰匙續集　明王靖廷説劍山房寫本 …………………… (761)

宋真宗御製玉京集六卷　舊寫本 ……………………………… (761)

雲笈七籤一百二十二卷　明寫本　存二十九卷 ……………… (761)

雲笈七籤一百二十二卷　明會稽鈕氏世學樓寫本 …………… (762)

悟真篇三註三卷　明刊本 ……………………………………… (762)

廬山太平興國宮採訪真君事實八卷　明刊本 ………………… (762)

析疑指迷論一卷修真精義雜論一卷破迷正道歌一卷進道詩了
　　明篇明道篇清微丹訣一卷真仙秘傳大候法　明傳寫道藏本 … (762)

席上輔談上下卷　明寫本　朱存理、沈與文、金俊明、宋无志、黄丕烈跋 … (763)

太上大通經注、太上赤文洞古經注、无上赤文洞古真經注　明

　寫本 …………………………………………………………… (764)

武當福地總真集三卷　明寫本 ………………………………… (765)

武當紀勝集一卷　明寫本 ……………………………………… (765)

歷世真仙體道通鑑　元刊本　存二卷 ………………………… (765)

歷世真仙體道通鑑前集三十六卷　明寫本　缺十卷 ………… (765)

玄品録五卷　舊寫本 …………………………………………… (765)

金丹大成集五卷　明嘉靖四十二年蜀藩西清書院刊本 ……… (765)

景祐太乙福應經十卷　明王靖廷説劍山房寫本 ……………… (766)

至游子二卷　明刊本 …………………………………………… (766)

火經一卷　清寫本 ……………………………………………… (766)

卷十一　子部五

叢　書　類

儒學警悟七集四十一卷　明寫本 ……………………………………（767）

百川學海一百七十九卷　宋刊本 …………………………………（767）

百川學海一百種一百七十九卷　宋刊本　存十八種 ……………（770）

百川學海一百種一百七十九卷　宋刊本　存九種 ………………（771）

百川學海一百七十九卷　宋刊本　存四種 ………………………（772）

百川學海一百種一百七十九卷　明弘治十四年華埕刊本 ………（772）

百川學海一百種一百七十九卷　明弘治十四年華埕刊本　沈陽、沈

　漸隆、張鳳翰、王問臣題識 ………………………………………（775）

百川學海二十卷　明嘉靖十五年莆田鄭氏刊本 …………………（776）

百川學海三十二册　明寫本　存四十一種 ………………………（776）

翰苑叢鈔二十卷　明寫本 …………………………………………（776）

説郛三十五帙　明寫本　存二十四帙、六十九卷　陸□□跋 …（777）

説郛一百卷　明四種寫本合配 ……………………………………（777）

説郛一百卷　明寫本　存三卷 ……………………………………（783）

説郛一百卷　明寫本　存□卷、八種 ……………………………（784）

藝海彙函十集　明寫本 ……………………………………………（784）

説集二十册　明寫本　明張書題識 ………………………………（785）

陽山顧氏文房小説四十種五十八卷　明正德嘉靖間顧元慶刊本……（786）

天一閣奇書　明四明范欽刊本　存二十八種 ……………………（787）

奚囊廣要十三種十四卷　明龍山童氏樂志堂刊本 ………………（787）

琅函小品　明寫本 …………………………………………………（788）

兩京遺編十二種七十三卷　明萬曆十年原一魁刊本 ……………（788）

卷十二　集部一

楚　辭　類

楚辭章句十七卷附疑字直音補一卷　明隆慶五年夫容館刊本 ······ (813)

楚辭章句十七卷　明翻宋刊本 ················· (813)

楚辭集注八卷　元天曆三年陳忠甫宅刊本 ············· (814)

楚辭集註八卷辯證二卷後語六卷　元後至元二年建安傅子安刊本 ··· (814)

楚辭集註八卷　元刊本 ···················· (814)

楚辭集註八卷辯證二卷後語六卷　明刊巾箱本 ·········· (814)

楚辭辨證二卷　宋嘉定四年楊楫同安郡齋刊本 ·········· (814)

楚辭集註八卷辯證二卷後語六卷反離騷一卷　明嘉靖十四年袁

褧刊本 ························· (815)

楚辭集註八卷　明嘉靖十七年楊上林刊本 ············ (815)

反離騷一卷　宋刊本 ···················· (815)

離騷集傳一卷　宋刊本　朱承爵、邵松年、費念慈觀欵　黃丕烈、孫延跋 ··· (816)

山響齋別集十卷　清刊本 ··················· (816)

離騷草木疏四卷　宋慶元六年羅田縣庠刊本 ··········· (816)

離騷草木疏四卷　影寫本 ··················· (816)

離騷草木疏四卷　清乾隆四十一年方甘白寫本 ·········· (817)

離騷草木疏四卷　舊寫本 ··················· (817)

漢魏六朝別集類

賈長沙集十卷　明成化十九年喬縉刊本 ·············· (817)

董仲舒集一卷　明正德十年盧雍刊本 ··············· (817)

董仲舒集一卷　明正德五年桂連西齋活字印本 ·········· (817)

張河間集六卷附錄一卷　明張燮漢魏六朝七十二家集本 ······ (818)

蔡中郎文集十卷附外傳一卷　明正德十年華堅蘭雪堂活字印本 ····· (818)

新刊蔡中郎伯喈文集十卷外傳一卷　明鄭氏翻刊蘭雪堂本 ········ (818)

新刊蔡中郎伯喈文集十二卷　明嘉靖三年宗文堂刊本 ······· (819)

漢蔡中郎集六卷　明嘉靖二十七年楊賢刊本 …………………………（819）

蔡中郎文集十卷　明萬曆刊本 ……………………………………………（819）

蔡中郎文集十卷外傳一卷　明萬曆二年徐子器刊本 …………（819）

蔡中郎集十九卷　清寫本 …………………………………………………（819）

曹子建文集十卷　元刊本 …………………………………………………（823）

曹子建集十卷　明長洲徐氏銅活字印本 ………………………………（823）

陳思王集十卷　明正德五年舒貞刊本　存七卷 ………………………（824）

曹子建集十卷　明嘉靖二十一年郭雲鵬刊本　袁克文校 ……………（824）

嵇中散集十卷　明嘉靖四年黃省曾南星精舍刊本 ……………………（824）

嵇中散集十卷　明寫本　有僞明崇禎歗題識　失名人校 ……………（825）

嵇中散集十卷　清初寫本 …………………………………………………（825）

阮嗣宗集二卷　明嘉靖二十二年范欽、陳德文刊本 …………………（825）

阮嗣宗集二卷　明崇禎張爕刊本 ………………………………………（825）

阮嗣宗集四卷　明天啓三年及朴刊本 …………………………………（825）

陸士衡文集十卷　明正德十四年陸元大刊晉二俊文集本 ……………（826）

陶淵明集十卷　影寫宋刊本 ………………………………………………（826）

陶淵明集十卷　影寫宋刊本 ………………………………………………（826）

箋註陶淵明集十卷總論一卷　元刊本　卷九、十抄配 ………………（826）

箋註陶淵明集十卷總論一卷　元刊本　吳焯跋 ………………………（826）

箋註陶淵明集十卷　元刊本 ………………………………………………（827）

箋註陶淵明集十卷總論一卷　元刊本 …………………………………（827）

箋註陶淵明集十卷　元刊本 ………………………………………………（827）

箋註陶淵明集十卷　明刊本　存六卷 …………………………………（827）

陶靖節集十卷附總論一卷　明嘉靖二十五年蔣孝刊本 ………………（827）

陶靖節集十卷　明刊本　存四卷 ………………………………………（827）

陶淵明集十卷　明萬曆刊本　查慎行手批並跋　張宗柟校並跋 ………（828）

陶淵明集八卷　明嘉靖二十九年江寧王懷易堂刊本　……………（828）

陶靖節先生集八卷　明萬曆三十一年吳汝紀刊本　………………（829）

陶靖節集八卷蘇東坡和陶詩二卷附録一卷　明萬曆四十七年楊

　時偉刊本　吳騫校並跋　……………………………………（829）

陶淵明集八卷　影寫宋刊本　…………………………………（830）

陶靖節集十卷　明正德刊本　……………………………………（830）

陶靖節詩選附杜文貞詩選　查岐昌手寫本　黃丕烈跋……………（830）

陶靖節集二卷　朝鮮古刊本　…………………………………（830）

鮑氏集十卷　明正德五年朱應登刊本　毛扆校　………………（830）

鮑氏集十卷　明刊本　…………………………………………（831）

謝宣城詩集五卷　宋刊本　存卷一、二，餘鈔配　………………（831）

謝宣城詩集五卷　影寫宋刊本　………………………………（831）

謝宣城集五卷　明嘉靖十六年黎晨刊本　………………………（832）

謝宣城詩集五卷　清康熙四十九年蔣杲手寫本　蔣杲臨何焯校並跋

　韓應陛跋　……………………………………………………（832）

梁昭明太子文集五卷　明嘉靖三十四年周滿刊本……………（832）

昭明太子集五卷　明嘉靖遼藩寶訓堂刊本　張紹仁校…………（832）

沈隱侯集四卷　明萬曆十三年沈啟原刊本……………………（833）

梁江文通文集十卷　明刊本　…………………………………（833）

江光禄集八卷　明梅鼎祚刊本　………………………………（833）

梁陶貞白先生文集二卷　明嘉靖贛郡蕭斯馨刊本　…………（833）

貞白先生陶隱居文集一卷　明葉奕寫本　葉奕、彭元瑞跋　……（833）

貞白先生陶隱居文集上下卷　明嘉靖史臣紀寫本　史臣紀跋　吳士

　鑑觀欵　……………………………………………………（833）

陰常侍集一卷何水部集一卷　明錢塘洪瞻祖校刊本　………（834）

陰晉陵集一卷　清寫本　吳騫跋……………………………（834）

徐孝穆文集七卷　明文漪堂寫本　吳騫、唐翰題跋……………………（834）

唐五代別集類

東皋子集三卷　舊寫本　黃丕烈校並跋………………………………（835）

東皋子集二卷　清王雲鳳寫本…………………………………………（836）

盧昇之集七卷　舊寫本…………………………………………………（836）

幽憂子集七卷附錄一卷遺事一卷　明崇禎張燮刊本…………………（836）

駱賓王文集十卷　宋蜀中刊本　顧廣圻、黃丕烈跋　存卷一至五，餘鈔配…（837）

駱丞集十卷　明刊本……………………………………………………（837）

唐駱先生文集六卷　明萬曆刊本………………………………………（837）

駱子集註四卷　舊寫本　失名人臨顧廣圻校…………………………（837）

楊盈川集十卷　明沈㠀校刊本…………………………………………（837）

楊盈川集十卷　明童子鳴刊本…………………………………………（837）

宋學士集九卷　明崇禎刊本　曾習經跋………………………………（838）

唐沈佺期詩集七卷　明正德十三年王廷相刊本………………………（838）

陳伯玉文集十卷　明弘治四年楊澄刊本………………………………（838）

陳伯玉文集前集五卷後集五卷附錄一卷　明華崇刊本………………（838）

子昂集十卷　明嘉靖四十四年王廷刊本………………………………（839）

張說之文集三十卷　清寫本……………………………………………（839）

張說之文集二十五卷　明嘉靖十六年伍氏龍池草堂刊本　錢穀跋…（839）

張說之文集二十五卷　明嘉靖十六年伍氏龍池草堂刊本　汪遠孫跋…（840）

張說之文集二十五卷　明寫本　黃丕烈跋……………………………（840）

張說之文集二十五卷　清寫本　遂庵校並錄黃丕烈跋………………（840）

張說之文集二十五卷　清寫本　清結一廬賸餘叢書本所據底本……（841）

張子壽文集二十四卷　明成化刊本……………………………………（841）

唐丞相曲江張先生文集二十卷附錄一卷　明嘉靖十五年鄧一新

刊本　徐康識語 ……………………………………………………（841）

張曲江詩集二卷　明嘉靖刊二張集本 ………………………………（842）

須溪先生批點孟浩然集三卷　明活字印本 …………………………（842）

寒山子詩一卷豐干拾得詩一卷　宋刊本 ……………………………（842）

寒山詩集一卷附豐干拾得詩　宋刊本　日本失名人跋 ……………（842）

寒山子詩集一卷　明萬曆三十七年計益輯刻本 ……………………（844）

寒山子詩集不分卷　明末海幢寺刊本 ………………………………（844）

李太白文集三十卷　宋蜀中刊本 ……………………………………（844）

李太白文集三十卷　宋蜀中刊本　存二十卷 ………………………（844）

李翰林集三十卷　明刊本 ……………………………………………（845）

李翰林集十卷　明正德十四年陸元大刊本　何焯校並跋 …………（845）

唐翰林李白詩類編十二卷　明刊本 …………………………………（846）

唐翰林李太白詩集二十六卷　元刊本　存卷五至二十六…………（846）

分類補註李太白詩二十五卷　元至大三年建安余氏勤有堂刊本 …（846）

分類補註李太白詩二十五卷　元至大三年建安余氏勤有堂刊明修本 …（846）

分類補註李太白詩二十五卷　元至大三年建安余氏勤有堂刊明修本 …（847）

分類補註李太白詩二十五卷　明翻元建安余氏勤有堂刊本 ………（847）

分類補註李太白詩二十五卷　明安正書堂刊本 ……………………（847）

分類補註李太白詩二十五卷　明嘉靖二十五年玉几山人刊本　趙執

信評點　存六卷 ……………………………………………………（847）

分類補註李太白詩二十五卷文四卷　明嘉靖二十二年郭雲鵬寶善

堂刊本　祝德麟評點 ………………………………………………（847）

李翰林詩范德機批選四卷　明刊本 …………………………………（847）

唐翰林李白文集六卷　朝鮮古刊本 …………………………………（848）

宗元先生集三卷附施真人集一卷　清初寫本 ………………………（848）

王摩詰文集十卷　宋蜀中刊本　顧廣圻跋　袁裒觀歈 ……………（848）

王摩詰集十卷　明正德刊本 …………………………………………（848）

王右丞文集十卷　宋刊本　黃丕烈、顧廣圻跋 …………………………（848）

王摩詰集六卷　明嘉靖十六年南陽郡齋刊王孟集本 ……………………（848）

須溪先生校本唐王右丞集六卷　元刊本 ………………………………（849）

唐王右丞詩劉須溪校本六卷附錄一卷　明弘治十七年呂夔刊本 ………（849）

唐王右丞詩集註說六卷　明嘉靖三十八年洞陽書院刊本 ………………（849）

高常侍集十卷　明刊本 …………………………………………………（849）

高常侍集十卷附王建詩集十卷唐英歌詩三卷　明寫本 …………………（849）

常建詩集二卷　宋臨安陳宅書籍鋪刊本 ………………………………（850）

常建詩集三卷　明刊本 …………………………………………………（850）

顏魯公文集十五卷補遺一卷年譜一卷附錄一卷　明錫山安國活

字印本 …………………………………………………………………（850）

顏魯公文集十五卷補遺一卷年譜一卷附錄一卷　明嘉靖二年錫

山安國安氏館刊本 ……………………………………………………（850）

顏魯公文集十五卷附補遺及年譜行狀本傳　明萬曆十七年劉思

誠刊本 …………………………………………………………………（850）

劉隨州文集十一卷外集一卷　明弘治十一年戊午李君紀刊本 ………（850）

劉隨州文集十一卷　明弘治十三年李士修刊本 ………………………（851）

劉隨州文集十一卷附補遺　明寫本 ……………………………………（851）

劉隨州文集十卷外集一卷　明影寫正德十二年湯鏦隨州刊本 ………（851）

劉隨州詩集□卷　明刊本 ………………………………………………（851）

杜工部集二十卷　影寫宋刊本　毛扆跋 ………………………………（851）

草堂先生杜工部詩集二十卷　元刊本 …………………………………（851）

新定杜工部古詩近體詩先後并解末裒七卷成裒十一卷已裒

八卷　明寫本　沈曾植跋 …………………………………………（851）

門類增廣十註杜工部詩集二十五卷　宋刊本　存六卷 ………………（852）

分門集註杜工部詩二十五卷　宋刊本　存三卷 ……………………（853）

杜工部草堂詩箋五十卷　宋刊本　存二十八卷 ………………（853）

杜工部草堂詩箋五十卷　宋刊本　存三十二卷 ………………（853）

杜工部草堂詩箋五十卷　宋刊本　存十八卷　目録 …………（854）

杜工部草堂詩箋四十卷　元大德桂軒陳氏刊本 ………………（854）

杜工部草堂詩箋四十卷　朝鮮世宗十三年曹致刊本 …………（855）

新刊校定集註杜詩三十六卷　宋寶慶元年廣東漕司刊本　存六卷 …（855）

黃氏補千家註紀年杜工部詩史三十六卷　宋刊本 ……………（856）

黃氏補千家集註杜工部詩史三十六卷　宋刊本　存十三卷 ………（856）

黃氏補千家集註杜工部詩史三十六卷　舊寫本　四庫底本 ………（857）

集千家註分類杜工部詩二十五卷　元皇慶元年余氏勤有堂刊本 ……（857）

集千家註分類杜工部詩二十五卷　元刊明補本 …………………（857）

集千家註分類杜工部詩二十五卷　元刊本 ……………………（857）

集千家註分類杜工部詩二十五卷年譜一卷　元至正八年潘屏山

　　圭山書院刊本 ……………………………………………（857）

集千家註批點杜工部詩集二十卷文集二卷附録一卷　元至大

　　元年雲衢會文堂刊本　張照評點並補缺葉　缺三卷 ………（858）

集千家註批點杜工部詩集二十卷附録一卷　元刊本　錢大昕跋 …（859）

集千家註批點杜工部詩集二十卷　明初刊本 …………………（859）

集千家註批點杜工部詩集二十卷　明汪諒覆刻廣勤堂刊本 ………（859）

集千家註批點杜工部詩集二十卷　明嘉靖八年靖江藩府懋德堂刊本 …（859）

集千家註批點杜工部詩集二十卷　日本五山翻元刊本 …………（859）

集千家註杜工部詩集二十卷文集二卷附録一卷　明嘉靖十五年

　　玉几山人刊本 ……………………………………………（859）

須溪批點杜工部詩註二十二卷　明初刊本　存十八卷 …………（860）

須溪批點選註杜工部詩二十二卷　明雲根書屋刊本 ……………（860）

虞邵庵分類杜詩註一卷　明正統石璞刊本 …………………………（860）

杜工部詩范德機批選六卷　明刊本　繆荃孫曹元忠跋 …………（860）

杜詩單註十卷　明景姚堂刊本 ……………………………………（860）

杜詩分類集注二十三卷　明刊本 …………………………………（860）

杜工部詩二十卷附文二卷　明刊本　缺三卷 …………………（861）

杜少陵集十卷　明正德刊本 ………………………………………（861）

杜工部詩八卷　明淨芳亭刊本 ……………………………………（861）

杜工部詩集二十卷　清寫本　陸僎跋 …………………………（861）

讀杜詩寄廬小箋二卷讀杜二箋一卷　毛氏汲古閣刊本 ………（862）

杜律細一卷　清劉喜海家寫本　劉喜海跋 ……………………（862）

杜律近思五卷　稿本 ………………………………………………（862）

杜詩雙聲疊韻譜括略八卷　清寫本　吳騫校 …………………（862）

許印林病手集杜一冊　許氏手寫本 ……………………………（862）

岑嘉州集十卷　明正德漢嘉郡刊本 ……………………………（862）

岑嘉州詩七卷　明正德十五年熊相、高嶙刊本 ………………（862）

岑嘉州集不分卷　明李本芳刊本　陳□跋 ……………………（863）

岑嘉州詩集八卷　舊寫本　黃丕烈跋 …………………………（863）

岑嘉州集四卷　舊寫本　全唐詩底本 …………………………（863）

蕭秘書集一卷　舊寫本　張鎮南跋 ……………………………（863）

蕭茂挺文集一卷　舊寫本　繆荃孫校 …………………………（863）

蕭茂挺集五卷　明崇禎刊本 ………………………………………（864）

臺閣集一卷　明末毛氏汲古閣刊唐人八家詩本　陸貽典校並跋 ………（864）

臺閣集一卷　明末毛氏汲古閣刊唐人八家詩本　何焯校並跋 ………（864）

唐李嘉祐詩集五卷　明刊本　何焯校　黃丕烈、張蓉鏡跋 ……（864）

錢考功集十卷　明銅活字印本 ……………………………………（865）

錢考功詩集十卷　清初寫本　葉樹廉校 ………………………（865）

唐元次山文集十卷拾遺一卷　　明正德十二年郭勛刊本　孔繼涵手寫

　　目録 ……………………………………………………………（865）

唐漫叟文集十卷拾遺一卷拾遺續一卷　　明嘉靖永州刊本 ………（866）

元次山集十卷拾遺二卷　　明天啟崇禎刊本 ……………………（866）

毘陵集二十卷　　清初寫本　葉奕校 ……………………………（866）

韋蘇州集十卷　　宋刊本 …………………………………………（866）

韋蘇州集十卷　　宋刊本　季振宜題欵 …………………………（867）

韋蘇州集十卷拾遺一卷　　明翻宋本 ……………………………（867）

須溪先生校點韋蘇州集十卷　　元刊本 …………………………（867）

韋蘇州集十卷　　明張習刊本 ……………………………………（867）

韋蘇州集十卷　　明弘治李瀚刊本　缺卷一至三 ………………（868）

韋刺史詩集十卷附錄一卷　　明嘉靖二十七年華雲太華書院刊本 ……（868）

晝上人集十卷　　明錢穀手寫本 …………………………………（868）

晝上人集十卷　　清寫本 …………………………………………（869）

杼山集十卷　　明湖東精舍寫本　存七卷 ………………………（869）

皎然集十卷　　清繡佛齋寫本 ……………………………………（869）

韓君平集三卷　　明刊本 …………………………………………（870）

韓君平集三卷　　明萬曆四十一年江元禔刊本 …………………（870）

韓君平詩集五卷　　清葉氏樸學齋寫本　葉樹廉校　黃丕烈校 …（870）

盧綸集三卷　　明正德十年劉成德刊本 …………………………（870）

李君虞詩集二卷　　舊寫本 ………………………………………（870）

孟東野詩集十卷　　宋刊本　季振宜題欵　黃丕烈跋 …………（870）

孟東野文集十卷　　南宋蜀中刊本　存卷一至五 ………………（871）

孟東野詩集十卷　　明弘治刊本 …………………………………（872）

孟東野詩集十卷　　明嘉靖三十五年秦禾刊本 …………………（872）

孟東野詩集十卷　　明末毛氏汲古閣影寫宋刊本 ………………（872）

顧華陽集三卷附非熊集一卷　舊寫本 …………………………（872）

唐陸宣公集二十二卷　宋刊本 ………………………………（872）

唐陸宣公集二十二卷　元刊本　存十七卷 …………………（872）

唐陸宣公集二十二卷　明刊本 ………………………………（873）

新刊權載之文集五十卷　南宋蜀中刊本　存卷四十三至五十，計八卷 …（873）

新刊權載之文集五十卷　清影寫宋蜀中刊本 ………………（873）

新刊權文公文集十卷補遺一卷　清吳氏繡谷亭寫本 ………（873）

新刊權文公文集十卷　清影寫明嘉靖二十年劉大謨刊本 …………（874）

權文公集八册　舊刻本 ………………………………………（874）

薛濤詩一卷　明萬曆三十七年池墨池刊本　樊增祥跋並題滿庭芳一闋 …（874）

王建詩集十卷　宋臨安陳解元宅刊本　存三卷，餘鈔配 …………（875）

宮中詞一百首　明江村別墅寫本 ……………………………（875）

昌黎先生集四十卷　宋刊本　卷十八用別本配 ……………（875）

昌黎先生集四十卷　宋淳熙十六年方崧卿刊本　存卷一至十，内三卷

鈔配 …………………………………………………………（875）

韓集舉正十卷外集并叙錄一卷　宋淳熙十六年方崧卿刊本　朱錫

庚跋 …………………………………………………………（876）

韓文四十卷外集一卷集傳一卷遺集一卷　明嘉靖三十五年莫如

士刊本 ………………………………………………………（879）

新刊經進詳註昌黎先生文集四十卷外集十卷遺文三卷附錄

三卷　宋眉州刊本 …………………………………………（879）

音註韓文公文集四十卷外集十二卷　宋刊本 ………………（880）

朱文公校昌黎先生集四十卷　宋紹定六年臨江軍學刊本　存二卷 …（881）

朱文公編昌黎先生傳一卷　宋紹定六年臨江軍學刊本 ……（881）

朱文公校昌黎先生集四十卷　宋紹定六年臨江軍學刊本　存二卷 …（881）

朱文公校昌黎先生文集四十卷　宋刊本　卷一至四配明王宗玉本 …（881）

朱文公校昌黎先生文集四十卷　元刊本　存三十一卷 …………… （882）

朱文公校昌黎先生外集十卷遺文一卷集傳一卷　元刊本 ………… （882）

朱文公校昌黎先生集四十卷　宋刊本張照題識並抄補缺葉　存二十

　一卷　餘配元明間刊本 …………………………………………… （882）

朱文公校昌黎先生文集四十卷外集十卷　元明間刊本 ………… （883）

朱文公校昌黎先生文集四十卷　元明間刊本 …………………… （883）

朱文公校昌黎先生文集四十卷　元明間刊本 …………………… （884）

朱文公校昌黎先生文集四十卷外集十卷集傳一卷遺文一卷

　元明間刊本 ………………………………………………………… （884）

昌黎先生集四十卷外集十卷遺文一卷朱子校昌黎先生集傳

　一卷　明東吳徐氏東雅堂刊本 ………………………………… （884）

昌黎先生集四十卷外集十卷遺文一卷傳一卷　明東吳徐氏東雅

　堂刊本　陳鱣跋 …………………………………………………… （884）

昌黎先生集四十卷　明東吳徐氏東雅堂刊本　清諸洛郢塍臨各家校

　缺首册 ……………………………………………………………… （885）

張司業集三卷　清寫本　黃丕烈校並跋　存卷中 ……………… （885）

絳守居園記　明末刊本 …………………………………………… （885）

白氏文集七十一卷　明嘉靖十七年伍忠光龍池草堂刊錢應龍重修本

　鮑廷博校 …………………………………………………………… （885）

白氏文集七十一卷　日本那波道原銅活字印本 ………………… （886）

白樂天詩集四十卷　明正德十二年郭勛刊本 …………………… （886）

白香山集四十卷　清康熙汪氏一隅草堂刊本　失名人臨何焯校跋 …… （887）

白氏諷諫一卷　明曾大有刊本 …………………………………… （887）

白氏策林四卷　明翻宋本 ………………………………………… （887）

劉賓客文集三十卷外集十卷　宋紹興八年嚴州刊本 …………… （887）

劉夢得文集三十卷外集十卷　南宋蜀中刊本 …………………… （887）

劉賓客文集三十卷　明萬曆黎民表刊本　黃丕烈校並跋 ……………（888）

劉賓客外集十卷　明萬曆黎民表刊本　存八卷 …………………………（888）

劉賓客文集三十卷　清倪氏經鉏堂寫本 ………………………………（888）

中山集三十卷　明刊本 …………………………………………………（888）

中山集三十卷　清寫本 …………………………………………………（888）

呂和叔文集五卷　明末毛氏汲古閣寫本　毛晉、黃丕烈跋 ……………（889）

呂和叔文集十卷　清錢曾述古堂寫本　失名人校 ……………………（889）

呂和叔文集十卷　明末馮舒家寫本　馮舒跋 …………………………（889）

呂和叔文集十卷　清鮑氏知不足齋影寫宋刊本 ………………………（890）

呂衡州文集十卷　清寫本　章末跋　存卷一至五 ……………………（890）

柳文□□卷　宋刊本　存卷三十七之二至三十三葉 …………………（890）

柳文四十三卷別集二卷外集二卷附録一卷　明嘉靖三十五年莫

　　如士刊本 ……………………………………………………………（890）

唐柳先生文集三十二卷外集一卷　宋乾道元年零陵郡庠刊遞修本

　　存卷二十九、三十二、外集 ………………………………………（890）

唐柳先生外集一卷　宋乾道元年零陵郡齋刊本　莫繩孫跋 …………（891）

河東先生集四十五卷外集二卷龍城録二卷附録二卷傳一卷

　　明郭雲鵬濟美堂刊本 ………………………………………………（893）

重校添註音辯唐柳先生文集四十五卷　宋鄭定嘉興刊本　存十七卷 …（893）

重校添註音辯唐柳先生文集四十五卷　宋鄭定嘉興刊本　元明遞修 …（894）

新刊五百家註音辯唐柳先生文集四十五卷　日本古刊本 ………………（894）

增廣註釋音辯唐柳先生集四十五卷　宋刊本　存五卷 …………………（894）

增廣註釋音辯唐柳先生集四十五卷外集二卷年譜一卷附録

　　一卷　宋淳祐九年刊本 ……………………………………………（895）

增廣註釋音辯唐柳先生集四十三卷別集二卷外集二卷年譜

　　一卷附録一卷　元刊本 ……………………………………………（895）

增廣註釋音辯唐柳先生集四十三卷別集二卷外集二卷附録
　一卷　元明間刊本 …………………………………………………（895）

增廣註釋音辯唐柳先生集四十三卷別集二卷外集二卷　元明
　間刊本 ………………………………………………………………（895）

增廣註釋音辯唐柳先生集四十三卷　元明間刊本 ……………（896）

增廣音註唐柳先生集四十三卷　元刊本 …………………………（896）

京本校正音釋唐柳先生集四十三卷別集一卷外集一卷　明初
　刊本 …………………………………………………………………（896）

柳詩二卷　明刊本 ……………………………………………………（896）

歐陽行周文集十卷　南宋蜀中刊本 ………………………………（896）

歐陽行周文集十卷　明弘治十七年莊㮚刊本 ……………………（896）

歐陽先生文集八卷　清吳翌鳳手寫本　吳翌鳳校並跋　李盛鐸跋 ……（896）

唐歐陽行周集八卷　舊寫本　李□赤跋 …………………………（897）

歐陽行周文集十卷　清塘棲勞氏寫本　勞格校 …………………（897）

姚少監詩集十卷　明寫本　毛晉、黃丕烈跋 ……………………（897）

唐清塞詩集一卷　明刊本　黃丕烈跋 ……………………………（897）

李文十八卷　明成化刊本 …………………………………………（898）

唐李文公集十八卷　明嘉靖二年黃景夔刊本　崇禎十三年失名人跋 …（899）

李文公集十八卷　清寫本　朱錫庚跋 ……………………………（899）

李習之文集十八卷　清刊本 ………………………………………（900）

元微之文集六十卷　南宋蜀中刊本　存二十四卷 ………………（900）

元氏長慶集六十卷　宋乾道四年洪邁紹興蓬萊閣刊本　存三卷 ………（900）

元氏長慶集六十卷集外文章一卷　明嘉靖三十一年董氏茭門別墅
　刊本　清葉祖德校並録楊循吉、錢謙益跋 ……………………（901）

元氏長慶集六十卷　明萬曆三十二年馬元調魚樂軒刊本　曹炎以宋本
　校並録馮舒跋 ………………………………………………………（901）

元氏長慶集六十卷集外詩一卷　明寫本　錢謙益跋 …………………（901）

皇甫持正文集六卷　南宋蜀中刊本 ……………………………………（902）

皇甫持正文集六卷　明寫本　錢曾跋 …………………………………（902）

皇甫持正文集六卷　清寫本 ……………………………………………（902）

賈浪仙長江集七卷　明嘉靖間奉新縣刊本 ……………………………（902）

賈浪仙長江集十卷　明末毛氏汲古閣刊唐人八家詩本　毛扆校並跋 …（902）

賈浪仙長江集十卷　清席啟寓琴川書屋刊唐人百家詩本　蔣杲臨何焯

　評校並跋 ………………………………………………………………（902）

賈長江集十卷　清席啟寓琴川書屋刊唐人百家詩本　潘志萬臨何焯校……（903）

賈浪仙長江集十卷　舊寫本　馮武校並跋 ……………………………（903）

賈浪仙長江集十卷　清盧文弨鈔校本　臨何焯校、馮氏評並跋 ………（903）

沈下賢集十二卷　明刊本　存八卷，餘鈔配 …………………………（903）

沈下賢集十二卷　清寫本　葉樹廉跋 …………………………………（904）

沈下賢文集十二卷　舊寫本 ……………………………………………（904）

沈下賢文集十二卷　舊寫本　失名人臨何焯、顧廣圻、秦恩復跋 ………（904）

李文饒文集二十卷別集十卷外集四卷　明刊本 ………………………（904）

李文饒公文集二十卷別集十卷外集四卷　明嘉靖刊萬曆鄭惇典

　重修本 …………………………………………………………………（904）

李衛公文集二十卷別集十卷外集四卷　明刊本 ………………………（905）

李文饒文集十六卷　明寫本　黃丕烈跋 ………………………………（905）

李衛公文集二十卷別集十卷外集四卷　明寫本　何焯批校　陸心

　源跋 ……………………………………………………………………（905）

李賀歌詩編四卷集外詩一卷　宋刊本 …………………………………（906）

歌詩編四卷集外詩一卷　明末毛氏汲古閣刊唐人四集本　毛扆校 ……（906）

唐李長吉詩集四卷　明金壇于嘉刊本 …………………………………（906）

李長吉詩集四卷外詩集一卷　明刊本 …………………………………（907）

錦囊集四卷外集一卷　明刊本 ……………………………………（907）

唐太常寺奉禮郎李長吉詩集不分卷　明姜道生刊本……………（907）

丁卯集二卷　明末毛氏汲古閣寫本 ……………………………（907）

增廣音註唐郢州刺史丁卯詩集二卷　元刊本　黃丕烈跋 ………（907）

增廣音註唐郢州刺史丁卯詩集二卷　元刊本 …………………（908）

增廣音註唐郢州刺史丁卯詩集二卷　明刊本 …………………（908）

增廣音註唐許郢州丁卯詩集二卷　元刊本 ……………………（908）

增廣音註唐許郢州丁卯詩集上下卷　元刊本 …………………（908）

唐張處士詩集五卷　清寫本 ……………………………………（908）

盧仝詩集二卷集外詩一卷　明吳郡陸涓刊本 …………………（909）

盧仝詩集二卷集外詩一卷　舊寫本　盧文弨校 ………………（909）

唐玉川子詩集二卷外集一卷　明寫本 …………………………（909）

玉川先生詩集不分卷　朝鮮古刊本 ……………………………（909）

樊川文集二十卷外集一卷別集一卷　明刊本 …………………（909）

樊川文集二十卷　明刊本 ………………………………………（910）

樊川文集二十卷　明嘉靖四十五年刊本 ………………………（910）

樊川文集四卷外集一卷　朝鮮古刊本 …………………………（910）

白雲唐處士方元英先生詩集十二卷　清道光十五年方學玉活字印本 …（910）

元英先生詩集十卷　舊寫本　毛綏萬、黃丕烈校並跋 …………（910）

元英先生詩集十卷　舊寫本 ……………………………………（910）

李商隱詩集六卷　明刊本 ………………………………………（911）

李義山集三卷　明末毛氏汲古閣刊唐人八家詩本　介庵校 ……（911）

李義山集三卷　明末毛氏汲古閣刊唐人八家詩本　毛扆校 ……（911）

李義山詩集不分卷　舊寫本 ……………………………………（912）

李義山詩集三卷　清刊本　張載華點校刪補並跋 ……………（912）

李商隱詩集十卷　朝鮮古刊本 …………………………………（912）

李羣玉詩集三卷　影寫宋刊本　有毛晉潛在跋 …………………（912）

李羣玉詩集三卷後集五卷　舊寫本 ……………………………（912）

薛許昌詩集十卷　明末毛氏汲古閣刊唐人八家詩本　毛扆校 ……（913）

薛許昌詩集十卷　明末毛氏汲古閣刊唐人八家詩本　何焯校 ……（913）

黎嶽集一卷附録一卷　明萬曆二十四年龔道立刊本 ……………（913）

溫庭筠詩集七卷　明弘治刊本 …………………………………（913）

溫飛卿集七卷別集一卷　明刊本 ………………………………（913）

溫飛卿詩集九卷　清顧氏秀野草堂刊本　何焯評校並跋 ………（913）

唐劉蛻集六卷　明天啟四年吳馡問青堂刊本 …………………（914）

唐劉蛻集六卷　明崇禎十六年刊本 ……………………………（914）

唐劉拾遺集六卷　明崇禎十三年吳興閔齊伋刊本 ……………（914）

唐甫里先生文集二十卷　舊寫本 ………………………………（914）

重刊校正笠澤叢書四卷補遺詩一卷　清顧氏碧筥艸堂刊本　吳騫

校並跋　周春、吾進跋 …………………………………………（915）

笠澤叢書九卷附考一卷　清許槤刊本　顧廣圻校 ……………（915）

笠澤叢書八卷　明寫本 …………………………………………（915）

陸魯望先生笠澤叢書八卷補遺一卷　清吳氏拜經樓寫本　吳騫校

並跋 ……………………………………………………………（915）

笠澤叢書四卷補遺一卷　清有竹堂寫本　有阮林題識 …………（915）

唐貫休詩集一卷　明刊本　黃丕烈校並跋 ……………………（915）

禪月集二十六卷　明末毛氏汲古閣刊三高僧詩本　葉樹廉校 ……（916）

胡曾詠史詩三卷　宋刊本　黃丕烈跋 …………………………（916）

新板增廣附音釋文胡曾詩注二卷　日本五山刊本 ……………（917）

新板增廣附音釋胡曾詩注三卷　日本活字印本 ………………（917）

經進周曇詠史詩三卷　宋刊本　季振宜題欵 …………………（917）

甲乙集十卷　明末毛氏汲古閣刊唐人八家詩本　何焯校 ………（918）

讒書五卷　舊寫本　任兆麟跋　存卷一至三 ……………………………（918）

孫可之文集十卷　南宋蜀中刊本 ……………………………………（918）

唐孫樵集十卷　明天啟五年吳馡石香館刊本 ……………………………（919）

孫可之文集十卷　朝鮮舊寫本 ………………………………………（919）

純陽呂真人詩不分卷　明寫本 ………………………………………（919）

重刊純陽呂真人文集八卷　明刊本 …………………………………（919）

唐皮日休文藪十卷　明正德十五年袁表刊本　失名校並跋 ……………（919）

唐皮日休文藪十卷　明許自昌刊本 …………………………………（920）

司空表聖文集十卷　南宋蜀中刊本 …………………………………（920）

司空表聖文集十卷　舊寫本　王士禛跋 ……………………………（920）

司空表聖文集十卷　明寫本　耿文光跋 ……………………………（921）

司空表聖文集十卷　舊寫本　趙懷玉校並跋 ………………………（921）

鹿門詩集三卷拾遺一卷　舊寫本　金俊明、吳翌鳳跋 ………………（921）

鹿門集二卷　陳鴻家傳錄錢氏絳雲樓寫本及錢謙益跋 ………………（921）

唐女郎魚玄機詩一卷　宋臨安府陳宅書籍鋪刊本　黃丕烈等跋及題詩 ……（922）

雲臺編三卷　明弘治十七年刊本 ……………………………………（922）

雲臺編三卷　明寫本　何焯校 ………………………………………（922）

雲臺編三卷　清席啟寓刻唐人百家詩本　陳乃乾校 …………………（922）

玉山樵人集六卷香奩集不分卷　舊寫本 ……………………………（923）

唐風集三卷　明末毛氏汲古閣刊唐人四集本　毛扆、陸貽典校並跋 ……（923）

唐風集三卷　明末毛氏汲古閣刊唐人四集本　何煌校 ………………（923）

唐風集三卷　明寫本 …………………………………………………（923）

唐英歌詩三卷　明末毛氏汲古閣刊唐人四集本　陸貽典校 …………（923）

唐英歌詩三卷　明末毛氏汲古閣刊唐人四集本　何煌校 ……………（923）

唐英歌詩三卷　清寫本　彭元瑞校補並跋 …………………………（923）

浣花集十卷　宋刊本　存卷四至十，餘影補 ………………………（924）

浣花集十卷　　明正德朱承爵朱氏文房刊本 ……………………………（924）

浣花集十卷補遺一卷　　明抄朱氏文房本 …………………………（924）

浣花集十卷　　明寫本 ……………………………………………………（924）

白蓮集十卷附風騷旨格一卷　　明嘉靖八年柳僉寫本並跋 …………（924）

白蓮集十卷附風騷旨格一卷　　明末馮班家寫本　馮班、何焯校並跋 ……（925）

唐李推官披沙集六卷　　宋臨安府陳宅書籍鋪刊本 ………………（925）

莆陽黃御史集二秩　　明正德八年刊本 …………………………………（926）

莆陽黃御史集上下秩　　明刊本 …………………………………………（926）

莆陽黃御史集二卷　　舊寫本 ……………………………………………（926）

唐黃先生文集八卷　　明萬曆刊本 ………………………………………（926）

黃御史集八卷附録一卷　　明崇禎十一年黃鳴喬等刊本 ……………（927）

唐秘書省正字先輩徐公釣磯文集十卷　　清錢曾也是園寫本　錢大

昕跋 ……………………………………………………………………（927）

唐秘書省正字先輩徐公釣磯文集十卷　　舊寫本 ……………………（928）

才調集十卷　　明刊本　張宗松跋 ………………………………………（928）

才調集十卷　　舊寫本　康熙五十七年許寶君臨馮舒、馮班、馮武、錢謙

益、葉樹廉評點 ………………………………………………………（928）

李文山詩集三卷　　明末毛氏汲古閣刊唐人八家詩本　何焯校補 ………（928）

碧雲集三卷　　明末毛氏汲古閣刊唐人八家詩本　黃丕烈校並跋 ………（928）

碧雲集三卷　　明寫本　錢孫艾校並跋　錢孫保題識 …………………（928）

卷十三　集部二

北宋別集類

徐公文集三十卷　　清影寫宋刊本 ………………………………………（930）

徐常侍集三十卷　清寫本　朱彝尊校並抄補二卷　盧文弨、張載華跋 …（930）

河東先生集十六卷　舊寫本 …………………………………（931）

河東先生集十五卷　舊寫本　吳騫、唐翰題跋 ………………（931）

河東先生集十五卷行狀一卷　清道光十一年劉喜海味經書屋寫本 …（933）

咸平集三十卷　明祁氏澹生堂寫本　彭元瑞跋 ……………（933）

咸平集三十卷　舊寫本 ………………………………………（933）

逍遙集一卷　近代寫本　失名人校 …………………………（934）

乖崖先生文集十二卷附錄一卷　宋咸淳五年崇陽縣齋刊本　存卷

　一至六，餘配明寫本…………………………………………（934）

乖崖先生文集十二卷　明寫本 ………………………………（934）

乖崖先生文集十二卷附錄一卷　舊寫本 ……………………（934）

乖崖先生全集十二卷　清寫本　鮑廷博校 …………………（934）

乖崖先生全集十二卷　舊寫本 ………………………………（934）

乖崖張公語錄二卷　宋紹定三年俞宅書塾刊本 ……………（934）

張乖崖文行錄四卷　清初寫本 ………………………………（935）

王黄州小畜外集二十卷　宋刊本　存七卷 …………………（935）

王黄州小畜集三十卷　清乾隆二十五年趙熟典愛日堂刊本　黄丕烈、

　吳翌鳳、張紹仁校並跋 ……………………………………（935）

小畜集三十卷　明寫本 ………………………………………（935）

王黄州小畜集三十卷　舊寫本　並錄謝肇淛跋 ……………（935）

王黄州小畜集三十卷　舊寫本　並錄謝肇淛跋 ……………（935）

王黄州小畜集三十卷　清倪氏經鉏堂寫本 …………………（936）

王黄州小畜集三十卷　清倪氏經鉏堂校錄本 ………………（936）

王黄州小畜集三十卷　清寫本　曹炎據宋本校 ……………（936）

王黄州小畜集三十卷　清耘業山房寫本 ……………………（936）

宋林和靖先生詩集四卷附錄一卷　明正德十二年韓士英刊本　馮

　　知十校 …………………………………………………………………（936）

宋林和靖先生詩集四卷　　明刊本 ……………………………………（937）

穆參軍集三卷附遺事一卷　　清寫本　朱之赤跋 ……………………（937）

穆參軍集三卷附遺事一卷　　清經鉏堂寫本 …………………………（937）

穆參軍集三卷附遺事一卷　　清寫本　章鈺跋 ………………………（938）

穆參軍集三卷　　舊寫本 ………………………………………………（938）

河南穆參軍集三卷　　清寫本 …………………………………………（938）

河南穆公集三卷附遺事一卷　　清錢曾述古堂影寫宋刊本 …………（938）

河南集三卷附録一卷　　清寫本　馮登府跋 …………………………（939）

河南集三卷　　清寫本　唐翰題跋 ……………………………………（939）

文莊集三十六卷　　傳抄永樂大典本 …………………………………（940）

夏文莊公集三十六卷　　清寫本　孔繼涵跋 …………………………（940）

文莊集三十六卷　　繆氏藝風堂寫本 …………………………………（940）

春卿遺稿一卷　　清傳寫明天啟元年蔣鑛刊本 ………………………（940）

東觀集七卷　　清寫本　宋筠録金侃題識　温忠翰校並跋 …………（940）

東觀集十卷　　清寫本　鮑廷博校並跋 ………………………………（940）

鉅鹿東觀集七卷　　清寫本 ……………………………………………（940）

鉅鹿東觀集十卷　　清寫本 ……………………………………………（941）

景文宋公集□□卷　　宋刊本　存三十二卷 …………………………（941）

武溪集二十一卷　　明成化九年蘇韡刊本　黄丕烈跋 ………………（941）

武溪集二十一卷　　明成化九年蘇韡刊本 ……………………………（941）

武溪集二十一卷　　明嘉靖刊本 ………………………………………（942）

曲水集二卷　　舊寫本 …………………………………………………（942）

安陽集五十卷附家傳十卷別録三卷遺事一卷　　明正德九年張士

　　隆河東翻刊本 ………………………………………………………（942）

范文正公文集二十卷　　北宋刊本　存十九卷，卷一鈔補 …………（942）

范文正公集二十卷別集四卷尺牘三卷　元天曆戊辰歲寒堂重刊宋

　鄱陽郡齋刊本……………………………………………………（942）

范文正公集二十卷別集四卷　元天曆戊辰歲寒堂重刊宋鄱陽郡齋刊本　…（943）

范文正公尺牘三卷　元天曆戊辰歲寒堂刊本　………………………（943）

范文正公尺牘三卷　明嘉靖二十年范惟一刊本……………………（943）

河南先生文集二十七卷附錄一卷　舊寫本　劉喜海題簽…………（943）

河南先生文集二十七卷附錄一卷　明寫本　黃丕烈校　存六卷及

　附錄……………………………………………………………（943）

河南先生文集二十七卷附錄一卷附錄補一卷　清寫本　李文藻

　校補……………………………………………………………（944）

孫明復先生小集一卷　清寫本　李文藻、羅有高校並跋…………（944）

新雕徂徠石先生文集二十卷　明寫本　失名人校…………………（945）

徂徠文集二十卷　清初寫本……………………………………………（945）

徂徠石先生文集二十卷　清彭氏知聖道齋寫本　彭元瑞跋………（946）

徂徠文集二十卷　舊寫本……………………………………………（946）

莆陽居士蔡公文集三十六卷　宋刊本　存十八卷，餘鈔配………（946）

宋蔡忠惠公文集三十六卷　明萬曆四十四年蔡善繼雙甕齋刊本…（946）

鐔津文集二十卷　元刊本……………………………………………（947）

鐔津文集二十二卷　明永樂刊本……………………………………（947）

蘇魏公文集七十二卷　舊寫本………………………………………（947）

古靈先生文集二十五卷年譜一卷附錄一卷　宋刊本……………（947）

古靈先生文集二十五卷附錄一卷　舊寫本…………………………（948）

古靈先生文集二十五卷　舊寫本……………………………………（948）

古靈先生文集二十五卷行狀誌銘一卷年譜一卷　舊寫本　卷一

　至七新鈔補……………………………………………………（948）

司馬太師溫國文正公傳家集八十卷　明刊本………………………（948）

趙清獻公文集十卷　明成化七年閻鐸刊本 …………………………（948）

趙清獻公文集十卷　明嘉靖四十一年汪旦刊本……………………（949）

直講李先生文集三十七卷外集三卷年譜一卷門人録一卷　明

　　成化刊本 ………………………………………………………（949）

公是先生集不分卷　明寫本 …………………………………………（949）

公是先生文集不分卷　舊寫本　存賦、詩計一册 …………………（949）

陶邕州小集一卷附水鏡元公詩集一卷　明萬曆二年刊本 …………（949）

都官集十四卷　清彭氏知聖道齋寫本 ………………………………（949）

都官集十四卷　舊寫本 ………………………………………………（950）

石學士集一卷　清道光二十年刊本 …………………………………（950）

錢塘韋先生集十八卷　宋刊本　存卷三至十八，計十六卷 …………（950）

錢唐韋先生文集十八卷　舊寫本 ……………………………………（950）

安岳馮公太師文集三十卷　舊寫本　存十二卷 ……………………（950）

安岳集三十卷　舊寫本　存十二卷 …………………………………（950）

元豐類稿五十卷　宋刊本　存卷三十一、三十二、四十五，計三卷 …（950）

元豐類稿五十卷　元大德八年丁思敬刊本 …………………………（951）

元豐類稿五十卷續附一卷　元大德八年丁思敬刊本　朱錫庚跋 ……（951）

元豐類稿五十卷附録一卷　明成化刊本 ……………………………（952）

南豐先生元豐類稿五十一卷　明嘉靖王杼刊本　吳慈培臨何焯校本 …（952）

南豐先生元豐類稿五十一卷　明寫本　存二十七卷 ………………（952）

曾南豐先生文粹十卷　宋刊本　存六卷 ……………………………（952）

南豐曾先生文粹十卷　明嘉靖二十八年安如石刊本 ………………（952）

洛陽九老祖龍學文集十六卷　清彭氏知聖道齋寫本　彭元瑞跋 ……（952）

洛陽九老祖龍學文集十六卷　清李文藻家寫本　李文藻跋 ………（953）

洛陽九老祖龍學文集十六卷　舊寫本 ………………………………（953）

宛陵先生文集六十卷　宋紹興十年宣州軍刊嘉定修補本　存三十卷 …（953）

宛陵先生文集六十卷拾遺一卷附録一卷　明正統四年袁旭刊本 …（954）

宛陵先生文集六十卷拾遺一卷　清康熙四十一年徐惇復白華書屋

　刊本　吳廣嗣批點並跋　吳騫跋 ……………………………………（955）

無爲集十五卷　影寫宋刊本 ……………………………………………（955）

無爲集十五卷　清萃古齋寫本 …………………………………………（955）

范太史集五十五卷　清初寫本　存二十六卷，餘鈔配 ………………（955）

文潞公文集四十卷　明嘉靖五年王溱刊本 ……………………………（955）

伊川擊壤集十卷　明刊本　黃丕烈、錢天樹、邵淵耀、孫原湘跋　存四卷 ……（956）

伊川擊壤集二十卷　明嘉靖刊本　唐翰題校並跋 ……………………（956）

鄱陽先生文集十二卷　清沈彩手寫本 …………………………………（956）

南豐曾文昭公曲阜集二卷遺録一卷首一卷　舊寫本 …………………（956）

濂溪先生集不分卷　宋刊本　存卷首、目録、家譜、年譜、太極圖 ……（957）

濂溪集三卷　明嘉靖刊本 ………………………………………………（957）

周濂溪集六卷　明刊本 …………………………………………………（957）

周元公集十卷世系遺芳集五卷　明萬曆四十二年周與爵刊本 ………（957）

節孝先生文集三十卷語録一卷事實一卷　明嘉靖四十四年劉祐

　刊本 ……………………………………………………………………（958）

居士集五十卷　宋紹興衢州刊本　存二十九卷 ………………………（958）

新刊歐陽文忠公集五十卷　明刊本　存三十五卷 ……………………（958）

歐陽文忠公集一百五十三卷附録五卷　宋慶元二年周必大吉州刊

　本　存一百三十四卷，餘配明寫本 …………………………………（959）

歐陽文忠公集一百五十三卷　宋慶元二年周必大刊本　存三十七

　卷，配他宋本二種 ……………………………………………………（960）

歐陽文忠公集一百五十三卷　明天順六年程宗吉州刊本 ……………（960）

歐陽文忠公集一百五十三卷年譜一卷附録五卷　明正德七年壬

　申劉喬刊本 ……………………………………………………………（961）

歐陽文忠公集一百五十三卷年譜一卷附録五卷　明隆慶五年邵

　廉刊本 ……………………………………………………………（961）

歐陽文忠公全集一百三十五卷　明嘉靖三十四年重刊吉州本 ………（961）

集古録十卷　影寫宋刊本　存卷一至五 ……………………………（962）

廬陵歐陽先生文集□□卷　宋刊本　存六十四卷 …………………（962）

歐陽先生文粹五卷　宋刊本 …………………………………………（962）

歐陽文忠公文粹十卷　明萬曆十一年寧允濟刊本 …………………（962）

讀歐志疑五卷　舊寫本 ………………………………………………（962）

樂全先生文集四十卷　舊寫本 ………………………………………（962）

樂全先生文集四十卷　舊寫本 ………………………………………（962）

大字單編芻蕘奧論二卷　舊寫本 ……………………………………（962）

范忠宣公文集二十卷　元刊本 ………………………………………（963）

類編增廣老蘇先生大全文集□□卷　宋刊本 ………………………（963）

重刊嘉祐集十五卷　明初刊本 ………………………………………（963）

重刊嘉祐集十五卷　明嘉靖十一年太原府刊本　顧廣圻校並跋 …（963）

嘉祐集十四卷　宋末刊本 ……………………………………………（964）

老泉先生集十四卷　明刊巾箱本 ……………………………………（964）

老泉文鈔三卷　明嘉靖二年施山刊本 ………………………………（964）

東萊標註老泉先生文集十二卷　宋紹熙四年吳炎刊本 ……………（964）

王文公集一百卷　宋刊本　紙背宋人尺牘　存七十六卷、目録二卷 …（965）

王文公文集一百卷　宋刊本　存七十卷 ……………………………（965）

臨川先生文集一百卷　宋紹興二十一年兩浙西路轉運司王珏刊嘉靖

　重修本 ………………………………………………………………（966）

臨川先生文集一百卷　宋紹興二十一年兩浙西路轉運司王珏刊元明

　遞修本 ………………………………………………………………（966）

臨川王先生文集一百卷　宋紹興二十一年兩浙西路轉運司王珏刊元

修本　存五十九卷 ……………………………………………………（966）

臨川先生文集一百卷目録二卷　明嘉靖翻宋本 …………………（966）

臨川先生文集一百卷目録二卷　明嘉靖翻宋本　何焯校並跋 ………（966）

臨川王先生文粹四卷　明刊本 ……………………………………（967）

王荊文公詩註五十卷　宋刊本　存十七卷 ………………………（967）

王荊文公詩箋注五十卷　元刊本 …………………………………（967）

王荊文公詩注五十卷　舊寫本　翁方綱跋並詩　附盧文弨手札　存

十八卷 …………………………………………………………（968）

廣陵先生文集三十卷　舊寫本 ……………………………………（970）

廣陵先生文集三十卷　清寫本　存十二卷　唐翰題跋 ……………（970）

東坡集四十卷　宋刊本　存二十三卷 ……………………………（970）

東坡集四十卷後集二十卷　宋刊本　存三十七卷,後集八卷………（972）

東坡集四十卷後集二十卷　宋刊本　存前集十卷,後集九卷………（972）

東坡先生後集二十卷　宋黄州刊本　存卷四至六,計三卷 ………（973）

東坡先生後集二十卷　宋黄州刊本　存卷十、十一,計二卷 ………（973）

東坡應詔集十卷　宋刊巾箱本 ……………………………………（973）

蘇文忠公文後集　宋蜀大字本　存卷十六、十七,計二卷 ………（973）

東坡集四十卷後集二十卷奏議十五卷内制集十卷樂語一卷

外制集三卷應詔集十卷續集十二卷年譜一卷　明成化四年程

宗刊本　缺一五卷 ……………………………………………（973）

蘇文忠公全集一百十一卷年譜一卷　明嘉靖十三年江西布政司刊本 …（974）

蘇文忠公集一百十二卷年譜一卷　明刊本 ………………………（974）

東坡全集一百十二卷　明萬曆三十七年刊本 ……………………（975）

蘇文忠公奏議二卷題跋六卷内制十卷　明寫本 …………………（975）

東坡先生翰墨尺牘八卷　元刊本 …………………………………（975）

宋蘇文忠公居儋録五卷　明萬曆刊順治十八年補修本 …………（975）

蘇文忠公表啓二卷　明刊本 …………………………………（975）

東坡先生禪喜集上下卷附禪喜紀事一卷　明刊本 ……………（975）

王狀元集百家注分類東坡先生詩二十五卷東坡紀年録一卷

　　宋建安黃善夫家塾刊本 ………………………………………（975）

王狀元集百家註分類東坡先生詩二十五卷　宋建安魏忠卿家塾

　刊本 ……………………………………………………………（976）

王狀元集百家註分類東坡先生詩二十五卷　宋建安萬卷堂刊本 …（976）

王狀元集百家註分類東坡先生詩二十五卷　宋刊本　有泉州市

　舶司僞牌子　存十四卷 ………………………………………（976）

王狀元集百家註分類東坡先生詩二十五卷　宋刊本　又配入元

　刊本四卷　存十卷 ……………………………………………（976）

王狀元集百家註分類東坡先生詩二十五卷東坡紀年録一卷

　　宋刊本　存紀年録一卷 ………………………………………（977）

王狀元集百家註分類東坡先生詩二十五卷東坡紀年録一卷

　　元建安熊氏刊本 ………………………………………………（977）

王狀元集諸家註分類東坡先生詩二十五卷　元刊本　存四卷 ……（978）

王狀元集百家註分類東坡先生詩二十五卷　明刊本 ……………（978）

增刊校正王狀元集註分類東坡先生詩二十五卷東坡紀年録

　一卷　宋建安虞平齋務本書堂刊本 …………………………（978）

增刊校正王狀元集註分類東坡先生詩二十五卷附東坡紀年

　録一卷　宋建安虞平齋務本書堂刊本 ………………………（978）

增刊校正王狀元集註分類東坡先生詩二十五卷　元刊本 ………（979）

增刊校正王狀元集註分類東坡先生詩二十五卷　明刊本　缺四卷 …（979）

經進東坡文集事略六十卷　宋刊本　存四十卷 …………………（979）

註東坡先生詩四十二卷　宋嘉泰淮東倉司刊本　翁同龢、潘祖蔭跋、

　汪鳴鑾觀欵　存三十四卷 ……………………………………（979）

初白庵蘇詩補註　紀批蘇詩底本　紀昀手批……………………………（980）

蘇文定公後集二十四卷　宋蜀大字本　存四卷 ………………………（981）

欒城集五十卷後集二十四卷三集十卷　明嘉靖二十年蜀藩朱讓栩

　刊本 …………………………………………………………………（981）

欒城集五十卷後集二十四卷三集十卷目録二卷　明活字印本 …（982）

欒城集五十卷後集二十四卷三集十卷應詔集十卷　明寫本 ……（982）

類編增廣潁濱先生大全文集一百三十卷　宋刊本 …………………（982）

豫章黃先生文集三十卷　宋刊本　存十六卷 …………………………（983）

豫章黃先生外集十四卷　宋刊本　黃丕烈跋　存六卷 ………………（983）

豫章黃先生文集三十卷外集十四卷別集二十卷簡尺二卷詞

　一卷伐檀集二卷山谷先生年譜三卷　明弘治葉天爵刊，嘉靖六

　年喬遷、余載仕重修本 ……………………………………………（983）

伐檀集二卷　明弘治葉天爵刊，嘉靖六年喬遷、余載仕重修本 ………（984）

重刻黃文節山谷先生文集三十卷　明萬曆三十一年方沆刊本………（984）

類編增廣黃先生大全文集五十卷　宋麻沙鎮水南劉仲吉宅刊本

　黃丕烈跋 ……………………………………………………………（984）

山谷詩前集註二十卷　影寫宋刊本 …………………………………（985）

山谷詩集註二十卷　日本古刊本 ……………………………………（985）

山谷黃先生大全詩註二十卷　元刊本　黃丕烈跋　存十五卷 ………（986）

山谷黃先生大全詩註二十卷　元刊本 ………………………………（986）

山谷黃先生大全詩註二十卷　明弘治刊本 …………………………（986）

山谷內集詩註二十卷外集詩註十七卷　明初刊本　存內集三卷、

　外集六卷 ……………………………………………………………（986）

山谷內集詩註二十卷外集註十七卷別集詩註二卷年譜一卷

　朝鮮古刊本 …………………………………………………………（986）

山谷別集詩註二卷　明刊本 …………………………………………（987）

山谷老人刀筆二十卷　明弘治刊本　……………………………（987）

山谷老人刀筆二十卷　明刊本　………………………………………（987）

黃太史精華錄八卷　明朱承爵刊本　…………………………………（987）

後山居士文集二十卷　宋蜀大字本　翁方綱跋並題詩　………………（987）

後山先生集三十卷　明弘治十二年馬暾刊本　………………………（988）

後山先生集三十卷　明弘治十二年馬暾刊本　顧廣圻臨何焯校跋並自跋　…（988）

后山詩注六卷　宋蜀刊本　存四卷　…………………………………（989）

后山詩註十二卷　明嘉靖十年遼藩朱寵瀼梅南書屋刊本……………（990）

后山詩註十二卷　清勞用霖三鱸家塾寫本　…………………………（990）

后山詩註十二卷　朝鮮古活字印本　…………………………………（990）

宛丘集七十四卷　明謝肇淛小草齋寫本　存六十一卷　………………（990）

宛丘先生文集七十六卷　清寫本　存四十三卷　……………………（990）

張右史文集三十卷　舊寫本　…………………………………………（991）

張右史文集六十卷　舊寫本　…………………………………………（991）

張文潛文集十三卷　明嘉靖三年郝梁刊本　…………………………（991）

張文潛文集十三卷　明嘉靖三年郝梁刊本　徐葵據宋建安余騰夫刊永

　嘉先生標注十卷本校　………………………………………………（991）

淮海先生閒居集四十卷　宋蜀大字本　存二十六卷………………（992）

淮海集四十卷後集六卷長短句三卷　宋乾道九年高郵軍學刊紹熙

　三年謝雩重修本　存十一卷　………………………………………（993）

淮海集四十卷後集六卷長短句三卷　宋乾道九年高郵軍學刊紹熙

　三年謝雩重修本　嚴繩孫跋　………………………………………（993）

淮海集四十卷　宋乾道九年高郵軍學刊紹熙三年謝雩重修本　黃丕烈

　跋　存卷十二至二十五，計十四卷　………………………………（993）

淮海集四十卷　明刊本　存四卷　……………………………………（993）

淮海集四十卷後集六卷長短句三卷　明嘉靖二十四年胡民表刊本　…（994）

淮海集四十卷後集六卷長短句三卷　明嘉靖三十七年漢中刊本……（994）

淮海集四十卷後集六卷長短句三卷補遺一卷　舊寫本　黃丕
烈、韓應陛校並跋 …………………………………………（994）

參寥子詩集十二卷　宋刊本　黃丕烈跋 …………………………（994）

參寥子詩集十二卷　宋刊本 …………………………………………（995）

參寥子詩集十二卷東坡稱賞道潛之詩一卷　明崇禎八年汪汝謙
刊本 …………………………………………………………（995）

參寥子詩集十二卷　清初寫本 …………………………………（995）

寶晉英光集六卷　明末汲古閣寫本　唐翰題跋 …………………（995）

寶晉英光集六卷　舊寫本　黃丕烈校並跋 ……………………（996）

寶晉英光集六卷拾遺八卷　舊寫本 ……………………………（996）

寶晉山林集拾遺八卷　宋嘉泰元年筠陽郡齋刊本　豐坊跋 …（996）

青山集三十卷　宋刊本 …………………………………………………（996）

倚松老人詩集二卷　宋慶元五年重修刊本 ……………………（997）

雲巢編十卷　舊寫本　存四卷 …………………………………………（997）

長興集四十一卷　舊寫本　存九卷 ……………………………（997）

濟北晁先生雞肋集七十卷　舊寫本 ……………………………（998）

濟北晁先生雞肋集七十卷　舊寫本 ……………………………（998）

濟北晁先生雞肋集七十卷　舊寫本 ……………………………（998）

景迂生文集十八卷　清彭氏知聖道齋寫本　彭元瑞校 ………（998）

景迂生文集二十卷　傳鈔四庫全書本 …………………………（998）

具茨晁先生詩集不分卷　明晁氏寶文堂翻宋慶元五年江西詩派本刊
本　章綬衘跋 ………………………………………………（998）

吳郡樂圃朱先生餘稿十卷附編一卷　舊寫本 …………………（999）

吳郡樂圃朱先生餘稿十卷　舊寫本　李璋煜校 ………………（999）

樂圃餘稿八卷　舊寫本 …………………………………………………（999）

樂圃餘稿十卷　繆氏藝風堂寫本 ……………………………………（999）

龍雲先生文集三十二卷　明成化刊本　存十卷 …………………（999）

演山文集六十卷　舊寫本 ……………………………………………（999）

姑溪居士文集五十卷後集二十卷　明吳氏叢書堂寫本　存文集十

　七卷後集五卷 ………………………………………………………（1000）

姑溪居士文集五十卷　清初寫本 …………………………………（1000）

姑溪居士文集五十卷後集二十卷　舊寫本　近人校 ……………（1000）

姑溪居士後集二十卷　舊寫本　存十四卷 ………………………（1000）

止齋先生集十三卷　舊寫本　偽書 ………………………………（1001）

滴水集十六卷　傳抄永樂大典本 …………………………………（1001）

道鄉先生鄒忠公文集四十卷　明刊本 ……………………………（1001）

道鄉先生鄒忠公文集四十卷續集一卷　明正德七年鄒翎刊本 ……（1001）

道鄉先生鄒忠公文集四十卷　明正德七年鄒翎刊本 ……………（1001）

謝幼槃文集十卷附溪堂集一卷　舊寫本 …………………………（1001）

謝幼槃文集十卷　舊寫本　謝肇淛、林佶跋 ……………………（1001）

竹友集十卷　影寫宋刊本　存卷一、二 …………………………（1002）

日涉園集九卷　舊寫本　孔繼涵手抄目錄 ………………………（1002）

日涉園集十卷　舊寫本 ……………………………………………（1002）

慶湖遺老詩集九卷拾遺一卷後集補遺一卷　明謝肇淛小草齋

　寫本 …………………………………………………………………（1002）

慶湖遺老詩集九卷拾遺一卷　清初寫本 …………………………（1002）

慶湖遺老詩集九卷拾遺一卷後集補遺一卷　清寫本 ……………（1002）

慶湖遺老詩集九卷　舊寫本　失名人校 …………………………（1003）

慶湖集三卷　舊寫本 ………………………………………………（1003）

東堂集十卷　舊寫本　沈叔埏校 …………………………………（1003）

劉左史集四卷劉給諫集五卷　舊寫本 ……………………………（1003）

眉山唐先生文集二十卷　舊寫本　……………………………（1003）

唐先生集七卷　明嘉靖三年任佃刊本　黃丕烈跋 ………………（1003）

唐眉山詩集十卷文集十四卷　清寫本　失名人校 …………（1004）

洪龜父集二卷　舊寫本　臨鮑廷博校　羅榘跋 ………………（1004）

洪龜父集二卷　舊寫本　顧沅校 ………………………………（1004）

傅忠肅公文集三卷　明末祁氏澹生堂寫本 ……………………（1004）

傅忠肅公文集三卷　經鉏堂寫本 ………………………………（1005）

傅忠肅公文集三卷　舊寫本　四庫館藏本 ……………………（1005）

傅忠肅公文集三卷　清東武劉喜海味經書屋寫本 ……………（1005）

傅忠肅公文集三卷　舊寫本　傅以禮跋 ………………………（1005）

卷十四　集部三

南宋別集類

宋東京留守宗忠簡公文集六卷　明嘉靖宗明仲刊本 …………（1006）

龜山楊文靖公集三十五卷　明刊本 ……………………………（1006）

龜山先生集十六卷　明弘治十五年李熙刊本 …………………（1006）

龜山先生全集四十二卷　明萬曆十九年林熙春刊本 …………（1006）

龜山先生集十五卷　舊寫本 ……………………………………（1006）

梁谿先生文集一百八十卷附錄一卷　影寫宋刊本 ……………（1007）

宋丞相李忠定公奏議六十九卷附錄九卷　明正德間邵武刊本 …（1007）

初寮集八卷　舊寫本　存二卷 …………………………………（1007）

林泉結契五卷　舊寫本 …………………………………………（1008）

西渡詩集不分卷附補遺　舊寫本 ………………………………（1008）

西渡詩集一卷　清宋氏漫堂寫本 ………………………………（1008）

老圃集上下卷　舊寫本　鮑廷博校並跋 ……………………………（1008）

丹陽集二十四卷　舊寫本　孔繼涵手寫目録 …………………………（1009）

丹陽集二十四卷　傳鈔永樂大典本　繆荃孫校 ………………………（1009）

浮溪文粹十五卷附録一卷　明正德元年馬金刊本　盛昱跋 …………（1009）

浮溪文粹十五卷附録一卷　明嘉靖三十四年錢芹刊本 ………………（1009）

浮溪遺集十五卷附録一卷　清康熙七年汪士漢居仁堂刊本 …………（1009）

浮溪遺集十五卷附録一卷　清吳焯繡谷亭寫本　吳焯題識 …………（1009）

莊簡集十八卷　清寫本 …………………………………………………（1010）

松隱文集四十卷　舊寫本 ………………………………………………（1010）

石林居士建康集八卷　舊寫本 …………………………………………（1010）

石林居士建康集八卷　舊寫本　孔廣栻録王士禛跋 …………………（1010）

簡齋集十六卷　舊寫本 …………………………………………………（1010）

增廣箋註簡齋詩集三十卷無住詞一卷胡學士續添簡齋詩箋
　　正誤一卷簡齋先生年譜一卷　元刊本　黃丕烈趙宗建校並跋
　　存卷一至九，餘鈔配 ………………………………………………（1011）

增廣箋註簡齋詩集三十卷　元刊本 ……………………………………（1012）

須溪先生評點簡齋詩集十五卷　日本翻朝鮮古刊本 …………………（1012）

北山小集四十卷　清道光七年張蓉鏡家影寫宋刊本　張金吾、方若蘅、
　　邵淵耀、柳瀛選跋 …………………………………………………（1013）

北山小集八卷　明寫本 …………………………………………………（1013）

苕溪集五十五卷　明擁萬樓寫本　李守信校 …………………………（1013）

苕溪集五十五卷　舊寫本 ………………………………………………（1014）

苕溪集五十五卷　舊寫本 ………………………………………………（1014）

三餘集四卷　清顧沅藝海樓寫本 ………………………………………（1014）

沈忠敏公龜谿集十二卷　舊寫本 ………………………………………（1014）

沈忠敏公龜谿集十二卷　清寫本　乾隆十五年查岐昌跋 ……………（1014）

韋齋集十二卷附玉瀾集一卷　明刊本 ……………………………（1014）

韋齋集十二卷附玉瀾集一卷　明弘治刊本 …………………………（1014）

韋齋集十二卷附玉瀾集一卷　舊寫本 ………………………………（1015）

陵陽先生詩四卷　舊寫本　從宋江西詩派本出 ……………………（1015）

陵陽先生詩集四卷　舊寫本　勞權校並跋 …………………………（1015）

陵陽先生詩四卷　舊寫本　黃丕烈校 ………………………………（1015）

陵陽先生詩四卷　舊寫本 ……………………………………………（1015）

陵陽先生詩集四卷　舊寫本　李璋煜校 ……………………………（1015）

盧溪先生文集五十卷　明嘉靖五年梁英刊本 ………………………（1015）

盧溪先生文集二十卷　明寫本 ………………………………………（1016）

屏山集二十卷　明正德七年劉澤刊本 ………………………………（1016）

鴻慶居士文集十四卷　明嘉靖刊本 …………………………………（1016）

鴻慶居士文集四十二卷　明山泉書舍寫本 …………………………（1016）

鴻慶居士文集四十二卷　清寫本　勞權校　存二十二卷 …………（1017）

李學士新註孫尚書內簡尺牘十六卷　元刊本　陳道復、翁方綱、吳

　榮光跋 ………………………………………………………………（1017）

孫尚書內簡尺牘編註十卷　明嘉靖三十六年顧名儒刊本 …………（1018）

孫尚書內簡尺牘編註十卷　明刊本　明崇禎二年胡昭跋 …………（1018）

豫章羅先生文集十三卷附錄三卷外集一卷年譜一卷　明嘉靖

　謝鸞翻元本 …………………………………………………………（1018）

和靖尹先生文集十卷附錄一卷　明嘉靖九年洪珠刊本 ……………（1018）

和靖尹先生文集一卷附錄一卷　影寫明嘉靖九年洪珠刊本 ………（1018）

宋陳少陽先生文集十卷　明天啓五年賀懋忠刊本 …………………（1019）

飄然集三卷　舊寫本　吳允嘉批校 …………………………………（1019）

歐陽先生飄然集七卷　舊寫本 ………………………………………（1019）

歐陽修撰集七卷　舊寫本 ……………………………………………（1019）

歐陽修撰集八卷　舊寫本 ……………………………………… (1019)

東谿先生集二卷　清咸豐二年刊本 …………………………… (1020)

雪溪詩集五卷　舊寫本 ………………………………………… (1020)

雪溪詩五卷　清東武劉氏味經書屋寫本 ……………………… (1020)

雪溪詩五卷　舊寫本　失名人校 ……………………………… (1020)

東萊詩集二十卷　宋刊本 ……………………………………… (1020)

東萊先生詩集二十卷外集三卷　宋慶元五年黃汝嘉刊江西詩派本

　　存詩集三卷、外集全 ……………………………………… (1020)

東萊先生詩集二十卷　明寫本 ………………………………… (1021)

東萊先生詩集二十卷　舊寫本 ………………………………… (1021)

胡澹菴先生文集六卷　舊寫本 ………………………………… (1021)

澹菴胡先生文集二十五卷　清寫本 …………………………… (1021)

五峯胡先生文集　舊寫本　存三卷 …………………………… (1021)

致堂胡先生斐然集三十卷　清倪氏經鉏堂寫本 ……………… (1021)

橫浦文集十二卷　清刊本 ……………………………………… (1022)

棣香館小集一卷　清顧氏沅藝海樓寫本 ……………………… (1022)

汪文定公集十三卷附錄一卷　明嘉靖二十五年夏浚刊本 ……… (1022)

莆陽知稼翁文集十二卷　影寫宋刊本 ………………………… (1022)

莆陽知稼翁集上下卷　舊寫本 ………………………………… (1022)

侍郎葛公歸愚集十卷　舊寫本 ………………………………… (1023)

侍郎葛公歸愚集十卷　舊寫本 ………………………………… (1023)

侍郎葛公歸愚集十卷　舊寫本　繆荃孫據宋本校 …………… (1023)

香溪先生范賢良文集二十二卷　明刊本 ……………………… (1023)

香溪先生范賢良文集二十二卷　明刊本 ……………………… (1023)

香溪先生范賢良文集二十二卷　明刊本 ……………………… (1023)

于湖居士文集四十卷　宋刊本 ………………………………… (1023)

于湖居士文集四十卷　明寫本　……………………………（1024）

夾漈遺稿三卷　舊寫本　…………………………………（1024）

鄮峰真隱漫録五十卷　清寫本　…………………………（1024）

竹洲先生文集二十卷附録一卷　明弘治六年吳雷亨刊本　………（1024）

竹洲文集二十卷附録一卷　明弘治六年吳雷亨刊本　………（1024）

竹洲文集二十卷附録一卷　明吳繼良刊本　………………（1024）

羅鄂州小集五卷鄂州遺文一卷　明洪武二年羅傳道刊本　……（1025）

羅鄂州小集五卷　明洪武二年羅傳道刊本　沈巖臨何焯校　………（1025）

艾軒先生文集九卷附録一卷　舊寫本　…………………（1025）

蕊閣集二卷　舊寫本　……………………………………（1025）

崔舍人玉堂類稿二十卷附録一卷西垣類稿二卷目録一卷　宋

　　刊本　日人柴邦彥跋　……………………………………（1025）

晦菴先生文集一百卷目録二卷　宋刊本　………………（1026）

晦菴先生朱文公文集一百卷目録二卷　宋刊明修本　存九十四卷　…（1027）

晦菴先生朱文公大全集　明初刊本　殘本　……………（1027）

晦菴先生朱子大全別集十卷續集十一卷　明初刊本　………（1027）

晦菴先生朱子大全別集十卷　明初刊本　………………（1027）

朱文公大同集十卷　元刊本　……………………………（1027）

晦菴先生語録大綱領十卷附録三卷　宋刊本　…………（1027）

朱子成書十種　明景泰元年善敬書堂刊本　……………（1027）

周益文忠公集二百卷　宋吉州刊本　存六十九卷　………（1028）

平園續藁四十卷　清初寫本　存十四卷　………………（1028）

雪山集十二卷　舊寫本　李文藻校　存八卷　……………（1028）

網山集八卷　舊寫本　……………………………………（1028）

網山集八卷　舊寫本　……………………………………（1029）

網山月魚先生文集八卷　舊寫本　………………………（1029）

新註朱淑真斷腸詩集十卷後集八卷　明初刊本 ……………………（1029）

新註朱淑真斷腸集十卷後集七卷　清彭氏知聖道齋寫本 …………（1029）

斷腸集上下卷　舊寫本 ………………………………………………（1029）

東萊呂太史文集十五卷別集十六卷外集五卷　宋嘉泰四年呂喬

　年刊元明遞修本 ……………………………………………………（1029）

東萊呂太史文集十五卷別集十六卷外集五卷附錄三卷　宋嘉

　泰四年呂喬年刊元明遞修本　四庫館底本 ……………………（1029）

東萊呂太史文集十五卷別集十六卷外集五卷　宋嘉泰四年呂喬

　年刊元明遞修本　存別集十六卷、外集五卷 ……………………（1030）

東萊呂太史別集十六卷　宋嘉泰四年呂喬年刊元明遞修本 …………（1030）

東萊呂太史全集四十卷　明刊本　缺四卷，黄氏千頃堂抄補 ………（1030）

呂東萊先生遺集二十卷　清刊本 ……………………………………（1030）

止齋先生文集五十二卷附錄一卷　明弘治翻宋本 …………………（1031）

止齋先生文集五十二卷附錄一卷　明弘治翻宋本 …………………（1031）

格齋先生三松集□卷　舊寫本 ………………………………………（1031）

梅溪先生文集二十卷後集二十九卷　明正統刊本 …………………（1031）

梅溪先生廷試策一卷奏議四卷文集二十卷後集二十九卷附

　錄一卷　明正統劉謙刊本 …………………………………………（1031）

會稽三賦注一卷　宋刊本 ……………………………………………（1032）

會稽三賦註一卷　明嘉靖彭富刊本 …………………………………（1032）

蒙隱集二卷　清鮑廷博手寫本 ………………………………………（1032）

倪石陵書一卷　舊寫本 ………………………………………………（1032）

倪石陵集一卷　舊寫本 ………………………………………………（1033）

樂軒先生集八卷　舊寫本 ……………………………………………（1033）

攻媿先生文集一百二十卷　宋刊本 …………………………………（1033）

義豐文集□卷　宋淳祐三年王旦刊本　存卷一 ……………………（1033）

雙溪王先生文集十七卷　　明嘉靖刊本 ……………………………………（1034）

雙溪文集十七卷　　明嘉靖刊本 …………………………………………（1034）

育德堂外制五卷　　宋刊本　存卷一至五 ………………………………（1034）

摶齋先生緣督集十二卷　　明萬曆刊本 …………………………………（1034）

象山集三十六卷　　明嘉靖王宗沐刊本 …………………………………（1034）

象山先生全集三十六卷　　朝鮮古活字印本 ……………………………（1034）

慈湖先生遺書二十卷　　明嘉靖四年秦鉞刊本 …………………………（1034）

雲莊劉文簡公文集十二卷附錄八卷年譜一卷　　舊寫本 ………………（1035）

野處類稿二卷　　舊寫本　黃丕烈、陳鱣校並跋 ………………………（1035）

野處類稿二卷　　舊寫本 …………………………………………………（1035）

盤洲文集八十卷　　南宋蜀中刊本 ………………………………………（1035）

盤洲文集八十卷　　舊寫本 ………………………………………………（1036）

盤洲文集八十卷附錄拾遺一卷　　舊寫本 ………………………………（1036）

應齋雜著六卷　　傳寫四庫全書本 ………………………………………（1036）

石湖居士集三十四卷　　明弘治金蘭館活字印本　存二十五卷 ………（1036）

石湖居士文集三十四卷　　明寫本 ………………………………………（1036）

石湖居士集三十四卷　　清順治九年董說寫本 …………………………（1036）

石湖居士集選不分卷　　明馬宏道寫本 …………………………………（1036）

范石湖別集四種　　舊寫本 ………………………………………………（1036）

誠齋先生南海集八卷　　宋刊本 …………………………………………（1037）

誠齋先生四六發遣膏馥十卷後集十卷續集十一卷別集十卷

　　宋刊本　存續集全，後集卷六至十，餘鈔配 ………………………（1037）

楊誠齋文集一百三十三卷　　舊寫本　顧廣圻校 ………………………（1038）

誠齋集四十二卷　　清石門呂氏寫本　唐翰題跋 ………………………（1039）

誠齋詩集　　舊寫本　存十五册 …………………………………………（1039）

新刊廬陵誠齋楊萬里先生錦繡策二卷　　明萬曆刊本 …………………（1039）

新刊劍南詩藁二十卷　宋淳熙十四年嚴州郡齋刊本　存十卷 ········ （1039）

放翁先生劍南詩稿六十七卷目録□卷　宋吉州刊本　黃丕烈詩並

　　跋　李放跋　沈曾植跋　存十四卷 ················ （1040）

渭南文集五十二卷　明正德八年梁喬刊本 ··········· （1043）

渭南文集五十二卷　明萬曆刊本 ··············· （1043）

澗谷精選陸放翁詩集前集十卷須溪精選陸放翁詩集後集八

　　卷別集一卷　元刊本　黃丕烈跋 ············· （1043）

澗谷精選陸放翁詩集前集十卷須溪精選陸放翁詩集後集八

　　卷別集一卷　明嘉靖十三年黃漳刊本 ··········· （1044）

杜律分韻□□卷陸律分韻三十九卷　朝鮮古刊本 ········· （1044）

頤菴居士集二卷　明嘉靖四年刊本 ·············· （1045）

水心先生文集二十九卷　明正統十三年黎諒刊本　沈曾植跋 ····· （1045）

水心文集四册不分卷　明寫本　四册 ············· （1045）

水心先生別集十六卷　清寫本 ················ （1045）

客亭類稿□□卷　宋刊本　存十卷 ·············· （1046）

石屏詩集十卷東皋子詩一卷　明弘治十一年宋鑑、馬金刊本黃丕烈

　　跋　存卷一至八，又東皋詩 ··············· （1046）

石屏詩集十卷　明弘治十一年宋鑑、馬金刊本 ··········· （1046）

石屏詩集十卷　舊寫本 ··················· （1046）

南軒先生文集四十四卷　宋刊本　存二十八卷 ··········· （1047）

南軒先生文集四十四卷　明初刊本　存卷一至三 ·········· （1047）

南軒先生文集四十四卷　明刊本　南華館主校 ··········· （1047）

新刊南軒先生文集四十四卷　明嘉靖元年劉氏翠巖堂慎思齋刊本 ···· （1048）

南軒先生文集四十四卷　明嘉靖繆輔之刊本 ··········· （1048）

南軒先生詩集七卷　舊寫本 ················· （1048）

勉齋先生黃文肅公集四十卷附録一卷　元刊延祐二年刊補本 ····· （1048）

勉齋先生黃文肅公集四十卷附録一卷　元刊延祐二年刊補本 …… (1049)

勉齋先生黃文肅公文集三十七卷　清初寫本　失名人校 ……… (1049)

勉齋黃先生文集四十卷　清蔣西圃寫本　徐坊跋 ……… (1049)

孫燭湖集二十卷　舊寫本 ……………………………… (1050)

北溪先生大全集五十卷　明弘治刊本 ………………… (1050)

北溪先生大全文集五十卷外集一卷　舊寫本 ………… (1050)

山房集前集八卷後稿一卷　清四庫館原稿本 ………… (1050)

橘山四六二十卷　明寫本　存十八卷 ………………… (1051)

竹齋先生詩集四卷　清康熙刊本　曾習經題識 ……… (1051)

毅齋詩集別録一卷徐文清家傳一卷　舊寫本 ………… (1051)

梅山續稿十七卷雜文一卷　清趙氏小山堂寫本 ……… (1051)

梅山續稿十七卷附雜文一卷長短句一卷　舊寫本 …… (1051)

信天巢遺稿一卷附林湖遺稿一卷江村遺稿一卷疎寮小集一
　卷　清高士奇刊本 …………………………………… (1051)

漫塘文集四卷　明刊本 ………………………………… (1052)

瓜廬詩一卷附録一卷　明文始堂傳寫宋刊本　曹溶補趙師秀詩　何
　焯跋 …………………………………………………… (1052)

程端明公洺水集二十六卷　明刊本 …………………… (1052)

宋丞相崔清獻公全集十卷　明刊本 …………………… (1053)

龍川先生文集三十卷附録一卷　明龍川書院朱彥霖刊本 ……… (1053)

龍川先生文集三十卷　明正嘉間刊本 ………………… (1053)

重校鶴山先生大全文集一百十卷目録二卷　宋開慶元年蜀中刊
　本　黃丕烈、錢大昕跋　存九十四卷 ………………… (1053)

重校鶴山先生大全文集一百十卷　明嘉靖安國安氏館銅活字印本
　存八十五卷 …………………………………………… (1054)

重校鶴山先生大全文集一百十卷　明嘉靖三十年吳鳳刊本 ……… (1054)

西山先生真文忠公文集五十一卷·日本舊寫本 …………… （1054）

新刊瓊琯白先生玉隆集六卷　元建安余覺華勤有堂刊本　………… （1054）

海瓊玉蟾先生文集六卷續集二卷附録一卷　明正統七年朱權

　刊本 ……………………………………………………… （1055）

白石道人詩集二卷　舊寫本 ……………………………… （1055）

平齋文集三十二卷　宋刊本 ……………………………… （1055）

平齋文集三十二卷　舊寫本 ……………………………… （1055）

方是閑居士小藁二卷　傳寫元至正二十年屏山書院重刊本　存上卷 … （1056）

方是閑居士小藁二卷　舊寫本 …………………………… （1056）

翠微南征録十一卷　舊寫本　黃丕烈跋 ………………… （1056）

翠微南征録十一卷　清寫本　鮑廷博、勞權校並跋 ……… （1056）

翠微南征録十卷　舊寫本 ………………………………… （1056）

安晚堂詩集七卷　舊紙新寫本 …………………………… （1056）

梅亭先生四六標準四十卷　宋刊本 ……………………… （1056）

友林乙藁一卷　清翻宋本 ………………………………… （1056）

方壺存稿九卷附名賢遺翰一卷　舊寫本 ………………… （1057）

方壺先生集四卷　清刊本 ………………………………… （1057）

宋寶章閣直學士忠惠鐵庵方公文集四十五卷　明正德八年方良

　節刊本 …………………………………………………… （1057）

默齋遺稿二卷　舊寫本 …………………………………… （1057）

履齋先生遺集四卷　明刊本 ……………………………… （1057）

履齋先生遺集四卷　繆氏藝風堂寫本 …………………… （1058）

四明吟稿□卷　清顧沅藝海樓寫本 ……………………… （1058）

臞軒集十六卷　清寫本 …………………………………… （1058）

宋國録流塘詹先生集三卷　舊寫本 ……………………… （1058）

樂軒先生集八卷　舊寫本 ………………………………… （1058）

滄浪先生吟卷二卷　　明正德十五年尹嗣忠刊本 ························ （1058）

滄浪集四卷　　明刊本　　鮑廷博校 ······················ （1058）

可齋雜稿三十四卷續稿八卷續稿後十二卷　　舊寫本 ········ （1059）

可齋續稿後集　　舊寫本　　存二卷 ······················· （1059）

泠然齋詩集八卷　　清鮑廷博手寫本 ························ （1059）

華谷集一卷　　清顧氏藝海樓寫本 ·························· （1059）

菊澗小集一卷　　影寫宋刊本 ····························· （1059）

後村居士集五十卷目録二卷　　宋末刊本 ···················· （1059）

後村居士集五十卷　　宋末刊本　　存五卷 ·················· （1060）

後村居士集五十卷　　清吕無黨手寫本　　黄丕烈、葉昌熾跋 ··· （1060）

後村先生大全集一百九十六卷　　舊寫本　　張月霄跋 ········ （1061）

後村居士詩集六卷逸詩五卷詩餘一卷　　活字印本 ·········· （1062）

澗泉集二十卷　　清四庫館輯永樂大典本 ·················· （1062）

雪窗先生文集二卷附録一卷　　舊寫本 ···················· （1062）

李忠簡公文溪存稿二十卷　　明嘉靖十年李翺刊崇禎三年李振鷥重

　修本 ··················· （1062）

李忠簡公文溪集二十卷　　清寫本 ························· （1063）

宋學士徐文惠公存稿五卷附録一卷　　明萬曆四十二年徐鑒刊本 ··· （1063）

彝齋文編四卷　　清鮑氏知不足齋寫本　　勞格校補 ········· （1063）

玉楮詩藁八卷　　明寫本　　王士禎跋 ···················· （1063）

玉楮詩藁八卷　　盧氏抱經堂寫本　　盧文弨校並跋 ········· （1063）

棠湖詩藁一卷　　宋臨安陳宅書籍鋪刊本 ·················· （1064）

雪磯叢稿五卷　　明活字印本 ····························· （1064）

雪磯叢稿五卷　　影寫明成化十七年刊本 ·················· （1064）

雪磯叢稿五卷　　清水邨閣寫本 ·························· （1064）

北礀文集十卷　　宋崔尚書宅刊本　　存卷一至八 ·········· （1065）

北碉文集十卷　宋崔尚書宅刊本　存卷七至十　……………………（1065）

北碉文集十卷　明謝肇淛小草齋寫本　………………………………（1065）

北碉文集十卷　舊寫本　………………………………………………（1065）

北碉詩集九卷文集十卷外集一卷　日本五山翻宋崔尚書宅刊本　…（1065）

北碉詩集九卷　日本五山翻宋崔尚書宅刊本　存六卷　………………（1065）

北碉和尚外集不分卷　宋刊本　………………………………………（1066）

雪巖吟草甲卷忘機集一卷　宋刊本　…………………………………（1066）

勿齋先生文集二卷　舊寫本　…………………………………………（1066）

文山先生文集十七卷別集六卷附録三卷年譜一卷　明初刊本

　　存別集一卷、附録三卷、年譜一卷　………………………………（1066）

文山全集二十卷　明嘉靖二十九年張元諭刊本　……………………（1066）

文山先生集杜詩前後卷附録一卷　明成化刊本　……………………（1066）

新刊指南録四卷　宋刊本　……………………………………………（1067）

宋文潞公軒詩三卷　明成化刊本　……………………………………（1067）

疊山集十六卷　明景泰四年黃溥刊本　………………………………（1067）

疊山集十六卷　明景泰四年黃溥刊本　………………………………（1067）

疊山集十六卷　明嘉靖刊本　…………………………………………（1068）

竹溪鬳齋十一藳續集三十卷　清謝肇淛小草齋寫本　………………（1068）

魯齋王文憲公文集二十卷　明正統刊本　……………………………（1068）

劉須谿先生記鈔八卷　明嘉靖五年王朝用刊本　……………………（1068）

蘭皋集二卷　明萬曆刊本　……………………………………………（1069）

蘭皋集二卷　舊寫本　…………………………………………………（1069）

柴氏四隱集二卷秋堂集補遺一卷附墓誌　清戴光曾手寫本　戴

　　光曾校並跋　…………………………………………………………（1069）

閩風集十二卷　舊寫本　孔繼涵手寫目録　…………………………（1069）

蛟峰集七卷山房先生遺文一卷蛟峰外集四卷　明天順七年方中

刊遞修本 ……………………………………………………（1069）

蛟峰先生文集十卷附山房遺文一卷外集三卷附山房外集　明

活字印本 …………………………………………………（1070）

陵陽先生集二十四卷　舊寫本 …………………………（1070）

湖山類稿五卷汪水雲詩鈔一卷補遺亡宋舊宮人詩一卷附錄

一卷　清吳翌鳳手寫本　吳翌鳳跋 …………………（1070）

湖山外稿一卷　舊寫本　黄丕烈校 ……………………（1070）

汪水雲詩不分卷　舊寫本　黄丕烈、邵恩多跋 ………（1071）

汪水雲詩鈔不分卷　清葉時疇寫本　葉樹廉跋 ………（1071）

晞髮集六卷　明嘉靖三十四年程煦刊本 ………………（1071）

晞髮集十卷　明萬曆四十六年張蔚然刊本 ……………（1071）

釣磯詩集四卷　舊寫本　羅以智跋 ……………………（1071）

何潛齋先生文集十一卷附鐵牛翁遺稿一卷　舊寫本 …（1072）

有宋福建莆陽黄仲元四如先生文藁五卷　明刊本 ……（1072）

四如黄先生文稿六卷　明刊本 …………………………（1072）

霽山先生詩文集五卷　清康熙沈天士刊本 ……………（1072）

霽山先生白石樵唱六卷　明嘉靖十年馮彬刊本 ………（1073）

古梅遺藁六卷　清咸豐七年勞權寫本　勞權跋 ………（1073）

佩韋齋文集二十卷　元刊本 ……………………………（1073）

佩韋齋文集二十卷　舊寫本 ……………………………（1073）

佩韋先生文集十六卷輯聞四卷　舊寫本 ………………（1073）

則堂先生文集六卷　舊寫本　存卷一至四 ……………（1073）

方時佐先生富山嬾稿十九卷　清丁氏持靜齋寫本 ……（1073）

在軒集一卷　舊寫本 ……………………………………（1074）

吾汶藁十卷　明寫本　鮑廷博校　戴光曾跋 …………（1074）

吾汶藁十卷　舊寫本　王士禛跋 ………………………（1074）

吾汶藁十卷　清鮑氏知不足齋寫本 …………………………………（1074）

紫巖于先生詩集三卷　陳乃乾傳寫趙素門本 ……………………（1074）

紫巖于先生詩選三卷　舊寫本 …………………………………………（1074）

寧極齋稿不分卷　舊寫本 ………………………………………………（1074）

寧極齋稿一卷附慎獨叟遺稿一卷　舊寫本 ……………………（1074）

春山四六鈔二卷　舊寫本 ………………………………………………（1075）

艮巖餘稿四卷　影寫宋刊本 ……………………………………………（1075）

仁山金先生文集四卷　舊寫本 ………………………………………（1075）

三山鄭菊山先生清雋集一卷所南翁一百二十圖詩集一卷鄭

　所南先生文集一卷　舊寫本　鮑廷博輯補 ………………………（1075）

白石子詩集一卷　舊寫本 ………………………………………………（1075）

自堂存稿十三卷　舊寫本 ………………………………………………（1075）

宋貞士羅滄洲先生集五卷　舊寫本　戈襄校並跋 ………………（1075）

趙寶峰先生集二卷附錄一卷　舊寫本　孔繼涵手寫目錄 …………（1076）

古逸民先生集不分卷附錄一卷　清法式善存素堂寫本 …………（1076）

卷十五　集部四

金別集類

閑閑老人滏水文集二十卷　舊寫本 …………………………………（1077）

滏水文集二十卷附錄一卷　舊寫本　何焯、黃丕烈校並跋 ………（1077）

滏水文集二十卷　舊寫本　周錫瓚臨何焯跋並自跋 ……………（1077）

滹南遺老王先生文集四十五卷附續編詩一卷　明祁氏澹生堂寫

　本　吳焯跋 …………………………………………………………（1078）

滹南集四卷詩話三卷　舊寫本 ………………………………………（1079）

濤南集四卷詩話三卷　舊寫本　…………………………（1079）

濤南集四卷詩話三卷　清寫本　劉喜海題識　失名人校　…………（1079）

水雲集三卷　舊寫本　…………………………（1079）

遺山先生文集四十卷附錄一卷　明弘治十一年李瀚刊本　沈曾植跋　…（1079）

遺山先生文集四十卷　明弘治十一年李瀚刊本　…………………（1080）

遺山先生詩集二十卷　明弘治十一年李瀚刊本　何焯跋　………（1080）

元遺山詩集二十卷　明末毛氏汲古閣刊本　丁晏批校並補年譜　……（1081）

元遺山詩十卷　舊寫本　…………………………（1081）

二妙集八卷　清傳寫明成化十七年刊本　…………………（1081）

二妙集八卷　舊寫本　失名人校　…………………………（1081）

棲霞長春子丘神仙磻溪集三卷　金刊本　…………………（1081）

元別集類

湛然居士文集十四卷　明寫本　朱之赤校並跋　……………（1082）

湛然居士文集十四卷　清金侃手寫本　…………………（1083）

湛然居士文集十四卷　舊寫本　顧廣圻跋　…………………（1083）

湛然居士文集十四卷　舊寫本　何紹基跋　…………………（1083）

藏春詩集六卷　明天順五年馬偉刊本　…………………（1083）

藏春詩集六卷　明天順五年馬偉刊本　…………………（1083）

藏春集六卷　明弘治元年順德府刊本　…………………（1083）

藏春集四卷　舊寫本　…………………………（1084）

藏春集六卷　舊寫本　…………………………（1084）

劉文貞公全集三十二卷　舊寫本　…………………（1084）

張淮陽詩集一卷　影寫明正德周越刊本　…………………（1084）

張淮陽詩集一卷　舊寫本　…………………………（1084）

郝文忠公陵川集三十九卷　舊寫本　四庫底本　…………（1084）

張文忠公文集二十八卷　元刊本　……………………………（1085）

張文忠公文集二十八卷　元刊本　……………………………（1085）

張文忠公文集二十八卷附録一卷　清乾隆四十二年邵晉涵家寫本

　　邵晉涵跋　羅有高校並跋　……………………………………（1085）

歸田類稿二十八卷　明寫本　…………………………………（1085）

秋堂邵先生文集□卷　元刊本　存卷二至五，計四卷　………（1085）

牧萊脞語二十卷二稿八卷　舊寫本　…………………………（1086）

月屋謾藁一卷　清康熙十二年寫本　嬾髯野叟（王乃昭）跋　………（1086）

月屋漫稿不分卷　清汪氏裘杼樓寫本　………………………（1086）

月屋漫稿不分卷　舊寫本　謝寶樹校並跋　…………………（1087）

月屋樵吟四卷　舊寫本　………………………………………（1087）

剡源先生文集六卷　明初刊本　………………………………（1087）

剡源先生文集二十六卷　舊寫本　……………………………（1088）

剡源戴先生文集三十卷　明萬曆戴洵刊本　…………………（1088）

剡源戴先生文集三十卷　明萬曆戴洵刊本　趙懷玉跋　………（1088）

剡源集三十卷重刻札記一卷　清郁氏宜稼堂叢書本　沈炳垣校跋並

　　録何焯批校及識語　…………………………………………（1088）

剡源先生文集二册不分卷　二册，金侃跋　……………………（1088）

剩語二卷　清四庫全書館寫本　………………………………（1089）

剩語二卷　傳鈔四庫全書本　…………………………………（1089）

養蒙先生文集十卷　元至正刊本　存五卷　…………………（1089）

養蒙先生文集十卷　舊寫本　存六卷　………………………（1090）

墻東類稿二十卷　舊寫本　孫繼涵手寫目録　………………（1090）

巴西鄧先生文集不分卷　舊寫本　李禮南跋　………………（1090）

巴西文集一卷　清鮑氏知不足齋寫本　鮑廷博校　…………（1090）

玉斗山人集三卷附録一卷　舊寫本　徐康跋　………………（1090）

谷響集一卷　舊寫本　···(1091)

元松鄉先生文集十卷　明永樂刊本　·······························(1091)

元松鄉先生文集十卷　清傳鈔明永樂刊本　·····················(1091)

元松鄉先生文集十卷　舊寫本　諸咸璋、胡芝林校　············(1091)

竹素山房集三卷附錄一卷　舊寫本　杭世駿、鮑廷博跋　鮑正言詩

四首　···(1091)

松雪齋文集十卷外集一卷　元後至元五年沈璚刊本　···········(1091)

松雪齋文集十卷外集一卷　傳鈔明天順岳璿刊本　··············(1092)

松雪齋文集十卷　明末刊本　··(1092)

松雪齋文集二卷　明正德七年方選刊本　·····························(1092)

趙子昂詩集七卷　元至正元年建安虞氏務本堂刊本　············(1092)

臨川吳文正公集四十九卷　明刊本　································(1093)

臨川吳文正公集四十九卷　明刊本　存十卷　·····················(1093)

臨川吳文正公集四十九卷外集三卷年譜一卷行狀一卷　明

刊本　···(1093)

臨川吳文正公集五十卷　舊寫本　·····································(1093)

文正公草廬吳先生文粹六卷　明刊本　·····························(1094)

山村遺藁一卷附錄二卷補遺附錄續　清寫本　·····················(1094)

仇山村遺稿一卷　清何焯家寫本　何焯校　··························(1094)

筠溪牧潛集不分卷　元刊本　分七類而不分卷　···················(1094)

小亨集六卷　舊寫本　孔繼涵手寫目錄　·····························(1094)

還山遺稿二卷楊文憲公考歲略一卷附錄一卷　繆氏藝風堂傳寫

明嘉靖元年宋廷佐刊本　···(1094)

魯齋全書七卷　明正德十三年高傑刊本　·····························(1095)

静修先生文集二十二卷　元至順元年宗文堂刊本　···············(1095)

静修先生文集二十二卷　元至順元年宗文堂刊本　···············(1095)

劉文靖公文集二十八卷　明成化刊本 …………………………………（1095）

劉静修集三十卷　明弘治十八年崔昌刊嘉靖十六年汪堅重修本 ………（1095）

雙溪醉隱集八卷　清四庫館寫本 ………………………………………（1095）

許白雲先生文集四卷附録一卷　明成化二年張氏刊本 ………………（1096）

許白雲先生文集四卷　明正德十三年陳綱刊本　鄧邦述跋 …………（1096）

許白雲先生文集四卷　舊寫本 …………………………………………（1096）

許白雲先生文集四卷　舊寫本　戈襄、韓應陛跋 ……………………（1096）

默菴安先生文集五卷　舊寫本 …………………………………………（1096）

默菴安先生文集六卷　舊寫本　失名人校 ……………………………（1097）

默庵安先生文集五卷　舊寫本　繆荃孫校 ……………………………（1097）

雲峰胡先生文集十四卷　明弘治二年藍章刊本 ………………………（1097）

秋澗先生大全文集一百卷　明弘治十一年李瀚刊本 …………………（1097）

秋澗先生大全文集一百卷　舊寫本 ……………………………………（1098）

牧菴集二卷　舊寫本 ……………………………………………………（1098）

牧菴集二卷　舊寫本 ……………………………………………………（1098）

楚國文獻公雪樓程先生文集三十卷　明洪武二十八年與耕書堂

刊本 ……………………………………………………………………（1098）

溧陽路總管水鏡元公詩集一卷　舊寫本 ………………………………（1099）

漢泉曹文貞公詩集十卷後録一卷　元後至元四年曹復亨刊本 ……（1099）

漢泉曹文貞公詩集十卷　舊寫本 ………………………………………（1099）

漢泉曹文貞公詩集十卷後録一卷　明末毛氏汲古閣寫本　存卷六

至十、後録 ……………………………………………………………（1099）

漢泉漫藁十卷　影寫元刊本 ……………………………………………（1100）

陳剛中詩集三卷附録一卷　明天順四年沈琮廣州刊本 ………………（1100）

玉井樵唱三卷　清鮑氏知不足齋寫本　四庫底本 ……………………（1100）

清容居士集五十卷目録二卷　元刊本　鈔配十卷 ……………………（1101）

清容居士集五十卷　　明寫本　………………………………（1101）

此山先生詩集十卷附此山堂題詠　　元刊本　…………………（1101）

周此山先生詩集十卷　　舊寫本　章鈺校　……………………（1101）

周此山先生詩集四卷　　明刊本　………………………………（1101）

周此山先生詩集四卷　　清寫本　失名人校　…………………（1101）

西翁近稿文集八卷詩集三卷　　元刊本　………………………（1101）

村西西翁詩集六卷文集十卷　　元皇慶元年小村書塾刊本　……（1102）

蒲室集十五卷書問一卷疏一卷　　清寫本　……………………（1102）

弁山小隱吟録二卷　　舊寫本　…………………………………（1102）

續軒渠集十卷　　明祁氏澹生堂寫本　存卷一至六，餘抄配　……（1103）

何太虛文集十卷　　清道光咸豐間刊本　………………………（1103）

知非堂稿六卷　　清曹溶家寫本　………………………………（1103）

知非堂稿十一卷　　舊寫本　……………………………………（1103）

貢文靖公雲林詩集六卷　　明弘治三年范吉刊本　……………（1104）

貢文靖公雲林詩集六卷　　舊寫本　錢天樹跋　………………（1104）

雲林集六卷　　新鈔本　…………………………………………（1104）

中庵先生劉文簡公文集二十五卷　　元刊本　楊彦合跋　……（1104）

中庵先生劉文簡公文集二十五卷　　舊寫本　…………………（1105）

静春堂詩集四卷　　舊寫本　……………………………………（1105）

勤齋集八卷　　舊寫本　…………………………………………（1105）

清河集七卷　　新鈔本　…………………………………………（1105）

石田先生文集十五卷附録一卷　　元至元五年揚州路儒學刊本　　鈔

配四卷　………………………………………………………（1106）

馬石田文集十五卷　　明弘治六年熊翀刊本　四庫底本　……（1106）

馬石田文集十五卷附録一卷　　舊寫本　………………………（1106）

雍虞先生道園類稿五十卷　　元刊本　耿文光跋　卷十七至二十鈔配……（1106）

雍虞先生道園類稿五十卷　元刊本 ………………………………（1107）

雍虞先生道園類稿五十卷　明寫本　存二十五卷 …………………（1107）

道園學古錄五十卷　明景泰七年鄭達刊本 …………………………（1107）

道園學古錄五十卷　明景泰七年鄭達刊本　何焯跋　失名人錄錢大

　昕跋 ………………………………………………………………（1108）

道園學古錄五十卷　明嘉靖刊本 ……………………………………（1109）

道園遺稿六卷　元至正十四年金伯祥刊本 …………………………（1109）

新編翰林珠玉六卷　元孫存吾如山家塾刊本 ………………………（1109）

翰林珠玉五卷　舊寫本　繆荃孫校 …………………………………（1109）

伯生詩續編三卷　元後至元六年劉氏日新堂刊本 …………………（1110）

伯生詩續編三卷　明寫本 ……………………………………………（1110）

楊仲弘詩集八卷　元刊本　存卷一至四 ……………………………（1110）

翰林楊仲弘詩八卷　明嘉靖十五年遼藩刊本 ………………………（1110）

翰林楊仲弘詩八卷　影寫明嘉靖十五年遼藩刊本 …………………（1110）

范德機詩集七卷　元後至元六年益友書堂刊本 ……………………（1110）

范德機詩集七卷　影寫元後至元六年益友書堂刊本 ………………（1111）

揭文安文集九卷　舊寫本 ……………………………………………（1111）

揭文安公文集九卷詩集三卷續集一卷　舊寫本　宋賓王跋 ………（1111）

揭文安公文集九卷詩集三卷續集二卷　舊寫本　鮑廷博校跋並錄

　宋賓王跋　楊復吉跋 ……………………………………………（1111）

揭文安公文集九卷　清鮑氏知不足齋寫本　錄宋賓王跋及何焯評語 …（1112）

揭文安公文集□卷　明刊本　存卷一至六 …………………………（1112）

揭曼碩詩集三卷　元後至元六年日新堂刊本 ………………………（1113）

揭曼碩詩集三卷　元後至元六年日新堂刊本 ………………………（1113）

揭曼碩詩集三卷　明寫本　前人據元本校　李兆洛、張蓉鏡、季錫疇、

　黃廷鑑識語 ………………………………………………………（1113）

元音獨步揭文安公詩集二卷補遺一卷　影寫明正德刊本　李兆

洛、季錫疇、張蓉鏡題識 ……………………………………（1114）

元音獨步揭文安公詩集二卷補遺一卷　清寫本　陳鱣校並跋……（1114）

揭文安公文粹一卷　明天順五年沈琮廣州刊本　何焯批校並跋 ……（1115）

唫嘂集一卷　明嘉靖刊本　沈曾植跋 ………………………………（1115）

翠寒集三卷　明刊本 …………………………………………………（1115）

新刊元進士歐陽起鳴先生論範一卷　明萬曆刊本 …………………（1115）

檜亭稿九卷　元至正十年張惟遠集慶學宮刊本 ……………………（1115）

檜亭集九卷　繆氏藝風堂寫本 ………………………………………（1116）

存復齋文集十卷附錄一卷　明成化十一年項瓛刊本 ………………（1116）

存復齋文集十卷附錄一卷　明成化十一年項瓛刊本　蔣芬、劉喜海跋 …（1116）

存復齋文集十卷　明成化十一年項瓛刊本　存五卷 ………………（1116）

存復齋文集十卷　舊寫本 ……………………………………………（1117）

淵穎吳先生文集十二卷附錄一卷　元末明初刊本　葉樹廉跋 ……（1117）

淵穎吳先生文集十二卷　明嘉靖元年祝鑾刊本 ……………………（1117）

金華黃先生文集四十三卷　元刊本　存八卷 ………………………（1117）

黃文獻公集二十三卷　元刊明修本　別錄二卷　舊寫本　龔橙跋……（1118）

黃學士文集二十三卷　明刊本 ………………………………………（1118）

黃文獻公文集八卷　舊寫本 …………………………………………（1118）

蒲菴集四卷　明洪武刊本 ……………………………………………（1118）

蒲菴集補遺不分卷　繆氏藝風堂寫本 ………………………………（1118）

圭齋文集十六卷　明成化七年劉釪刊本 ……………………………（1118）

圭齋文集十六卷　清傳寫明成化七年劉釪刊本 ……………………（1119）

柳待制文集二十卷標目二卷附錄一卷　明初刊本 …………………（1119）

柳待制文集二十卷附錄一卷　明傳寫天順七年歐陽溥、郁珍刊本 …（1119）

上京紀行詩一卷　明初刊本 …………………………………………（1119）

順齋先生閑居叢藁二十六卷　元刊本　張雋題識 ……………………（1119）

順齋先生閑居叢藁二十六卷　元刊本 ………………………………（1120）

順齋先生閑居叢藁二十六卷　元刊本存 十三卷 …………………（1120）

順齋先生閑居叢藁二十六卷附錄一卷　清退寄齋寫本 …………（1120）

所安遺集一卷　傳寫明成化刊本 …………………………………（1121）

所安遺集一卷　傳寫明成化刊本 …………………………………（1121）

所安遺集一卷　舊寫本 ……………………………………………（1121）

圭塘小稿十三卷別集二卷續集一卷外集一卷附續録　明成化

　六年許顒刊本 ……………………………………………………（1121）

吳正傳先生文集二十卷　明寫本　杜楚、姚華跋　失名人校 ……（1121）

燕石集十五卷　舊寫本　存九卷 …………………………………（1123）

宋翰林燕石集十五卷　舊寫本　宋賓王校 ………………………（1123）

宋翰林燕石集十五卷　舊寫本 ……………………………………（1123）

秋聲集四卷　明刊本 ………………………………………………（1124）

秋聲集四卷　舊寫本　四庫底本 …………………………………（1124）

雁門集八卷　明成化二十年張習刊本 ……………………………（1124）

雁門集六卷　舊寫本 ………………………………………………（1124）

薩天錫詩集不分卷　明弘治十六年李舉刊本 ……………………（1124）

薩天錫詩集不分卷　明謝肇淛小草齋寫本　黃丕烈校並跋 ……（1124）

新芳薩天錫雜詩妙選藁全集　日本明曆刊本 ……………………（1125）

陳衆仲文集十三卷　元刊本　沈麟補本傳並跋　吳騫跋　附黃丕烈手

　札二通　存卷一至四 ……………………………………………（1125）

安雅堂文集十三卷　明山陰祁氏澹生堂寫本 ……………………（1126）

安雅堂集十三卷　清初寫本 ………………………………………（1126）

安雅堂集十三卷　清寫本　黃丕烈校並跋　存三卷 ……………（1127）

傅與礪文集十一卷附錄一卷　明洪武十七年傅若川刊本 ………（1127）

傅與礪詩集八卷附録窗遺稿一卷　清康熙四十一年金侃寫本　金

　侃跋 …………………………………………………………………（1127）

傅與礪詩集八卷　清金氏文瑞樓寫本 …………………………（1128）

番陽俟菴先生文集三十卷附録一卷　舊寫本 …………………（1128）

滋溪文藁三十卷　元刊本　存二十六至三十，計五卷 ………（1128）

滋溪文稿三十卷　舊寫本 ………………………………………（1128）

滋溪文集三十卷　舊寫本 ………………………………………（1128）

青陽先生文集九卷　明正統十年高誠刊本　黃丕烈校 ………（1128）

青陽先生文集十一卷　明正德沈人傑太原郡舍刊本 …………（1128）

青陽先生文集六卷　明正德十六年宣城守胡汝登刊本 ………（1129）

周翰林近光集三卷扈從詩一卷　清初寫本 ……………………（1129）

周翰林近光集三卷扈從集一卷周翰林集補遺三卷　清鮑廷博

　手寫本　鮑廷博校 …………………………………………（1129）

近光集三卷扈從詩一卷周翰林補遺二卷　清鮑氏知不足齋寫本

　　鮑廷博校並跋 ……………………………………………（1129）

近光集三卷扈從詩一卷　傳鈔四庫本　勞格校 ………………（1130）

經濟文集六卷　影寫元刊本 ……………………………………（1130）

經濟文集六卷　舊寫本 …………………………………………（1130）

盧圭峰先生集七卷　舊寫本 ……………………………………（1130）

蜕菴詩集四卷　明洪武刊本　繆荃孫補序一篇、文一篇、詩三十四首 …（1130）

蜕菴詩集四卷　清影寫明洪武刊本 ……………………………（1131）

五峰集六卷　舊寫本　勞格校並跋 ……………………………（1131）

李五峰集十一卷　清寫本 ………………………………………（1131）

蟻術詩選八卷　明隆慶六年汪稷刊本 …………………………（1131）

栲栳山人詩集三卷　舊寫本 ……………………………………（1131）

栲栳山人集三卷　舊寫本　周鑾詒跋 …………………………（1131）

栲栲山人詩集一卷　舊寫本 ……………………………………（1132）

栲栲山人詩集不分卷　清十經齋寫本 …………………………（1132）

貢禮部玩齋集十卷　明刊本　存一卷 …………………………（1132）

貢禮部玩齋集十卷拾遺一卷　清寫本 …………………………（1132）

貢玩齋文集十卷紀年録一卷　舊寫本　吳騫跋　存序目、卷九、十 …（1132）

貢禮部南湖詩集上下卷　舊寫本 ………………………………（1133）

羽庭集六卷　舊寫本　失名人校 ………………………………（1133）

不繫舟漁集十六卷　舊寫本　存十二卷 ………………………（1133）

不繫舟漁集十五卷附録一卷　舊寫本　徐時棟跋 ……………（1134）

句曲外史貞居先生詩集五卷　明初刊本 ………………………（1134）

句曲外史貞居先生詩集五卷　清影寫明初刊本 ………………（1134）

句曲外史貞居先生詩集七卷附録一卷　舊寫本 ………………（1134）

詠物詩一卷　明寫本　明蔣玢、郭柏蒼跋 ……………………（1135）

僑吳集十二卷　舊寫本　四庫底本 ……………………………（1135）

鹿皮子陳先生文集四卷　清寫本 ………………………………（1135）

鹿皮子詩集四卷　舊寫本 ………………………………………（1135）

師山先生文集十一卷　明初刊本 ………………………………（1135）

師山先生文集八卷遺文五卷　明祁氏澹生堂寫本 ……………（1135）

聞過齋集八卷　明鈔舊鈔合配本 ………………………………（1135）

北郭集六卷補遺一卷補詩一卷　舊寫本　許玉森題詩並跋　鮑廷

　博姚鏐跋 ………………………………………………………（1136）

北郭詩集六卷　舊寫本 …………………………………………（1136）

玉笥集十卷　清初呂氏講習堂寫本　朱錫庚跋 ………………（1136）

玉笥集八卷　清經鉏堂寫本 ……………………………………（1137）

丁鶴年詩集四卷　明初刊本 ……………………………………（1137）

鶴年詩集三卷　明正統刊本 ……………………………………（1137）

鶴年詩集三卷　明正統刊本　徐燉跋 …………………………………（1137）

鶴年先生詩集三卷　舊寫本 ……………………………………………（1137）

丁鶴年先生詩集不分卷　清金侃寫本 …………………………………（1137）

海巢集四卷　傳鈔明正統刊本　陳壿校 ………………………………（1138）

一山文集九卷　明景泰刊本 ……………………………………………（1138）

一山文集九卷　舊寫本 …………………………………………………（1138）

正思齋文集十二卷　清寫本 ……………………………………………（1138）

江月松風集十二卷補一卷　清康熙二十五年翁栻鈔校並跋　黃丕

烈跋 ……………………………………………………………………（1138）

江月松風集十二卷　臨清徐氏歸樸堂寫本　徐坊補詩三首 …………（1139）

江月松風集十二卷　清寫本 ……………………………………………（1139）

龜巢集二十卷　清寫本 …………………………………………………（1139）

龜巢集二十卷　清寫本 …………………………………………………（1139）

龜巢集十七卷　舊寫本 …………………………………………………（1140）

東皋先生詩集五卷　清初寫本 …………………………………………（1140）

東皋先生詩集五卷　清初寫本 …………………………………………（1140）

石初集十卷　清初寫本　王士禛、彭元瑞跋 …………………………（1140）

石初集十卷　舊寫本　録王士禛跋　孔繼涵校並鈔目録 ……………（1141）

山窗餘稿一卷　舊寫本 …………………………………………………（1141）

山窗餘稿一卷　繆荃孫夫人夏鏡涵手寫　並録黃丕烈跋 ……………（1141）

梧溪集七卷　明景泰七年陳敏政重修本 ………………………………（1141）

梧溪集七卷　舊寫本　鮑廷博校 ………………………………………（1141）

釋梧溪集訂譌　顧廣圻手稿 ……………………………………………（1142）

吾吾類稿三卷　清寫本 …………………………………………………（1142）

樵雲獨唱集六卷　清寫本　黃丕烈校並跋 ……………………………（1142）

靜思先生詩集上下卷　舊寫本 …………………………………………（1142）

九靈山房集三十卷　明洪武刊本 ……………………………… (1142)

九靈山房集三十卷　清傳寫明正統十年戴綸刊本　周心如跋 ……… (1143)

九靈山房集三十卷　清傳寫明正統十年戴綸刊本 ………………… (1143)

九靈山房集三十卷　清呂留良家寫本 …………………………… (1143)

灤京雜詠一卷　舊寫本 ………………………………………… (1143)

灤京雜詠二卷　清嘉慶鮑氏知不足齋寫本 ……………………… (1144)

鶴田蔣先生文集二卷　明寫本　蔣玢跋 ………………………… (1144)

雲陽李先生文集十卷附録一卷　明弘治刊本 …………………… (1144)

雲陽李先生文集十卷附録一卷　舊寫本 ………………………… (1144)

書林外集七卷　明正統刊本 …………………………………… (1145)

聽雪先生集十□卷　舊寫本　存六卷 …………………………… (1145)

倪雲林先生詩集六卷附録一卷　明天順四年蹇曦刊本 ………… (1146)

倪雲林先生詩集六卷附録雜著樂府一卷　明傳寫天順四年本 … (1146)

倪雲林先生詩集六卷附録一卷　明萬曆十九年倪珵刊本 ……… (1146)

玉山草堂集一卷　清曹溶倦圃寫本　趙之謙補詩 ……………… (1146)

麟原王先生文集十二卷後集十二卷附録一卷　明初刊本 ……… (1147)

王麟原文集二十四卷　明寫本 ………………………………… (1147)

麟原王先生文集十二卷　舊寫本 ……………………………… (1147)

來鶴草堂稿既白軒藁竹洲歸田藁附鶴亭倡和一卷　舊寫本 …… (1147)

來鶴草堂稿八卷　舊寫本　黃丕烈校 ………………………… (1147)

花谿集三卷　清寫本 …………………………………………… (1147)

東山趙先生文集十二卷　明寫本　存卷一至八、十一　又詩補、文補、

附録各一卷 …………………………………………………… (1147)

楊鐵崖詠史古樂府不分卷　明刊本 …………………………… (1147)

鐵崖先生詩集　舊寫本 ………………………………………… (1148)

楊維楨詩集不分卷　明寫本 …………………………………… (1148)

東維子文集二十卷　舊寫本 ……………………………………（1148）

東維子集十六卷　清初印溪草堂寫本　金俊明校 ………………（1148）

東維子集不分卷　舊寫本 ………………………………………（1149）

鐵崖文集五卷　明刊本 …………………………………………（1149）

楊鐵崖文集二卷　舊寫本 ………………………………………（1149）

梁石門集十卷首一卷　清乾隆十五年曁用其刊本 ………………（1149）

重訂石門集□□卷　影寫明嘉靖刊本　黃丕烈跋 ………………（1149）

石門先生集十五卷　舊寫本 ……………………………………（1150）

韓山人詩集九卷續集八卷　清寫本　王聞遠跋 …………………（1150）

韓山人詩續集不分卷　舊寫本 …………………………………（1150）

後圃黃先生存集四卷嚮明齋詩文附後　明嘉靖二十九年古林山房

刊本 ……………………………………………………………（1150）

鼓枻稿六卷　舊寫本 ……………………………………………（1151）

張大家蘭雪集二卷　清寫本　孔繼涵校並手寫目録 ……………（1151）

蘭雪集二卷　舊寫本 ……………………………………………（1151）

卷十六　集部五

明別集類

潛溪先生集十八卷　明刊本 ……………………………………（1152）

潛溪後集十卷　明洪武刊本 ……………………………………（1152）

宋學士全集三十三卷　明嘉靖二十九年刊本 ……………………（1152）

宋學士文粹十卷補遺一卷　明洪武十年鄭濟刊本　存卷一至五，餘

鈔配 ……………………………………………………………（1152）

宋學士文粹十卷　明刊本 ………………………………………（1153）

宋學士集九卷附録一卷　明崇禎十三年曹荃刊本 ……………………（1153）

重鋟誠意伯文集二十卷　明成化刊本 …………………………………（1154）

重鋟誠意伯文集二十卷　明嘉靖刊本 …………………………………（1154）

覆瓿集二十四卷　明宣德五年劉貊刊本　存十二卷 …………………（1154）

王忠文公文集二十四卷　明正統劉同刊本 ……………………………（1154）

翠屏集四卷　明成化十六年張淮刊本　高兆跋 ………………………（1154）

翠屏集四卷　舊寫本 ……………………………………………………（1155）

説學齋集不分卷　舊寫本 ………………………………………………（1155）

説學齋稿二册　清初曹溶倦圃寫本 ……………………………………（1155）

危太樸雲林集二卷　舊寫本 ……………………………………………（1155）

危太樸集一册　明寫本　勞格校 ………………………………………（1155）

蘇平仲文集十六卷　明正統七年黎諒刊本 ……………………………（1156）

丹崖集八卷附録一卷　舊寫本　黃丕烈跋 ……………………………（1156）

東臯録三卷　舊寫本　存上卷 …………………………………………（1156）

密菴稿十卷　明洪武三十一年劉翼南刊本　汪鏞跋 …………………（1156）

胡仲子集十卷　明洪武十三年王懋温刊本 ……………………………（1157）

胡仲子集十卷　清初寫本 ………………………………………………（1157）

胡仲子文集十卷　舊寫本　盛昱跋 ……………………………………（1157）

胡仲子先生信安集二卷　明弘治十六年沈杰刊本 ……………………（1157）

白雲稾五卷　清寫本 ……………………………………………………（1157）

王常宗集四卷　舊寫本　張蓉鏡跋 ……………………………………（1158）

清江貝先生集十卷　明刊本 ……………………………………………（1158）

劉仲脩先生詩集六卷文集二卷　清初寫本 ……………………………（1158）

劉仲脩先生集八卷　舊寫本 ……………………………………………（1158）

滄螺集六卷　明末毛氏汲古閣刊本 ……………………………………（1158）

臨安集十卷　明澹生堂寫本 ……………………………………………（1159）

臨安集六卷　清四庫館稿本 ……………………………………………（1159）

尚絅齋集五卷　清四庫館底本 …………………………………………（1159）

趙考古先生文集二卷　清寫本 …………………………………………（1159）

武夷藍山先生詩集六卷　舊寫本 ………………………………………（1159）

高太史大全集十八卷　明景泰元年劉宗文等刊成化五年劉以則重修

　本　吳慈培跋 …………………………………………………………（1159）

高太史缶鳴集十二卷　明嘉靖刊本 ……………………………………（1160）

高太史鳧藻集五卷　明正統九年鄭顒、邵昕刊本 ……………………（1160）

姑蘇雜詠一卷　明洪武三十一年蔡伯庸刊本　唐翰題跋 ……………（1160）

眉菴集十二卷補遺一卷　明成化二十一年張習刊本　黃丕烈跋 ……（1161）

靜居集六卷附録一卷　明弘治四年張習刊本 …………………………（1161）

北郭集十卷　明成化二十三年張習刊本 ………………………………（1161）

西菴集十卷　明弘治十六年金蘭館銅活字印本 ………………………（1162）

順成文集四卷　明天順刊本 ……………………………………………（1162）

蚓竅集十卷　明永樂元年刊本　存卷一至五 …………………………（1163）

蚓竅集十卷　明刊本　何焯寫詩 ………………………………………（1163）

綠苔軒詩集五卷　舊寫本 ………………………………………………（1163）

天游雜藁文集十卷　明洪武刊本 ………………………………………（1163）

半軒集十二卷補遺一卷　明刊本 ………………………………………（1164）

愛理先生集十卷　明刊本 ………………………………………………（1164）

甘白先生張子宜詩集六卷　明刊本 ……………………………………（1164）

甘白先生張子宜詩集六卷　舊寫本 ……………………………………（1164）

李草閣詩集六卷拾遺一卷附筠谷詩一卷　舊寫本 ……………………（1164）

圓菴集六卷　明永樂刊本 ………………………………………………（1164）

春草齋集十卷　明末刊本　四庫底本 …………………………………（1165）

春草齋集十卷　舊寫本 …………………………………………………（1165）

海叟集四卷　明正統刊本 ……………………………………（1165）

袁海叟在野集不分卷　清汪氏屧硯齋寫本　汪文柏跋 …………（1165）

安分先生文集十卷　舊寫本 …………………………………（1165）

斗南老人詩集四卷　舊寫本 …………………………………（1166）

陶情集六卷　明永樂刊本　陸嘉穎、盛昱跋 …………………（1166）

陶情集六卷　舊寫本　存三卷 ………………………………（1166）

達止集三卷附永感阡詩序跋　舊寫本 ………………………（1166）

附提舉集一卷　明萬曆十九年周案刊本 ……………………（1166）

附蹄涔集一卷　明萬曆十九年周案刊本 ……………………（1167）

附愚直存稿一卷　明萬曆十九年周案刊本 …………………（1167）

附佩韋存稿二卷　明萬曆十九年周案刊本 …………………（1167）

青金集八卷　舊寫本 …………………………………………（1167）

省愆集二卷　明宣德刊本 ……………………………………（1167）

巽隱程先生文集四卷　明嘉靖元年吳德翼刊本　失名人跋 ……（1167）

巽隱程先生文集四卷　明嘉靖元年吳德翼刊本　黃丕烈跋 ……（1168）

天台林公輔先生文集不分卷　舊寫本　查慎行跋 …………（1168）

天台林公輔先生文集三卷　舊寫本 …………………………（1169）

巢睫集四卷　舊寫本 …………………………………………（1169）

梧岡集四卷　舊寫本 …………………………………………（1169）

南齋先生魏文靖公摘稿十卷　清寫本 ……………………（1169）

香臺集三卷　明寫本 …………………………………………（1169）

河汾詩集八卷　明刊本　存二卷 ……………………………（1169）

方山先生文錄六十七卷　舊寫本　繆荃孫跋 ………………（1169）

東里詩集三卷　明正統刊本 …………………………………（1170）

逃虛子詩集十卷　清金氏文瑞樓寫本 ………………………（1170）

逃虛子詩集十卷　舊寫本 ……………………………………（1170）

逃虛類稿十卷　　舊寫本　…………………………………………（1170）

逃虛類稿五卷　　清初寫本　………………………………………（1171）

逃虛類稿五卷　　清金氏文瑞樓寫本　……………………………（1171）

逃虛子集□卷　　舊寫本　存三卷　………………………………（1171）

三山翰林院典籍高漫士木天清氣集不分卷　　舊寫本　…………（1171）

友石先生詩集五卷　　明弘治元年榮華刊本　吳昌綬跋　………（1171）

盤谷集十卷　　舊寫本　……………………………………………（1172）

柳莊先生集不分卷　　舊寫本　……………………………………（1172）

節菴存稿不分卷　　明刊本　………………………………………（1172）

于肅愍公集八卷附錄一卷　　明嘉靖大梁書院刊本　……………（1172）

職方周先生詩文集二卷　　明正統十三年南京刊本　黃丕烈跋　………（1173）

吳思菴文粹十一卷　　清乾隆四年周南手寫本　…………………（1173）

禮庭吟稿三卷　　明刊本　…………………………………………（1173）

呆齋存稿二十四卷　　明刊本　……………………………………（1173）

新編蘭軒詩集二卷　　舊寫本　……………………………………（1173）

完菴詩集二卷　　明正德刊本　……………………………………（1174）

卞郎中詩集□卷　　明成化刊本　存三卷　………………………（1174）

姚文敏公遺藁十卷　　明弘治刊本　………………………………（1174）

和唐詩正音四卷　　明成化刊本　…………………………………（1174）

吳中古蹟詩一卷　　舊寫本　………………………………………（1174）

擬古樂府二卷　　明隆慶魏椿刊本　………………………………（1174）

康齋先生文集十二卷附錄一卷　　明嘉靖五年林維德刊本　……（1175）

思玄集十六卷　　明萬曆二年桑大協活字印本　四庫底本　……（1175）

文淶水詩集一卷附遺文　　明正德十年刊本　……………………（1175）

匏翁家藏集七十七卷補遺一卷　　明正德三年吳奭刊本　………（1175）

文溫州集十二卷　　明刊本　劉墉、梁同書觀欵　………………（1175）

牡丹百詠集　明弘治寫本 ……………………………………（1175）

沈石田詩集二卷　明弘治十六年集義堂刊本 …………………（1176）

楊南峰先生集　明萬曆刊本 …………………………………（1176）

南峰楊先生松籌堂文集十二卷　舊寫本 ……………………（1176）

赤城夏先生集二十三卷　明刊本 ……………………………（1176）

柳塘楊先生早朝詩三卷　明寫本　有缺葉 …………………（1176）

李大厓文集八卷詩集十三卷附錄一卷　明寫本 ……………（1176）

大崖李先生集三十卷　舊寫本 ………………………………（1177）

西村集二十八卷　舊寫本　徐釚錄錢謙益跋 ………………（1177）

西村文集八卷　明史氏忠孝堂藏本 …………………………（1177）

東所先生文集十三卷　舊寫本 ………………………………（1177）

心齋稿六卷　舊寫本 …………………………………………（1177）

空同先生集六十三卷　明刊本 ………………………………（1177）

鏡山詩集□卷　明刊本 ………………………………………（1177）

熊士選集一卷　明嘉靖范欽刊本 ……………………………（1178）

邊華泉集詩七卷文六卷　明刊本 ……………………………（1178）

華泉先生集詩八卷文六卷　舊寫本　唐翰題題識 …………（1178）

居夷集三卷　明嘉靖三年丘養浩刊本 ………………………（1178）

何氏集二十六卷　明嘉靖沈氏野竹齋刊本 …………………（1178）

鈐山堂集四十卷　明嘉靖三十年嚴氏自刊本 ………………（1178）

鈐山詩選七卷　明嘉靖刊本 …………………………………（1178）

莊渠先生遺書十六卷　明嘉靖四十年王道行、張燁刊本 …（1179）

徐迪功集六卷附談藝錄一卷外集四卷　舊寫本 ……………（1179）

聽真稿二卷　明刊本 …………………………………………（1179）

張愈光詩文選八卷　明刊本 …………………………………（1179）

太史升庵文集八十一卷　明萬曆十年蔡汝賢刊本 …………（1179）

南中集七卷　明嘉靖刊本 ……………………………………………（1179）

南中續集四卷　明嘉靖刊本 ……………………………………………（1179）

楊升庵詩五卷　明嘉靖刊本 ……………………………………………（1180）

楊升庵詩五卷　明萬曆刊本 ……………………………………………（1180）

西玄詩集一卷　明嘉靖刊本 ……………………………………………（1180）

薛西原集二卷　明嘉靖十四年刊本 ……………………………………（1180）

薛考功集十卷　明萬曆十九年刊本 ……………………………………（1180）

蔣南泠集十二卷　明嘉靖刊本 …………………………………………（1181）

鹿原集不分卷　明寫本 …………………………………………………（1181）

夢澤集十七卷　明嘉靖四十一年王廷瞻刊本 …………………………（1181）

文太史詩四卷　明萬曆十六年文肇祉刊本 ……………………………（1181）

宸章集録　明藍格寫本 …………………………………………………（1181）

白厓文集四卷　明嘉靖刊本 ……………………………………………（1181）

林屋集二十卷　明嘉靖八年刊本 ………………………………………（1182）

南館集十三卷　明嘉靖二十二年王廷刊本 ……………………………（1182）

羣玉樓稿七卷　明隆慶刊本 ……………………………………………（1182）

雲岡先生文集十六卷　明刊本 …………………………………………（1182）

蘇門集八卷　明嘉靖刊本 ………………………………………………（1182）

張文獻集十二卷　明嘉靖刊本 …………………………………………（1183）

高東溪文集不分卷附録一卷　明嘉靖刊本 ……………………………（1183）

李中麓閒居集十二卷　明嘉靖刊本 ……………………………………（1183）

居敬堂集十卷　明嘉靖四十四年朱載坈刊本　存四卷 ………………（1183）

唫噫棄存□卷　明寫本　存卷三至六 …………………………………（1183）

斛山遺稿四卷　明刊本 …………………………………………………（1183）

豐村集二十九卷　明刊本 ………………………………………………（1183）

少華山人續集十五卷　明刊本 …………………………………………（1184）

奚囊蠹餘二十卷　明萬曆刊本 ……………………………………（1184）

袁文榮公文集六卷　明刊本 ……………………………………（1184）

石室私抄九卷　明刊本 …………………………………………（1184）

楊忠愍公集五卷　明隆慶刊本 …………………………………（1184）

屠漸山蘭暉堂集四卷　明刊本 …………………………………（1184）

竹醉翁集二卷　明刊本 …………………………………………（1184）

王百穀集　明萬曆刊本 …………………………………………（1184）

温函野詩集上下卷　明寫本 ……………………………………（1185）

王文肅公文集五十五卷　明萬曆刊本 …………………………（1185）

衛陽先生集十四卷　舊寫本 ……………………………………（1185）

逍遙園集選二十卷　明萬曆刊本 ………………………………（1185）

歸先生文集三十二卷附録一卷　明萬曆四年翁良瑜雨金堂刊本

　失名人臨錢謙益評點…………………………………………（1185）

震川先生集三十卷別集十卷　清康熙十四年歸莊等刊乾隆四十八年

　歸景伊景灝重修本　莊述祖評點　失名臨錢謙益評點　翁同龢評點……（1185）

四溟山人全集二十四卷　明萬曆二十四年趙府冰玉堂刊本　失名人

　評點 …………………………………………………………（1185）

醒後集五卷　明刊本 ……………………………………………（1186）

正氣堂集十六卷續集七卷餘集四卷又近稿一卷鎮閩議稿一

　卷洗海近事二卷　明刊本 …………………………………（1186）

尚友堂詩集十三卷　明刊本 ……………………………………（1186）

灌園吟一卷　稿本　王聞遠跋 …………………………………（1186）

詹養貞先生文集三卷　明刊本 …………………………………（1186）

毅齋查先生闡道集十卷　明刊本 ………………………………（1186）

端峰先生松菊堂集二十四卷　明萬曆刊本 ……………………（1186）

張陽和不二齋文選七卷　明萬曆刊本 …………………………（1186）

新刻郭青螺先生自學編二十卷　明萬曆刊本 …………………（1187）

丁清惠公遺集八卷　明刊本 ……………………………………（1187）

宋布衣集二卷　明萬曆五年徐學謨刊本 ………………………（1187）

支華平先生集四十卷　明清旦閣刊本 …………………………（1187）

快雪堂集六十四卷　明萬曆四十四年黃汝亨、朱之蕃刊本 ……（1187）

唐宗伯文集□卷　明刊本 ………………………………………（1187）

占星堂集十六卷　明刊本 ………………………………………（1187）

石倉詩集三十三卷　清乾隆十九年刊本 ………………………（1188）

郎潛集六卷　明萬曆刊本 ………………………………………（1188）

石頭庵集五卷　明刊本 …………………………………………（1188）

飲河集上下卷　明刊本 …………………………………………（1188）

空華集上下卷　明刊本 …………………………………………（1188）

止啼齋集一卷　明刊本 …………………………………………（1189）

雲石堂集十二卷　明刊本 ………………………………………（1189）

翠娛閣評定鍾伯敬先生合集十二卷　明崇禎刊本 ……………（1189）

林初文先生詩選一卷　明刊本　章綬衡跋 ……………………（1189）

玄對樓巳集七卷　明刊本 ………………………………………（1189）

崇相集十九卷　舊寫本 …………………………………………（1190）

王叔閩詩三冊　王元茹寫本　陳鴻綬跋 ………………………（1190）

王葵源詩二冊　王元茹手寫本　陳鴻綬跋 ……………………（1190）

孫璧聯先生文集不分卷　稿本 …………………………………（1190）

羽聖氏偶然吟不分卷　稿本 ……………………………………（1190）

吹景集十四卷　舊寫本 …………………………………………（1191）

雪浪詩一卷松寥詩一卷吳裝詩一卷　明萬曆刊本 ……………（1191）

松圓浪淘集十八卷　明刊本 ……………………………………（1191）

鰲峯集二十八卷　明天啟刊本 …………………………………（1191）

澹寧居集十卷　明刊本　……………………………………（1191）

迦陵集不分卷　舊寫本　……………………………………（1191）

舜水先生文集二十八卷　日本寫本　………………………（1192）

張蒼水詩文集不分卷　舊寫本　……………………………（1192）

瑯嬛文集□□卷　稿本　……………………………………（1192）

天啓宮詞一卷崇禎宮詞一卷　清康熙三十年刊本　………（1192）

天啓宮詞一卷崇禎宮詞一卷弘光宮詞一卷　舊寫本　……（1193）

亭林詩集五卷文集六卷　清潘耒刊本　嚴元照評點並跋　………（1193）

亭林先生餘集一卷　清彭紹升家寫本　……………………（1193）

南雷文案十卷外卷一卷續文案吾悔集四卷撰杖集一卷南雷

　　詩曆三卷子劉子行狀二卷學箕初稿二卷　清康熙刊本　………（1193）

嶺海焚餘二卷　舊寫本　……………………………………（1193）

䃲菴文集四十卷　清初汲古閣刊本　………………………（1193）

浮山文集前編三卷　舊鈔稿本　……………………………（1194）

春酒堂存稿□卷　稿本　……………………………………（1194）

容菴存稿三卷孤臣述一卷附錄二卷　舊寫本　祝萬壽跋　………（1194）

東行百詠集句和東行百詠集句再和東行百詠集句　明刊本

　　各存中下卷　………………………………………………（1195）

清別集類

牧齋文集不分卷　康熙三年鄒鎡寫並校　十二冊　………（1195）

牧齋詩鈔不分卷　清康熙刊本　……………………………（1195）

吳梅村詩注十二卷附詞一卷詩話一卷　清嘉慶十六年黃氏士禮居

　　寫本　黃丕烈校並跋　……………………………………（1195）

青溪遺稿二十八卷　清刊本　………………………………（1195）

雲中集一冊　舊寫本　………………………………………（1196）

胡文學全書□卷　清刊本 ……………………………………………（1196）

尊水園集略十二卷　清刊本 …………………………………………（1196）

綠滋館藁九卷考信編二卷徵信編五卷　清康熙二十八年刊本 ……（1196）

覲菴詩稿漸于集四卷　舊寫本 ………………………………………（1196）

曉菴遺書一卷　清孔氏寫本 …………………………………………（1196）

貞固齋試藝一卷續義二卷　舊寫本 …………………………………（1196）

之溪老生集十一卷　清康熙刊本 ……………………………………（1196）

安雅堂存稿不分卷　舊寫本 …………………………………………（1197）

宋荔裳入蜀詩　王士禛家寫本　王士禛評點並跋　瞿秉淵、葉裕仁等跋

　　又陳倬、潘介繁等題欵 …………………………………………（1197）

虹峰文集二十卷　清康熙刊本 ………………………………………（1197）

平圃遺藁十四卷　清何紹基家寫本　何紹基跋 ……………………（1197）

雪晴軒文稿四册詩集一册　舊寫本 …………………………………（1198）

撫雲集十卷　舊寫本 …………………………………………………（1198）

扶桑閣集□□卷附詩一卷　清康熙劉鍾甫刊本　存九卷、附錄一卷 ……（1199）

離六堂集十二卷　清懷古樓刊本 ……………………………………（1199）

善卷堂文集十卷　清寫本 ……………………………………………（1200）

學文堂集□卷　清康熙刊本　存四十七卷 …………………………（1200）

茶菴詩集八卷　舊寫本 ………………………………………………（1200）

雞肋集一卷　清謙牧堂自刊本 ………………………………………（1200）

益戒堂集八卷　舊寫本 ………………………………………………（1200）

樂靜堂集不分卷附雞肋集一卷　舊寫本 ……………………………（1200）

流鉛集十六卷　舊寫本　盧文弨校 …………………………………（1201）

騰笑集八卷　清康熙二十五年朱氏曝書亭自刊本　馮登府跋 ………（1201）

曝書亭集詩注二十二卷　清楊氏木山閣刊本　趙慎畛跋 …………（1201）

風懷詩補註一卷　馮登府手稿 ………………………………………（1201）

隨園詩集一卷　原稿本 ………………………………………………（1201）

敬業堂詩集四十八卷附鈔補詩四十九、五十兩卷　清張宗櫨手

　寫本 …………………………………………………………………（1201）

湛園未刻稿四册　清寫本 ……………………………………………（1202）

華鄂堂詩稿二卷附研山十詠　清刊本 ………………………………（1202）

高陽山人文集十二卷　清寫本 ………………………………………（1202）

寓嚴詩稿四卷　稿本 …………………………………………………（1202）

長吟閣詩集八卷　清刊本 ……………………………………………（1202）

含中集五卷　清李鍇手寫本　周京手寫書序 ………………………（1202）

懷玉山人詩集十卷　清刊本 …………………………………………（1202）

一瓢齋詩存六卷　清埽葉村莊精刊本 ………………………………（1202）

謙谷集六卷　舊寫本 …………………………………………………（1203）

李穆堂先生文集一册　舊寫本 ………………………………………（1203）

御製詩文十全集五十四卷　清武英殿活字印本 ……………………（1203）

御製詩注合編七十三卷　清紅格寫本 ………………………………（1203）

南阜山人詩集類稿二十八卷　原稿本　存二十二卷 ………………（1204）

南阜山人敩文存稿十五卷　原稿本 …………………………………（1204）

益齋存稿五卷　舊寫本　汪應銓跋 …………………………………（1204）

沙河逸老小稿六卷附嶰谷詞一卷　清乾隆二十三年馬曰璐刊本 …（1204）

鮚埼亭集三十八卷經史答問十一卷　清寫本　蔣町校跋 …………（1204）

補注句餘土音三十二卷　舊寫本 ……………………………………（1205）

豹留集一卷　舊寫本 …………………………………………………（1205）

惜抱先生尺牘八卷　清道光二年郭汝聽刊本 ………………………（1205）

朱竹君文集稿本　朱錫庚手校　五十册 ……………………………（1205）

鶴溪文編四册　舊寫本　錢大昕、王昶、汪炤跋 …………………（1205）

蜀行紀事草一卷　清刊本 ……………………………………………（1205）

冰壺山館詩鈔　舊寫本 …………………………………………（1205）

知聖道齋讀書跋尾一卷　清寫本 …………………………………（1205）

桐樹園集六卷　清刊本 ……………………………………………（1205）

一行居集八卷附一卷　清道光五年葆素堂刊本　龔橙跋 …………（1206）

脩潔堂初稿二十二卷　舊寫本 ……………………………………（1206）

陳一齋先生藁　清寫本 ……………………………………………（1206）

陳一齋先生詩集十卷　清寫本 ……………………………………（1206）

紅橅書屋文集七卷　清孔繼涵原稿本 ……………………………（1206）

胡天岫詩一卷與衆集一卷　清寫本 ………………………………（1206）

拜經樓詩稿一卷江上玲瓏集一卷拜經樓續稿一卷中吳游草
　一卷詞附　清吳騫手稿 …………………………………………（1206）

一壑小游仙集一卷江上玲瓏集一卷可懷續錄一卷徐姬小傳
　一篇　清吳騫稿本 ………………………………………………（1206）

蠡塘漁乃一卷　清吳騫稿本　吳騫手校 …………………………（1207）

南澗居士文稿一册　稿本 …………………………………………（1207）

研六堂文抄十卷　清光緒四年刊本 ………………………………（1207）

汪孟慈文稿一册　舊寫本 …………………………………………（1207）

月齋文集八卷詩集四卷　清張穆手稿　何紹基、祁寯藻、何願船批校 ……（1207）

辨志書塾文鈔十六册詩詞附後　李兆洛稿本　六承如跋 ………（1207）

渡瀘草一卷　舊寫本 ………………………………………………（1208）

無近名齋文鈔四卷　清道光二十二年蘇州刊本 …………………（1208）

浮邱閣詩草二卷　清刊本 …………………………………………（1208）

遂初齋文集四卷　清刊本 …………………………………………（1208）

定盦文集三卷附餘集　清道光三年龔氏手訂初刊本 ……………（1208）

疧枕錄一卷　清寫本 ………………………………………………（1208）

勤學齋文草二册　清壽陽祁氏家藏清稿 …………………………（1208）

卷十七　集部六

總集類一

七十二家集三百四十二卷　明天啟崇禎間刊本 ……………………(1210)

六朝詩集二十四種五十五卷　明嘉靖刊本 ……………………(1211)

三家詩八卷　張潮等輯刊本 ……………………………………(1212)

合刻兩張先生集十七卷　明崇禎六年張時行刊本 ……………(1212)

三體宮詞三卷　明萬曆二十二年吳氏雲栖館刊本 ……………(1212)

十家宮詞十二卷　宋刊本　存四家,計六卷 ……………………(1212)

三家宮詞三卷　明武陵季子萬玉山居刊本 ……………………(1213)

唐初四家集八卷　明刊本 ………………………………………(1213)

唐四傑集四卷　明嘉靖二十七年建安張明刊本 ………………(1213)

李杜詩集十六卷　明嘉靖二十一年萬虞愷刊本 ………………(1213)

王孟集十卷　明嘉靖十六年南陽府仿宋刊本 …………………(1214)

唐十子詩十四卷　明嘉靖二十六年石谷書院刊本 ……………(1214)

唐詩十家集四十七卷　明天啟四年李之楨刊本 ………………(1214)

十二家唐詩二十四卷　明嘉靖三十一年江都黃埻刊本 ………(1215)

前唐十二家詩二十四卷　明萬曆三十一年霏玉軒刊本 ………(1215)

中唐十二家集七十七卷　明嘉靖二十九年毘陵蔣孝刊本 ……(1215)

晚唐十二名家集二十五卷　明萬曆四十年朱之蕃刊本 ………(1216)

唐人詩集　明寫本　存二十一家 ………………………………(1216)

唐詩二十六家集五十卷　明嘉靖三十三年黃氏浮玉山房刊本 …(1216)

唐詩四十家　明寫本 ……………………………………………(1217)

唐人集　明銅活字印本　存四十九家 …………………………(1217)

唐百家詩　明刊本　存一百一家 ………………………………(1218)

唐百家詩附唐詩品一卷　明嘉靖朱警刊本 ……………………（1219）

唐二十四家詩集　明唐百家詩本 ………………………………（1220）

席刻唐人百家詩三百二十六卷　清康熙席氏琴川書屋刊本 …（1220）

沈氏三先生集八卷附沈下賢集十二卷　明刊本 ………………（1220）

沈氏三先生集八册　影寫明刊本 ………………………………（1220）

宋人小集□□家　清觀稼樓寫本　存四十七家 ………………（1220）

宋人小集□□家　清寫本　存五十八家 ………………………（1221）

橘潭詩藁庸齋小集學詩初藁芸居乙藁菊潭詩集雲泉詩集　舊

寫本 ……………………………………………………………（1222）

宋元小集□□家　清康熙間寫本　存八十一家 ………………（1222）

宋詩三十七家　明潘是仁輯校本　存三十七家 ………………（1223）

元人小集十二種　清金侃手寫本 ………………………………（1223）

馮氏五先生集五卷　明刊本 ……………………………………（1224）

以上叢編

文選注六十卷　北宋刊本　存十六葉 …………………………（1224）

文選注六十卷附李善與五臣同異一卷　宋淳熙八年池陽郡齋刊本

存三十卷　附同異一卷 ………………………………………（1224）

文選注六十卷　宋淳熙八年池陽郡齋刊遞修本　存卷十一至二十，計

十卷 ……………………………………………………………（1225）

文選注六十卷　宋刊本 …………………………………………（1225）

文選注六十卷　宋刊本 …………………………………………（1225）

文選注六十卷　明弘治元年唐藩朱芝址刊本 …………………（1225）

文選注六十卷　明弘治元年唐藩朱芝址刊本 …………………（1225）

文選註六十卷　明嘉靖元年汪諒刊本 …………………………（1226）

文選注六十卷　明嘉靖元年汪諒刊本 …………………………（1226）

文選注六十卷　明末毛氏汲古閣刊本　失名人臨錢陸燦、何焯評點 ……（1226）

文選注六十卷　明末毛氏汲古閣刊本　阮元跋並臨馮武、陸貽典、顧廣

圻校跋 ……………………………………………………………………（1227）

文選注三十卷　宋建陽崇化書坊陳八郎宅刊本　存二十四卷 ………（1228）

文選注六十卷　宋明州刊紹興二十八年補修本　袁克文跋　沈曾植題

詩　存二十五卷 ………………………………………………………（1228）

文選注六十卷　宋明州刊紹興二十八年補修本　有鈔配 ……………（1230）

文選注六十卷　宋明州刊‚紹興二十八年補修本 ……………………（1231）

文選注六十卷　宋贛州州學刊本 ……………………………………（1231）

文選注六十卷　宋贛州州學刊本 ……………………………………（1231）

文選注六十卷　宋贛州州學刊明正德補修本 ………………………（1231）

六臣註文選六十卷　宋建本 …………………………………………（1232）

六臣註文選六十卷　宋刊本　存四卷 ………………………………（1232）

六家文選六十卷　宋廣都裴氏刊本　存二十六卷　餘用嘉靖袁褧本

配補 ……………………………………………………………………（1233）

六家文選六十卷　明嘉靖十三至二十八年袁褧嘉趣堂刊本 ………（1233）

六臣註文選六十卷　明萬曆二年崔孔昕刊本 ………………………（1234）

六臣註文選六十卷　明萬曆二年崔孔昕刊萬曆六年徐成位重修本……（1234）

六臣註文選六十卷　明潘惟德惟時刊本 ……………………………（1234）

六臣註文選六十卷　明嘉靖刊本 ……………………………………（1234）

六臣註文選六十卷　明嘉靖刊本 ……………………………………（1234）

增補六臣註文選六十卷　元大德陳仁子刊本　殘本 ………………（1235）

六臣註文選六十卷諸儒議論一卷　明翻元陳仁子刊本 ……………（1235）

文選注六十卷　日本活字印本 ………………………………………（1235）

風雅翼十五卷　明弘治刊本 …………………………………………（1235）

文館詞林　唐時日本人寫本　存卷第六百八十八‚計一卷　日本人跋 …（1236）

文苑英華一千卷　宋周必大吉州刊本　存卷二百三十一至二百四十‚

計十卷 ……………………………………………………………… (1237)

文苑英華一千卷 宋周必大吉州刊本 存卷二百五十一至二百六十、

二百七十一至二百八十,計二十卷 …………………………… (1238)

蓬海珠叢一千卷 明寫本 存七百四十三卷 ……………………… (1238)

會通館印正文苑英華纂要八十四卷文苑英華辨證十卷 明正

德元年刊本 …………………………………………………… (1239)

古文苑九卷 精寫本 ……………………………………………… (1240)

古文苑注二十一卷 宋刊淳祐丁未盛如杞重修本 ……………… (1240)

古文苑註二十一卷 宋刊淳祐丁未盛如杞重修本 黄丕烈跋 存四卷 … (1240)

古文苑注二十一卷 明刊本 ……………………………………… (1240)

古文苑注二十一卷 明萬曆刊本 盛昱校並跋 ………………… (1240)

玉臺新詠十卷續五卷 明萬曆茅元禎刊本 ……………………… (1241)

玉臺新詠十卷 明刊本 …………………………………………… (1241)

玉臺新詠十卷 明崇禎六年趙均刊本 …………………………… (1241)

玉臺新詠十卷 舊寫本 …………………………………………… (1241)

玉臺新詠十卷 舊寫本 有康熙失名人跋,並錄趙均、李維楨、馮班、法

頂、葉樹廉跋 ………………………………………………… (1241)

玉臺新詠十卷 明末清初寫本 …………………………………… (1242)

樂府詩集一百卷目錄二卷 宋刊本 存八十一卷,餘配元本及寫本 …… (1242)

樂府詩集一百卷 元至正元年集寧路儒學刊本 ………………… (1243)

樂府詩集一百卷 元至正元年集寧路儒學刊本 ………………… (1243)

古今歲時雜詠四十六卷 舊寫本 ………………………………… (1243)

聲畫集八卷 明寫本 ……………………………………………… (1244)

聲畫集八卷 舊寫本 ……………………………………………… (1244)

詩準四卷 宋刊本 存二卷 ……………………………………… (1244)

詩準四卷詩翼四卷 明萬曆十二年新樂刊本 …………………… (1244)

重廣草木蟲魚雜詠詩集□卷　宋元間刊本　存十卷 ……………………（1244）

萬寶詩山三十八卷　明刊本　缺三卷 ……………………………………（1245）

分門纂類唐宋時賢千家詩選十五卷後集五卷　宋刊本 …………………（1245）

瀛奎律髓四十九卷　明天順刊本 …………………………………………（1245）

精選唐宋千家聯珠詩格二十卷　朝鮮古刊本 ……………………………（1245）

天下同文集五十卷　明末毛氏汲古閣影寫元刊本　存四十三卷 ……（1246）

六朝聲偶集七卷　明嘉靖刊本 ……………………………………………（1246）

光嶽英華詩集十五卷　明洪武刊本 ………………………………………（1246）

羣英珠玉五卷　明寫本　鮮知道人跋 ……………………………………（1247）

詠梅集句一卷　明刊本 ……………………………………………………（1248）

掌中觀物集十三卷　明寫本 ………………………………………………（1248）

詩紀一百五十六卷　明刊本　何焯校　存初唐詩紀十五卷 …………（1248）

詩紀一百五十六卷　明萬曆刊本　田□臨何焯校　田略校並跋　存李

　白詩六卷 …………………………………………………………………（1248）

石倉歷代詩選□□卷　明崇禎刊本　存八百八十八卷 …………………（1249）

朱絃集四卷　清宋氏漫堂稿本 ……………………………………………（1249）

古竹圃文選詩鈔不分卷　舊寫本 …………………………………………（1249）

皇霸文紀十三卷　明刊本 …………………………………………………（1250）

迂齋先生標注崇古文訣二十卷　宋刊本　黃丕烈跋 ……………………（1250）

迂齋標註諸家文集五卷　宋刊本　存三卷 ………………………………（1250）

增註東萊呂成公古文關鍵二十卷　宋刊本 ………………………………（1251）

名公書判清明集不分卷　宋刊本 …………………………………………（1251）

精騎六卷　宋永康陳宅刊本 ………………………………………………（1251）

東澗先生絕妙古今文選四卷　元刊本 ……………………………………（1252）

新刊諸儒批點古文集成前集七十八卷　宋刊本　四庫底本　楊守

　敬、繆荃孫、莫棠、沈曾植、張元濟跋　存七十六卷 …………………（1252）

西山先生真文忠公文章正宗二十四卷　元刊本　存六卷 ⋯⋯⋯（1253）

西山先生真文忠公文章正宗二十四卷　元刊本 ⋯⋯⋯⋯⋯（1253）

二十先生迴瀾文鑑十五卷後集八卷　宋建安江仲達刊本 ⋯⋯（1253）

中州啓劄四卷　明刊本 ⋯⋯⋯⋯⋯⋯⋯⋯⋯⋯⋯⋯（1253）

疊山先生批點文章軌範七卷　元刊本　錢謙益評點　許運昌跋 ⋯（1254）

類篇層瀾文選前集十卷後集十卷續集十卷別集一卷　元刊本 ⋯⋯（1254）

文章類選四十卷　明洪武三十一年慶王朱㮵刊本 ⋯⋯⋯⋯（1255）

經濟類編六十一卷　明吳氏叢書堂寫本　存三十五卷 ⋯⋯⋯（1255）

赤牘清裁五卷　明刊本 ⋯⋯⋯⋯⋯⋯⋯⋯⋯⋯⋯⋯（1256）

赤牘清裁二十八卷　明寫本 ⋯⋯⋯⋯⋯⋯⋯⋯⋯⋯（1256）

藝贊三卷　明刊本 ⋯⋯⋯⋯⋯⋯⋯⋯⋯⋯⋯⋯⋯（1256）

唐宋元名表上下卷　明嘉靖刊本 ⋯⋯⋯⋯⋯⋯⋯⋯（1256）

名家表選八卷　明嘉靖二十六年廣東崇正書院刊本 ⋯⋯⋯（1256）

續玉臺文苑四卷　明刊本 ⋯⋯⋯⋯⋯⋯⋯⋯⋯⋯⋯（1256）

以上通代

卷十八　集部七

總　集　二

西漢文類四十卷　宋紹興十年臨安府刊本　存五卷 ⋯⋯⋯⋯（1257）

兩漢文鑑　明刊巾箱本 ⋯⋯⋯⋯⋯⋯⋯⋯⋯⋯⋯⋯（1257）

文粹一百卷　宋紹興九年臨安府刊本 ⋯⋯⋯⋯⋯⋯⋯（1257）

文粹一百卷　明初刊本 ⋯⋯⋯⋯⋯⋯⋯⋯⋯⋯⋯⋯（1258）

重校正唐文粹一百卷　明嘉靖徐焴刊本　失名人校 ⋯⋯⋯（1258）

王狀元標目唐文類十二卷　明祁東李氏銅活字板印本 ⋯⋯⋯（1258）

中興間氣集二卷　影寫汲古閣本　失名人臨何焯校跋 ……………………（1258）

松陵集十卷　明弘治十五年劉濟民刊本 ………………………………（1258）

松陵集十卷　明末毛氏汲古閣刊本　顧廣圻校並跋　黃丕烈跋 ………（1259）

竇氏聯珠集五卷　宋淳熙五年蘄州刊本 ………………………………（1261）

竇氏聯珠集五卷　明末毛氏汲古閣刊本　何焯校並跋 …………………（1261）

竇氏聯珠集五卷　清袁廷檮家寫本　黃丕烈跋　唐翰題識語 …………（1262）

才調集十卷　明末毛氏汲古閣刊本　何焯校並跋 ………………………（1262）

才調集十卷　明末毛氏汲古閣影寫宋刊本 ……………………………（1263）

唐百家詩選二十卷　宋刊本　存八卷 …………………………………（1263）

唐百家詩選二十卷　宋刊本　存十卷 …………………………………（1265）

萬首唐人絕句一百一卷　明嘉靖刊本 …………………………………（1265）

分門纂類唐歌詩一百卷　清初毛氏汲古閣影寫宋刊本　存十六卷 …（1266）

分門纂類唐歌詩一百卷　清曹寅家寫本　曹寅跋　存十一卷 ………（1266）

箋註唐賢三體詩法二十卷　明刊本　陸貽典校跋並補缺葉 …………（1268）

增註唐賢三體詩法三卷　日本古刻翻元本 ……………………………（1268）

唐僧弘秀集十卷　宋陳宅書籍鋪刊本 …………………………………（1268）

唐僧弘秀集十卷　宋陳宅書籍鋪刊本　存卷一至八 …………………（1269）

唐僧弘秀集十卷　明末毛氏汲古閣刊本 ………………………………（1269）

註解章泉澗泉二先生選唐詩五卷　明刊本 ……………………………（1269）

註唐詩鼓吹十卷　明刊本 ………………………………………………（1269）

唐詩鼓吹註解大全八卷　明萬曆二十年書林鄭世魁雲齋刊本 ………（1269）

唐音十四卷　明洪武二十三年建安博文堂刊本　存七卷 ……………（1270）

唐詩始音一卷正音六卷遺響五卷　明初建安葉氏刊本 ………………（1270）

增奇集二十□卷　明刊本　存二十二卷 ………………………………（1270）

唐詩品彙九十卷拾遺十卷　明弘治六年張璁刊本 ……………………（1272）

唐雅二十六卷　明嘉靖三十一年無錫縣刊本 …………………………（1272）

唐詩類苑一百卷　明萬曆十四年崧齋木活字印本 ……………（1272）

十種唐詩選五卷　清宋氏漫堂原寫稿本 ……………………（1273）

西崑詶唱集二卷　明嘉靖十六年張綖玩珠堂刊本 …………（1273）

西崐酬唱集二卷　清古香樓刊本 ……………………………（1273）

西崑酬唱集二卷　清初影寫宋刊本 …………………………（1273）

西崑酬唱集二卷　舊寫本 ……………………………………（1273）

西崑詶唱集二卷附見山堂遺詩一卷　清趙執信刊本 ………（1273）

九僧詩一卷　明末汲古閣影寫宋刊本 ………………………（1273）

九僧詩一卷　清道光十六年刊本 ……………………………（1274）

月泉吟社谷音河汾諸老詩中州集中州樂府序目小傳　清金俊

　　明手寫本　黃丕烈跋 ……………………………………（1274）

聖宋文選全集三十二卷　宋刊巾箱本　黃丕烈跋 …………（1274）

聖宋文選三十二卷　宋刊本　存四卷 ………………………（1274）

聖宋文選全集三十二卷　清初寫本 …………………………（1274）

新刊國朝二百家名賢文粹三百卷　宋慶元三年書隱齋刊本　存四

　　十一卷 …………………………………………………（1274）

新雕聖宋文海一百二十卷　影寫宋刊本　存六卷 …………（1275）

皇朝文鑑一百五十卷目録三卷　宋嘉泰四年新安郡齋刊本　存八

　　十四卷，餘鈔配 …………………………………………（1275）

皇朝文鑑一百五十卷　宋麻沙劉將仕宅刊本 ………………（1275）

宋文鑑一百五十卷目録三卷　明嘉靖五年晉藩養德書院刊本　沈欽

　　韓校 ………………………………………………………（1276）

宋文鑑一百五十卷目録三卷　明刊本 ………………………（1276）

聖宋名賢五百家播芳大全文粹□□卷目録□卷　宋刊本　存一

　　百卷，目録七卷 …………………………………………（1276）

聖宋名賢五百家播芳大全文粹　宋刊本　存卷二十八至三十一，計

四卷 ……………………………………………………… (1276)

聖宋名賢五百家播芳大全文粹一百卷目録七卷　明寫本 …… (1277)

聖宋名賢五百家播芳大全文粹□□卷　朝鮮古活字印本　存卷一

至四 ……………………………………………………… (1277)

聖宋名賢四六叢珠一百卷　明王寵家寫本　王寵跋 ……… (1277)

聖宋名臣獻壽文集十二卷　明寫本 ………………………… (1278)

羣公四六十集　明寫本 ……………………………………… (1278)

宋藝圃集二十二卷　明萬曆刊本 …………………………… (1279)

三孔先生清江文集四十卷孔氏雜説一卷　明寫本　存二十二卷 … (1279)

三孔先生清江文集三十卷　清南陽呂氏講習堂寫本 ……… (1280)

三孔先生清江集三十卷　清初寫本　失名人校 …………… (1280)

三孔先生清江文集四十卷　舊寫本 ………………………… (1280)

三孔先生清江文集三十卷　舊寫本　鮑廷博校 …………… (1281)

重廣眉山三蘇先生文集□□卷　宋紹興三十年董應夢集古堂刊本

存七十卷 ………………………………………………… (1281)

三蘇文粹七十卷　宋刊本　李兆洛、邵淵耀、孫原湘跋　存四十一卷 … (1282)

三蘇先生文粹七十卷　宋婺州吳宅桂堂刊本 ……………… (1282)

三蘇先生文粹殘本　宋婺州吳宅桂堂刊本　存十一卷 …… (1283)

呂氏家塾增注三蘇文選二十七卷　宋刊本　存卷一至八 …… (1283)

柴氏四隱集五卷　舊寫本 …………………………………… (1283)

宋國史秋堂公詩集　清戴光曾手寫並跋 …………………… (1283)

中州集十卷樂府一卷　元至大三年曹氏進德齋刊本　樂府配影寫日

本五山刊本 ……………………………………………… (1284)

翰苑英華中州集十卷樂府一卷　元至大三年曹氏進德齋刊明修本 …… (1285)

中州集十卷　明弘治九年李瀚刊本 ………………………… (1285)

中州集十卷樂府一卷　明末毛氏汲古閣刊本　何焯校 …… (1285)

中州樂府一卷　明嘉定九峰書院刊本 ·················· （1285）

中州樂府一卷　影寫元至大三年平水曹氏進德齋刊本 ·········· （1285）

中州樂府一卷　影寫明刊本 ·························· （1286）

乙卯新刊中州集十卷樂府一卷　日本五山刊本 ············· （1286）

河汾諸老詩集八卷　明弘治刊本 ······················ （1286）

河汾諸老詩集八卷　明弘治刊本 ······················ （1286）

國朝文類七十卷目録三卷　元至正間西湖書院刊明成化九年重修本 ···· （1286）

國朝文類七十卷目録三卷　元至正間西湖書院刊明成化十八年重修本 ··· （1286）

谷音二卷　明末毛氏汲古閣刊詩詞雜俎本　何焯校跋 ··········· （1287）

谷音二卷　舊寫本 ······························ （1287）

皇元朝野詩集前集五卷後集五卷　元刊本 ················ （1287）

皇元風雅後集四卷　元刊本 ························· （1287）

元詩前集六卷後集四卷　明李氏建安書堂刊本 ·············· （1287）

大雅集八卷　清初曹溶家寫本 ······················ （1288）

大雅集八卷　舊寫本 ···························· （1288）

大雅集八卷　臨清徐氏歸樸堂寫本 ···················· （1288）

元音十二卷　明建文刊本　四庫底本　姚蒒夾簽 ············· （1288）

元音十二卷　明建文刊本 ························· （1289）

元音十二卷　明寫本 ···························· （1290）

元音遺響十卷　舊寫本 ·························· （1290）

元藝圃集六卷　明萬曆十年刊本 ····················· （1290）

敦交集一卷　舊寫本　鮑廷博跋 ····················· （1290）

草堂雅集十三卷　影寫元刊本　存二卷 ·················· （1291）

草堂雅集十三卷　舊寫本 ························· （1291）

草堂雅集十三卷　舊寫本　鮑廷博校 ··················· （1291）

玉山草堂集一册　舊寫本 ························· （1291）

至正庚辛倡和詩一卷附名公手翰至正庚辛考世編　舊寫本……（1291）

至正庚辛倡和外集一卷　舊寫本 ……………………………（1291）

元詩選十集　清顧嗣立秀野草堂刊本　盧文弨臨桑弢甫評點並跋　莫

　棠跋 ………………………………………………………………（1291）

滄海遺珠集四卷　舊寫本 …………………………………………（1292）

皇明文衡一百卷　明刊本 …………………………………………（1292）

皇明文衡一百卷　明嘉靖八年書坊宗文堂刊本 …………………（1292）

江南春一卷　明刊本 ………………………………………………（1293）

野航雜著一卷　明朱存理手稿 ……………………………………（1293）

皇明三先生文粹二卷　明安仁翁氏刊本 …………………………（1293）

金蘭集四卷補録一卷　舊寫本　朱之赤、黃丕烈跋 ……………（1293）

皇明風雅四十卷　明嘉靖十二年張沂重刊本 ……………………（1293）

禪藻集六卷　明刊本 ………………………………………………（1293）

小瀛洲社詩六卷　明刊本 …………………………………………（1294）

國雅二十卷續國雅四卷　明萬曆元年顧氏奇字齋刊本 …………（1294）

七才子詩解七卷　明刊本 …………………………………………（1294）

西曹秋思一卷　舊寫本 ……………………………………………（1294）

明文霱二十卷　明末刊本 …………………………………………（1294）

皇明經世文編殘本　明崇禎刊本　存二百四十四卷 ……………（1294）

明文遠三百卷　明刊本 ……………………………………………（1297）

明文案□□卷　舊寫本　四十八册 ………………………………（1297）

詩慰續集　清澄懷閣刊本 …………………………………………（1297）

篋衍集十二卷　舊寫本 ……………………………………………（1298）

振雅堂詩最十卷　清刊本 …………………………………………（1298）

國朝文會初編　舊寫本　八十五册 ………………………………（1298）

皇清詩選十二卷　清刊本 …………………………………………（1299）

朋舊遺詩合鈔二十二卷　舊寫本　……………………（1300）

七秩贈言一卷　清寫本　吳騫注　…………………（1300）

壽雪山房雅集詩一卷　清寫本　……………………（1300）

試律叢話四卷　清刊本　……………………………（1300）

同調集一卷　舊寫本　………………………………（1300）

以上斷代

人海詩區四卷　舊寫本　彭元瑞跋　………………（1301）

五山耆舊今集初栞八卷　清刊本　…………………（1301）

吳都文粹十卷　舊寫本　……………………………（1301）

吳都文粹續集五十六卷補遺一卷　傳寫四庫本　…（1301）

吳郡文編二百四十六卷　舊寫本　…………………（1302）

吳中倡和集八卷　清道光十年刊本　………………（1302）

崑山雜詠三卷　宋開禧三年崑山縣齋刊本　………（1302）

崑山雜詠二十八卷　明隆慶刊本　存十四卷　……（1302）

玉山名勝集四卷　明弘治刊本　……………………（1302）

玉山名勝集六卷　明刊本　…………………………（1303）

玉山名勝集八卷　舊寫本　鮑廷博校　……………（1303）

玉山名勝集上下卷　清南昌彭氏知聖道齋寫本　…（1303）

常熟文獻志十八卷　明萬曆刊本　存十四卷　……（1303）

隱湖倡和集三卷　清康熙二年毛氏汲古閣刊本　…（1303）

錫山遺響十卷　明刊本　……………………………（1304）

荊南唱和集一卷　清休寧汪氏裘杼樓寫本　………（1304）

荊溪外紀二十五卷　明嘉靖刊本　…………………（1304）

新安文獻志一百卷附先賢事略二卷　明弘治刊本　（1304）

新安文獻志續編　明刊本　存二卷　………………（1304）

宛陵羣英集十二卷　清寫本　………………………（1304）

王官谷集三卷　明刊本　……………………………………………（1304）

潞公軒詩二卷　明刊本　……………………………………………（1305）

雍音四卷　明清渭草堂刊本　………………………………………（1305）

梅會詩人遺集　清康熙六十一年李維均刊本　……………………（1305）

會稽懷古詩一卷　明刊本　…………………………………………（1305）

甬上耆舊詩三十卷　舊寫本　………………………………………（1306）

金華文統十三卷　明正德刊本　……………………………………（1306）

麟溪集十卷　明初刊本　……………………………………………（1306）

釣臺集八卷　明嘉靖刊本　…………………………………………（1306）

成都文類五十卷　明刊本　…………………………………………（1307）

全蜀藝文志六十四卷　明嘉靖刊本　………………………………（1307）

東冶國朝文編　清寫本　……………………………………………（1307）

綏安二布衣詩二册　舊寫本　………………………………………（1308）

　　　　　　　　　　　　　　　　　　以上地方藝文

附萬象空明集　舊寫本　……………………………………………（1309）

卷十九　集部八

詩文評類

文心雕龍十卷　明弘治十七年馮允中刊本　………………………（1310）

文心雕龍十卷　明弘治十七年馮允中刊本　………………………（1311）

文心雕龍十卷　明嘉靖十九年汪一元刊本　………………………（1311）

文心雕龍十卷　明嘉靖十九年汪一元刊本　徐燉校並跋　………（1311）

文心雕龍十卷　明嘉靖二十二年佘誨刊本　………………………（1314）

文心雕龍十卷　明萬曆七年張之象刊本　…………………………（1314）

楊升庵先生批點文心雕龍音註十卷　明萬曆三十七年梅氏自刊天

啟二年重修本　何焯校跋並臨錢功甫跋 ……………………（1315）

文心雕龍訓故十卷　明萬曆刊本　失名人校 …………………（1316）

鍾嶸詩品三卷　明嘉靖沈與文繁露堂刊本 ……………………（1316）

樂府古題要解一卷　明寫本　失名人録柳僉跋 ………………（1317）

詩式五卷　舊寫本　失名人録柳僉、葉奕、錢嘉錫跋 ………（1317）

東坡先生詩話一卷　明寫本 ……………………………………（1318）

石門洪覺範天厨禁臠三卷　明寫本 …………………………（1318）

後山居士詩話一卷　宋刊百川學海本 ………………………（1318）

優古堂詩話一卷　明寫本　徐駿、顧蒓、程恩澤、黃丕烈、錢天樹、楊希

鈺、張爾旦、蔣因培、陶廷杰跋識 …………………………（1318）

增修詩話總龜四十八卷後集五十卷　明嘉靖二十四年月窗道人刊本 …（1320）

增修詩話總龜前集五十卷後集五十卷　明寫本 ……………（1320）

四六話二卷　清内府寫本 ……………………………………（1320）

風月堂詩話三卷　明寫本 ……………………………………（1321）

陳學士吟窗雜録五十卷　明嘉靖四十年金陵書坊陳守泉刊本 …………（1321）

吟窗雜録五十卷　明寫本　存序目、卷一至二十、三十一至四十 ……（1321）

全唐詩話三卷　明正德二年秦昂刊本 ………………………（1322）

全唐詩話三卷　明正德十二年鮑繼文教養堂刊本 ……………（1322）

全唐詩話六卷　明嘉靖三十三年張鶚翼刊萬曆十七年重修本 …………（1322）

韻語陽秋二十卷　明正德二年葛諲刊本 ……………………（1322）

韻語陽秋二十卷　日本寫本 …………………………………（1322）

碧溪詩話十卷　舊寫本　失名人録朱彝尊跋 ………………（1323）

唐詩紀事八十一卷　明嘉靖洪楩刊本 ………………………（1323）

唐詩紀事八十一卷　明嘉靖二十四年張子立刊本 ……………（1323）

唐詩紀事八十一卷　明寫本　有儔莫是龍跋 ………………（1323）

環溪詩話上下卷　明寫本　……………………………………（1323）

苕溪漁隱叢話前集六十卷　元翠巖精舍刊本　存卷一至五十………（1323）

苕溪漁隱叢話前集六十卷後集四十卷　明寫本　……………（1324）

苕溪漁隱叢話前集六十卷後集四十卷　舊寫本　録顧飛卿跋………（1324）

苕溪漁隱詩評叢話前集六十卷後集四十卷　清初呂氏講習堂寫本……（1325）

苕溪漁隱叢話前集六十卷後集四十卷　舊寫本　……………（1325）

苕溪漁隱叢話後集四十卷　宋刊本　………………………（1325）

文則一卷　明屠本畯刊本　…………………………………（1326）

文則一卷　明末毛氏汲古閣影寫元刊本　…………………（1326）

文則二卷　清內府寫本　……………………………………（1326）

詩人玉屑二十卷　宋刊本　…………………………………（1326）

詩人玉屑二十卷　明刊本　…………………………………（1327）

新刊古今錦繡詩人玉屑二十卷　明刊本　…………………（1327）

後村詩話前集二卷後集二卷　舊寫本　……………………（1327）

後村詩話十四卷　舊寫本　盧文弨校並跋　存卷三至九………（1327）

繡藻文章百段錦三卷　明刊本　……………………………（1327）

太學新編繡黻文章百段錦二卷　明刊本　…………………（1327）

對床夜話五卷　舊寫本　黃丕烈跋　………………………（1328）

梅磵詩話三卷　明寫本　顧非卿跋　袁表跋　………………（1328）

梅磵詩話三卷　清厲鶚傳抄天一閣藏本　厲鶚、翁方綱、何紹基跋……（1328）

精選古今名賢叢話詩林廣記前集十卷後集十卷　明刊本　……（1329）

修辭鑑衡二卷　元至順四年集慶路學刊本　………………（1329）

修辭鑑衡二卷　明翻元至順四年集慶路學刊本　…………（1329）

作義要訣一卷　元刊本　……………………………………（1329）

文章精義一卷　舊寫本　杜春生跋　………………………（1329）

歸田詩話三卷　明刊本　……………………………………（1330）

蓉塘詩話二十卷 　明刊本　……………………………………（1330）

逸老堂詩話二卷 　舊寫本　繆荃孫臨盧文弨黃丕烈跋　…………（1330）

解頤新語八卷 　明隆慶刊本　…………………………………（1330）

藝圃傖談四卷 　明刊本　………………………………………（1331）

文通三十卷附錄一卷 　明刊本　………………………………（1331）

五代詩話十二卷 　王士禛原稿本　……………………………（1331）

漁洋杜詩話一卷 　舊寫本　……………………………………（1331）

圍爐詩話八卷 　舊寫本　………………………………………（1331）

石洲詩話五卷 　舊寫本　清翁方綱手校並跋　…………………（1331）

耄餘詩話十卷 　清葛渟南手寫本　……………………………（1331）

蒼崖先生金石例十卷 　元刊本　………………………………（1331）

金石例十卷 　舊寫本　…………………………………………（1332）

金石三例十五卷 　清王芑孫手批本　存金石例十卷　…………（1332）

小　說　類

飛燕外傳一卷 　舊寫本　………………………………………（1332）

遊仙窟一卷 　日本慶安刊本　…………………………………（1332）

楊太真外傳二卷 　明刊本　……………………………………（1332）

新增全相剪燈新話大全四卷餘話四卷附錄一卷 　明正德六年楊
　氏清江堂刊本　………………………………………………（1332）

剪燈新話五卷 　日本慶長活字印本　…………………………（1333）

剪燈新話句解二卷 　朝鮮古刊本　……………………………（1333）

剪燈新話句解三卷 　日本古活字印本　………………………（1333）

新刊大宋宣和遺事四卷 　明王洛川刊本　盛昱校並跋　………（1333）

新刊大宋宣和遺事四卷 　明王洛川刊本　文廷式校　…………（1333）

新鐫陳眉公先生批評春秋列國志傳十二卷 　明萬曆四十三年龔

　　紹山刊本 ··· （1334）

皇明英烈傳六卷　明刊本 ····································· （1334）

新編勸闔小説十回　日本舊寫本 ····························· （1334）

詩　餘　類

典雅詞十種　清勞權寫本 ··································· （1334）

星鳳閣手鈔宋詞十種唐詞一卷　清趙某泉寫本 ··············· （1335）

宋名家詞續鈔五集　清寫本 ································· （1335）

宋元詞鈔八十二家　明寫本　毛扆、陸貽典校　毛扆跋 ········ （1335）

以上叢編

南唐二主詞一卷　舊寫本 ··································· （1336）

珠玉詞一卷　明寫本 ······································· （1337）

晁氏琴趣外篇六卷　清初毛氏汲古閣　影寫宋刊本 ············ （1337）

閑齋琴趣外篇六卷　清初毛氏汲古閣影寫宋刊本 ············· （1337）

醉翁琴趣外篇六卷　清初影寫宋刊本 ························· （1337）

樂章集三卷續添曲子一卷　清勞權手寫並校 ··················· （1337）

淮海集長短句一卷　明戲鴻館刊本　錢曾、何煌校並跋 ········ （1337）

淮海詞三卷　舊寫本　黃丕烈校並跋 ························· （1338）

片玉集十卷拾遺一卷　清咸豐六年勞權寫本　勞權校並跋 ······ （1338）

和清真詞一卷又一卷　清咸豐七年勞權手寫本　勞權校並跋 ······· （1338）

東山詞二卷　宋刊本　存卷一上 ····························· （1339）

頤堂詞一卷　明寫本 ······································· （1339）

蘆川詞二卷　宋刊本　黃丕烈跋 ····························· （1339）

蘆川詞二卷　明吳寬寫本　黃丕烈、何焯跋 ··················· （1339）

簡齋詞一卷　舊寫本 ······································· （1339）

樵歌三卷　舊寫本 ··· （1340）

稼軒詞甲乙丙丁集四卷　明末汲古閣毛氏影宋精寫本 ……………（1340）

稼軒長短句十二卷　明嘉靖十五年刊本 …………………………（1340）

石屏詞一卷　明寫本 ………………………………………………（1340）

樵隱詩餘一卷　明寫本 ……………………………………………（1340）

龍川詞一卷　明寫本 ………………………………………………（1340）

龍洲詞二卷　明寫本 ………………………………………………（1340）

西樵語業一卷　明寫本 ……………………………………………（1340）

知稼翁詞一卷　清寫本　毛扆據錢曾寫本校 ……………………（1341）

友古居士詞一卷　清寫本　毛扆據錢曾寫本校 …………………（1341）

知稼翁詞一卷　明寫本　錢曾校 …………………………………（1341）

烘堂詞一卷　明寫本 ………………………………………………（1341）

審齋詞一卷　明寫本 ………………………………………………（1341）

壽域詞一卷　明寫本 ………………………………………………（1341）

風雅遺音二卷　影寫宋刊本　録黄丕烈跋 ………………………（1341）

澗泉詩餘一卷　舊寫本　失名人校 ………………………………（1341）

澗泉詩餘一卷　舊寫本　竹素主人跋 ……………………………（1341）

和清真詞一卷　舊寫本 ……………………………………………（1341）

道情鼓子詞一卷　舊寫本 …………………………………………（1341）

梅屋詩餘一卷　舊寫本 ……………………………………………（1341）

五峰詞一卷　舊寫本 ………………………………………………（1342）

可齋雜藁□卷續藁□卷　清初毛氏汲古閣影寫宋刊本　存卷三十一
　　至三十四，續藁卷七、八、十一 ……………………………（1342）

夢窗詞集不分卷　明寫本 …………………………………………（1342）

仙源居士惜香樂府十卷　明末汲古閣寫本　存四卷 ……………（1342）

宋人詞三種　舊寫本 ………………………………………………（1342）

西麓繼周集一卷　清咸豐七年勞權手鈔精校本　勞權跋 ………（1342）

遺山樂府三卷　朝鮮古刊本 …………………………………………………（1342）

遺山樂府三卷　明時朝鮮刊本 ………………………………………………（1343）

遺山先生新樂府五卷　舊寫本　盧文弨校　趙曦明跋 …………………（1343）

遺山樂府一卷　舊寫本　臨勞格校 ………………………………………（1343）

遺山樂府選一卷　舊寫本 ……………………………………………………（1343）

天籟集二卷摭遺一卷　清康熙四十九年楊友敬刊本 …………………（1343）

蘭谷先生天籟集一卷　清初寫本 …………………………………………（1344）

蛻巖詞二卷　清初寫本 ………………………………………………………（1344）

蛻巖詞二卷　清初寫本　厲鶚、張鳴珂跋 ………………………………（1344）

升庵長短句四卷　明嘉靖刊本 ……………………………………………（1345）

王西樓先生樂府一卷　明刊本 ……………………………………………（1345）

稽古緒論一卷洗心亭詩餘一卷　明刊本 ………………………………（1345）

彈指詞二卷　清乾隆顧仲温刊本 …………………………………………（1345）

栩園詞棄稿四卷　清康熙四十三年陳氏且樸齋刊本 …………………（1345）

酒邊琴外詞一卷　清余集手寫本 …………………………………………（1345）

　　　　　　　　　　　　　　　　　　　　　　　　　　　以上別集

金荃集一卷　舊寫本　失名人校 …………………………………………（1345）

花間集十卷　明正德十六年陸元大刊本 ………………………………（1345）

樂府雅詞三卷拾遺二卷　舊寫本 …………………………………………（1346）

樂府雅詞三卷拾遺二卷　舊寫本　鮑廷博校 …………………………（1346）

增修箋注妙選草堂詩餘上下卷　明刊本 ………………………………（1346）

精選名賢詞話草堂詩餘上下卷　明刊本 ………………………………（1346）

草堂詩餘四卷　明末汲古閣刊本　葉樹廉跋 …………………………（1346）

草堂詩餘三卷　清宛平查氏隱書樓寫本 ………………………………（1346）

中興以來絕妙詞選十卷　宋刊本 …………………………………………（1346）

鳴鶴餘音八卷　元刊本 ………………………………………………………（1347）

精選名儒草堂詩餘三卷　元鳳林書院刊本　……………………（1347）

詞海遺珠四卷　明萬曆刊本　…………………………………（1347）

瑤華集二十二卷　清刊本　……………………………………（1347）

以上總集

樂府指述一卷　明寫本　………………………………………（1348）

詞品六卷　明雲南珥江書屋校刊本　存四卷…………………（1348）

渚山堂詞話三卷　明嘉靖刊本　四庫底本　…………………（1348）

詞苑英華二十册　明末毛氏汲古閣稿本　毛扆跋　…………（1348）

以上詞話詞譜

曲　類

古今雜劇三十種三十卷　元刊本　……………………………（1349）

新續古今名家雜劇五集　明陳與郊刊本　存二集八種　……（1349）

誠齋雜劇二十二卷　明永樂至宣德周憲王朱有燉自刊本　…（1349）

靈寶刀二卷　明萬曆四十五年海昌陳氏刊本　………………（1350）

珊瑚玦上下卷　明刊本　………………………………………（1350）

朝野新聲太平樂府九卷　明刊本　黃丕烈跋　………………（1350）

朝野新聲太平樂府九卷附中州音韻類編　明刊本　孫伏伽跋　…（1351）

朝野新聲太平樂府九卷　明寫本　黃丕烈跋　………………（1351）

朝野新聲太平樂府九卷　舊寫本　黃丕烈家抄配　黃丕烈校並跋　…（1351）

張小山小令二卷　明嘉靖刊本…………………………………（1351）

小山小令二卷　舊寫本　………………………………………（1352）

碧山樂府二卷　舊寫本　吳重憙、李葆恂跋…………………（1352）

盛世新聲十二卷　明刊本　存一卷　…………………………（1354）

盛世新聲十二卷　明嘉靖刊本　………………………………（1354）

盛世新聲十二卷　明刊本　存一卷　…………………………（1355）

詞林摘豔十卷　　明刊本　……………………………………（1355）

詞林逸響四卷　　明天啟刊本　………………………………（1355）

太和正音譜三卷　　明寫本　…………………………………（1355）

南詞叙録一卷　　明寫本　　何焯批校　……………………（1355）

舊編南九宮目録一卷　　明寫本　……………………………（1355）

十三調南曲音節譜一卷　　明寫本　…………………………（1355）

顧曲雜言一卷　　舊寫本　　李文田跋　……………………（1356）

曲譜大成八卷　　舊寫本　……………………………………（1356）

新定十二律京腔譜十六卷　　清康熙二十三年停雲室刊本　……（1356）

新定考正音韻大全一卷　　清康熙二十三年停雲室刊本　………（1356）

新定重較問奇一覽二卷　　清康熙二十三年停雲室刊本　………（1356）

中原音韻二卷　　清陸貽典手寫並跋　　黃丕烈跋　………（1356）

詞林要韻一卷　　明寫本　……………………………………（1356）

録鬼簿二卷　　舊寫本　………………………………………（1356）

燕南芝先生唱論一卷　　明寫本　……………………………（1357）

三家村老委談□卷　　舊寫本　………………………………（1357）

藏園羣書經眼録卷一

經 部 一

總 類

八經十卷 白文無注　　　　　　　　　　△八六三三

宋刊巾箱本，半葉二十行，行二十七字，細黑口，左右雙闌，版心下方記刊工人名。宋諱避至惇字止，慎字不避。間有補版，標明"刊換某某板"字。存八種，目列後：

周易一卷二十二葉　毛詩一卷四十葉　尚書一卷二十八葉　周禮一卷五十五葉　禮記二卷九十三葉　孝經一卷三葉　論語二卷十六葉　孟子一卷三十四葉

按：此書刊工細如髮絲，精麗異常，蓋建本之至精者。鈐有"季振宜讀書"一印，當卽延令書目冠首之書也。各家著録所載之白文諸經號爲巾箱本者，多爲明靖江王府刊本，卽據此帙翻雕，然上加橫闌，注以字音，字畫板滯，去此遠矣。考景定建康志，當時五經正文有監、建、蜀、婺諸本，意此卽建本也。歲乙卯、丙辰間，此書出山左故家，爲袁寒雲所得，關八經室以儲之，今不知飄墜何所矣。徐君森玉以留影見示，覽之增慨，因略記如下。藏園。

　　整理者謹按：凡有△者現藏北京圖書館，其後數字爲書號，見《北京圖書館善本書

目》一九五九年中華書局版。

忠謨謹按：此書別有跋，收入藏園羣書題記初集卷一。

九經 全十六冊

明刊本，二十行二十七字。標題"宋刊白文九經"，實爲明翻本，即所謂明靖江王府本也。細黑口，左右雙闌，版心上魚尾下記書名，下魚尾上記葉數，最下記刊工姓名，上闌之上再加橫闌，注字音於內。（故宮藏書。丁卯七月四日查點藏書，觀于建福宮之西院）

足利本七經

日本足利學校活字印本。　　　　　　　.

周易十卷

七行十七字，注雙行，板心微小，字體拘方，黑口，四周雙闌。首行題"周易上經乾傳第一"，次行下題"王弼註"。

尚書十三卷

九行十七字，注雙行，黑口，四周雙闌。每卷後小字雙行記經若干字，注若干字。前有尚書序，次目録。首行題"尚書卷第一"，次行頂格題"堯典第一"，空五格題"虞書"，又空二格題"孔氏傳"。版心闊大而字亦疏放。

毛詩二十卷

八行十七字，注雙行，黑口，四周雙闌。版闊而字方。首行題"毛詩卷第一"，次行題"周南關雎詁訓傳第一"，三行低二格題"毛詩國風"，下題"鄭氏箋"。小序後即接連本詩。卷末記"經凡若干言""注凡若干言"。鈐有"杉垣篋珍藏記"朱、"弘前毉官澀江氏藏書記"朱二印。

禮記二十卷

八行十八字，注雙行，黑口，四周雙闌。版闊大。首行題"禮記卷第一"，次行"曲禮上第一"，空三格題"禮記"二字。又空三格題"鄭氏注"。

鈐有"向黄邨珍藏印"白、"青山氏藏"朱各印。

春秋經傳集解三十卷

八行十七字,注雙行,黑口,四周雙闌。闊版心,大字。首左傳序,首行題"春秋經傳集解隱公第一",次行低六格,題"杜氏"二字,空一格題"盡十一年"。經、傳字以陰文別之,卷末有後序,序後記"經凡若干言","注凡若干言",皆大字各占一行。

論語十卷

七行十七字,注雙行,黑口,四周雙闌。版心略小,字方整,與周易同種。首何晏等上集解序。首行題"論語學而第一",下題"何晏集解"。每卷末標題下記"經若干字","注若干字",小字雙行。

孟子十四卷

七行十七字,注雙行,黑口,四周雙闌。版心略小,字方,與論語同。前有孟子題辭。首行題"孟子卷第一",次行題"梁惠王章句上"。凡七章。

鈐有"弘賢"朱、"清原"朱、"天師明經儒"朱文長印。(余藏)

十三經注疏

明末毛氏汲古閣本。清金鳳翔校,子目及識語錄後:

周易兼義九卷校岳刻本

"閏三月十三日校畢岳刻,另有略例校在別本。"

尚書正義二十卷校宋余仁仲本

"校建安余仁仲萬卷堂本。"

毛詩正義四十卷校岳刻本

"康熙丙申八月朔至望前二日以相臺岳刻本校對傳箋一過。"

周禮注疏四十二卷臨何焯校清內府藏宋本

"康熙丙戌得見內府宋板元修本,粗校一過。義門師識"

"康熙辛卯二月二十四日,鳳翔假得師本校。"

儀禮注疏十七卷_{臨何焯、何煌校宋本，顧廣圻跋}

“義門、小山先生以宋槧儀禮疏七本見示，因於月之初三日校起，其中有未句讀者，仍宋闕葉也。鳳翔記。”

“嘉慶庚申顧廣圻從周君漪塘借閱一過。”

禮記注疏六十三卷_{臨何焯、何煌校宋元本，又校纂圖互注本}

“庚子九月下弦借小山先生虞山毛斧季所校宋本一閱。”_{廿三卷後}

“庚子陽月初十日以義門元板，起季秋天子居總章右个，止季冬甫始也，疏校過。鳳翔”_{十七卷後}“康熙己丑過汲古閣，見其所假傳是樓宋本，此四卷中闕文皆在，時日已下晡，亟手寫以歸。禮器二卷張燈乃畢，緣方病目，尚率略未詳盡也。重陽用朱筆傳於此本，因而記之。先是丙戌之春曾從秘閣借得不完禮記正義十七册，僅補寫得坊記大學疏中闕文，今幸復值此本，禮記正義三百年來所缺者一朝而復其故，方當出而公之人人，且言於國子先生刊修以便者也。義門先生記，甲午仲冬三日鳳翔錄”_{廿四卷後}“借先生宋本校曲禮第三卷、檀弓第八至十卷、王制十一十二卷、月令季夏至季冬、禮運、禮器、内則、玉藻、明堂位、喪小記、少儀經解、哀公問、仲尼閒居、坊記、中庸，又學記、樂記，餘尚闕如，不知何日得遇宋本校全也。　　甲午，冬日京師寓齋，鳳翔記。”_{五十三卷後}。

“丙申冬日貯書樓主人質得東海纂圖互注禮記，乃宋槧本，因借校對一過。鳳翔。”_{六十三卷末}。

春秋左傳正義六十卷_{校玉峰徐氏藏刊宋刊六十三卷本}

“玉峰徐氏以宋槧春秋正義質於樂安貯書樓，丙申正月廿日至三月廿日校對一過。　　鳳翔記。　　修職郎新差充婺州州學教授趙彦稑點勘”_{卷一後}

春秋公羊傳注疏二十八卷_{校石經本}

“康熙辛丑孟秋望日，以石經校對，至廿八日二鼓始畢，惜石經殘

缺多耳。鳳翔記。是歲在京師蔣氏家塾。"

春秋穀梁傳注疏二十卷_{未校}

孝經正義三卷_{未校}

論語注疏解經二十卷_{校岳刻}

　　"康熙丁酉九月二十二日、二十三日兩日,借相臺岳氏所刻校於樂
　　安志雅齋。鳳翔"

孟子注疏解經十四卷_{校宋劉氏丹桂書堂本及汲古閣影寫盱郡廖氏本}

　　"康熙丙戌常熟錢楚殷以宋劉氏丹桂書堂巾箱本孟子見贈,其中
　　闕公孫丑、告子二册,雖非完書,然猶是鄭師山舊藏也,袪疑正誤,
　　爲功甚大。聞真定梁氏有北宋刻本,安得一旦遇之,盡爲是正乎!
　　辛卯春日汲古毛氏以影寫元盱郡重刊廖氏善本質錢於志雅齋,因
　　假其第三、第四卷,第十一、十二卷,盡爲校正,案頭趙注遂有完
　　本,願與好古之士共之。　右義門先生記,鳳翔謹録。"

　　"康熙甲午九月京師旅館,借義門先生本校,鳳翔記。"

　　"己亥除日,又以日刻本校。"

爾雅註疏十一卷_{未校}

　　共三百四十七卷。(余藏)

十三經注疏

汲古閣刊本。焦理堂循手批,有"焦氏藏書"、"焦循私印"、"理堂"、
"恨不十年讀書"各印。

周易兼義九卷。前有跋,録如後:

　　"余己亥庚子間始學經,敬讀欽定詩經彙纂,知漢唐經師之説,時
　　時欲購十三經注疏竟觀之。乾隆辛丑買得此本,珍之不啻珠玉。
　　時肄業安定書院中,宿學舍,夜秉燭閲之,每風雨,窗外枇杷樹擊
　　門作彈指聲,時有句云:驚人似鬼窗前樹,誘我如痴几上書,於今
　　蓋二十年矣。購此書時實無資,書肆索錢五千,僅得二千,謀諸

婦，以珠十粒質三年，珠價實數倍，以易贖寡取之，然究未能贖也。
爲購此書者吳君至，言購之於書客吳叟，叟未幾以游湖死於道，思
之尚爲悼歎。嗟乎！購一書艱難若此，子孫不知惜，或借人，甚或
散失，真足痛恨，故書以告。嘉慶庚申四月上弦，江都焦循記。"

周易疏批注極詳，四周皆滿，有跋：

"余初學易，有所得則書於欄上，然一時偶會，非定説也。以今所
撰易釋易注校異同，枘鑿十之五六，後人比而觀之，可知余用力於
此經之勤而不可遽以爲臧否也。戊辰閏五月，里堂老人記。"

首葉闌上題"注易初稿"四字，下署"江都焦循"。

尚書注疏二十卷闌上批數十條

毛詩注疏二十四卷全書圈點，批注甚細。卷五前葉有識語二則：

"省試被落，緣此可以潛居讀書。毛詩久欲窮究之，因日間删訂所
撰草木鳥獸蟲魚釋及詩地理釋兩書，晚間燈下衡寫毛鄭孔之義，
偶抽得齊風，乃自此本起。時嘉慶三年九月十五日燈下焦循記。"

"榜發若得解，自此碌碌，明春北上，何暇讀書？以此一載工夫當
增學問幾何！當得失榮辱之際恒作此想，則得不致於蕩廢，失不
致於憤懣。書此使子弟知之。"

周禮注疏四十二卷朱墨圈點，間有批注

儀禮注疏十七卷評注約數十條

禮記注疏六十三卷竟體圈點，間有批注

左傳注疏六十二卷竟體圈點，評注頗多

公羊注疏二十八卷批注至多

穀梁注疏二十卷未動筆

論語注疏二十卷批校甚多

孟子注疏十四卷批校甚多

孝經注疏九卷未動筆

爾雅注疏十卷卷四以後批注至詳（辛未二月見）

易　類

周易四卷　　　　　　　　　　　　　　△一一二六四

明弘治丙辰莊襌刊白文無注本，九行十八字，黑口，四周雙闌。卷末
有"弘治丙辰進士莊襌刊"一行。（余藏）

周易鄭康成注　漢鄭玄撰　宋王應麟輯　　△七二五四

元至元六年慶元路儒學刊本，十行二十字，白口雙闌，版心上記字
數。蝶裝，內閣大庫物。（烏程蔣孟蘋汝藻密韻樓藏書，甲寅六月見）

鄭氏周易注三卷　宋王應麟集　清惠棟增補

舊寫本。有乾隆丙子盧見曾序。（戊辰）

周易注十卷　魏王弼注

日本足立學校活字印本，七行十七字。（壬子）

周易注九卷　魏王弼、晉韓康伯撰　略例注一卷　唐邢璹撰

　　　　　　　　　　　　　　　　　　△七二五五

宋撫州公使庫刊遞修本，十行十六字，注雙行二十四字，白口，四周
雙闌。版心上記大小字數，下記刊工姓名。上魚尾下有壬戌刊、壬
申重刊、癸丑重刊各字。卷一、十六葉有開禧乙丑換五字。鈐有"玉
蘭堂"、"華氏明伯"、"華復初"及季滄葦、嶽雪樓孔氏各藏印。（上海商
務印書館涵芬樓藏書。己未）

周易略例注一卷　唐邢璹撰

明寫本，九行十八字，注大字低一格。宋諱缺筆。此與周易李鼎祚
集解合訂一冊，得於上海來青閣，亦自天一閣散出者。（己未七月）

周易正義十四卷　唐孔穎達撰　　　△九五八一

宋紹興十五年至二十一年間臨安府刊本，半葉十五行，每行二十六
七字，白口，左右雙闌。版心記刊工姓名，有王政、王允成、弓成、包

端、朱宥、李詢、徐高、章宇、顧仲等，避宋諱至構字。有補版。鈐有
俞石澗藏印及季振宜二印。翁覃溪方綱手跋一則，又題識一行。

按：此書宋諱避至構字。考玉海載紹興九年九月七日詔下諸郡，索
國子監元頒善本校對鏤板，十五年閏十一月博士王之望請羣經義疏
未有版者令臨安府雕造，二十一年五月詔令國子監訪尋五經三館舊
監本刻版，上曰其他闕書亦令次第雕板，雖重修所費亦不惜也，由是
經籍復全。循是推之，則五經正義覆刊當在紹興十五年至二十一年
間。核之避諱及刊工姓名，時地相合，確然無疑。余得書後粗校數
卷，改正甚夥，然其關係至要者爲本書卷第。考孔穎達序云爲之正
義凡十有四卷，新唐書志及郡齋讀書志同。至直齋書録解題乃作十
三卷，且引館閣書目言今本只十三卷。後人未見原本，踵其誤，均以
爲易疏十三卷，懸擬曲説，無一當者。今此書復出，十四卷之次第完
然具存，諸家臆説，可不煩言而解矣。

此書近歸臨清徐氏，懸價高奇，殊駭物聽，余以其孤本秘籍，決意爲
之傳播，遂舉債收之，郵致東瀛，妙選良工，影印百帙，使之流播無
窮。然債台高築，展轉無策，遂亦不得終有。雖然，流播之願獲償，
亦云幸矣。

忠謨謹按：此書別有跋，收入藏園羣書題記續集卷一。

周易注疏十三卷　魏王弼、晉韓康伯、唐孔穎達撰　首卷缺　△四一九四

宋刊本，半葉八行，行十九字，注雙行同，匡版高六寸二分，闊四寸八
分，白口，左右雙闌，版心上記字數，下記刊工姓名。有陳鱣跋，已刊。

按：此與袁抱存克文藏禮記、張香濤之洞藏書經、李木齋盛鐸藏周禮同，
皆紹熙黃唐刻本也。（瞿氏鐵琴銅劍樓藏書。乙卯八月三十日訪書虞山，見於
罟里瞿宅，盡一日之力，閲七八十種，記其尤者四十餘種。）

周易正義九卷釋文一卷　唐孔穎達撰　陸德明釋文

明永樂二年刊本，八行十七八九字不等，注小字雙行二十五字，白

口,四周雙闌。正義在注後,以圓圈隔之。卷末有永樂甲申歲刊小字一行。(日本田中慶太郎購去,聞得之福山王氏,蓋翻宋本也。戊午)

魁本大字詳音句讀周易上下卷

元至正十二年梅隱書堂刊本,十行十七字,黑口,四周雙闌。篇中句讀皆用墨圈斷之,音訓各附本字下,標題次行有陰文"謹依陸德明音訓"七字。卷首伊川易傳序,序後有"至正壬辰梅隱書堂新刊"陰文一行。下卷尾有"天順戊寅七月十五日庚子點繫辭至此"朱書一行。收藏鈐有"晉安徐興公家藏書"、"建安楊重子慎圖書"、"建安楊氏傳家圖書"朱文各印。(余藏)

易傳集解十七卷 唐李鼎祚撰　略例註一卷 唐邢璹撰

明嘉靖三十六年朱睦㮮聚樂堂刊本,八行十八字,版心上方有"聚樂堂"三字,中縫題作周易集解。(壬戌)

周易李氏集解十七卷 唐李鼎祚撰　存第十卷

明寫本,九行十八字,注大字低一格。

與王弼周易略例一卷合訂一冊,得於上海來青閣,亦自天一閣散出者也。(己未七月)

周易口訣義六卷 唐史徵撰

袁氏貞節堂鈔本,十行二十字。鈐有"袁廷檮印"、"壽階"、"五硯樓"、"文選樓"、"揚州阮氏琅環仙館藏書印"各印記。(甲子)

東坡易傳九卷 宋蘇軾撰

明宣德大字精寫本。鈐有安樂堂、明善堂印。(滂喜齋藏書。丁卯)

蘇氏易解八卷 宋蘇軾撰

明萬曆二十二年陳所蘊冰玉堂刊本,八行十七字,口上有冰玉堂三字。(四明盧址抱經樓藏,癸丑十二月見。)

東坡先生易解八卷 宋蘇軾撰

舊寫本,綿紙朱格,十行二十字。

鈐有明善堂、安樂堂藏印（潘氏滂喜齋遺書，辛巳十一月六日見於翰文齋）

晦庵先生校正伊川易傳□卷　宋程頤撰

宋刊本，半葉十一行，行二十二字注雙行二十六字，黑口，四周單闌，左闌外記篇名。（京肆所見）

周易本義經二卷傳十卷　宋朱熹撰　象上下傳二卷影鈔補完，各卷亦有鈔葉

宋刊本，半葉七行，每行十五字，注雙行同，白口，左右雙闌，版心上記字數，下記刊工姓名，有：吳炎、張元彧、黃堃、蔡明、蔡友、蔡仁、□恭、游熙、周嵩、王燁、王華、何彬、馬良、賈端仁、祖、杲等。宋諱恒、貞、桓、構皆缺末筆，字體方嚴厚重，似浙杭刊本。前有本義圖，卷末附筮儀五贊。

收藏印記有："升菴"朱、"汪文琛印"白、"平陽汪氏藏書印"朱、"汪士鐘讀書"朱、"金匱蔡氏醉經堂考藏章"朱、"伯卿甫"朱、"廷相"白、"宋本"橢圓朱文、"翰墨緣"白、"蔡廷相藏"白、"濟陽蔡氏"朱、"蔡廷楨印"白、"卓如心賞"朱、"金匱蔡廷楨藏"朱、"陳鱣攷藏"朱、"鱣讀"白。（文奎堂送閱　壬午三月六日）

周易本義上下經二卷傳十卷　宋朱熹撰

宋咸淳元年吳革刊本，半葉六行，行十五字，注雙行同，白口，左右雙闌，版心上記大小字數，下記刊工人名，有蔡慶、鄧生、吳文、阮□、□青、□仁、藍、光、阮生、吳清諸人。每卷後有"敷原後學劉公校正一行。"有咸淳乙丑立秋日九江吳革序。

象上下傳、象上下傳各二卷抄配。

鈐有"禮部官書"大長方朱印。（癸亥）

周易本義五卷圖說一卷五贊一卷　宋朱熹撰　　△一一二六五

明正德刊巾箱本，十一行二十二字，白口，四周單闌，版心題周易本義四字。卷末牌子如下：

```
正德辛巳季秋刊行
于袁州府之仰韓堂
```

首程頤易序，次易傳序，_{元符二年程正叔序}，次圖説，次易五贊，次凡例七則，爲重刊此書而作也。其分卷本義上下爲卷一二，繫傳上下爲卷三四，説卦以下爲卷五，蓋已改易舊第矣。

按凡例，經上下篇從程傳元本，繫辭以下則從本義，繫辭以後無傳，以東萊呂氏所集經説補之，字句脱誤合諸本讐校。程朱二家之説有及於易者，合天台董氏、鄱陽董氏附録二本分注之，又採雙湖胡氏、雲峰胡氏之説附着焉。音注取呂氏音訓附於下。據此觀之，則此本已大非晦菴之舊觀矣。鈐印如下："洞門石鼓"_{白文，大約二寸方}。"雪苑宋氏蘭揮藏書記"_朱、"己丑進士太史圖書"_{白文方}、"魚麥堂"_{朱文方}、"宋筠"_朱、"蘭揮"_白、"穌松菴"_白。

按：此本寫刻精雅，雖改易舊式，然極罕見也。（辛巳元月見，已收）

周易本義啓蒙翼傳三卷外篇一卷 _{元胡一桂撰}　李□八八七八

_{整理者謹按：凡標李□若干號者現藏北京大學圖書館，即爲其書號，見《北京大學圖書館藏李氏書目》一九五六年版}

明刊本，十一行二十一字，白口，四周雙闌。傳低一格。外編末有"男思紹校正"一行。（李木齋先生藏書，壬子歲見）

程朱二先生周易傳義十卷 _{宋程頤、朱熹撰}

元延祐元年翠巖精舍刊本，十一行二十一字。黑口，四周雙闌。易圖後有牌子，如下式：

延祐甲寅孟冬
翠巖精舍新刊

前有原封面，如下式：

翠巖精	舍
刊	新
程朱先生	周易傳義

（日本帝室圖書寮藏書，己巳十一月十一日觀）

程朱二先生周易經傳十二卷 宋程頤、朱熹撰

元刊本,十一行二十一字,注二十五字。清馮班藏本。(南皮張氏書,壬戌春見於日知報館)

周易程朱先生傳義附録二十卷 宋董楷撰 程子上下篇義一卷 宋程頤撰 朱子易圖説一卷周易五贊一卷筮儀一卷 宋朱熹撰　董楷輯。八册

元延祐二年圓沙書院刊本。十二行二十二字。凡例後有木記,文曰"延祐乙卯圓沙書院刊行。"(壬子)

周易程朱先生傳義附録二十卷 宋董楷撰 程子上下篇義一卷 宋程頤撰 朱子易圖説一卷周易五贊一卷筮儀一卷 宋朱熹撰　宋董楷輯　存繫辭至説卦

元刊本,十二行二十二字。後有牌子如下式:

| 至正壬午桃溪居敬書堂刊行 |

　　(南陵徐乃昌氏積學齋藏書,壬子歲獲觀)

周易程朱傳義十五卷,附録繫辭二卷 宋董楷撰

元刊本,十二行二十二字,注雙行同,黑口,左右雙闌。前有董楷自序,十行十九字。凡例後有牌子,如下式:

| 至正己丑廬陵竹坪書堂新刊 |

　　(日本前田氏尊經閣藏書,己巳十一月十四日閲)

周易程朱先生傳義十五卷 宋董楷撰

明刊本,大板心,十行二十二字。(餘杭鄒氏家藏。癸亥十月見於上海古書流通處)

周易傳義附録十四卷 宋董楷撰

元刊本,十二行二十二字,黑口雙闌。拜經樓舊藏,有跋。(蔣孟蘋藏書,甲寅六月九日見)

周易義海撮要 宋李衡撰　存卷一至十二

舊寫本,十三行二十三字。鈐有乾隆三十八年兩淮鹽政李質進書木

記。（會稽孫壯伯恒藏書）

張先生校正楊寶學易傳二十卷 宋楊萬里撰　宋張敬之校正

明嘉靖二十三年甲辰魯藩刊本，十行二十五字，注低一格，小字側注，刊印極精。每卷第三行題“門人張敬之顯父校”。前有嘉靖甲辰秋八月既望魯國望洋子當澗序。次淳熙戊申八月楊萬里序，次下吉州録進易傳指揮省劄，嘉定元年八月十八日。次奏劄。嘉定二年四月二十二日。詳見藝風堂藏書記。（江陰繆荃孫氏藝風堂藏。辛酉）

張先生校正楊寶學易傳二十卷 宋楊萬里撰　張敬之校正

明寫本，九行十六字。首卷第三行題門人張敬之顯父校正。（故宮藏書，丁卯七月四日觀於建福宮別院）

大易粹言十卷總論三卷 宋曾穜輯

宋刊本，半葉十二行，行二十二字，細黑口，左右雙闌。序後有牌子，楷書二行，文曰：

> 建安劉叔
> 剛宅刻梓

有曾穜序，淳熙二年九月，伊川易傳序，白雲先生易説序，紹興辛未郭雍，程九萬跋，淳熙四年，西秦李祐之跋。序跋皆十行十六字。

按：此松江韓氏藏書，有咸豐己未韓應陛小字跋數行。（辛巳十二月十三日文禄堂取閲）

周易集義六十四卷 宋魏了翁撰　缺卷一至四、八、廿九、三十、三十二至三十四，計十卷。又影寫補入卷十一至十七，共七卷。宋刊存者得四十七卷

宋刊本，半葉十行，行二十字，版心下方記刊工姓名。其人多與周易要義刊本同，蓋同時刊於紫陽書院者也。卷中恒、貞、慎、敦均缺末筆。

按：此書四庫未著録，經義考亦不載，蓋其佚久矣。惟傳是樓書目有宋本元印大易集義三十二本，當卽是書。此本藏西什庫天主堂中，近以檢書，爲葉君德禄所見，持以相示，驚其罕祕。審其裝潢，亦爲

清内府舊儲，未知何時流出，且爲教門所得，殊可詫矣。葉君撰有跋記，考據頗詳。（庚辰四月見）

周易要義十卷 宋魏了翁撰　存卷一、二、七至十，共六卷　△七二五九

宋淳祐十二年魏克愚刊本，半葉九行，行十八字，白口，左右雙闌。版心上記字數，下記人名，欄上間有標題。宋諱缺筆。本書首行題"周易要義卷一上"，空四格題"乾"字，次行低一格題"一釋卦名義象體及卦德""一"字陰文，三行本文。（己未歲余代涵芬樓收）

忠謨謹按：此書別有跋，收入藏園羣書題記初集卷一。

周易經義三卷 宋進士臨川涂溍生易庵撰

舊寫本，十三行二十三字，標書名大字占雙行。前有總目。卷一上下經七篇，卷二繫辭上三十二篇，卷三繫辭下二十七篇，説卦六篇。行格似從宋刻照鈔，篇中時有缺字。有吳翌鳳、吳騫識語：

> "按朱竹垞經義考載涂溍生易主意一卷已佚，而無此書。又引楊士奇之言，謂易主意專爲科舉設，近年獨廬陵謝子才有之，以教學者，於是吾郡學易者皆資於此。不知卽此書耶，抑別有其書也。溍生字自昭，宜黄人，江西通志稱其邃於易，三上春官不第，爲贛州濂溪書院山長，著有四書斷疑易義矜式行世。乙亥十月望日得此於鬻古書者，嘗質諸朱文游丈，亦未之見也。吳翌鳳伊仲記。"

> "右易義三卷，往從宗人伊仲借鈔，諦觀所釋經旨大抵不離於所謂科舉之學者近是，然儲藏家都無其書，是亦可寶者。惟書中間有缺文，無從補録，爲可惜耳。伊仲本休寧商山人，僑居吳郡，補博士弟子員，博學工詩，家貧而好書，與朱文游爲莫逆交，手鈔秘册極多。予至金閶必爲留連日夕，得佳本輒互相傳録。後應姜度香中丞之辟，挈家入楚，郵筒不接者幾十載，聞其書亦皆散失矣。嘉慶丙辰冬日海寧吳騫識。"

藏印有"拜經樓吳氏藏書印"、"吳兔牀書畫印"、"鷦安校勘秘籍"各

印。(己卯臘月)

周易集說四十卷 宋俞琰撰　存下經一卷

元刊本,十二行二十一字,細黑口,左右雙闌。次行題"林屋山人俞
琰集說",卷末標題"俞石澗周易集說下經卷終",下空一行,低七格
題"嗣男仲溫點校,孫貞木繕寫鋟梓於家之讀易樓。至正九年歲在
己丑十一月朔旦誌"。注中凡引書名人名皆以白文識之。字體工
麗,氣韻疏雅,乃俞貞木手書上版,故與尋常寫工迴別。紙背有字,
審爲當時錢糧册子也。

余取通志堂本略勘數葉,初無異字。按通志堂本作大易集說,注中
書名人名不作白文。據何義門言,刻板時所據乃錢遵王元本,顧伊
人所校也。

易纂言外翼十二卷 元吳澄撰

元刊本,九行二十字,黑口。字扁方,多古體,有隸意。初印本。鈐
有:"顔樂堂"朱長、"浦氏賁菽賞鑒"白方、"震澤"朱長(德化李木齋先生藏
書。壬子)

大易象數鈎深圖三卷 元張理仲純著

明寫本,十行二十字。鈐有"孫氏萬卷樓印"、"北平黃氏養素堂暴
書"及乾隆三十八年工部侍郎李友棠進書木記、翰林院滿漢文官印
等。(孫壯家閱)

周易經傳集程朱解附錄纂註十四卷 元董真卿撰

元刊本,十一行二十字。題"後學鄱陽董真卿編集"。(壬子歲正文齋
見)

大易鈎玄三卷 元鮑恂撰

舊寫本。題"崇德鮑恂仲孚撰,黃州程蕃伯校正"。前有涵虛子臞仙
序。

鈐有"彝尊私印"、"吳焯"、"吳城"、"敦復"、"璜川吳氏收藏圖書"、

"寶田堂書畫記"各印，及乾隆三十八年浙江巡撫三寶進書木記、翰林院印。（孫壯藏書）

直音旁訓周易注解十卷

元泰定三年敏德書堂刊本，十二行二十三字，黑口，四周雙闌。目後有牌子，如下式：

> 敏德書堂新刊
> 泰定丙寅菊月印行

直音旁訓周易句解八卷

清安樂齋精寫本。鈐有安樂堂藏印。（壬子）

玩易意見二卷　明三原王懋撰

舊寫本，九行二十二字。前有正德元年自序，題"奉敕存問宿望舊臣九十有一石渠老人"。

鈐有"南昌彭氏"、"知聖道齋藏書"、"遇者善讀"各印。（小市會古堂送閱）

涇野先生周易說翼三卷　明呂柟撰

舊寫本，十行二十字。鈐有浙江巡撫進書木記及翰林院印。（孫壯家閱）

周易象旨決錄七卷　明熊過撰

明嘉靖四十一年熊迥刊本，十行二十字，白口，四周單闌。題"原任禮部郎中四川富順南沙熊過著，門弟南墩熊迥重校"。後有嘉靖壬戌河東運司同知劉時舉跋。

按：此書初脫稾時，龍巖趙氏刊板於閩中，後數年水部曾确氏菴復捐俸梓於蜀中，此又南墩按臨河東時所鋟木，蓋據閩蜀兩本重校者，自嘉靖以來凡三刻矣。康熙時聞有刻本，然殊不多覯。文淵閣著錄。此書全謝山極推重之，言其賅博遠在來氏之上，蓋謫居滇南所作，凡宋元易解一百五十家明嘉靖以前數十家南沙書中無不有之，如宋之王太古，明之黃南山，今皆不得見其書，而南沙咸引其異同，可謂博

矣。程子言易學多在蜀中，信然！安得有人取而刊布之耶。（甲戌）

學易記五卷　明金賁亨撰

明藍格寫本，九行二十字，板格有"雲門書屋"四字。有嘉靖庚申溫陵洪朝選序。

鈐有項子京收藏各印。此書文友堂得之徐梧生坊家中。惜陰軒叢書曾刻之。（庚午元月）

今文周易演義十二卷　明徐師曾撰　缺卷五、六兩卷

明刊本，題"大明從仕郎刑科左給事中前翰林院庶吉士吳江徐師曾伯魯學"。十一行二十二字。

有隆慶戊辰七月甲子師曾自序，略言搜括百家，諮訪衆說，而折衷於朱子，充其簡略，闡其微奧，救其缺失，使學者充榮點綴，以合有司之程度，然非帖括之類也。目後有"吳郡後學陳南書"、"吳江同川董從策梓"二行。前有讀易通例一卷，列於篇首，論卦象、爻辭及變化占玩之說，繫以河洛圖及伏羲文王八卦六十四卦各圖，而以傳授大略終焉。眉端有朱筆評語甚工，卷後記云"某日讀訖，述測凡四百一十八條"。

周易象通八卷　明朱謀㙔撰

明刊本。鈐有浙江巡撫進書木記及翰林院印。（孫壯家閱）

周易圖三卷

明寫本，十二行二十字。鈐有"孫氏萬卷樓印"、"北平黃氏養素堂暴書"，及翰林院官印、乾隆三十八年工部侍郎李友棠進書木記。（孫壯家閱）

易測十卷　明曾朝節撰

舊寫本，九行十九字。署銜爲"翰林院掌院事禮部侍郎兼侍讀學士曾朝節著"。同訂者列李廷機、全天敍、湯賓尹三人，同校者列門人顧起元等五人。前有湯賓尹序及自序。萬曆戊戌。

四庫提要言其書取王弼注、孔疏、程傳、朱本義、楊氏傳諸家之說參

互考訂,惟解上下經象象文言繫辭,而置説卦、序卦、雜卦。大旨主於觀辭玩占,頗掃宋易之葛藤云。

此册前有翰林院大官印,卽四庫館所見之本也。(丙子)

陳氏易説□卷 吴江陳壽熊獻青撰

舊寫本,題"長洲諸福坤編録,元和陶惟坻校訂"。(壬戌)

周易觀象補義略十六本 清秀水諸錦撰

清秀水諸錦手稿本,卷末有"子壻范成編次"六字。有清戴光曾跋,録後:

> "父執諸草廬先生品德兼重,經術湛深,允爲儒林冠冕,嘉慶二十四年彙題俞允,崇祀鄉賢。後生小子雖未及親炙光儀,然每侍先府君傳述緒論,真第一流人也。先生著述甚富,惜少傳人,盡皆散佚。數年前曾見遺照清露點朝衣圖,題者皆一時名宿,今不知歸於何所。生平所著毛詩説、饗禮補亡、夏小正注、絳跗閣集皆刊刻行世,又手輯國朝風雅浙中諸家之詩凡十餘册。其他説經之書甚夥,或未經編定,遂少流傳。此周易觀象補義四册,予見之吴門舊藏書家,係先生集諸家之説加以按語,自易本至傳異,皆手書編定,彙爲全書。内惟上經至下經姤卦則他手鈔録,而先生校之,真世間未有之本。主人視之不甚重,因購得之,以示蕘圃黃君,蕘圃歎羨,以爲禾中先輩之書應歸於禾,此天假之緣,非吴人之無眼力也,因並記之。
>
> 嘉慶二十五年四月廿日同里後學戴光曾謹識。"(己未)

古易音訓二卷 清仁和宋咸熙輯

前有嘉慶七年壬戌咸熙自序。嘉慶四年歸安嚴元照後序,又段玉裁後序。此書因吕成公古易音訓久已亡佚,咸熙乃取董季真周易會通中所散見者,依篇第綴録上下經一卷,十翼一卷。蓋吕氏本陸德明釋文、晁以道古周易著,此篇所引易釋文視汲古、通志、雅雨、抱經各

本爲善。晁氏生當北宋，猶見鄭易四篇及唐沙門一行、陰閎道、陸希聲等説，今嵩山之書久亡，亦藉此以存其梗概。嚴、段兩序皆盛稱之，段序並謂晁氏所引又勝成公，亦可謂蒐採勤至，實有裨於後學也。同治初、江寧書局刻入周易讀本後。（湯伯和持來，以其罕見，遂欲收之。己未）

古三墳書三卷　　　　　　　　　△八六九一

宋紹興十七年婺州州學刊本，半葉十行，行十八字，白口，左右雙闌。版心上魚尾下記古字，中記葉數，下記字數，再下爲下魚尾，下魚尾下記刊工姓名，有張玘、林升、宋杲、沈原、陳林等人。宋諱構字缺筆。末葉刊識語四行，録如後：

“余家藏此古三墳書而時人罕有識

者，恐遂堙没不傳於世，乃命刻於婺

州學中，以與天下共之。紹興十七年

歲次丁卯五月重五日三衢沈斐書”

其後隔二行有元人題識四行：

“古三墳書聞其名而未見其

書，因得之於書肆中後

人觀鑒宜珍惜哉 至 正 戊

申二月二日書之進學齋”

後鈐“葉氏進學齋藏書記”朱文大印。

卷三末行題云：

“大德戊戌中秋後二日處梅陸元通置至大庚戌人日子德懋觀於侍旁。”

旁鈐“元通”白、“處梅”朱二印。

又有“武陵世家”白方、“顧汝修印”白方、“九峯三泖之間”白方、“雲間僧善學海闇圖書”朱方、“陸氏文房”朱方、“處梅”方形圓心雙鈎朱文諸藏印。

（壬子春見於正文齋譚篤生處）

周易乾鑿度注二卷 漢鄭玄撰

清雅雨堂刊本。有舊跋録後："乾隆乙巳六月十四日以惠氏本合四明范氏本、秀水卜氏舊寫本通校一遍。　咸豐丁巳三月十一日改火,照録一過。"（甲子）

書　類

書經一卷

明刊白文無注本,九行十七字,白口,四周雙闌。（余藏）

書經六卷

明弘治丙辰莊澤刊白文無注本,九行十八字,黑口,四周雙闌。卷末有"弘治丙辰進士莊澤刊一行。"（余藏）

尚書傳十三卷 題漢孔安國撰　　　　　　　李□九〇八〇

宋刊本,半葉十行,行二十字,注雙行同,白口,四周單闌。版心記字數及刊工人名,題"尚幾"或"書幾"不等。避宋諱至慎字止。（李木齋先生藏書,壬子見）

尚書傳十三卷 題漢孔安國撰

南宋刊巾箱本,版式半葉十行,每行十九二十字不等,注雙行二十五字,細黑口,左右雙闌。注後附音釋,以白文別之。避諱極謹,至慎字止。字體整勁,與後來建本之棱角峭屬者不同。鈐有"白門張氏藏書"朱、"曾藏白門張氏"、"兄堂"白文印。

"尚書卷第六　泰誓上第一　周書　孔氏傳"。（癸酉八月朔趙萬里持來,索三千元,無力收之）

尚書傳十三卷 題漢孔安國撰

日本慶長足利學校活寫本,九行十七字。（壬子）

尚書孔氏傳十三卷 題漢孔安國撰

日本古活字本,八行十七字,注雙行同。余舊藏本爲九行十七字。（丁卯,

忠記書莊取閱）　、

古文尚書十三卷 題漢孔安國傳

日本古寫本，半葉八行，每行十四字，題“古文尚書堯典第一氽書孔氏傳”，前與序文接連，後有元亨壬戌南至日學三論業沙門素慶謹誌七行：

“學古神德筆法，日下逸人貫書”

此行亦在卷末，本書即貫所寫。其人見於正平本論語中。每卷後記：“經若干字”“注若干字”。有俞曲園樞跋。録下：

“尚書自經衛包妄改，而漢時隸古寫定之本不可復見。往年承長岡子爵以仿宋刻本寄贈，蓋即足利本，阮文達作校勘記所據宋本者此也。今島田君又以宮內大臣青山子爵所藏鈔本見示，乃從沙門素慶刻本傳鈔，其原出於宋吕大防刻本，又足利本之先河矣。島田歸國當言於青山公影寫刊刻以行於世，庶古文真迹不墜於地。　大清光緒三十一年十有二月曲園俞樞記，時年八十五。”

按：據長澤規矩也言，此書並無素慶刻本，島田翰所云蓋臆説也。島田説詳見古文舊書考中。（日本内野五郎藏書，己巳十一月十日閲）

婺本點校重言重意互注尚書十三卷 題漢孔安國撰

宋刊巾箱本，半葉十行，行二十字，注雙行同，版匡高三寸，闊二寸，細黑口單闌，左闌外記篇名。（常熟瞿氏鐵琴銅劍樓藏書，乙卯八月三十日見於罟里瞿宅。）

監本纂圖重言重意互注點校尚書十三卷 附釋文

宋刊本，半葉十行，行十八字，注雙行二十四字，線黑口，四周雙闌，左闌外記篇名。

按：此建本之至精者，繆荃孫氏以百金獲之日本，同行者詫爲豪舉，今歸之劉氏嘉業堂矣。

尚書正義二十卷 唐孔穎達撰

宋刊本,版匡高七寸七分,寬五寸八分。半葉十五行,每行二十四字,白口,左右雙闌。版心中縫題書幾,下記刊工姓名,有王政、施章、黃暉、吳珪、汪盛、陳忠、王伸、葛珍、朱因、王寔、方成、張亢、洪茂、蔡至道、洪先諸人。首端拱元年雕印五經正義表,下列勘官秦奭等銜名九行。次趙國公无忌等上五經正義表。次尚書正義序。本書第一行標書名,次行低四格題撰人銜名二行。凡正義先標注文起訖各二字爲題,次行頂格標"正義曰"云云。每卷終空一行標書名卷幾,次一行記"計幾萬幾千幾百幾十幾字"亦有空一行者。宋諱缺筆甚謹,玄、敬、弘、讓、貞、恒、瑗、殷、頊、慎等字皆爲字不成,是孝宗時刊本。然筆意堅實,結體方嚴,猶有汴都遺韻也。鈐有"金澤文庫"正書墨印。

按:此書曾載日本訪書志,言寬政間丹波櫟窗始得殘本獻之,又搜訪餘卷,竟成完璧。楊惺吾守敬先得後藤正齋影寫本,後復從官庫假宋本照影歸國。旋爲李木齋先生收得,許以重刊,迄未如願。惺吾常引爲憾。然昨歲大坂每日新聞社已複制流傳,余蒙內藤湖南博士虎惠貽一帙,精美殊常,直下真迹一等。鄰蘇有知,亦當九原含笑矣。

尚書注疏二十卷 題漢孔安國、唐孔穎達撰　唐陸德明釋文。**新雕尚書纂圖一卷** 卷三至六精鈔配入　　　　　　　　　　　△九五八三

金刊本,半葉十三行,行二十七字,注雙行三十五字,白口,四周雙闌,版心上記字數,下記刊工姓名,多橫寫。版匡高六寸四分,闊四寸三分。刊印精美絶倫。(常熟瞿氏鐵琴銅劍樓藏書,乙卯八月三十日見於邑里瞿宅)

忠謨謹按:此書別有跋,收入藏園羣書題記續集卷一。

尚書注疏二十卷 題漢孔安國、唐孔穎達撰　唐陸德明釋文。存卷第十八一卷

金刊本,半葉十三行,每行二十六字,注雙行三十五字,白口,左右雙闌。版心上方記字數,上魚尾下記"尚充幾",下魚尾下記葉數。

首行"尚書注疏卷第十八",二行頂格題"周官第二十二",空六格題"周書"二字,又空七格題"孔氏傳",第三行低四格題"國子祭酒上護軍曲阜縣開國子臣孔穎達奉敕撰正義",第四行本書,頂格起,"疏"字以白文別之。

按:此亦大庫佚書,張君庾樓允亮所貽。考金刊書疏瞿氏鐵琴銅劍樓及北京圖書館皆有殘本。合二家藏本計之,尚缺卷三至六,計四卷。然庫本左右雙闌,疑是刊補。(余藏)

尚書注疏二十卷 題漢孔安國傳　唐孔穎達疏

明覆宋本,八行十八字,注雙行二十五字,黑口,左右雙闌。

按:此與抱經樓藏本同。余別見周易兼義兩部亦同此行格,左闌外下方有"永樂元年刊"小字一行,則此本亦爲永樂刊無疑矣。(日本靜嘉堂文庫藏己巳十一月十三日觀)

附釋文尚書注疏二十卷 題漢孔安國、唐孔穎達撰　唐陸德明釋文

宋刊本,十行十五字,注雙行二十二字,卷一後有:"魏縣尉宅校正無誤大字善本"正書一行。

字體方整峭厲紙墨均勝,是閩中精刻初印本,與世行十行本絕異。十七卷以後用明印本配入,板心已有"閩何校"字樣。(故宮藏書。丁卯七月)

附釋音尚書注疏二十卷 漢孔安國、唐孔穎達撰　唐陸德明釋文

元刊本,十行十七字,注雙行二十三字,白口,左右雙闌。版心上記大小字數分記,下書疏幾,下魚尾下記葉數,最下記刊工姓名,有古月、德山、君錫、應祥、茂卿、清甫、德遠、瑞卿、蔡壽甫、英玉、天錫等。宋諱貞、讓、慎缺末筆。首尚書正義序,九行十五字。卷第一尚書序,卷第二堯典第一。正義上標"疏"字,加墨圍以界別之。

收藏鈐有:"小草齋"、"黃鈞"、"次甌"各印,均藍印。

此書上海來青閣寄來,補版只數葉,印本清朗,元刊元印。索六百

元。（壬戌歲收）

附釋音尚書注疏二十卷 題漢孔安國、唐孔穎達撰　唐陸德明釋文

元刊本，十行十七字，注雙行二十三字，白口，左右雙闌，版心上記字數，下記人名。

首有"宋十行本書疏"飛白書六字，署"汪孟慈先生購于京師山右閻氏。張慸題于沛寧汪氏行館歲寒室。"

鈐有："喜孫校讀"、"揚州汪喜孫孟慈父印"、"伯寅藏書"諸印。（臨清徐坊遺書，乙丑歲見）

尚書注疏二十卷 題漢孔安國傳　唐孔穎達疏　陸德明釋文

元翻宋本，八行十八字，注疏雙行二十字。版心不記字數及刊工人名。

按：此與余所見南皮張氏藏本行格同而字體不類，當是翻刻本也。

（四明范氏天一閣佚書，爲南潯劉承幹翰怡嘉業堂所藏）

三山拙齋林先生尚書全解四十卷 宋林之奇撰　缺卷二十二至二十四、三十、三十一

舊寫本，十一行二十一字。首林之奇自序，次淳祐庚戌衡州州學教授兼石鼓書院山長嗣孫林畊序，次淳祐十年七月盱江鄧均序。

鈐有撰叙謙牧堂藏書印記。（甲子歲保古齋見）

禹貢山川地里圖上下卷 宋程大昌撰

宋刊本，半葉十二行，行二十二字，白口，左右雙闌。前淳熙四年六月程大昌序。余曾借校，視通志堂本改正數百字，較四庫本多二圖。

（丁雨生舊藏，後歸劉惠之）

禹貢論二卷　地理圖二卷 宋程大昌撰　存論上卷　圖上卷，計二卷

影寫宋刊本，半葉十二行，行二十二字。鈔甚精，惜袛存上卷。（丙子）

尚書說七卷 宋黃度撰　缺第五卷

明萬曆刊本，十行二十字，白口雙闌。題"宋禮部尚書兼龍圖閣學士

新昌黄度著,同邑吕光洵校,延平田琯合肥黄遵年同閲,十一世孫天
球裕獻梓"。前有萬曆乙亥合肥後學黄遵年序,又吕光洵序,據言與
唐荆州太史同校者。

按:昔人謂此書通志堂所刊乃依千頃堂黄氏鈔本付刻,脱文缺字難
以枚舉,不及兹本之善,暇時當取而勘正之。(甲戌)

朱文公訂正門人蔡九峯書集傳六卷 宋蔡沈撰 書傳問答一卷

△八四一

宋淳祐十年吕遇龍上饒郡學刊本、半葉十行,行十八字,注雙行同,
細黑口,左右雙闌。版心上記字數,上魚尾下記"書傳一",下魚尾下
記葉數,最下記刊工姓名。卷後有"淳祐庚戌季秋金華後學吕遇龍
校正刊于上饒郡學之極高明"二行。 首有淳祐十年蔡抗進書表,
後有吕遇龍等跋文。

按:此書大字雕鏤精麗,吕氏跋文以手書上板,下真跡一等。據吕跋
稱倚席上饒,鋟梓學宫云云,則爲上饒郡學所刊,爲是書第一刻。(聊
城楊氏海源閣遺籍,然楹書隅録不載,辛未三月見於天津鹽業銀行庫房)

書集傳殘本 宋蔡沈撰 存卷第四一卷

宋元間刊本,八行十五字,傳低一格,細黑口,左右雙闌,版心上記字
數,下記刊工姓名一字。字大如錢,頗爲悦目,字仿平原體,刀工亦
勁健峭屬,然宋諱徵、敬皆不避,疑是元初印。版心題"書傳四"。(吴
江沈羹梅兆奎藏書,庚午十月持以相示)

書蔡氏傳旁通六卷 元陳師凱撰

元刊本,題:後學東滙澤陳師凱譔,後學預章朱萬初校正。半葉十三
行,大字二十二字,注字略小,低一格,每行二十四字,黑口,四周雙
闌。鈐有"元本"橢朱、"毛晉"朱二印。(癸丑)

尚書表注上下卷 宋金履祥撰

宋末元初刊本,十行十八字,黑口,左右雙闌,闌外四周附着音釋考

證各條,行間加墨擲及圓圈,每句下加點。宋諱缺筆。前有周春跋,
顧湄抄補序及跋。董其昌、吳焯、馬寒中、汪士鐘遞藏,有印。又有
"南樓書籍"朱文大印。(癸丑)

書集傳輯録纂註六卷又一卷　朱子説書綱領輯録一卷 元董鼎
輯録纂註

元延祐五年建安余氏勤有堂刊本,十行二十字,小字雙行二十四字。
題:"朱子訂定蔡氏集傳　後學鄱陽董鼎輯録纂註"。

説書綱領後有"建安余氏勤有堂刊"篆文牌子。(壬子)

書集傳輯録纂註六卷 元董鼎撰　五册

元建安余氏勤有堂刊本,十行二十字,小字雙行二十四字。鈐有槜
李項氏、秀水朱氏潛采堂各印。(海鹽張菊生元濟涉園藏書,壬子歲暮見於滬
上)

尚書通考十卷 元黃鎮成撰

元至正刊元印本,十二行二十四字,黑口單闌。題"昭武存齋黃鎮成
元鎮父編輯"。卷一缺五六兩葉,卷四不缺葉。各圖刊工甚精。(癸
丑)

尚書通考十卷 元黃鎮成撰

元至正刊本,十二行二十四字。有至正丁亥雷璣子樞序。

此書印本頗精,但卷一卷四仍各缺二葉,與吾國所見數本同。此亦
市橋所獻書之一。(日本内閣文庫藏書。　己巳十一月十九日)

科場備用書義斷法六卷 元鄒次陳悦道編輯　　　　李□五二二一

元刊本,十四行二十三字,黑口,四周雙闌。(德化李氏藏。癸未)

書集傳音釋六卷 宋蔡沈撰　元鄒季友音釋

元至正五年虞氏明復齋刊本,十三行二十二字,注大字低一格,每行
二十四字,音釋雙行同,黑口,四周雙闌。首孔安國序。序後有"至
正乙酉"鐘形木記,"明復齋"鼎式木記。本書首行題"書卷第一",下

題"鄱陽鄒季友音釋",次行低六格題"晦庵先生訂定",空一格下題"門人蔡沈集傳",三行低一格"虞書"。第六卷後有木記,文曰:"至正乙酉菊節虞氏明復齋刊"。卷末附書序,序後有木記,文曰:"至正乙酉良月南谿明復齋刊"。

每卷前後鈐有"乾隆御覽之寶"、"五福五代堂寶","八徵耄念之寶"、"太上皇帝之寶"、"天祿琳琅"、"天祿繼鑑"各璽。（戊午）

尚書纂傳四十六卷 元王天與撰 存卷四至十,三十八至四十六,計十六卷

清影寫元刊本,半葉十一行,行二十字,注雙行低一格。版式闊大,高九寸,寬六寸八分,摹寫精工。題"後學王天與立大纂,集齋彭應龍翼夫增校。"

忠謨謹按:此書別有跋,收入藏園羣書題記初集卷一。

古書世學六卷 明豐坊撰

明藍格寫本。（癸丑）

尚書大傳四卷

愛日草廬刊本。龔孝拱橙跋其書衣云:

"亟當覓購孫之騄晴川八識中本,皆識所出原書,取校一過,再補其遺而重刻之。"

"此愛日草廬重刻雅雨本,又從而繙刻之,龔孝拱舊藏,右方其手迹也。卷中亦有所記,當時陳恭甫書未行,故龔氏欲據孫本補遺,然近代新出玉燭寶典內更有多則,恐非陳本所有也。慧琳眾經音義、原本玉篇零卷亦可採集。"

此獨山莫楚生棠手記也。沅叔附志。（莫氏遺書,己巳九月見）

尚書大傳註四卷 漢鄭玄撰 補一卷 清惠棟輯 △一一二六六

清惠棟紅豆齋寫本,墨格,闌外有紅豆齋鈔本五字。補一卷題鱣門惠棟定宇抄集。鈐有"惠棟之印"、"松厓"、"紅豆齋"各印。卷中有翁覃谿方綱朱筆校改。（已收。癸亥）

詩　類

毛詩四卷

宋刊本，白文，半葉七行，行十六字，黑口，左右雙闌。音訓注于經文側，每行外加小行傍注之，卽後來旁訓之式也。句讀加小墨圈。鈐有"虞山錢曾遵王藏書"朱文印。（翁克齋藏書，辛未四月二十五日見）

會通館校正音釋詩經二十卷

明弘治十年華燧會通館活字印本，九行十七字，音釋在每篇後，雙行。版心上題"弘治歲在彊圉大荒落"，中題詩經幾卷，下題："會通館活字銅版印"。前有朱晦庵詩傳序，雙行。（壬子）

韓詩外傳十卷　漢韓嬰撰

明嘉靖十八年薛來芙蓉泉書屋刊本，九行十八字，板心下方有"芙蓉泉書屋"五字。前有嘉靖十八年濟南陳明序，又錢塘楊祐序，次韓嬰小傳，後有嘉靖己亥薛來刻書序。

按：此書通津草堂所刻最稱善本，刊手亦最精。然余曾臨黃蕘圃校元本，則通津本誤字最多，而此本乃往往與元本合。乃知古書非比勘不知其優劣，未可據耳食爲定論也。（余藏）

韓詩外傳校正十卷　清周廷寀撰　附拾遺一卷　清周宗杭撰

清乾隆五十六年周氏營道堂刊本，有歙東胡虔善序。

韓魯齊三家詩考六卷　宋王應麟輯　　　　　　　△八五四

元刊本，十一行二十二字，黑口，四周雙闌。前景定五年甲子良月之望古淐文及翁伯學序，次應麟自序，皆半葉九行。次延祐甲寅胡一桂序，半葉八行，行書。次目次、三家傳授圖。卷一韓詩，卷二魯詩，卷三齊詩，卷四逸詩，卷五詩異字異義，卷六補遺。（海源閣遺書，辛未二月十二日觀於天津鹽業銀行庫房）

按：以張金吾藏書志考之，知爲胡一桂詩集傳纂疏所附刊，有"泰定

丁卯仲冬翠巖精舍新刊”木記在目録後。楊協卿盛稱此本，而詆玉
海通行本之謬。頃假出以浙本勘之，玉海本通爲一卷，此爲六卷，當
是王氏舊第。至文字異同，僅韓詩韓奕幹正也下多“謂以其義非而
正之”一句爲勝異，餘則脱佚滿紙，疑爲胡氏妄删，遠在玉海本下也。
胡氏纂疏元刊流傳頗多，昔在廠市曾見二部，昨游日本，於前田氏尊
經閣亦見一部，頗爲精善。

忠謨謹按：此書别有跋，收入藏園羣書題記初集卷一。

毛詩鄭箋二十卷附纂疏　漢毛萇、鄭玄撰

明刊本，題漢趙人毛萇傳，北海鄭玄箋，明甬東屠本畯纂疏，補協江
都陸弼、歙程應衢校。版心刊“玄覽堂”三字，有萬曆甲午新都程應
衢字康伯序。

鈐有“趙作羹字子和”、“此山藏書”二印。（徐梧生遺書。丁卯）

毛詩鄭氏箋二十卷　漢毛萇、鄭玄撰

日本古活字本，八行十七字，注雙行同，字與周易用同一字模。余舊
藏本行格同，但板式較大。（忠記書莊取閲　丁卯）

毛詩正義四十四卷　缺卷一至七　存三十三卷

宋紹興九年紹興府刊本，半葉十五行，每行二十四五六字不等，白
口，左右雙闌，版心下方記刊工姓名。版匡高七寸八分，寬五寸三
分。每卷尾記字數儀禮正義惟尾卷記字數，每卷不記，與此本異。尾葉有書
勘、都勘、詳勘、再校各官銜名二十行。次淳化三年壬辰四月進書官
銜名李沆等四人十一行。又空五行，列紹興九年九月十五日紹興府
雕造，下接連有校對雕造官銜名四行。

鈐有“金澤文庫”、“香山常住”等印。

按：此書不見於訪古、訪書二志，惟古文舊書考載之。避宋諱至完字
止。原獲于周防古刹，旋歸井上伯爵，最後歸竹添光鴻，轉入恭仁山
莊文庫，世間孤帙，流傳有緒，可寶也。聞方籌印行之策，以繼尚書

之後。余嘗謂宋本單疏如儀禮四十五卷汪閬源所藏,今不知何在禮記四卷在狩野直喜博士處見影本公羊九卷藏蔣孟蘋家周易十四卷藏北京徐梧生家爾雅十卷靜嘉堂藏一部、蔣孟蘋藏一部、劉翰臣藏半部皆見存于世,倘薈萃羣經,得有力者精印流傳,足慰海內外學人之望。區區微願何日能償,聊志于此,以當息壤。此書內藤虎博士客座所觀,略誌其大要。旋導入庫中,恣意披尋,迫暮乃出。舊鈔古刻目不暇給,朝鮮古刻尤多異書,如益齋亂稿、桂苑筆耕均非今日所行之活字本。又見高麗藏經,乃初板,尋常所見皆元以後重刊也。其中於明季清初史事有關諸書尤多秘本,如清初三朝寶訓實錄十函,乃乾隆以前寫本,未經刪削者,太祖、太宗、世祖三朝事也。惜晷短目眵,未及撮記,姑志於此,以竢他日。(己巳十月二十八日觀於日本奈良內藤氏恭仁山莊)

毛詩詁訓傳二十卷 漢毛萇、鄭玄撰　唐陸德明釋文　存卷十八至二十,計三卷

△八四〇

宋建本,半葉十行,行十八字,注雙行二十四字。宋建本,半葉十三行,行二十四字,注雙行同,細黑口,左右雙闌,闌外記篇名。傳箋下附釋文,又重言重意附注皆以白文別之。

有清查慎行、顧廣圻跋,吳榮光觀欵。

鈐有"谿莊"、"岐山草堂"二宋印。此巾箱本,與余藏禮記同。(海源閣書,辛未二月十二日觀於天津鹽業銀行庫房)

監本纂圖重言重意互注點校毛詩二十卷圖譜一卷 漢毛萇傳　鄭玄箋　唐陸德明釋文　卷五至七鈔配。

△七九一六

宋刊本,半葉十行,行十八字,注雙行二十四字,黑口,四周雙闌,版心記刊工姓或名一字,左闌外記篇名。首行標題如上,次低一格題唐國子博士兼太子中允贈齊州刺史吳縣開國男陸德明釋附,三行頂格題周南關雎詁訓傳第一,又次低一格夾注釋文,後接毛詩國風,注釋文,接鄭氏箋,夾注釋文。次提行詩序起,序後空一格卽接本

經，不提行。凡經文下夾行先注，次箋，次釋文，相連而下，惟重言重意加圓圈以別之。每詩句讀加小圈宋。諱避至慎字止，間亦有不避者，蓋坊肆所刊，未盡嚴謹也。字體工麗，鋒稜聳峭，審爲建本之至精者，且標明監本，則源出胄監，其點校當爲有據。前附毛詩圖譜五葉，四詩傳授圖一葉。

收藏印記如下：“王祖嫡印”、“太子洗馬”、“辛未進士”、“師竹山房藏書私印”、“求古居”、“平陽汪氏藏書印”、“三十五峯園主人”、“汪印文琛”、“汪士鐘讀書”、“宋本”橢圓印。

考王祖嫡爲山東德州人，河南信陽衛官籍，明隆慶辛未科三甲進士，與黃洪憲、吳中行、郭子章、王象乾爲同榜，師竹山房當爲祖嫡齋名。求古居爲黃丕烈印，餘均汪士鐘所鈐也。（癸酉二月上浣閱）

忠謨謹按：此書別有跋，收入藏園羣書題記初集卷一。

附音釋毛詩注疏二十卷 缺卷一之二、二、三、十六至二十

元刊本，十行十七字，注二十三字。有馬笏齋藏印。（徐梧生遺書。丁卯）

毛詩名物解二十卷 宋蔡卞撰

宋刊本，十一行二十字。避宋諱。皮紙精印。（宏遠堂見。壬子）

毛詩名物解二十卷 宋蔡卞撰

舊寫本。題“宋蔡元度著，後學會稽沈蓋校刊。”一目錄，二、三釋天，四釋百穀，五釋草，六釋木，七、八、九釋鳥，十、十一釋獸，十二、十三釋蟲，十九、二十雜解。缺十五至十八卷，共四卷，疑第一卷亦缺也。有嘉靖七年戊子清明留齋沈蓋序。鈐有：“玉峰徐氏傳是樓藏書”，“沈茱園”，“宋旣庭”諸印。（涵芬樓藏書。乙丑）

李迂仲黃實夫毛詩集解四十二卷 宋李樗、黃櫄撰 存卷一至十八

舊寫本，十二行二十三字，卷五以下每行十六字，藍格，板心有“耕野堂鈔本”五字。首卷標題下列“三山李樗迂仲講義”，“南劍教授黃櫄

實夫講義"，"三山先生李泳深卿校正"，"東萊先生呂祖謙伯恭釋音"
四行。首十五國都地圖，次李氏毛詩圖譜詳説，次黄氏説詩總論，次
族譜，次四詩傳授圖，次十五國風譜，次毛詩綱目，其次第與通志堂
本微異。（文德堂送閲。甲子）

詩集傳二十卷　宋朱熹撰

宋刊本，板匡高六寸二分，寬四寸四分。半葉七行，每行十五字，注
雙行同，白口，左右雙闌。版心單魚尾下記詩卷第幾，上記字數，下
記刊工姓名。宋諱避至郭字止，蓋成書後第一刻本也。舊爲袁廷檮
五硯樓藏書，後歸陳仲魚鱸。仲魚所作綴文定爲後山所刊。

按：此本與北京圖書館所藏内閣殘本同。（日本静嘉堂文庫藏書。己巳十
一月十三日觀）

詩集傳音釋十卷　宋朱熹集傳　元東陽許謙音釋

明刊本，十行二十二字，黑口雙闌，大版心。首朱熹序，次詩圖，次詩
傳綱領，次詩序。凡經文頂格，傳低一格，音釋雙行附各章節下，加
音釋二字，以墨圍别之。字體婉秀，初印，紙墨皆精。鈐有："安樂堂
藏書印"朱、"世澤堂藏"白各印。（余藏）

詩集傳名物鈔音釋纂輯二十卷　元羅復纂輯

元至正十四年餘慶書堂刊本，十二行二十一字，黑口，四周雙闌。次
行題"東陽許謙名物鈔音釋"，三行題"後學廬陵羅復纂輯"。首朱熹
序十行，次集傳凡例十三行，次綱領，次詩序，次圖。凡例後有牌子，
文曰：

> 至正甲午孟春
> 餘慶書堂新刊　　　（文友堂取閲。己未）

詩集傳音考二十卷　□余謙撰　缺一册

元刊本，十一行二十一字，注雙行同，黑口，四周雙闌。首詩傳綱領，
次詩序，次本書。首行題"詩卷一"，次行低三格題"朱子集傳"，下空

一格題"金陵余謙音考篇"。中音考在注後，以黑圓圈別之。鐫工精湛圓融，元板之正宗也。

按：此書經義考不録，余謙亦未審爲何時人，疑當在元代也。（文友堂見，癸酉八月十日）

詩集傳通釋二十卷　元劉瑾撰

元至正十二年日新書堂刊本，十二行二十一字，注大字二十三字，夾注小字同，黑口，四周雙闌。卷一後有牌子，如下式：

```
至正壬辰仲春
日新書堂刻梓
```
（日本前田氏尊經閣藏書，己巳年十一月十四日閲）

詩集傳通釋二十卷綱領一卷外綱領一卷　元劉瑾撰

元至正十二年劉氏日新書堂刊本，十二行行二十一字，傳低一格二十二字，小注雙行二十二字。卷一後有"至正壬辰仲春日新書堂刻梓"牌子二行。序抄補一葉，題"景泰五年歲在甲戌仲秋後學商輅補書"二行。

鈐有"商輅"、"寶墨齋"、"鈐山堂家藏經史之印"、"隆慶壬申夏提舉副使邵總理書籍關防"、"禮部官書"、"李茂先印"、"字濟川號松山"各印。每卷尾鈐"彝尊讀過"朱文印。（文友堂見）

吕氏家塾讀詩記三十二卷　宋吕祖謙撰

宋刊本，十二行二十二字，注雙行同，細黑口，四周雙闌，版心上記字數。前有淳熙壬寅朱熹序，九行十七字，惟第一葉乃明末補刊配入者。存卷一至六。

配入宋刊本，十三行二十五字，注同，細黑口，左右雙闌，版心不記字數。題"東萊先生吕氏讀詩記"，于吕氏説視本文低二格，以中字狹行書之，大約三行約占本文二行，字視注文爲大而視本文爲小。存卷七至三十二。十三行本中間亦配入十二行本者，然文字則不相接矣。

藏印如後："項氏萬卷堂圖籍印"朱、"浙西項德校希憲藏書"白、"遼西

郡圖書印"朱、"項氏希憲"白、"萬卷樓"朱、"毛晉"、"毛晉私印"、"毛氏子晉"、"汲古主人"、"汲古閣"。

此持靜齋丁氏藏書,見于廠市已數年矣,今又持來,索二千元,定價不二,恐無力收之矣。沅叔。(己巳二月)

詩說十二卷總說一卷 宋劉克撰　缺卷二、十兩卷　　△八五〇

宋刊本,半葉九行,行二十二字,白口,左右雙闌,版心上記字數,下記刊工人名。卷一首葉刊工有吉州吳刊四字,餘則但題一字。避宋諱不謹。用羅紋紙印。序六行十七字。劉坦二跋七行十四字,低二格。其在序後者字體墨色與全書不同,紙色亦異,當是後刊補入。有明吳寬、錢同愛識語。(海源閣遺書,辛未二月十二日觀於天津鹽業銀行)

詩地理考六卷 宋王應麟撰

元刊本,十行二十字。鈐有"尚寶少卿袁氏忠徹印"。別有朱記,錄顏氏家訓借人典籍云云。四明袁氏靜思齋誌。(徐坊遺書。癸亥見)

詩經疏義會通二十卷 元鄱陽朱公遷撰

明嘉靖二年安正書堂刊本,十一行二十一字,注雙行同,黑口,四周雙闌。卷一首葉題欵四行:

"後學番易朱公遷克升疏義,野谷門人王逢原夫輯錄,松陽門人何英　積中增釋,書林安正堂劉氏重刊"。

前至正丁亥公遷自序,次正統甲子番陽梅谷何英跋,言朱公以官金華郡庠日纂成此書,永樂丁酉英於葉氏廣勤堂參校增輯,蕆成未及付梓。正統庚申葉君景達促付梓,乃重加增釋,付京兆劉剞劂刻之云云。次讀詩凡例、次引用先儒姓氏,次小序,次綱領,次大全圖。先儒姓氏後有牌子如下式:

> 嘉靖二年孟夏月安正堂重刊

卷末有牖式牌子:

> 癸未年仲夏
> 安正書堂刊

有唐翰題跋二則：

“朱克升氏公遷，本朱子之學，益以輔氏之説而擴充之，其所學純
粹可知已。惜原書不傳，僅見此耳。”

“讀何君英記語，則是書全非朱公遷之舊矣。明初人已不免纂改
之陋習，況降而下者乎？可慨也。”

鈐有“杭世駿印”朱文印。(海豐吳仲懌家舊藏。癸酉九月三十日)

詩經旁訓

元刊本，七行十六字，附注三十二字，旁注四十二三字不等。賦比興
字陰文旁注。(翁弢夫藏書，壬子歲見)

詩意　明劉敬純撰　存一册

明寫本，十行二十三字。存關雎至狼跋，國風至豳風。(孫壯藏書)

毛鄭詩考正四卷首一卷　清戴震撰　　　△一一二六七

清寫本。吳騫朱筆考證。卷首有新坡鄉校印。(余藏)

毛詩名物解　清焦循撰

焦循手稿。存邶風柏舟至商頌那之什，共一百八十七葉，行間及眉
上塗改爛然。每卷有跋語：

“閏五月二十四日夜録，時漏三鼓，蟲聲若靁，一鐙如豆，懷抱豁
然。”邶風後

“九月二十八日至十一月十二日删録鄘風畢。”鄘風後

“庚戌二月十八日録畢，時館于深港，深港在城南十五里。”王風後

“乾隆五十五年六月六日録十五卷。畢亢旱二十日忽得雨，炎蒸
退屏，懷抱甚愷。壬子九月廿五日删定。”豳風後

“辛亥夏五月晦日録成于江外草堂，時陰雨念餘日，麥爲之傷。是
日晴，天氣清涼如四月天。”小雅鴻雁之什後

“六月十六日録畢，是日暑熱。”小雅節南山之什後

“六月十七日録畢。”小雅谷風之什後

"秋八月初十日成。"小雅甫田之什後

"中秋前一日晚燈下刪改畢。"小雅魚藻之什後

"八月十八日定。是日天涼,須穿夾衣。"大雅文王之什後

"癸丑二月十三日刪定。大雷大雪大雨者十日,是晚大月,更深人
靜,意殊快然。"大雅文王之什後

"初五日大熱如暑,不可以衣,明日午飯時雨雪雹繼作,積雪二寸,
冷若嚴冬,大毛之裘不足以禦冷也。"大雅文王之什後

"廿六日畢。是日秋分,細雨淒淒然。"大雅蕩之什後

"辛亥九月初二日錄畢。此書作之八年,易稿五次,然須刪改者尚
有十之二。甚矣,著書之難也。"商頌後(徐梧生遺書。丙寅見)

詩比興箋四卷 　清魏源撰

原刊本。龔孝拱橙跋書衣云:"此寔魏公所爲。憶道光己丑大人官京
師,寓上斜街,魏先生館藤花廳屮之宦,長夏箋詩一編,日仄不息,成
此卷也。橙記。"(莫楚生遺書,己巳九月見)

詩小序翼二十六卷 　清武威張澍纂

舊寫本。前有題辭一首,大略力辨小序子夏作決非僞撰,因取毛傳、
鄭箋、韋昭國語注、孔穎達疏、以及宋人呂氏祖謙、嚴氏粲、范氏處
義、蘇氏轍、黃氏壎、李氏樗、曹氏粹中、王氏應麟並國朝顧炎武、陳
啟源、徐文靖諸人論詩有與小序相發明者咸採輯之。至郝敬、何楷
雖多新說,擇其與序附麗者著之云云。卷首有作詩時世圖考。

此書蜚英閣送閱,言未有刻本,竢詳考之。(辛巳十一月)

禮　　類

周禮注十二卷 　漢鄭玄撰　存卷一至六,卷七至十配附釋文本　△八六三四

宋婺州市門巷唐宅刊本,半葉十三行,行二十五六字,注雙行三十五
字,白口,左右雙闌,版心記字數及刊工姓名,有王珍、沈亨、余竑、徐

林、李才、卓宥、高三諸人。卷三末葉有牌子,文曰:

> 婺州市門
> 巷唐宅刊

卷七至十二半葉十一行,行二十一二字不等,注雙行同,白口,四周雙闌。版心上記字數下記刊工姓名。避宋諱至慎字止。附釋文。有楊守敬之跋。

鈐有:"周櫟園藏書印"白、"商丘宋犖收藏善本"朱、"緯蕭艸堂藏書記"朱、"臣筠"、"三晉提刑"各印。余嘗以校黃刻本,頗有改正。(袁寒雲藏,丙辰見)

周禮注十二卷 漢鄭玄撰　存卷九至十,共二卷

宋刊本,版匡高七寸八分,寬五寸三分。半葉八行,每行十六字,注雙行二十一字,白口,左右雙闌,版心上記字數,魚尾下記周禮幾間有不用魚尾而代以橫線者,下記葉數,最下記刊工姓名。宋諱避至慎字止。單注,不附釋文。每卷鈐有蒙文朱文方印,又黃丕烈、汪士鐘、陸樹聲各印。有黃丕烈手跋二則。卽百宋一廛賦所謂周禮一官者也。

按:此本字體古勁,近柳誠懸。與蜀大字本蘇文忠、蘇文定、秦淮海諸集極相近,黃氏定爲蜀大字本,洵然。(日本靜嘉堂文庫藏書,己巳十一月十五日閱)

周禮註十二卷 漢鄭玄撰　唐陸德明釋文　存卷三至六,計四卷

△七九二三

宋相台岳氏家塾刊本,每半葉八行,每行十七字,註雙行同,註後附釋音。卷中凡經注句讀均加小圈。黑口,四周雙闌。間有單闌者,不一。版心雙魚尾,上記字數,上魚尾下記周禮幾,下記刊工人名,有王國用、陳元父、陳旻、陳景,鄧祥甫、楊明、孫和夫、垚父、君宏、德甫、景仁、景南、和孫、正叔、孟、黃、吳、東、辰、川、日等。左闌外有耳記篇名。卷中宋諱不避。

鈐印有:"內府"白文葫蘆印、"清真軒"白、"恩榮"白、"華夏私印"白、"東

沙居士"白、"宋本"朱文橢圓、"百宋一廛"白、"黃丕烈印"、"復翁"白、
"士禮居藏"白等。

按：此書字體粗鬆，印工亦不精，卷中宋諱不避，雖號稱宋刊，終不無
疑議。然家無岳刻，存之備一格而已。己巳歲以四百金得之文友
堂。

周禮注十二卷 漢鄭玄撰　　　　　　　　　　△七二六九

明嘉靖徐刻本。錢聽默、黃丕烈據宋本校。（辛酉二月朔見于蔣孟蘋家）

周禮注十二卷 漢鄭玄撰　唐陸德明釋文

明刊本，八行十七字，白口雙闌，口上有刻工姓名一字，闌外標題。
注後附音釋，與徐刻不同。（蔣孟蘋藏書）

周禮注六卷 漢鄭玄注　唐陸德明釋文

明嘉靖刊本，十行二十字，附音釋，作陰文。有嘉靖丁亥陳鳳梧序，
言付松江守何鰲刻。（滬市見，已收。癸丑）

周禮注十二卷 漢鄭玄注　唐陸德明釋文。　存卷第七、八、共二卷

宋刊本，半葉十一行，每行二十三字，注雙行同，黑口左右雙闌。

按：此本刊工款式與余所藏監本纂圖互注禮記同。（日本靜嘉堂文庫藏
書，己巳十一月十三日閱）

纂圖互註周禮十二卷 漢鄭玄註　唐陸德明釋文。**圖說二十七葉**

宋刊本，半葉十二行，行二十一字，註雙行二十五字，細黑口，左右雙
闌，左闌外記篇名卷數。

按：此南宋建本，刻印俱精，與景二寶及李木齋先生所藏必有一同者。
（常熟瞿氏藏，乙卯八月三十日見于罟里宅中）

纂圖互注重言重意周禮十二卷 漢鄭玄注　唐陸德明釋文

宋刊本，半葉十一行，行二十字，注雙行二十七字，細黑口，左右雙
闌，版心魚尾上記字數，下記刊工人名，闌外記篇名。每卷後記經若
干字，注若干字，音義若干字。（李木齋先生藏書）

周禮注十二卷 漢鄭玄注 存卷七至十一

宋刊巾箱本，半葉九行，每行十七字，注雙行十八字，細黑口，四周雙闌，版心上方記字數，左闌外上方有耳記篇名。版匡高三寸，寬二寸一分。鄭注文下附重言，用白文別識之。

鈐有青芝山房寶藏、董止齋覽藏記、潯陽山人、乾隆御覽之寶、天祿琳琅各印。

按：天祿琳琅前後目均載有宋刊周禮鄭注二部，然皆非巾箱本，則此書並未入目也。余別見有纂圖互注本凡三帙，亦均不如此版之小，惟瞿氏藏有尚書孔傳，其版式狹小，正與此同，或爲一時所刊，要是建中坊肆備士人場屋之需耳。

京本點校附音重言重意互注周禮

明刊本，十行二十字，黑口，四周雙闌。卷首纂圖十葉，凡重言重意互注等字均以陰文別之。（壬戌）

周禮疏五十卷 漢鄭玄注 唐賈公彦疏 存卷一至二，十三、十四、二十七至四十七、四十九、五十，計二十七卷　　李□九〇七四

宋刊元明遞修本，半葉八行，行十五字至十九字不等，註雙行二十二三字不等，白口，左右雙闌，版心記字數及刊工人名。

鈐有袁忠徹、宋筠藏印，又有"貞元"印。（李木齋先生藏書）

周禮疏五十卷 漢鄭玄注 唐賈公彦疏 陸德明釋文

宋浙東茶鹽司刊本，八行十五字，注雙行二十二字，白口，左右雙闌。卷帙完整，紙幅寬展，惟間有元代補刊之葉。（故宮藏書，丁卯七月）

周禮註疏四十二卷 漢鄭玄註 唐賈公彦疏 陸德明釋文

明嘉靖常州知府應檟刊本，九行十八字，白口，四周雙闌，版心下記刊工姓名，註疏雙行。

題："提督直隸學政監察御史餘姚聞人詮校正直隸常州府知府　遂昌應　檟刊行。"（余藏）

鬳齋考工記解上下卷 宋林希逸撰

宋刊本，半葉十行，行十八字，白口，左右雙闌，版心上記字數，下記
刊工姓名，卷後附釋音。查初白慎行舊藏，有跋一則。録後：

> "林希逸字肅翁又號鬳齋，福清人，乙未吳橋由上庠登第，凡三試
> 皆第四，真西山所取士也，是歲以堯仁如天賦預選，時稱林竹溪，
> 周草窗雜志中載其登第事甚詳。查慎行手識。"

鈐有："葉氏崧竹堂藏書"朱文圓印、"毛裒字華伯號質菴"白文、"得樹樓
藏書"朱文長方、"古澹居"朱文各印。

卷中有延祐四年刊補數葉。上卷釋音鮑人以下九行前年所校李氏
藏本所無，通志堂本亦失之，得此補足，亦一快也。（己巳三月達雅齋送
閲）

忠謨謹按：此書別有跋，收入藏園羣書題記續集卷一。

周禮五卷冬官補亡一卷 元丘葵撰　　　　　　　李□四二九九

明刊本，十行二十三字。題"清源釣磯丘葵吉甫學"，"無錫後學顧可
久編次"，"餘干後學李緝重刊"，"餘姚後學張心校正"。有泰定甲子
丘葵序。鈐有袁卧雪廬藏印及王蓮孫藏印。（李木齋先生遺書，癸未歲
見）

周禮傳五卷翼傳二卷圖説二卷 明王應電撰　十四册

明嘉靖四十二年永豐令吳鳳瑞刊本，七行二十二字。吳人王明齋著
名應電，寓泰和。前有嘉靖戊午王應電自序，次壬子八月楊豫孫序，次
嘉靖三十七年羅洪先序，次嘉靖癸亥永豐令楚蘄吳鳳瑞後序，次嘉
靖三十九年江西左參議姜行文，次嘉靖四十二年永豐縣奉江西巡撫
胡行文。（庚午）

讀禮疑圖六卷 明季本撰　存卷三至六，共四卷

明刊本，十行二十一字，似嘉靖刊本。本會稽人，其恉重在議論，大
要敍歷代沿革事實而加以評斷。四至六卷皆詳考田制、兵制。末有

詩四句:"讀禮疑圖須讀畢,此是致君堯舜術。達人不以人廢言,衆説紛紛可歸一。"(辛酉)

周官析疑　清方苞撰

舊寫本。題爲別本,未刊行。鈐有盧氏抱經樓藏印。(古書流通送閲。壬戌)

以上周禮

儀禮十七卷　白文

宋元間刊本,半葉十行,行二十字,版心上記字數,中記儀禮幾,下記刊工姓名,白口單闌。宋諱不避。前有儀禮篇目一葉。鈐有"東堂"朱方、"李鑾宗氏"朱長二印。

是書剜損太甚,有數行全行刓去者,可恨!可惜!(壬子)

儀禮注十七卷　漢鄭玄撰

明刊本,八行十七字。　　　　　　　　△八四二

按:此海源閣藏四經四史之一,實明嘉靖刊本,不知緣何誤認。楊氏所藏舍此外尚有春秋經傳集解、東萊左氏博議、脉經,皆明本而號爲宋刊,大戴禮記爲元本而號爲宋本。(辛未三月十三日見于天津鹽業銀行庫房)

儀禮注十七卷　漢鄭玄注

明嘉靖間徐氏覆刻岳氏本,八行十七字,白口,四周雙闌,版心魚尾下題"儀禮一",下記葉數。卷末標題次行小字雙行記"經若干字"、"注若干字"。(余藏)

儀禮注疏十七卷　漢鄭玄注　唐賈公彦疏　唐陸德明釋文

明正德十六年陳鳳梧刊本,十行二十字,注疏雙行,黑口單闌。次行題"後學盧陵陳鳳梧編校"。(余藏)

儀禮十七卷儀禮圖十七卷旁通圖一卷　宋楊復撰

元刊明修本,十行二十字,黑口,左右雙闌,版心上記字數,下記人

名。補板各葉板心有"閩何校"、"林重校"、"運司蔡重校"各字,間有
題"正德十二年補葉"七字者。（此書代張菊生購存,值五十元。癸丑）

儀禮圖十七卷　宋楊復撰

元刊本,十行二十字。（南皮張氏書。壬戌春見於日知報館）

儀禮要義五十卷　宋魏了翁撰

宋刊本,九行十八字,白口,左右雙闌,版心上記字數,下記人名。印
本清朗,爲嚴修能藏書。鈐有"蕙櫏"、"元照私印"、"修"、"張氏秋月
字香修一字幼憐"各印。均朱文。

按:此書久能没後乃散出,蓋在嘉慶時,不知緣何入于中秘,或臣工
進呈及鈔没貴家所得也。（故宮藏書。丁卯七月）

儀禮集説十七卷　元敖繼公撰

元刊本,十二行十八字。四周單闌,版心魚尾上記字數。（壬子）

儀禮鄭注句讀十七卷　清張爾岐注

精鈔本。有顧炎武序,劉孔懷序。自序後有張敦仁手跋:

"右儀禮鄭注句讀十七篇,附監本正誤、唐石經正誤二篇,濟陽張
爾岐著。爾岐字稷若號蒿菴,濟陽諸生也。嘗自敍蒿菴處士墓志
云:處士著儀禮鄭注句讀,鮮愛者。遇崑山顧寧人炎武録一本藏
山西祁縣所立書堂,長山劉友生孔懷取一本藏其家。而亭林亦稱
是書根本先儒立言簡要爲可傳。又自以爲獨精三禮,卓然經師,
吾不如張爾岐。于其没弔之云:從此山東問三禮,康成家法竟誰
傳,蓋其推重如此。案先生所著尚有易詩二經説略,夏小正傳注
一卷,弟子職注一卷、老子説略二卷,蒿菴集三卷,蒿菴閒話二卷,
濟陽縣志九卷,吳氏儀禮考注訂誤一卷,俱藏家塾。又春秋傳義,
未成,而唯是書及夏小正傳注今已版行。此本乃鳳台牛達文家藏
者,乾隆癸卯予從借録,因爲整齊脱誤,標諸簡端,並略述舊聞于
後而歸之,俾讀其書略知其人云。甲辰四月陽城張敦仁謹識。"（海

源閣遺籍，庚午）

雙峰先生內外服制通釋九卷 <small>宋天台車垓經臣撰　缺第九卷</small>

舊寫本。有至元後己卯牟楷仲裴序。鈐有翰林院印。

按：此書四庫著錄僅七卷，佚八、九二卷，此第八卷尚存。（臨清徐坊遺書。癸亥）

以上儀禮

禮記三卷 <small>白文</small>

明刊本，九行十八字。似嘉靖刊本。武昌朱廷立校。（甲寅）

禮記三卷 　　　　　　　　　　△一一二六八

明嘉靖三十一年翁溥刊白文五經本，九行十七字，白口，四周雙闌。後有嘉靖壬子諸暨翁溥刻五經正文跋。（余藏）

禮記注二十卷 <small>漢鄭玄撰</small>　　　　　　△八四三

宋淳熙四年撫州公使庫刊本，半葉十行，行十六字，注雙行二十四字，白口，四周雙闌。版心上記字數，上魚尾下題“禮記一”，下魚尾下記葉數，下記刊工人名。卷末有顧廣圻二跋，文見楹書隅錄。鈐有“顧汝修”、“徐健菴”、“乾學”各印。

按：此海源閣四經四史之一，爲撫州原刊，無補版，初印精善，紙厚靱，墨色濃郁，行間眉端墨書爲宋人手蹟，至可寶也。辛未三月十三日觀海源閣遺書於天津鹽業銀行，得見宋本三十三種，元本二十三種，校本二十一種，鈔本十九種，明本一種，此其尤者。沅叔。

禮記注二十卷 <small>漢鄭玄撰　存卷一至五，共五卷</small>　　△六五八〇

宋刊巾箱本，半葉十行，行二十字，注雙行二十八字，白口，四周雙闌。版心上魚尾下記禮記幾，下魚尾下記葉數，下記刊工姓名。字瘦勁，小字精絕。卷一後有墨記云“婺州義烏酥溪蔣宅崇知齋刊”。

（瞿氏鐵琴銅劍樓藏書，乙卯八月三十日、訪書虞山、見於罟里瞿宅）

禮記注二十卷 <small>漢鄭玄注</small>

日本古活字本，八行十七字，注雙行同。（與余舊藏同一版。丁卯）

禮記注二十卷 漢鄭玄撰

日本慶長間足利學校銅活字印本，八行十八字。

禮記注二十卷 漢鄭玄注　唐陸德明音義

宋刊本，十一行十九字，注雙行二十五字，黑口，左右雙闌，版心上記字數。宋諱缺末筆，或加圓圈，或用陰文以別之。注下增重言重意，并附陸氏釋文。凡重言重意及音釋等字皆以陰文別之。

每卷首行題“禮記卷第幾”，下注“經若干字”，“注若干字”。次行如下式：

“某篇第幾”空一格。“禮記”空五格。“鄭氏注”間有“附陸氏釋文”五字。

此書莫楚生棠謂是余仁仲本。其行款大小字均同，然其避諱不謹，又通卷無一牌子，又加入重言重意，恐非也。大約南宋坊刻之書耳。沅叔。（癸丑）

纂圖互註禮記二十卷 漢鄭玄注　唐陸德明音義 舉要圖一卷 卷一第一

至二十三葉抄配　　　　　　　　　　　△七二七三

宋刊本，十二行二十一字，注雙行二十五字，黑口，左右雙闌，闌外左上方刻篇名某卷某葉，注後附音釋及重言重意。前有禮記舉要圖九葉。有尤侗、林佶、李兆洛、錢天樹、張蓉鏡等跋。

鈐有“劉恒”白、“坦齋”白、“錢選之印”白、“臣名岐昌”白、“石友過眼”朱白、“得樹樓藏書”朱、“舊山樓”朱、“清閟閣書”朱、“海寧查慎行字夏重又曰悔餘”白、“南書房史官”白、“蔣揚孫讀書記”朱、“元發”白、“文彭”朱、“壽承氏印”白。（涵芬樓藏書，辛酉）

纂圖互注禮記二十卷 漢鄭玄註　唐陸德明音義 舉要圖一卷

宋刊本，版匡高五寸九分弱，寬三寸九分弱。半葉十一行，每行二十一字，注雙行二十五六字不等，細黑口，左右雙闌，版心雙魚尾，上魚

尾下題記圖幾，下魚尾下記葉數，不記字數及刊工姓名，闌外記篇名
卷數葉數。避宋諱至慎字止。鈐有"胡惠孚印"回文、"篦江"、"當湖
小重山館胡氏篦江珍藏印"。又陸樹聲各印。

按：此本字畫精湛，是建本之最良者。陸心源氏曾校過，謂可與撫州
公庫本相伯仲。（日本靜嘉堂文庫藏書，己巳十一月十三日閱）

監本纂圖重言重意互注禮記二十卷 漢鄭玄撰 唐陸德明音義

宋刊本，半葉十行，每行十八字，十五卷以後每行十九字，注雙行同，
細黑口，四周雙闌，版心上魚尾下記記一、二等字，左闌外記篇名。
宋諱缺末筆。

首月令中星圖，次月令所屬圖，玄端冠冕制圖，委貌錦衣制圖，衣冠
制圖，器用制圖，月令春夏昏星之圖，月令秋冬昏星之圖，共六葉。

本書首行標題"監本纂圖重言重意互注禮記卷第一"，次行"禮記上
第一"，三行低三格題"禮記"二字，空六格題"鄭氏注"。每句下先列
鄭注，次陸氏音義。其重意或重言在注中標大字於文上，其二字並
加圓圍以別之。

鈐有："玉蘭堂"白、"宋本"朱圓、"乙"朱方、"毛晉之印"朱方、"毛氏子
晉"朱方、"季振宜讀書"朱方各印。有楊守敬氏手跋，錄後：

> "右宋槧纂圖互注重言重意禮記與予所得論語款式見留真譜悉同，
> 有毛子晉印，玉蘭堂印，季振宜印，欄外有橢圓宋本印，又有乙字
> 方印，蓋汲古藏宋本爲中駟也。彫鏤之精與論語不相上下，避宋
> 諱，惟敬字不缺筆，與論語亦同，蓋南渡已祧也。日本吉宧漢謂互
> 助起於唐人，而余所見則起於南宋。或謂起於元人者誤也。余所
> 得論語校以注疏大有異同，今爲李木齋所得。已備錄於日本訪書志
> 中。此本亦必與世傳經注本注疏及陸氏釋文大有關係，惜余老
> 耄，不能通校一過，沅叔得此，自當悉心以著其異。蓋鄭氏三禮前
> 輩於周禮、儀禮多有詳校，而于禮記獨略，以世傳禮記除岳本、撫

本注疏外無多宋本足以互勘也。余在日本所得經書古鈔本至多，惟禮記自足利本外只古鈔一通，俟由上海運書來，當與沅叔對參之。甲寅閏五月十三日，鄰蘇老人記，時年七十有六。」

按：是書余甲寅夏得于琉璃廠文友堂。頻年所見如李木齋先生之論語，繆藝風之尚書，海源閣之毛詩，其標名行格均與此同，疑當日五經皆付鋟矣。沅叔。

禮記正義七十卷 <small>唐孔穎達撰　四十冊</small> 　　　　△八六四○

宋刊本，半葉八行，行十五字，注雙行二十二字，白口，左右雙闌。間有補版，然亦精。末葉黃唐識語錄後：

> 「六經疏義自京監蜀文皆省正文及注，又篇章散亂，覽者病焉。本司舊刊易書、周、禮正經注疏萃見一書，便於披繹，它經獨闕。紹熙辛亥仲冬唐備員司庾遂取毛詩、禮記疏義如前三經編彙，精加讐正，用鋟諸木，庶廣前人之所未備。乃若春秋一經顧力未暇，姑以貽同志云。壬子秋八月三山黃唐謹識。」

後有進士傅伯膺、主簿高似孫等八行銜名。空一行又宣教郎兩浙東路提舉常平司幹辦公事李深等銜名三行。

有惠棟長跋。每卷鈐季滄葦藏印。又有秋壑圖書僞印。<small>（長白盛昱伯羲鬱華閣藏書，壬子歲見）</small>

禮記注疏六十三卷 <small>漢鄭玄、唐孔穎達撰　唐陸德明音義</small>

清武英殿本。孔繼涵據宋紹熙三年兩浙東路茶鹽司刊本校用朱筆，又臨戴震校，用墨筆。並錄宋本黃唐跋八行，校正官銜十一行，惠棟跋十八行。　　孔跋錄下：

> 「南宋紹熙三年刻本距今五百八十四年，人代奄忽，紙墨完好，有神物護持之也。書四十冊，卷七十，每頁十六行，正經每行十五至十七字不一，注與正義皆夾行，每行廿二字，中以白文疏字界別之。每卷多有秋壑圖書及季振宜、北平孫氏私印鈐上。後歸璜川

吳氏，吳曾以質三百金於朱文游家，戴東原先生借閱，補今本缺文。丙申之春，有挾之入都者，索價五百金，無售者，東原欲借重校而不得。九月之朔持質百金於余，余昔假東原本補其缺落，今復抄末頁之跋及銜名並副頁惠定宇跋於上，而命兒子廣栻重校之。乾隆四十一年秋九月己巳朔孔繼涵記於京師小時雍坊李閣老胡同之壽雲簃。"後鈐誧孟朱文一印。

"戊戌二月初十日大風，十一日壬寅早起天晴，餘風未息，從堯峰姪處校訖東原先生纂出未竟之書，永樂大典內朱申禮記句解凡十冊，惜其全部缺佚少半。所引鄭注僅十之三四耳。""戊戌二月十三日甲辰送董符三旋都後，校竣戴氏輯永樂大典彭氏禮記纂圖注義凡十四冊，所引鄭注與朱氏略等，缺佚者十亦一二。""甲午臘月三日校完戴氏本。""乙未十一月十七日大雪，校完沈氏本。""丙申十一日廿二日大風，校完宋本。此三次皆在京師內城壽雲簃校。"

（余藏）

禮記集說一百六十卷 宋衛湜撰　　　　李□七三一〇

影寫宋刊本，十三行二十四字。前有魏了翁序，草書。鈐有："季振宜讀書"朱、"季振宜印"朱方、"蔣氏求是齋藏書印"朱方各印。（李木齋藏書　壬子）

禮記集說一百六十卷 宋衛湜撰

精寫本，九行二十一字。（故宮藏書）

禮記要義三十三卷 宋魏了翁撰　缺卷第一、二，存三十一卷

　　　　　　　　　　　　　　　　△七二七五

宋淳祐十二年魏克愚刊本，半葉九行，行十八字，白口，左右雙闌，版心上記字數，下記刊工姓名一字，闌外上方間有解釋數字，每條記數字作陰文。刻手不精而字體疏古有味，薄皮紙精印。（涵芬樓藏，丁巳）

禮記集說十六卷 元陳澔撰

元刊本,九行十七字,魚尾下記刊工人名,皆陰文。

禮記集説十六卷 元陳澔撰

明初刊本,八行十四字,黑口雙闌。滬市見。市賈謂之宋刊,妄也。
(癸丑)

禮記集説三十卷 元陳澔撰

明刊本,九行十七字。每册首封面題"潞藩崇本書樓貯藏禮記集
註",四周加丹色雲龍爲匡。鈐有"敬一主人"小印,又"潞國世傳"大
璽,其式上圓下方,殊爲詭特。(辛未二月見于上海,已收)

大戴禮記注十三卷 北周盧辯撰　　　　　　△一〇六九六

元刊本,十行二十字,黑口,左右雙闌,版心上記字數,下記刊工。有
沈成刊、沈元刊、周東山刁、沈顯刊、信甫刊、沈成甫刊等。

闌上有朱筆校語,題云:"據盧文弨召弓校定本重校。"卷末有朱筆
"乾隆三十八年二月翰林院編修錫山秷承謙受之校"。

鈐有"晉府圖書之印"朱、"敬德堂藏書印"朱、"子子孫孫永寶用"朱、
"當湖姚眉似五十後所見書"朱、"曾藏當湖徐梅似家"白、"子始所藏"
朱、"永珵之印"白、"皇十一子"朱、"詒晉齋"白,又有劉世珩藏印。(文
奎堂送閲壬午三月初六)

大戴禮記注十三卷 北周盧辯撰

明嘉靖十二年袁褧嘉趣堂刊本,十行十八字,注雙行,白口,左右雙
闌。前淳熙乙未潁川韓元吉刊書序。本文首行題"大戴禮記卷第
一",次行題"漢九江太守戴德撰",以下低二格列篇目,目後頂格題
"主言第三十九"。

此袁褧翻宋本,宋諱均缺末筆,刊刻最爲精工。

大戴禮記八十一篇

明刊本,不分卷,半葉十行二十字,白口,左右雙闌,版心上方題書
名。前有淳熙乙未韓元吉序,又元至正甲午序。字體方勁,以寫本

上版,似嘉靖時風氣。

全書墨筆點抹,闌上有批評考訂之字,謂是徐天池渭手蹟。批語極詆刻本謬誤脱失之獎。封面題"天池公手批大戴禮記真蹟,同里後學童珏敬題"。

藏印有:"青瑣納言"、"湘管齋"、"蒙泉外史"、"象山歐氏和巘草堂珍藏"、"蕭山蔡陸士藏玩書畫鈐記"。

此書董授經同年新收,其刻本未爲佳,緣其稀見,故詳記於册。(己卯臘八日,藏園)

大戴禮記注十三卷 北周盧辯撰

明刊本,十行二十字,白口,左右雙闌。

亦正嘉間刊本,板式高濶,與袁本不同。(己未)

大戴禮記注十三卷 北周盧辯撰

王念孫録戴震、汪中校本。又朱彬、許珩、劉台拱各校語。

大戴禮記注十三卷 北周盧辯撰

清乾隆二十三年盧見曾刊雅雨堂叢書本。汪叔辰校。卷中朱筆改定正文及注,異字極多,並參證各書所引異同注於下方。末有識語一行,言朱筆係業師汪叔辰先生手校以授天民者云云。韓元吉序後題云右序以元至正甲午劉貞幹庭刻本校,下序同。疑以下正文亦據劉氏刊本所校也。(余藏)

大戴禮記補注十三卷 清孔廣森撰 △一一二七〇

清嘉慶五年異軒叢書本。龔孝拱橙手評并跋:

"庚申四月寓上海,從英吉利威妥瑪借得朱高安本對一過。高安本卽重刊淳熙本,而與孔校不同,蓋高安有從他本改者。予幼時讀本爲武英殿戴校本,癸丑之災後來不得,戴校實亦未盡善也。橙。時月之十二,□色蘇州。"(辛未二月)

大戴禮曾子義疏十卷 題江寧馬景濤疏證,門人周壽彝滙參

舊寫本。有跋一篇，言馬海秋夫子爲疏證未畢，乃合盧、孔二注并阮氏注釋本每篇加以匯參，而於師門之缺者則補之云云。光緒二十九年周壽彝紀常跋於六合榷會。（辛巳十一月）

夏小正解一卷 宋王應麟、金履祥、明楊慎撰 △一一二七一

明刊本似萬曆本，九行十九字，白口，四周雙闌。題戴氏德傳，王氏應麟集校，金氏履祥輯。　前有楊慎序，蓋彙各家之説而又時加己意者也。（辛未二月收於上海。二十元）

夏小正經傳考三卷

舊寫本。卷中有朱筆墨筆改正處，皆孫淵如星衍手迹也。鈐有"孫氏伯𢀀"、"古泗上監兼河隄使"二印。（周叔弢收去。戊午）

以上禮記

析城鄭氏家塾重校三禮圖集注二十卷 宋聶崇義撰 卷一至二配毛氏

汲古閣抄本　　　　　　　　　　△七二七七

蒙古定宗二年刊本，半葉十三行，行二十一字，黑口，左右雙闌，注雙行三十字。首行三禮下分冠冕、宮室、投壺等卷第幾，次行題"通議大夫國子司業兼太常博士柱國賜紫金魚袋臣聶崇義集註"，次目錄，接連正文。第二十卷後有三禮圖記，李至撰，題"至道二年歲次丙申月日記"，爲通志堂本所無。又有南陽山長王履跋，稱三禮圖余襲藏久矣，嘗欲刊之梓，家貧未之能也。大將軍鄭侯爲刻之云云，欵署（丙午）次年季春朔旦長南陽山昌元王履書于楚梓堂。按丙申爲蒙古定宗元年，當南宋理宗淳祐六年。鈐有汲古閣藏印。

此書余借校一過，殊少佳字。（戊午見）

三禮考注六十四卷 元吴澄撰 廿四本

明刊本，十一行二十四字，黑口，四周雙闌。卷首題"元翰林學士吴澄考定"，"翰林修撰吉豐羅倫校正"，"建昌知府長樂謝士元重校刊行"三行，即成化九年謝士元刊本。（庚午）

五服圖解一卷 元龔端禮撰

元至治刊本，十四行二十五字，版匡高八寸弱，寬六寸一分强，白口，左右雙闌。首有至治壬戌檇李子龔端禮行書序，後有檇李龔氏仁父墨圖記。次至治癸亥麋民葉知本序，下有竹岡篆文墨記。次上萬言書。書後列五事目：一、早班喪制官民奉行，一、刑政立制不一，一、收糧倉官理宜一例祇受敕命，一、立制革弊廣養平民，一、姦婦經斷宜配爲娼。呈准集議可采，轉解省府咨發中書省照詳。上書時爲至治元年四月。次進服書文，嘉興路至治三年十一月二十九日據錄事司申備耆老張文彬等狀呈，行下本路儒學校正，申江淛等處行中書省，并牒呈本道廉訪司。泰定元年三月日司吏汪仲華侯光嗣。次省府劄付嘉興路總管府牒文。泰定元年七月。本書首圖源，次服例，次五服標目。總計一百九十二章。標目後列官銜七行如下："錢唐顧衙方、蘇台胡惟一評論　敕授嘉興路儒學教授羅應龍校正　承事郎江西等處榷茶都轉運使司經歷侯邦考正　敕授杭州路儒學教授何庚孫校勘　承事郎江浙等處儒學提舉宋士元保勘　文林郎江浙等處儒學提舉楊剛中重保　朝列大夫僉江南淛西道肅政廉訪司事尚師簡覆考。"

次五服八圖—本族之圖，二外族之圖，三嫁女爲父族圖，四鷄籠之圖，五妻爲夫家之圖，六夫爲妻字之圖，七禮制六父十二母圖，八本族三殤之圖，圖後有龔端禮初創一行。

次喪服圖式，次五服義解。黃丕烈跋錄後：

"龔端禮五服圖解一卷見諸讀書敏求記，其述古堂書目以爲元板。此册卽遵王舊藏也，因墨敝紙渝損而重裝，復以襯紙副其四圍，不能覩舊時面目矣，裝成并記。嘉慶丁卯除夕前四日復翁。"書衣亦有黃丕烈題字。

收藏印記有："汪士鐘印"白、"閬源真賞"朱、"士禮居藏"白。（庚午）

以上三禮總義

儀禮經傳通解三十七卷續二十九卷 宋朱熹撰

宋刊本，半葉七行，行十五字，黑口，左右雙闌，版心記字數大字若
干，下記刻工姓名。宋諱讓、徵等字缺末筆。據序，爲嘉定十年丁丑
南康道院刊本。（癸亥）

儀禮經傳通解殘本 _{宋朱熹撰　　存中庸一説}

宋刊本，半葉七行，每行十五字。下總守市橋長昭獻書之一。（日本内
野五郎家藏書，己巳年十一月十日閲）

儀禮經傳通解三十七卷 _{宋朱熹撰} 續二十九卷 _{宋黃榦、楊復撰}

元翻宋本。鈐有日本大垣文庫印。（溽喜齋藏書　丁卯）

儀禮經傳通解三十七卷 _{宋朱熹撰} 續二十九卷 _{宋黃榦、楊復撰　存卷}

六至三十七，續集卷一至五，十四至十九，計四十三卷

明正嘉間刊本，十一行二十字。大要以儀禮爲綱而引諸經傳以證
之。正集二十八卷後名儀禮集傳，分鄉禮、學禮、邦王禮、王朝禮。
續集分喪、祭禮，門人黃榦撰，卷十六至二十九楊復重修。（辛酉）

　　　　　　　　　　　　　　　　　　　以上通禮

司馬氏書儀十卷 _{宋司馬光撰}　　　　　　　　△一〇

清雍正元年汪亮采刊本。清孫星衍據殘宋本三家冠婚喪祭禮以朱
筆校過，自卷第五喪禮大斂殯起至卷第九居喪雜儀止。（余藏）

家禮五卷 _{題宋朱熹撰}附録一卷 _{缺卷一至三，影宋精寫補完} △八五二

宋刊本，半葉七行，行十六字，白口，左右雙闌，版心記刊工姓名。字
大悦目。鈔配三卷鈐有汪士鐘藏印。（海源閣遺書，辛未二月十二日觀於天
津鹽業銀行庫房）

文公家禮集註十卷 _{宋楊復、劉垓孫撰　存三卷}

元刊本，七行十四字，注雙行二十一字，附注低大字一格，約十九字。
附注中所引各家説其書名姓氏均以白文別之，黑口，四周單闌。鈐
有"毛晉之印"、"子晉"、"毛扆之印"、"斧季"、"汲古主人"各朱文印。
（乙丑十一月朔維古山房送閲）

文公家禮儀節八卷　明丘濬輯

明正德十三年常州府刊本，八行十六字，黑口，四周雙闌。前有成化甲午瓊山邱濬序，次引用書目，次文公家禮序。卷八末有書坊記十行，録下：

> "家禮儀節初刻于廣城，多誤字，後至京師，重校改正，然未有句讀也。竊恐窮鄉下邑初學之士卒遇有事其或讀之不能以句，乃命學者正其句讀。適福建僉憲古岡余君諒及事來朝，謂此書于世有益，持歸付建陽書肆，俾其翻刻以廣其傳云。成化庚子秋八月吉日謹識。正德戊寅孟秋吉日直隸常州府重刊。"（余藏）

家禮集説不分卷　明錫山後學馮善編集　　　　△七二八二

明刊本，十二行二十四字，黑口。有毛氏汲古閣及黃丕烈藏印。（涵芬樓藏書，己未）

以上雜禮書

春　秋　類

新刊左氏舊文十六卷　或題新刊左傳

明刊白文本，十行二十字，白口，左右雙闌，中多古體，似嘉靖時許宗魯所刊。（戊午）

春秋經傳集解三十卷　晉杜預撰　存卷一、二，凡二卷　△一二三四五

宋撫州公使庫刊本，半葉十行，每行十六字，注雙行二十四字，白口，四周雙闌。版心上記字數大小若干，下記刊工姓名，有高安國、黃珍、詹奐、王彦、祝奎、吳仲、祝士正思敬伯言、余章、余定、陳浩、陳中、陳祥、范從、劉明、黎正才、周辛、周新、徐彦、鄧成、阮升、張太、李高、志海、俞先、李三等。下魚尾上有癸酉刊、癸丑重刊或作彐壬戌刊等。宋諱弘、讓、胤、姤、桓、完、搆、慎皆爲字不成，玼字亦缺筆，爲他書所無。

鈐有："潘耒私印"白、"白拙居士"白及"五福五代堂寶"、"八徵耄念之寶"、"太上皇帝之寶"、"乾隆御覽之寶"、"天禄繼鑑"、"天禄琳瑯"諸璽。

有李氏盛鐸跋，録後：

"春秋左傳岳刻大字、淳熙小字爲最近古，二刻以有明覆本，流傳較廣。其不附釋音者惟日本官庫之興國軍本，歸安陸氏之蜀大字本，均在海外，不可得見。其它蓋無聞焉。此本避諱至慎字止，自是乾道、淳熙間所刊，其重刊之葉標明癸丑者當爲紹熙四年，壬戌爲嘉泰二年，癸酉爲嘉定六年。玩其字體結構刊雕刀法頗爲相合，而半葉十行，每行大字十六小字廿四與淳熙四年撫州公使庫禮記正同。沅叔得此，審爲撫州本，良不誣也。撫州本之傳世者禮記外聞有公羊，得是本堪與鼎峙，雖殘珪斷璧，亦當球圖視之。癸亥小寒後八日盛鐸記。"

按：此本傳文與序接連，注後不附音釋，卷後記經若干字，注若干字，即天禄續目卷三所列春秋經傳集解第一部也。彭城仲子手跋稱爲真宋監本，希世之珍，舉其證有四，兹適存卷二，斑字缺筆猶可證也。然以余考之，涵芬樓所藏撫本周易，其行格字數板式補刊年號無不相同，更證以余所藏撫州本禮記釋文，其板心亦有壬寅、戊申、壬戌、壬申刊刁等字，且字體亦復相近，斷爲撫州本無疑。然則世傳撫州刊本羣經周易、禮記、公羊之外又多此經矣。（清宮佚書，癸亥歲得之東華門外冷肆，價一百五十金。丁卯歲清點故宮藏書，則全帙固在，惟缺此册及第九卷。）

忠謨謹按：此書别有跋，收入藏園羣書題記初集卷一。

春秋經傳集解三十卷 晉杜預撰 鈔配七卷

宋刊本，半葉八行，每行十七字，不附釋音，白口雙闌，版心上記字數，下記刊工姓名，中記左氏幾。卷三十後記：經凡一十九萬八千三百四十八言，注凡一十四萬六千七百八十八言。此二行小字夾寫。後附經傳識異四葉，後列校書官銜名五行：

"從事郎興國軍判官沈景淵　建功郎興國軍軍學教授聞人模　朝奉郎通判興國軍兼管內勸學營田事鄭緝　朝奉郎前權發遣興國軍兼管內勸學營田事趙師夏　奉議郎權發遣興國軍兼管內勸學營田事葉凱"有聞人模跋，錄下：原跋每行十八字。

　　"本學五經舊板乃僉樞鄭公仲熊分教之日所刊，實紹興壬申歲也。歷時浸久，字畫漫滅，且缺春秋一經。嘉定甲戌夏，有孫緝來貳郡，嘗商略及此，但爲費浩瀚，未易遽就。越明年，司直趙公師夏易符是邦，模因有請，慨然領略，即相與捐金出粟，模亦撙節廩士之餘，督工鋟木。書將成，奏院葉公凱下車觀此，且惜五經舊板之不稱，模於是併請於守貳，復得工費，更帥主學糧幕掾沈景淵同計置而更新之，迺按監本及參諸路本而校勘其一二舛誤，併考諸家字說而訂正其偏旁點畫，粗得大概，庶或有補於觀者云。嘉定丙子年正月望日聞人模敬書。"

下列各卷均係鈔配：莊公第三、閔公第四、昭元第二十、昭二第二十一、昭七第二十六。定上第二十七、定下第二十八。

鈐有"枝山"白、"允明"朱、"文炳珍藏子孫永寶"朱、"金澤文庫"楷書墨記諸印。

按：此本版闊字大。而古勁疏樸，視杭、建各刻逈不相侔，乃知李木齋先生盛鐸昨歲所得徐司業坊所藏數卷當時以爲興國軍事本者，蓋誤認也。日本五山曾就此本翻雕。木齋先生有之。吳偶能慈培假校一過，云佳處不少，惜乎偶能不及見此也。此書載日本訪書志，謂："此即毛居正六經正誤所稱興國軍本，惟岳氏九經三傳沿革例稱興國軍本爲于氏所刊，後附釋音；此本並無于氏之名，且不附釋音，無圈點句讀，與岳氏所言不合，其非于氏本可知。蓋同爲興國本而實非一本也。岳氏又議于氏本經注有脫遺，惺吾曾通校此本，並無脫遺，或于氏重刊所致。"余按：曾見鶴林于氏本。每卷後有木記，文曰

"鶴林于氏家塾棲雲之閣錄梓"。半葉十行十六字,注雙行三十二字。附釋音,行間有圈點句讀,與岳氏所言合,則真于氏本矣。疑于氏就興國軍本重刊,而附入釋音,更加句讀耳。(日本帝室圖書寮藏,己巳十一月十一日見)

春秋經傳集解三十卷 晉杜預撰　存卷十、十五至二十,二十三至三十,共十五卷

宋嘉定九年丙子興國軍學刊遞修本。半葉八行,每行十七字,注雙行同,白口,左右雙闌。版心雙魚尾,上記大小字數,上魚尾下記左幾,下魚尾下記葉數,最下記刊工姓名。

鈐有"汲古主人"、"毛氏子晉"、"毛晉之印"、"汪印士鐘"、"三十五峯園主人"等印。

按:此書陸心源氏定爲大字建本,以余觀之,卽興國軍學刻本,與帝室圖書寮本同,間有異者,則爲補刊版。(日本靜嘉堂文庫藏書,己巳十一月十三日閲)

春秋經傳集解三十卷 晉杜預撰　　　　　　　李□七三六一

日本翻宋興國軍本,八行十七字。

後序末大字題:"經凡一十九萬八千三百四十八言""注凡一十四萬六千七百八十八言"二行。

有楊惺吾守敬跋二段。(李木齋藏書,壬子)

春秋經傳集解三十卷 杜預撰

日本古活字本,八行十七字,注雙行同。字與周易同一字模。余舊藏足利本行格同,但板式大,字亦疏古。(丁卯歲忠記書莊取閲)

春秋經傳集解三十卷 晉杜預撰

日本慶長間足利學校活字印本,八行十七字。(壬子)

春秋經傳集解三十卷 晉杜預撰

宋蜀大字本,半葉八行,每行十七字,注雙行二十四字,板心有字數及刊工姓名。板式橫闊,如所謂眉山七史。有補版,非一次所補。

按：此本刻工草率，多次修補。然字畫古勁，有顏平原法，陸氏定爲蜀本，今以周禮互證，要不誣也。（日本靜嘉堂文庫藏書，己巳十一月十三日閱）

春秋經傳集解三十卷　晉杜預撰　唐陸德明釋文　缺卷十，存二十九卷

△七九三三

宋鶴林于氏家塾棲雲閣刊本，半葉十行，行十六字，注雙行三十二字。每卷末有木記。文曰：

鶴林于氏家塾
棲雲之閣鋟梓　（正文齋見　壬子）

春秋經傳集解三十卷　晉杜預撰　唐陸德明釋文　存卷二、十七、十八、二十一，共四卷

△七九三三

宋刊本，十行十六字，注雙行三十二字，白口，左右雙闌。版心魚尾下記左幾或春秋幾等字，無字數人名。每句加小圈，音讀於字旁亦加小圈。音釋總列每段後，不入逐句下，音釋于本字加墨圈，與岳刻迥異。字仿顏平原，疏古有致，桓、敬、殷、弘、匡皆缺末筆，慎字不缺，當是高宗時刊本。第一行標題“春秋經傳集解某公第幾”次行低六格題“杜氏”二字，又空二格題“盡若干年”，卷末空一行題“春秋卷第幾”。音釋皆陸氏原文，與岳刻刪節者不同。

昔年見袁寒雲藏本，卷末有鶴林于氏木記，李木齋先生定爲興國軍本者，與此正同。二者均有“謙牧堂藏書記”、“兼牧堂書畫記”兩印，蓋一書而離析者，可爲深唱。（臨清徐梧生遺書，乙丑歲閱）

春秋經傳集解三十卷　晉杜預撰

宋刊巾箱本，十一行二十字，注雙行二十六字。字體秀勁，刊工精湛，的爲宋刊無疑，此外有見皆明翻耳。（潙喜齋遺書，辛未二月初七日見於吳門潘宅）

春秋經傳集解三十卷　晉杜預撰

宋刊本，半葉十一行，行二十字，注雙行二十七字。卷首序後有牌子。文曰：

> 潛府劉氏家
> 塾希世之寶

內補配數卷，爲纂圖互注本，半葉十二行，行二十一字，注雙行二十六字。

鈐有："涉園"、"張載華印"、"芷齋圖籍"諸印。（壬子見，張菊生書）

纂圖互註春秋經傳集解三十卷　晉杜預撰　唐陸德明釋文

△八六四二

宋元間刊本，半葉十二行，行二十二字，左闌外記某公年及葉數卷數。序後有牌子。文曰：

> 龍山書院
> 圖書之寶 （四明盧址抱經樓藏書，癸丑十二月，見於甯波靈橋門內君子營盧宅）

春秋經傳集解三十卷　晉杜預注　唐陸德明釋文。存卷十六至三十，共十五卷，餘以明翻本配全

宋岳氏荆谿家塾刊本。版匡高六寸八分，寬四寸二分半，半葉八行，每行十七字，注雙行同，細黑口，四周雙闌，左闌外有耳，記幾年。版心上記字數，分大小，上魚尾下記秋幾，下魚尾上記葉數，最下記刊工姓名。每卷末有篆文牌子。文曰：

> 相臺岳氏刻
> 梓荆谿家塾

鈐有明人印數方，又汪士鐘諸印。黃丕烈舊藏。書眉上有舊人評注，審其筆勢，當是元人。

按：此書寫刻俱精。余嘗見嘉定徐氏所藏殘本，與此正同，每卷後有岳氏家塾木記，各式不同，亦楮墨明麗。（日本靜嘉堂文庫藏書，己巳年十一月十三日閱）

春秋經傳集解三十卷　晉杜預注　唐陸德明釋文　存一冊，卷第一

宋岳氏荆谿家塾刊本，半葉八行，行十七字。注雙行同，細四口，四周雙闌，左闌外記某公某年。版心上記字數，下記刊工人名，有葉子明、范、圭、王、奇、天祐、子、才、方等。序末及卷尾有篆文木記。文曰：

> 相臺岳氏刻
> 梓荆谿家塾

鈐有"徐健菴"、"乾學"、"五硯樓"、"五硯主人"、"袁廷檮印"回文、"嚴杰借讀"、"浦玉田藏書記"、"浦伯子"、"浦氏揚烈"、"浦祺之印"、"定府珍藏"、"曾在定邸行有恒堂"、"甲戌"、"辛未"、"己未"、"甲子"諸印。（癸亥十一月十三日文友堂送閱）

春秋經傳集解三十卷 晉杜預注　唐陸德明釋文

明嘉靖間翻岳氏刊本，八行十七字，卷中逐句加小圈。前杜氏序。後序有記字數大字一行。每卷記經注各若干字。（余藏）

春秋經傳集解三十卷 晉杜預撰　唐陸德明釋文　春秋名號歸一圖二卷 蜀馮繼先撰

明翻宋本，十行十八字。序後列春秋諸國地理圖、世次圖、名號歸一圖二卷、諸侯興廢、春秋總例、春秋始終、春秋傳授次序。末有種德堂牌子八行：

> "謹依監本寫作大字，附以釋文，三復校正刊行，如履通衢，了亡窒礙處，誠可嘉矣。兼列圖表於卷首，迹夫唐虞三代之本末源流，雖千歲之久，豁然如一日矣，其明經之指南歟？以是衍傳，願垂清鑑。淳熙柔兆涒灘中夏初吉閩山阮仲猷種德堂刊。"

藏印列後：毛氏印至五十餘方

"汲古閣"白文大印、"汲古閣"朱文方、"字奏叔"白、"字奏叔"白與前不同、"毛奏叔氏"朱方、"奏叔"朱方、"奏叔"細朱寬邊、"稽古閣書印"朱長方、"古虞毛氏奏叔圖書印"朱方、"東吳毛表圖書"朱長方、"中吳毛奏叔收藏書畫印"朱長方、"海虞毛表奏叔圖書記"朱方、"古虞毛氏奏叔圖書

記"朱方、"虞山毛表奏叔家圖書"白方、"毛奏叔讀書記"白長方、"叔寶"朱胡蘆印、"汲古閣"白長、"奏叔父"陰陽文、"毛表之印"白方、"汲古閣圖書記"朱長、"別號正菴"白方、"海隅"朱長、"毛表"陰陽文、"臣表"白小方、"奏叔氏"白小方、"汲古閣印"陰陽文、"毛表之印"陰陽文、"虞山毛氏汲古閣收藏"朱方、"奏叔"玉筯文、"隱湖漁父"白方、"毛表之印"白大方、"道東"朱橢、"毛奏叔"細朱文、"毛表之印"白方、"奏叔氏"朱文小印、"毛表之印"白方、"餐菊生"白扁方、"寶鼎香濃繡簾風細綠窗人靜"白方、"毛表奏叔"白方、"毛表"朱扁方、"道東"朱方、"奏叔"白扁方、"毛表奏叔"白方、"毛表"朱、"毛表私印"白方、"字奏叔"白方、"毛表之印"白方、"汲古後人"白方、"毛表印信"白方、"竹籬茅舍"白長、"臣表"陰陽文、"毛表私印"白方、"醉枕離騷"白方、"毛表之印"朱方格、"繆氏珍藏"朱方。

（甲子）

春秋經傳集解三十卷　晉杜預撰、唐陸德明釋文

明翻阮氏種德堂刊本，十行十八字。有乾隆乙卯王存谿跋。（辛酉十一月十六日孫毓修送閱，海虞瞿氏書、出以助賑者。號稱宋刊，索千元）

春秋左傳三十卷

清張石洲穆手寫本，十行二十二字，行間錄音訓，闌上採古今注解，蓋以供循誦之用也。小字細如牛毛，極精湛可玩。鈐有張瀛暹印。（遼雅齋見。乙亥正月）

春秋左傳正義三十六卷　唐孔穎達撰　　　　　△七二八三

宋刊本，八行十五六字，注雙行二十二字，白口，雙闌，版心下記字數，下記人名。各卷注有修職郎新差婺州州學教授趙彥稝點勘一行，序後記如下：

　　"經傳正義都計壹伯肆萬壹阡伍伯叁拾字，經傳叁拾陸萬字，正義陸拾捌萬壹阡伍佰叁拾字。　　承奉郎守光禄寺丞臣趙安仁書　　勘官承奉郎守國子禮記博士賜緋魚袋臣李覺　　勘官承奉郎守國子春秋博士賜緋魚袋臣袁逢吉　　都勘官朝請大夫國子司業柱國

賜紫金魚袋臣孔維　詳勘官登仕郎守高郵軍高郵縣令臣劉若訥　詳勘官登仕郎守將作監丞臣潘憲　詳勘官朝請大夫太子右贊善大夫臣陳雅　詳勘官朝奉郎守大理正臣王炳　登仕郎守大理評事臣王焕再校　文林郎守大理寺丞臣邵世隆再校　中散大夫守國子祭酒兼尚書工部侍郎柱國會稽縣開國男食邑三百戶賜紫金魚袋臣孔維都校　淳化元年庚寅十月日　推忠佐理功臣金紫光禄大夫行尚書戶部侍郎參知政事上柱國太原郡開國侯食邑一千二百戶食實封二百戶臣沔等進　推忠佐理臣功金紫光禄大夫行尚書戶部侍郎參知政事上柱國隴西郡開國侯食邑一千二百戶食實封二百戶臣辛仲甫　起復推忠協謀佐理功臣光禄大夫中書侍郎兼戶部尚書同中書門下平章事監修國史上柱國東平郡開國公食戶二千三百戶食實封六百戶臣呂蒙正。”

收藏鈐有：“秋壑圖書”朱、“季振宜印”朱回文、“滄葦”白、“北平孫氏”朱、“季振宜字詵兮號滄葦”朱、“徐健菴”白、“乾學”朱各印。（上海涵芬樓藏書，辛未二月初九見）

附釋音春秋左傳註疏六十卷 晉杜預、唐孔穎達撰　唐陸德明釋文　缺三本

元刊明補本，十行十七字，注雙行二十三字。（甲子，博古齋送閱）

春秋左傳注疏六十卷 晉杜預、唐孔穎達撰　唐陸德明釋文

汲古閣刊本。惠棟校。跋錄後：“丙寅三月以唐石經宋槧本校讀一過。家無儲粟，忍飢誦經，何物屠沽兒酒食耶！一笑，棟識。”（蘇估柳蓉春處見。乙卯）

春秋公羊傳二十卷春秋穀梁傳十二卷

明張鳳翼刊白文無注本，十行十八字，傳大字低一格，白口單闌，書名在上魚尾上。前有嘉靖張鳳翼幼于序。（余藏）

春秋公羊經傳解詁十二卷 漢何休撰　　　　　△七二八四

宋淳熙撫州公使庫刊本，十行十六字，注雙行二十三字，白口，四周

雙闌。版心上方陽記大字數，陰記小字數，書名下間記"癸丑重刊"，
蓋紹熙四年重修本也。版心下記刊工姓名，有陳忻、陳英、吳生、余
元、余丁、鄭才、沈于、李大亨、范從、高定、劉彥明、安國、吳茂、陳浩、
黎友直、虞大全、江坦、李果、余安、高文顯諸人。只記首冊。前有何休
序，序後接連本文。各卷後注經若干字注若干字。卷中宋諱完、桓
讓、皆缺末筆。（上海涵芬樓藏書，辛未二月九日見）

春秋公羊釋文一卷　唐陸德明撰

宋撫州刊紹熙四年重修本，附撫州本公羊解詁後。半葉十行，每行
大小約十八九字，白口，四周雙闌。版心上方記大小字數，中題"公
羊音"，下記刊工姓名，有吳仲、吳山、吳申、吳生、高安道、高文顯、王
全、潘憲、游□、范從、鄭才、黃政、黃珍、李大亨、虞大全、朱諒等。補
版有"癸丑重刊"四字。首行題書名，次行題"唐國子博士兼太子中
允贈齊州刺史吳縣開國男陸德明撰"。卷末記"經五千六百三字，注
一萬三百一十八字"。收藏鈐有陳明卿氏白文印。（辛未二月見）

春秋公羊經傳解詁十二卷　漢何休撰　唐陸德明釋文　△八六四五

宋紹熙二年余仁仲萬卷堂刊本，半葉十一行，行十九字，注雙行二十
七字，細黑口，左右雙闌，版心雙魚尾，記大小字數。首何休序，序後
有紹熙辛亥建安余仁仲題記六行。卷一後有余仁仲刊於家塾一行。
鈐有季振宜、徐乾學、汪喜孫各印。

按：此建本之至精者，袁寒雲以三千金得之李新吾。

監本附音春秋公羊註疏二十八卷　漢何休、唐徐彥撰　唐陸德明音義

△三二八九

元刊明補本，十行十八字，注雙行二十三字，白口左右雙闌，版心上
記大小字數，下記刊工姓名。（瞿氏藏書，見於㠯里瞿宅。乙卯）

春秋公羊傳註疏二十八卷　漢何休、唐徐彥撰　唐陸德明音義

元刊本，十行十七字。有明補版。首有景德二年牒文。（壬子見）

春秋公羊註疏二十八卷 <small>漢何休、唐徐彥撰　唐陸德明音義</small>

△一〇〇二二

汲古閣刊本。姚薏田<small>世鈺</small>以何義門<small>焯</small>校本過録。

"康熙丁酉壯月心友以石經校對經傳訛字,寄至都下,略爲改正。
孟公識。"

"辜月復寄至宋雕官本異同,復得略改正邵公注中訛字,雖炙硯不
爲疲也。佗日有力,則重開以公諸人人。"

"此與穀梁傳皆前輩姚薏田先生手録義門何太史校本也。太史既
據各本正其訛脱,詳審無遺,先生於此傳後復從宋鄂州官學本校
其異同,備注於邊闌之上,尤爲精密。學者不獲見宋刻,得此亦可
以無憾矣。丁酉冬日蘋洲老人記。"後鈐"高銓之印"。(甲戌二月見,邢贊
亭藏)

監本附音春秋穀梁註疏二十卷 <small>晉范甯集解　唐楊士勛疏　唐陸德明釋文</small>

△三二九〇

元刊本,十行十八字,注雙行二十三字,白口,左右雙闌,版心上記大
小字數,下記刊工姓名。無補版,間有抄配。(常熟瞿氏鐵琴銅劍樓藏。
乙卯秋見于罟里宅中)

監本附音春秋穀梁註疏二十卷 <small>晉范甯集解、唐楊士勛疏、陸德明釋文</small>

元刊明修本,十行十七字,注疏雙行二十三字,白口,左右雙闌,版心
上記字數,下記人名。經傳不別,經下卽接傳文,不標"傳"字,傳下
集解亦不標"注"字,惟疏文則冠一大"疏"字於上。首行題"監本附
音春秋穀梁注疏隱公卷第一",次行低二格題"范甯集解",又低二格
題"楊士勛疏",三行題"春秋穀梁傳隱公第一"。後有王北堂及遂初
堂初氏跋,録後:

"宋十行本穀梁傳注疏廿卷,卽阮芸臺先生所從重梨者,古色古
香,爲北堂藏書之冠。丁亥冬十月得於欣賞閣,北堂識。"

"此種書存於人間者有數，彌足珍愛。萬苦之中得此無上寶書。

宋本最難得者經史。　朱之赤審藏。　乾隆五十有七年遂初

堂初氏記。"

按：此書印工尚清朗，僅鈔補三數葉，當是明初印本，舊藏朱卧菴之赤

家，遞藏遂初堂初氏及昌平王北堂。余得之北堂舊姻家陳姓。北堂

名蕙鈴，道光時人，龔定庵自珍曾主其家，藏舊刻名鈔至多，爲陳姓以

三百千捆載以去，近年往往流入廠肆。余曾得雙柏堂本越絕書，有

定盦題記，亦北堂所藏也。又見柯維騏校本史記，絕初印，亦有定盦

跋語。意當日孤肆冷攤必時有兩人足跡，故偶有所得相與賞奇析異

如此也。沅叔。（余藏）

監本附音春秋穀梁註疏二十卷　晉范甯集解　唐楊士勛疏　唐陸德明釋文

元刊本，十行十七字，注二十三字。（南皮張氏書，壬戌春見於日知報館）

春秋穀梁註疏二十卷　晉范甯集解　唐楊士勛疏　唐陸德明釋文

△一〇〇二四

汲古閣刊本。亦姚蕙田世鈺臨何義門焯校。跋錄後：

"康熙丁酉七月，心友寫寄宋本及石經校出訛字至京師，據以改

正。焯記。"

"余既假馬氏叢書樓所藏義門先生公羊校本校勘竣事，復假此經

得以刊改訛脫一過。時乾隆丙寅七月十有七日姚世鈺記。"

鈐有："吳興包子莊書畫金石記"、"包虎臣藏"、"陳淑真"、"方是閑

居"各印。公羊、穀梁兩經皆同。

按：此書昔年得之蘇州博古齋老柳許，爲韓左泉收去。頃左泉交來

求售，因詳記於此。清泉記。

春秋集傳纂例十卷　唐陸淳撰

明刊本，十二行二十二字，白口雙闌。鈐有吳城、敦復、羅以智印、鏡

泉、江東羅氏所藏諸印。（曾剛父習經藏書，己巳八月廿七日）

春秋名號歸一圖二卷 蜀馮繼先撰。上卷十九葉、下卷二十二葉 春秋二十國年表一卷春秋圖説一卷　　　　△八六四四

宋刊本，十一行十八字，黑口，四周雙闌。板心魚尾上記字數。圖説一卷有春秋一百二十四國爵姓、諸國地理、王族公族諸氏、諸侯興廢、春秋總例、春秋始終諸篇。（袁寒雲藏書。乙卯）

春秋權衡十七卷 宋劉敞撰

舊寫本，十二行二十字。前有自序，又淳熙十三年曾姪孫𪑛從刊書跋十行：

> "曾伯祖公是先生所作春秋傳、説例、權衡、意林四書元祐間被旨刊行，今吳蜀江東西皆有本。𪑛從修縣學既成，鋟板於中，以廣其傳。淳熙十三年十二月初吉曾姪孫通直郎知溫州瑞安縣主管勸農公事兼主管雙穗鹽場𪑛從謹題。"

每卷第一行書名下題左氏第幾。

鈐有："世學樓藏書記"白、"陳書崖讀書記"、"天都陳氏承雅堂圖籍"、"陳氏藏書子孫永寶"、"新安陳氏校定冊籍之章"、"古餘珍藏子孫永保"、"錢棻減齋收藏"、"大可"均朱文諸印。

末有墨筆一行云："嘉慶二十有三年訪陽城張子實於京華城西僧寺，獲攬是冊因記。"不署名，張氏卽古餘也。（己巳）

春秋權衡十七卷 宋劉敞撰

舊寫本，十三行二十二字。前有自序。（文奎堂見。庚午）

春秋會義四十卷 宋杜諤撰

四庫館寫本，朱闌宣紙，八行二十一字，與閣本同。前有嘉祐壬寅夏六月日任貫序，江陽杜諤自序，又元祐丁卯季秋月江陽杜諤重序。言曩嘗編集而會聚之，然論斷有所未暢，義例有所未詳，今復改修而刊正之云云。是當時卽有重刊本也。鈐有"鄒鍾私印"、"樂生"、"洪都"、"安成鄒氏"各印。

鄒跋録後：

"春秋會義二十六卷,北宋進士杜諤撰,所謂兼會衆義,軯於經言,間或不迨,明以己意者也。前代著録僅見馬端臨文獻通考中,至崇文總目、郡齋讀書志、書録解題洎國朝朱彝尊經義考、錢曾讀書敏求記、張金吾愛日精廬藏書志皆不見著録,世間傳本甚罕矣。此本爲乾隆年詔脩四庫全書,在館楊昌霖從永樂大典中輯出,析爲四十卷,於進呈時疏漏,至今全書提要簡明目録皆不載。當大聖人洞照靡遺,網羅散失,在館諸臣並勤搜討,而此書竟不登著録藏之天府,有幸有不幸,悲夫! 後復不知流落何人之手。近讀南菁書院叢書序,中有載曲阜孔澂谷繼涵曾臨此本,別鈔一部,據言當爲海内秘本無二,詎知真本自在人間。先祖少峰公諱希恒,於道光末在揚州書肆偶得之,珍之篋中,傳至沂已三世。自先君見背,貧無以存,常鬻書自給,近急欲謀一葬地,乃從徐梧生農部假百金,梧君高誼,慨然許諾。顧沂此後奔走四方,將此本藏之書篋或恐散失,無克負荷先世之傳。梧生農部雅善收藏,爲海内名家,爰以此書歸之,亦藏之名山傳之其人之意,書之以矜梧生農部之善,且志沂之罪。辛卯八月棘人鄒道沂書。"

按:頃檢郡齋讀書志、書録解題、焦氏經籍志,均有此書,鄒氏未之攷耳。己巳三月十六日,沅叔手記。(徐坊遺書,己巳三月蟠青書室及翰文齋送閲)

忠謨謹按:此書別有跋,收入藏園羣書題記初集卷一。

春秋五禮例宗十卷 宋張大亨撰　存卷一至三、七至十,凡七卷

△八六四七

宋刊本,半葉十一行,行十八字至二十四字,注雙行,白口,左右雙闌。版心題春秋例宗幾,下記刊工姓名,可辨者有:丁珪、毛諫、朱明、徐杲、徐宗、黃常、陳洵、徐高等。版匡高六寸六分強,闊五寸一分。宋諱避至桓字止。有紹聖四年二月自序,半葉十一行,行十七字。

鈐印錄後："乾學"朱方、"徐健菴"白方、"陳寶儉珍藏印"朱長、"周春"白方、"松靄"朱方、"松靄藏書"朱方、"太原喬松年收藏圖書"朱長、"蘿摩亭長"朱白方、"芸閣"朱方、"鶴儕"朱方小、"鶴儕"朱方、"鶴儕"寬邊朱大方、"鶴□"朱方、"鶴儕"朱大方、"松年"朱方、"松年"白方、"宸翰澹遠堂"朱橢雙螭、"袁廷檮糈觀印"朱長、"御史中丞少司馬章"白方、"醞舫"白大長、"箸書齋"白方。（吳慈培藏，甲寅）

春秋五禮例宗十卷　宋張大亨撰　缺卷四至六　　　　△九七三四

舊寫本，十一行十八字至二十字。前有吳槎客騫跋，錄如下方：

"偶得舊鈔春秋五禮例宗，中闕第四、五、六三卷，頃周苞兮大令得宋槧本，闕卷與此同。大令言昔通志堂刊經解時，此書及龍仁夫易傳以求全本不獲，遂從舍游，理或然歟？甲辰三月十五日吳騫識。"

藏印列後："槎客"、"拜經樓吳氏藏書"、"宋本"、"甲"、"宋本"七疊朱文、"鐵笛"、"杭世駿印"回文、"鷃安校勘秘籍"、"臨安志百卷人家"白、"福地神仙"白、"紅藥山房收藏私印"。（翰文齋送閱，癸酉九月三十日記）

春秋五禮例宗十卷　宋張大亨撰　缺卷四至六

舊寫本，十一行二十字。原缺卷四五六，計三卷。前有雪川張大亨序，題紹聖四年。鈐有"玉函山房藏書"朱文印，又葉奐彬藏印。（辛未二月自南京保文堂收得，廿四元）

春秋五禮例宗十卷　宋張大亨撰

清海虞女士者香王誦義手寫本，張芙川舊藏。（南陵徐乃昌積餘藏書，甲寅夏見於上海）

春秋傳三十卷　宋胡安國撰　　　　　　△八六四八

宋刊本，半葉十字行，行二十六字題"左朝散郎充徽猷閣待制提舉江州太平觀賜紫金魚袋臣胡安國奉聖旨纂修"。版心記字數及刊工姓名，白口四周雙闌。蝶裝十冊。（盛昱意園遺書，壬子歲見）

春秋傳三十卷 <small>宋胡安國撰</small>　　　　　　　　李□九〇七一

宋乾道四年刊慶元五年黃汝嘉修補本，大版心，半葉十行，行二十字，傳低一格，細黑口，版心記字數及刊工人名。卷一次行結銜"左朝散郎充徽猷閣待制提舉江州太平觀賜紫金魚袋臣胡安國奉聖旨纂修"二行。卷十、二十三、二十五、二十八末尾有校勘銜名二行：

> "曾孫修職郎隆興府司户參軍　絳校勘
> 從政郎隆興府府學教授　黃汝嘉校勘"

卷三十末有黃汝嘉跋八行。（李木齋先生藏書，癸丑歲見）

春秋胡氏傳三十卷 <small>宋胡安國撰</small>

元刊本，十五行二十字，傳二十七字。（正文齋見。壬子）

東萊先生左氏博議句解十六卷 <small>宋呂祖謙撰</small>

元刊本，十一行二十三字。有求古齋藏印。（平湖葛氏藏。癸丑）

詳註東萊先生左氏博議二十五卷 <small>宋呂祖謙撰　存卷二至六、九、十、十三</small>
<small>至十六，共十一卷</small>

明刊巾箱本，十行二十字，小字同。白口，左右雙闌。（癸丑）

春秋集傳二十六卷綱領一卷 <small>宋張洽撰　缺十八至二十、廿三至廿六</small>

舊寫本。有孫原湘跋。録後：

> "張文憲春秋集傳二十六卷，綱領一卷，元槧久佚，兹所抄亦僅存十九卷，其第十八至二十、第二十三至二十六亦不可得完矣。其書與所傳集注無甚大異，特此更條晰，蓋先有是書，後更撮其精要，詮次其説，以爲集注，故有詳略而無異同。其它春王正月爲周建子之月，足訂胡安國之譌，集注但撮舉其要，而於經傳之錯見互異處未盡證明，此書反覆辨晰，多至八百餘字，寔集注所未備，以資考核則固此善於彼也。道光元年辛巳四月心青居士孫原湘記。"（癸丑）

春秋集傳二十六卷綱領一卷 <small>宋張洽撰</small>

明刊本,十行二十一字,字小而精整,是嘉靖刊本。錦函精裝。(癸丑見於文奎堂)

春秋集註十一卷綱領一卷 宋張洽撰

宋刊本,大版匡,十行十八字,注雙行二十七字,白口,雙闌。有端平元年臨江軍牒文,又省牒,又張洽狀,又二年張洽照會,附小貼子,次春秋綱領。

鈐有:"平陽季子之章"、"平章季子收藏圖書之印",又有乾隆及天祿各璽,不具錄。又"摛藻堂圖書印"。(故宮博物院藏書。丁卯)

春秋五論一卷 宋呂大圭撰　　　　　　　　　△七二八六

明隆慶元年姚咨手寫本。墨格下方有"茶夢齋鈔"四字。有姚氏跋語,錄後:

"舊借故編修王堯衢懋中家藏本手錄,堯衢則自其内兄荆川宮諫處得之者也。　隆慶改元夏六月五日皇山樗老姚咨重錄,時年七十有三。"(癸丑)

春秋五論一卷 宋呂大圭撰

明寫本,十行二十字。題"樸鄉先生温陵呂大圭述"。紙墨古香可愛。鈐有"滄葦"朱文方印,此卽見之延令書目者。(文友堂見,已收。丁巳)

春秋經左氏傳句解七十卷 林堯叟注　殘本,存卷一、二

元刊本,十行二十二字,黑口,左右雙闌。標題"春秋經左氏傳句解卷之一",次行低十四格題"林堯叟注"。鈐有"季振宜印"、"滄葦"、"果親王府圖籍"朱文各印。(己巳)

音註全文春秋括例始末左傳句讀直解七十卷 宋林堯叟撰

元刊本,十二行,行二十至二十四字不等。卷三以下半葉十三、十四行不等,每行二十四五字不等。(代繆小山收。壬子三月)

音註全文春秋括例始末左傳句讀直解七十卷 宋林堯叟撰

元刊本，十二行二十二字，黑口，左右雙闌。（壬子歲正文齋見）

林堯叟音注全文春秋括例始末左傳句讀直解七十卷

日本舊刻本。鈐有“香島書庫”、“能門安田元印”。（涉喜齋藏書。丁卯）

春秋諸國統紀六卷　元齊履謙撰

元延祐七年庚申刊本，八行二十字，白口，四周雙闌。版心有余德淵刊、余刊、四明胡甯刊，胡刊等字。又有二葉題五字，是補版。全書字作顏體，乃一手所書。刊刻至精善。前有臨川吳澄序，五行十字，字極怪偉，次延祐庚申五月己卯翔沙鹿齋履謙敍，次目錄，次本書。每卷首行下方題“沙鹿齋履謙類敍”。末有延祐丁巳其弟思恭後序。卷首有“袁氏靜思齋”大木記，錄顏氏家訓語，又有“尚寶卿袁氏忠徹印”朱文印，後有“尚寶少卿袁記”木記。

目錄云汲古閣藏元本，顏書甚精，爲述古堂舊藏，今見此本信然。此書至爲罕見，辛酉十一月十七日訪書寧波，大酉山房林集虛送閱。

春秋諸傳會通二十四卷　元廬陵進士李廉輯

元刊本，十二行二十二字，注雙行同，黑口，左右雙闌。　　前至正九年己丑七月朔廉自序，字行簡。次讀春秋綱領，次春秋諸傳序，次凡例十則。據序及凡例，所編諸傳以左氏、公羊、穀梁、胡安國、陳傅良、張洽六家爲主，其程子以下諸家說皆附見每條之下，蓋先左氏，事之案也，次公穀傳，經之始也，次杜氏何氏范氏三傳，專門也，次疏義，釋所疑也，總之以胡氏，貴乎斷也，陳張並列，擇所長也，而又備採諸儒成說及諸傳記，略加梳剔，於異同是非始末之際每究心焉，謂之諸傳會通云云。刻梓者爲豐城揭恭也。經文頂格。次六家傳注，各以白文標明，低一格。按語則低三格。序及卷二十四後各有牌子：

| 至正辛卯臘月
崇川書府重刊 | 在序後。 | 至正辛卯仲冬
虞氏明復齋刊 | 在二十四卷後。 |

書衣附王氏識語，乃竹簡式刻字六行，錄如下：

“我性最喜讀書,所藏數十萬,皆從減衣縮食而來。每當披覽,拭几焚香,松雪六勿之戒畢生謹守弗替。子孫得我書者,歲必繙閱,暑必曝曬,慎毋濫借親朋,慎毋塗鴉損壞,慎勿善賈求沽,世世保之,守而勿墜,真我孝子順孫也。時康熙丙戌七夕前三日蓮涇居士識”(己巳三月見)

春秋諸傳會通二十四卷 元李廉撰

元刊本,十二行二十二字,黑口,左右雙闌。前三傳序及胡傳、陳傳序,次凡例,次讀春秋綱領。與日本所見同式。天祿琳琅舊藏,鈐有:“五福五代堂寶”、“八徵耄念之寶”、“太上皇帝之寶”、“乾隆御覽之寶”、“天祿繼鑑”、“天祿琳琅”各璽。(己巳)

春秋諸傳會通二十四卷 元李廉撰

元刊本,題“廬陵進士李廉輯”。十二行二十二字,注雙行,黑口,左右雙闌。(蔣孟蘋藏書,甲寅六月見)

春秋屬辭十五卷 元趙汸撰　存卷一至三、六、七、十四、十五,凡七卷

元至正刊本,十三行二十七字,細黑口,雙闌,版心下方記字數。前趙汸自序,金華宋濂序,次目錄,目後趙汸跋二十行。每卷題“新安趙汸學”。卷十五後有校官銜名三行:

“前鄉貢進士池州路儒學學正朱升校　　學生倪尚誼校對　金居敬覆校。”

鈐有:“檇李蔣石林藏書之印記”、“王履吉印”二印。(余藏)

春秋胡氏傳纂疏三十卷 元汪克寬撰

元至正八年劉叔簡日新堂刊本,十一行二十一字,黑口,四周雙闌。後有至正八年戊子門人紫陽吳國英跋,行書十五行。鈐有:“錢謙益印”、“牧齋”、“東原”白、“衡山”朱印。

春秋胡氏傳纂疏三十卷 元汪克寬撰

元至正八年建安劉叔簡日新堂刊本,十一行二十一字,注雙行同,黑

口,四周雙闌。卷首先自序,次先儒格言,次姓氏,次春秋胡氏傳序,
次胡氏春秋總論。凡例後有牌子如下式:

　　建安劉叔簡

　　梓於日新堂(日本前田氏尊經閣藏書,己巳年十一月十四日閲)

春秋胡氏傳纂疏三十卷　元汪克寬撰

　　元刊本,十一行二十一字。(南皮張氏書,壬戌見)

春秋胡氏傳纂疏三十卷　元汪克寬撰　存卷五至十二、十四、十六至十八、二

十三,計十三卷。内卷五、九各缺首葉前半,卷十六缺首葉

　　題"新安汪克寬學",元刊元印本,十一行二十一字,注雙行同,黑口,
四周雙闌。卷中凡紀年、甲子、國名、注家姓氏、書名皆以陰文別之,
汪氏自注則加"愚按"二字,卽至正八年建安劉叔簡刊本。(辛巳十月
三日文友堂見)

春秋集傳大全三十七卷　明胡廣等輯

　　明刊本,十一行二十字,黑口,四周雙闌。(蔣孟蘋藏書。甲寅)

春秋世學三十二卷　明豐坊撰

　　明藍格寫本。鈐有"表章經史之章"。(癸丑)

春秋諸傳辨疑四卷　明朱睦㮮撰

　　舊寫本。鈐有宋筠藏印。(壬子)

春秋左傳屬事二十卷　明吳郡傅遜纂

　　明萬曆十三年日殖齋自刊本,版心有"日殖齋梓"四字。有王世貞
序,又萬曆十三年自序。(古書流通處送閲,壬戌)

左傳註解辨誤二卷　明吳郡傅遜著

　　明刊本,八行十八字,版心有"日殖齋梓"四字。前有萬曆癸未古婁
傅遜士凱自序,言昔編左傳屬事,因録杜注而見其有誤,既見郡人陸
貞山附注,皆正杜誤而亦有未盡,因會衆説,傅以己意,而成是書云。
前有左傳屬事古字奇字音釋一卷,疑與此書皆附左傳屬事而行者

也。（丙子）

春秋續義纂要發微七卷 明淳安蕭岩鄭良弼撰

舊寫本，九行二十四字。有顧雲程序萬曆十四年，江西按察僉事，仁和續石江鐸序萬曆十四年，知福州府，青溪錦川徐廷綬序萬曆四年，陝西按察副使，雲間如野顧汝紳序萬曆五年，淳安訓導，萬安泰宇劉汝昭序萬曆六年，大理寺左寺正，鄭良弼自序隆慶四年。次凡例十則，次校姓氏，凡三十人。

鈐有"翰林院印"滿漢文大官印、"尊餘堂印"、"趙汝師藏書印"各印。

按：四庫存目爲十二卷，此本似失去末冊矣。

經義考載良弼有春秋或問十四卷、存疑一卷並續義三卷。提要謂與此本卷數不同，殆朱氏傳聞之誤。然此冊顧雲程序標題爲春秋續義，或問石鐸序亦稱："或問已行世矣，續義其可弗傳！"則或問與續義自爲二書也。茲帙所存衹續義耳，朱氏非誤也。（徐梧生遺書，己巳三月翰文齋閱）

春秋傳注三十六卷 清烏程嚴啟隆撰 缺九、十、十一凡三卷

舊寫本，九行十七字。前有丁酉菊月自序，吳仲懌附記云此是順治丁酉。次提綱八則：一明原，二明義，三明事，四明文，五明內外，六明告，七明筆削，八明玅。首葉有朱竹垞題識，錄於後：

"春秋傳注三十六卷，烏程縣學生嚴啟隆爾泰撰。爾泰名注復社，甲申後遁迹，自稱巔斡子，始爲是書示生徒，以胡氏爲非，不敢盡糾其繆。錢尚書牧齋勸其改作，乃復點竄舊稿成之。繹其辭庶幾鍼膏肓而起廢疾矣。康熙戊子十二月竹垞老人書，時年八十。"

書後有著書年譜述，爲康熙戊辰歲其姪民範所述，言書成於丁酉，稿凡十數易，未及付梓而叔於辛丑歲捐館。鈐有："周春"白、"松霭"朱、"芑芧"朱、"臨安志百卷人家"白文大印、"石蓮闇藏書印"朱。（海豐吳重憙遺書，甲戌十月二十五日津估持以相示）

忠謨謹按：此書別有跋，收入藏園羣書題記三集卷一。

春秋取義測十二卷　清膠州法坤宏撰

清粤東刊本,板心有"刊齋藏書"四字。(文林閣見。癸亥)

春秋長曆一卷　清陳厚耀

清孔氏微波榭刊本。篇中墨筆改訂極多。後附鈔長曆補遺二十二葉,長曆考五葉,趙東山引長曆一葉,顧復初長曆大衍曆置閏異同八葉,長曆及大衍曆食朔同異與經文日月差繆七葉,惠棟春秋長曆考五葉,又錄月日食四葉。(余藏)

魯史零言三十卷

不著撰人名,取左傳釐訂而成。朝鮮古刊本,九行十九字。(蟫隱廬所見。丁巳)

春秋繁露十七卷　漢董仲舒撰

明正德十一年華堅蘭雪堂活字印本,七行十三字,板心上方有"蘭雪堂"三字,下有刊工姓名,間有"活字印行"四字。黃丕烈士禮居藏書,有跋。又有愛日精廬藏印。陸心源以漢魏叢書本校過,稱其佳處多與大典本合,而字句更有勝於大典本者,意其出於岳珂嘉禾郡齋本也。

按:此書版式與蘭雪堂活字本蔡中郎集極相類。(日本靜嘉堂文庫藏書,己巳十一月十三日閱)

春秋繁露十七卷　漢董仲舒撰

明刊本,九行十七字,黑口,四周雙闌。前慶曆七年二月大理評寺四明樓鑰序,次中興館閣書目,次晁公武郡齋讀書志,次六一先生書後,次嘉定三年中伏日四明樓鑰跋,次嘉定辛未四月初吉朝奉郎宗正丞兼權右司郎官兼權樞密院校評諸房文字胡榘跋。(己未)

按:此本當是明初所刻,余別有一本行款正同,乃從此本翻雕,但此本空格處翻本已改爲墨釘矣。

春秋繁露十七卷　漢董仲舒撰

明刊本，九行十七字，黑口，四周雙闌。有跋録後：

　　"世所刻者祇八卷，此本多九卷，真善本，不易得也。長武。"余按：即

　　馮武也。

　　鈐有："葉樹廉印"、"石君"、"樸學齋"、"歸來草堂"各印。(己卯十二月)

春秋繁露十七卷　漢董仲舒撰

明刊本，九行十七字。孔葒谷繼涵以錢獻之校永樂大典本重校。又

以蘭雪堂活字本校。(癸丑)

孝 經 類

古文孝經一卷　題漢孔安國撰

日本刊本，九行十八字。前有享保十六年辛亥太宰純序，次孔安國

序。本書題孔安國傳，太宰純音。每章下注經若干字，卷末注通計

經若干字傳若干字。版心有"紫芝園"三字，副葉有"寬政六年甲寅

十一月再版"一行，蓋書肆嵩山房所翻刻也。(辛未二月)

孝經注一卷　唐玄宗李隆基注

北宋刊本，小字，版匡高六寸八分，寬五寸。半葉十五行，每行二十

三至五字不等，注雙行，約三十二三字，白口，左右雙闌，中縫記孝經

二字。前玄宗御製序，序後連接正文，卷末空一格，標御注孝經一

卷，又空一格，附孝經音略三行。卷中敬、匡、胤、恒、竟、炫、通皆爲

字不成。按通字爲明肅皇太后父諱，天聖元年明肅稱制，命天下避

其父諱，至明道二年詔不避。是此爲天聖明道間刊本矣。日本文政

九年狩谷氏求古樓摹刻本最爲精肖。(日本帝室圖書寮藏書，己巳十一月十

一日觀)

孝經註一卷　唐玄宗李隆基注

宋刊本，半葉八行，行十七字，細黑口，四周雙闌，版心上記字數，上

魚尾下記"孝"字，下魚尾上記葉數，下方内記刊工姓名，有壽昌、杒疑

翁字。二人。全書共十六葉。前唐玄宗序。

鈐有"晉府書畫之印"朱、"敬悥堂圖書印"朱、"子子孫孫永寶用"朱、"陳氏世家"朱、"陳定書印"朱、"季振宜印"朱回文、"滄葦"白、"季大千印"白、"子祁"朱、"李國甡字"朱、"崑山徐氏家藏"朱、"乾學之印"白、"乾菴"白、"毘陵唐良士藏書"朱、"晉昌祕笈記"白、"唐辰"白、"良士"白各印,又乾隆諸璽及"天祿琳琅"、"天祿繼鑑"各璽印。

按:此書行款與岳氏家塾本同而無牌記,刊工精麗,視世傳岳刻諸本差勝。周君叔弢所藏,屢屢見之,頃承以影本見貽,爲補記於此。

孝經注一卷 唐玄宗李隆基撰　陸德明音

明翻岳氏本,八行十七字,白口,四周雙闌。附音釋,行間有點句。卷末有"湯仁甫刻字"一行。(乙亥)

孝經正義三卷 唐玄宗撰　宋邢昺疏

宋刊本,十行十七字,注二十三字,黑口,左右雙闌。(南皮張氏藏書,壬戌春見於日知報館)

藏園羣書經眼錄卷二

經　部　二

四　書　類

四書白文

元刊本,十行十五字,黑口,版有上層,刊音釋。每章連下,以陰文數目記章數間之。宋諱不避,白皮紙初印。

鈐有:"毘陵周氏九松迂叟藏書記"朱長方、"潘祖蔭藏書記"朱長方、"周良金印"、"張氏享紹"。(盛伯羲舊藏,癸丑見於文友堂)

論語二十卷孟子十四卷

元刊本,八行十七字,注同,細黑口,版心上記字數,下記刊工姓名,左闌外記篇名,逐句加圈,音讀亦加小圈,與岳刻五經同,板式亦相類。每卷後有牌子,長方橢圓不等。文曰:

```
盱郡重刊
廖氏善本
```

蓋元翻宋廖瑩中世綵堂刊本也。

鈐有毛晉、毛褒藏印。(故宮藏書,丁卯)

論語集解十卷　魏何晏撰

日本天文癸巳刊本,七行十四字,黑口,四周單闌。每卷各章皆銜接

而下，不提行空格，不隔以圓圈。首有清原朝臣宣賢序，次何晏等上論語集解序。宣賢序錄後：

> "泉南有佳士，厥名曰阿佐井野，一日謂余云：東京魯論之板者，天下寶也，雖離丙丁厄而灰燼矣，是可忍乎！今要得家本以重鏤梓若何！予云善！按應神天皇御宇，典經始來，繼體天皇御宇，五經重來。自爾以降，吾朝儒家所講習之本藏諸秘府，傳於叔世也。蓋唐本有古今之異乎，家本有損益之失乎，年代寖遠不可獲而測，遂撰累葉的本以傳與，庶幾博雅君子糾焉。天文癸巳八月乙亥金紫光禄大夫拾遺清原朝臣宣賢法名宗尤。"

後有楊守敬氏手跋：

> "此日本天文二年所刻論語單經本，當明嘉靖十二年，余嘗校之，知所據原本遠出宋本上，不獨字體古雅與正平本伯仲也。前有清原朝臣宣賢序，稱以家本重梓，知其所來遠矣。顧流傳甚少，山井鼎作考文時亦未引之，至吉宦漢作論語考證始載之。余輾轉購得二部歸，以貽通經學古者。光緒癸未三月宜都楊守敬記。"（余藏）

論語集解十卷　魏何晏撰

日本足利學校活字印本，七行十七字。日本慶長當明萬曆間。（壬子）

論語集解十卷　魏何晏撰

精寫本，九行二十二字。（故宮藏書）

論語集解義疏十卷　魏何晏集解　梁皇侃疏

清王亶望刊本。　吳騫以朱筆校。又緑筆校、墨筆校，不著姓名。此初印本，題"臨汾王亶望重刊"，後乃改剜鮑廷博之名耳。

論語義疏十卷　魏何晏注　梁皇侃疏

日本室町時代寫本，半葉九行，行二十字。高七寸七分，寬五寸六分。鈐有"金澤文庫"印。

論語義疏十卷 <small>魏何晏注　梁皇侃疏</small>

日本寫本，九行二十字。有影摹"足利學校""轟文庫"兩朱印。每卷首下方有"睦子"二字。（徐坊遺書。癸亥）

論語註疏十卷 <small>魏何晏集解　宋邢昺疏</small>

宋刊本，半葉八行，每行十六字，注雙行二十五字，白口，左右雙闌。版心上魚尾下記"侖束幾"或"侖幾"，下記刊工姓名，可辨者有先、昌二字。宋諱避至敦字止，字體瘦勁，是光宗時蜀中刊本。版匡高六寸二分，寬四寸一分半。

按：此本標題無解經二字，與各本皆不同，其式甚古。分卷不作二十，爲元貞本所自出。注疏後附釋文。則尤元貞本及明以來諸本所無，殊可寶貴。校各本，所補奪文至多：如不患人之不己知章多王注一段；可以託六尺之孤章注多十二字；叔孫武毀仲尼章疏人毀仲尼至不能傷其賢也三十六字，監本空缺十八字，毛本以下則多臆補矣；何如斯可以從政章，疏謂之殘虐下校各本多一百二十五字；不知命無以爲君子也章，正義曰此章言君子立人知人也，視各本多七十七字。是皆邢氏舊文未經後人竄亂者。頃中華學藝社假得寮本精印行世，承以一帙見貽。讀姜君殿揚跋語，敍述至翔核，因撮其大要附著於此焉。（日本帝室圖書寮藏書，己巳十一月十一日觀）

魁本大字詳音句讀孟子二卷

元廣陽羅氏刊本，十行十六字，黑口，四周雙闌。題辭後有琴式牌子，題"廣陽羅氏鼎新刊行"八字。（文友堂閲，己未）

孟子注十四卷 <small>漢趙岐撰</small>

日本足立學校活字印本，七行十七字。慶長（壬子）

孟子注疏解經十四卷 <small>漢趙岐註　題宋孫奭疏</small>

宋刊本，八行十六字，注雙行二十二字，白口，左右雙闌。版心上記字數，下記人名。間有元刊之葉，與北京圖書館所藏同，此獨完全，

極可珍貴。（丁卯七月見，故宮藏書）

孟子注疏解經十四卷 漢趙岐註　題宋孫奭疏　存卷三、四，卷各爲上下

△八六四九

宋刊本，半葉八行，行十六字，注雙行二十二字，白口，左右雙闌。版
心下記刊工姓名，有許貴、許成之、許詠、徐仁、顧祐、毛俊、丁之才、
李彦、李信、吳宥、張亨、楊昌、宋瑜、沈思忠、金濟、洪坦、毛、鄭、詠、
仁等。避宋諱至擴字止。鈐有"毛晉之印"小朱文印。

按：此與盛意園昱所藏黃唐本禮記同。（袁寒雲藏書，乙卯）

孟子註疏解經十四卷 漢趙岐註　題宋孫奭疏　存卷十三、十四，卷各爲上下

宋刊本，八行十六字，小字雙行二十二字，白口，左右雙闌。版心上
記字數，下記刊工姓名，有丁銓、李信、毛俊、許貴、徐、王榮、徐仁、丁
之才、許詠、占讓、許成之、何建、任阿伴、茂五、曹榮、董用、吳玉、范
華、章文、吳洪。仿宋體皆宋代補刻，別有元補數葉，無刊工名。宋諱匡、貞、
恒、桓、慎、殼、敦皆缺末筆。每卷次行頂格某章句上下、凡若干章。
下空一格題孫奭疏。三行低一格趙氏注。篇中疏以大字陰文"疏"
字冠之，各章皆連接而下，疏首章旨某句至某句監本以後皆删去，此
猶存舊式。

余筦教育部時，清理大庫殘牘，得宋刻八行本孟子注疏八卷，已付圖
書館收藏。兹於文德堂復見此二卷，爲館藏所無者，因併校於殿本
上，文字粗有訂正。若館中能收此殘卷，則所缺只四卷，異時或有補
完之望也。丙寅九月初四日沅叔記。

孟子注疏解經十四卷 漢趙岐注　題宋孫奭疏

△七三〇六

明吳氏叢書堂寫本，九行二十字，版心有"叢書堂"三字。有黃丕烈
跋，謂相傳前五行爲吳匏庵寬手寫。（辛酉二月朔見于蔣夢蘋家中）

孟子音義二卷 宋孫奭撰

影宋寫本，十行十八字，注雙行二十五字。闌外有"虞山錢遵王述古

堂藏書”小字一行,亦大末吾氏據述古堂影宋本影鈔者也。有“大梅秘玩”朱文印。(己巳)

新刊唐昌黎先生論語筆解十卷 唐韓愈、李翺撰

宋刊本,半葉十行,行十七字,注雙行,白口,左右雙闌。板心下記刊工姓名,有王朝、郭丁、高二、祖四、祖五、李保及于、范、單、志、慶等字。鈐有“宣統御覽之寶”。

按:此書每卷標題並列“昌黎韓愈”、“趙郡李翺”,與世行本絶異,蓋書本兩人同注,若僅列韓愈則名實相違。別有目録一葉,著論語二十篇名,今本概予删去。存此宋刊。使後學得覩古書面目,亦一快也。(故宮)

重廣陳用之真本入經論語全解義十卷 宋陳祥道撰

明藍格寫本,十行二十字。結銜爲“左宣德郎充館閣校勘太常博士賜緋魚袋陳祥道”。前有門人章粹序,而題曰校勘,殊不可解。全書經舊人以朱筆校勘,吳兔床騫又以墨筆正之。鈐有“拜經樓吳氏藏書”、“兔床”、“海昌吳葵里收藏記”各印。(余藏)

尹和靖論語解不分卷 宋尹焞撰　　　　　　△七九四一

明山陰祁氏淡生堂寫本,竹紙藍格,十行二十字。鈐有汪士鐘印。(周叔弢藏書,癸酉十一月十二日見)

中庸説一卷 宋張九成撰

宋刊本,半葉十行,每行十八字。白口,左右雙闌。版心上記字數,下記刊工姓名。避宋諱至慎字止。

按:此書中國失傳,張菊生前輩重爲先人遺著,曾假得影照以歸。(日本西京東福寺藏書,己巳十月二十九日閲)

四書集註二十八卷 宋朱熹撰

宋刊本,半葉七行,行十五字,注雙行同,白口,左右雙闌。版心上記字數大小分記,下記刊工姓名。

鈐有"項氏少谿主人子信□周所藏"白、"萬卷堂印"朱各印及錢唐丁氏印、劉彥冲藏印。

按:此書大字精善,審其刀法,或出自豫章,江南圖書館所藏。

四書集注二十八卷　宋朱熹撰

宋刊本,十一行二十一字,注大字低一格,黑口,四周單闌。宋諱不避。

鈐印有:"周氏良金"朱、"毘陵周氏九松迂叟藏書記"朱。(癸丑)

孟子集注十四卷　宋朱熹撰　存卷七至十

宋刊大字本,七行十二字,注雙行十五字,黑口,雙闌。

鈐有:"南陽居士"、"百柳塘主人"、"嫏環妙境"朱文印。與中庸版式正同。(己巳九月二日)

孟子集注十四卷　宋朱熹撰　缺卷三、四、七、八,存十卷

宋刊本,七行十二字,注雙行十五字,低一格。宋諱完、殷、敬、慎皆不避。(壬子春見于正文齋譚篤生處)

四書章句集註二十六卷附考證四卷句讀一卷

清嘉慶辛未璜川吳氏校刊本,九行十七字。仿宋本。每卷後有"吳縣吳志忠刊"一行。(癸丑)

論語纂疏十卷　宋朱熹集註　趙順孫纂疏

宋刊本,半葉九行,每行二十字,疏雙行同,白口,左右雙闌。版心上記大小字數,下記刊工姓名,有丁詮、金升、史祖、吳興、沈祖、沈禮、許怡、李斗文、徐侃、徐嵩、劉俊、劉文、陳全、黃升、黃宥、馬良、賈真、蔡仁、蔡成、蔡元道、章永、藍宗、顧震諸人。宋諱旋、朗、讓、匡、恒、樹、完、慎、廓皆爲字不成,又泒作泒。集註中慎作謹,讓作避,匡作康,徵作證,猶存紫陽舊式。

前清源洪天錫序,半葉五行,行書絕工秀。次讀論孟集註綱領,次讀論語孟子法,次朱子集註序説。收藏鈐有:"汲古閣"、"毛斧季收藏

印”朱文、“毛氏家藏”白文、“曾在顧竹泉處”朱文各印。

壬子冬得於上海汲脩齋,先得十九册,甲寅春復得一册,遂爲完書。
沅叔。

四書纂疏二十六卷

元刊本,十行二十字,注雙行二十四字。季振宜舊藏。

按:此本源出宋刊,余曾收宋刊論語纂疏,極精湛,爲毛氏汲古閣舊
藏,行款正與此同。(日本静嘉堂文庫藏書,己巳十一月十三日閲)

四書箋義纂要十二卷紀遺一卷　宋趙憵撰

汲古閣影寫元刊本,十一行二十二字,注雙行三十三字。有眉山劉
有慶序,番陽李粲序,泰定元年。曾翰序,泰定乙丑。致和趙憵自序。
有“元本”、“甲”二印。(故宫藏書,丁卯七月見)

論語集注十卷孟子集注七卷大學章句一卷或問一卷中庸章句

　一卷或問一卷

元明間刊本,七行十五字,注雙行同,版心上方記字數。每卷後有音
考。凡篇章節之首皆加旁抹,衍文加圓圈,誤字加方圍,其他咸有標
抹。

鈐有“毗陵周氏九松迂叟藏書記”、“周良金印”各印記。又汪魚亭藏
印。

按:此書陸心源氏標爲宋刊本。其刊工殊潦草,在元本中亦爲下駟,
斷非宋刊也。(日本静嘉堂文庫藏書,己巳十一月十三日閲)

讀四書叢説八卷　元許謙撰

舊寫本。有吴師道序。鈐有“慈谿馮氏醉經閣圖籍”印。(古書流通處
送閲。壬戌)

孟子通十四卷　元胡炳文撰四書通之一　附孟子集註通證二卷　元張存

中編

元刊本,十一行十九字,注二十字,小注雙行亦二十字。闌外有耳記

篇名。孟子集注通證題"新安後學張存中編",十三行二十四字,注
同,低一格。字體圓湛精美。(壬子春見于正文齋譚篤生處)

四書集義精要三十六卷

元至順元年江南行省官刊本,九行十七字,線黑口′,四周雙闌。版心
下有刊工人名。首葉刊生謝文炳。前有江浙等處儒學提舉司官牒,後
列供給、繕寫、對讀及官吏銜名十行,錄如後:

"皇帝聖旨裏:江浙等處儒學提舉司至順元年四月二十七日承奉
江浙等處行中書省椽吏張炎承行四月二十二日劄付該准中書省
咨翰林國史院呈。據待制歐陽玄,脩撰謝端、李㞬,應奉蘇天爵等
呈:欽維國家近年以來開設科舉取士以明經爲本,明經以四書爲
先,然四書止用朱氏集注,其他門人記錄之語,或論辯之書,所以
倡明四書,羽翼集注者,尚多有之。朱氏既歿,時人會粹爲四書集
義,其書數萬言,中間或有朱氏未定之說,讀者病焉。故集賢學士
劉公夢吉,以高明之資,思廣道術,始卽其書刪煩撮要爲三十卷,
名四書集義精要。蓋聖賢之道具在四書,四書之旨,得集注而後
著,集注之說,得精要而益詳。若將此書於江南學校錢糧內刊板
印行,流布於世,使學者因精要以求集注之說,因集注以明四書之
旨,則聖賢之學庶幾傳布者廣,其於國家設科取士之制,明經化俗
之方,豈曰小補。具呈。照詳得此,本院看詳:上項四書精要有益
聖經,可裨世教,如准屬官所言,移咨江南行省開板,相應具呈。
照詳得此,都省議得:故集賢學士劉夢吉四書集義發明經旨,宜廣
其傳,以淑後學,合允所請。今將本書隨此發去,咨請照驗,移請
本省提調官,仍委儒進官員,依上如法繕寫成秩,校勘對讀無差,
於各路贍學錢糧內刊梓印布施行。准此,省府除外,今將本書八
冊隨此發去,合下仰照驗,委自儒進官員與杭州路官,依上如法繕
寫成秩,校刊對讀無差,刊梓印布。先行從實計料,合該工物價

錢,保結開申,毋得因而冒破動擾違錯。具委定官職名申省。奉此

供給江浙等處儒學提舉司司吏高德懋、杭州路總管府司吏孫香達
　繕寫買天祐、葉雍、王居中、謝瑋　對讀湖州路儒學學錄錢益
江浙等處儒學提舉司吏目史介　杭州右錄事判官楊興　杭州右
錄事判官孔也先不花　江浙等處儒學副提舉孫質　承質郎杭州
路總管府通判郝瑛　奉議大夫杭州路總管府治中脫帖木兒　資
德大夫江浙等處行中書省左丞伯帖木兒。

四書經疑問對八卷　<small>進士饒州董彝宗文撰</small>

元至正十一年建安同文堂刊元印本,十一行二十一字,黑口,四周雙
闌。標題大字佔雙行,每條題低三格。有識語錄後:"左四書疑八
卷,其間多所發明,相傳以爲進士董彝宗文所編,第恐石氏所錄程子
之説未免有殊,已專書達本人,冀有以補其未備,訂其訛舛,而求真
是之歸,幸甚。至正辛卯仲夏建安同文堂謹咨。"

盛伯義舊藏,戊辰十二月朔見於袁滌安逸家。沅叔。

新編待問集四書疑節十二卷　<small>元袁俊翁撰</small>

舊寫本,十行二十二字。前有大德庚子中秋渝黎立武序,<small>題曰所寄先生序</small>。大德庚子臘月上浣沔水李應星序,至大辛亥閏中元中友生虛寮
彭元龍序,延祐乙卯夏五虛寮又序。目錄次行題"溪山家塾刊行",
次有至治改元中和日鈐北晚學袁俊翁書九行,略記撰述大略而已。
墨格左闌外下方有"繡谷亭續藏"五字。鈐有"敦復"、"繡谷亭續藏
書"、"吳城"、"願流傳勿污損"各印。外鈐有"翰林院印"大官印及浙
江巡撫進呈書籍朱文木記一方。(己巳三月)

重訂四書輯釋四十卷　<small>元倪士毅輯釋　程復心章圖</small>

明正統八年刊本,十一行二十字,黑口雙闌。(癸丑)

孟子師説七卷　<small>明姚江黃宗羲撰</small>

舊寫本。四庫本作二卷。（江陰繆氏遺書，壬戌滬市見）

孟子私淑錄三卷 清休寧戴震撰

舊寫本。書衣有乾隆十六年歲次辛未春三月録朱書三行。（江陰繆氏遺書，壬戌滬市見）

論語雅言□卷 歸安董增齡撰

傳抄稿本。（辛未）

樂　類

樂書二百卷目録二十卷 宋陳暘撰　序目及卷一至三鈔配

元至正七年丁亥福州路儒學刊本，十三行二十一字，白口，左右雙闌。版心上方記字數。前慶元庚申楊萬里序，次建中靖國元年牒文並詔書，次進樂書表，次樂書序，次目録。次行題迪功郎建昌軍南豐縣主簿林宇冲校勘。後有至正丁亥福州路儒學教授郡人杜光大禮樂書後序。

藏印有：“吳軼羣氏”朱、“澹生堂”白、“勤襄公五女”白、“叔芷”白、“若蘅”朱、“禮蓮室”朱、“姚氏畹貞”白、“芙初女史”朱、“張蓉鏡印”白、“芙川”朱、“張蓉鏡”朱白、“芙川氏”朱白、“小琅嬛清秘張氏收藏”朱橢、“蓺友張燮”朱、“癸丑詞臣”白、“寶鍔”白、“麋公”朱、“益陽周開錦受之珍藏金石書畫之印”朱。（丙辰）

樂典三十六卷 明黃佐撰

鄭寒村家刊本。後有嘉靖甲辰門人全賜、丁未孫古兩序。論樂律之書。（辛酉）

樂述三卷 清毛乾乾撰

精寫本，十行二十字。有康熙癸酉匡山毛乾乾自序，癸未冬日後序。上卷審音，有圖有解。中卷制器，亦有圖解。下卷播樂徵古。圖譜解。（癸酉）

律吕新義四卷 清江永撰

舊寫本。一皇言定聲，二稽古，三象數，四餘論。　有乾隆丙寅慎脩自序，言古今言律吕者約有十蔽，而力尊聖祖及安溪相國之説。鈐有："北平李氏珍藏圖籍印"。

此書曾刻入正覺樓叢書中。（文在堂見。甲子）

吹豳録五十卷 清吴穎芳撰

清寫本。有乾隆二十三年吴氏自序一首。

卷一、二義例，三疑例，四、五律解，六、七律問答，八、九、十管解，十一至十四管解問答，十五至二十二管議，二十三至三十三器考，三十四至四十二調論，四十三半字譜，四十四至四十七樂述，四十八至五十附樂别曲。

陳立炎謂此書無刻本，竢詳考之。（癸亥）

羣經總義類

鄭志三卷

聚珍本，吴槎客騫手校並手抄補十二條，又司農魯禮禘袷義陳仲魚鱣校歇一行，凡七葉。

"乾隆四十五年九月七日盧文弨閲於京師李倩印舍。"

"甲辰春二月二十又二日吴騫從擘齋學士案頭借臨，丁君小疋同觀。"此二題在卷上末。

"乾隆四十九年閏三月陳鱣借閲於武原客館，並從雅雨堂刻鄭司農集中魯禮禘袷義參校一過。"

"新豐鄉人唐翰題藏"

鈐有："精校善本得者珍之"朱、"槎客"、"陳鱣"、"仲魚"、"江山劉履芬觀"、"海豐吴重憙印"各印。（海豐吴仲懌遺書。甲戌十月）

經典釋文三十卷 唐陸德明撰 存禮記釋文四卷，内鈔配四十九葉

宋淳熙四年撫州公使庫刊本。題"唐國子博士兼太子中允贈齊州刺

史吳縣開國男陸德明撰”。半葉十行，每行大小相間，十九、二十字
不等，白口，四周雙闌。版心上方記大小字數，下方記刊工姓名，中
記“壬寅刊”、“壬申刊”、“戊申刊”、“壬戌刊”、又“開禧乙丑換”、“淳
祐壬寅刊”等。卷各別起，而不題卷二三等字，葉數通爲長號，凡一
百二十三葉。宋刊存者七十四葉，餘四十九葉精寫補入。鈐有“東
宮書府”十一疊篆文大朱印。

刻工有：和、孔、劉、京、元、喻、戊申朱生刊、施贊、伯言、黃、玉、高安
國、吳中、鑑、嚴思敬、思明、周忠、思賢、李、胥、定、明、周日新、何櫟、
茂、吳行重、黎□。宋諱敦、匡、慎、禎、貞、栢、惇、胤、玄、頊、酳皆爲
字不成。卷中有鈔配，爲一至三十七，六十一陰葉第二行起至六十
八，百十七陰葉半，百十九葉至百二十三，計鈔配四十九葉又兩半
葉。

曹元忠氏有跋。錄後：

“此宋淳熙撫州公使庫刊本也。每半葉十行，每行大小相間，十九
二十字不等，四圍雙線邊，白口，版心上魚尾上記字數，下魚尾下
記葉數及刻工周忠、思賢等姓名，中刊記音，爲書名，并記刊書年
歲。蓋此本刊於孝宗淳熙四年丁酉，其云壬寅刊者則九年也，戊
申刊者則十五年也，壬戌刊者則寧宗嘉泰二年也，壬申則嘉定五
年也，距淳熙丁酉相去三十五年矣。鋟版不應如此其遲，又屢見
開禧乙丑換五字，始悟刷印既多，自易漫漶，必致隨時修補抽換，
是以遇光宗諱惇敦亦缺筆也。書僅學記至坊記爲禮記釋文第三
卷，通志堂於經典釋文三十卷外又刊禮記釋文四卷，卽是此本。
而此本本附刊單注本禮記二十卷之後，故卷末有撫州公使庫新刊
注禮記二十卷並釋文四卷，附校正人軍州等一紙，納蘭成德亦仿
刻之。至嘉慶丙寅，陽城張敦仁景刊小讀書堆所藏單注本禮記二
十卷，尚缺釋文四卷，乃翻刻通志堂本以足之，而四圍雙線邊亦爲

單邊,已與單注本禮記異。又版心上魚尾下記葉數,亦爲黑口,致
刻工高安國等姓名與單註本禮記同者皆無可考,猶得行欵差池,
無關出入也。獨此本雜記所出"官館"二字在開禧乙丑所換葉中,
審是高安國寫刻之誤,當作"宫館"。由此"宫館"卽註文之"離宫
館",非經文"公館復、私館不復"之"公館",故繫所出"復"字,以明
其爲註文。而云"本亦作觀",謂別本亦作"離宫觀"。知釋文所註
禮記注文本作"離宫館",惟附刻此本之禮記單注尚與相同,其餘
各本則皆作"離宫別館",因"公館"二字不相聯屬,遂於釋文所出
宫館。知其爲註文者,如宋本禮記註疏所附釋音尚去"宫"字;不
知其爲註文者,如通志堂本禮記釋文且改作"公館"矣。亦思若是
"公館"何不於曾子問"禮曰公館復,私館不復"□之。恨當時辨之
不早,以致承繆。雖宋元舊本經眼録稱其末葉有"嘉慶二十五年
庚辰宋本釋文再校修訖印行"一行本,顧流傳頗少,迄未之見,尚
賴此本"宫館"誤字證之,可見誤本尚勝於後世不誤。此本在宋時
雖不甚著,然直齋書録解題禮類有禮記註二十卷,次以禮記釋文
四卷,明是單注本禮記並附釋文者,疑卽此撫州公使庫新刊之本。
由此類推,則陳振孫所收古禮註十七卷次以古禮釋文一卷、周禮
註十二卷次以周禮釋文二卷亦必撫州公使庫新刊單注并附釋文
之本。恐撫州公使庫於三禮皆有新刊單註附釋文本矣。推求至
此,併疑相臺書塾刊正九經三傳沿革例其書本篇所列撫州舊本卽
對此撫州公使庫新刊本言之。岳珂因有撫州舊本,故於撫州公使
庫新刊本絶未提及,宋世亦遂無有善本稱之者。老友莫楚生觀察
昨晨過訪,曾語以此書大略,今爲沅叔書此。兩君皆好學深思,心
知其意,必有會於余言焉。太歲重光作噩正月辛未晦,元忠錫福
堂書。"（庚申歲收得）

經典釋文三十卷 唐陸德明撰

宋刊遞修本，半葉十一行，行十五至十七字不等，注約二十二三字，白口，左右雙闌。板心上方記字數，下方記刊工人名，補板有重刊二字。

鈐有明文淵閣大方印，又有"五福五代堂古稀天子寶"、"八徵耄念之寶"，"太上皇帝之寶"、"乾隆御覽之寶"、"天禄琳琅"、"天禄繼鑑"各寶。旁有"萬曆三十三年查訖"楷書大朱記。

余在文德堂覯首冊及周禮音義上卷，計二冊，因就校於通志堂本上。異日將以異字郵致曹君君直，俾一考其得失也。（壬戌十一月朔）

經典釋文三十卷　唐陸德明撰　存卷三至十，十五、十六，二十一至三十，計二十二卷

影宋本，十一行，註雙行二十一字。卷後有馮班跋，又朱錫庚跋，錄後：

"右影宋槧鈔本唐陸元朗經典釋文三十卷，版長七寸，博九寸有奇，白棉紙烏絲欄，紙色墨色光潤如鑑，洵書工之良也。第七卷後頁載有勘校官銜名共十二人，其詳勘官聶崇義衞融等，進書者吕餘慶、薛居正、趙普，於詳勘官之次書開寶二年正月，蓋當時奉勅校勘，前後六年始成也。第三十卷尾有上郿馮班跋云："原書文淵閣秘籍，不知何自出於人間，震澤葉林宗購書工影寫一部，凡八百六十幀，崇禎十年歲次丁丑寫畢。越十四年，上郿馮班識其後。"

"錫庚按：葉林宗見錢曾讀書敏求記，稱其篤學，好奇書古帖，搜訪不遺餘力，每見友朋案頭一帙，必假歸躬自繕寫，篝燈命筆，夜分不休，我兩人購得秘本互相傳錄，林宗歿後，余哭之痛，爲文祭之云云。據此則錢氏所見者即此本無疑，殆林宗既歿遂入馮手歟？錢又云：此書原本從絳雲樓北宋槧本影摹，然則絳雲一炬是編稱魯靈光矣，雖烏焉之寫，在所難免，然以世所行之通志堂本校之，其譌文佚句不啻倍蓰，不惟與諸經疏中所載者有異也。昔在乾隆壬辰癸巳之間，先大夫奉使安徽，於學政署中校刊說文解字，將以

餘暇續鋟是書。其時高郵王懷祖先生念孫任校刊之職。先大夫
旋左遷還朝未果，今兹閟五十年，先大夫下世已四十載，懷祖先生
猶耄年好學，孜孜不倦，欲假是本，以供撰著，余摩挲再四，未忍釋
手。感舊雨之如星，懼先澤之或墜，敬識端末如右。後有好古通
經之儒踵而刊行之，著其長而仍其譌闕，不得妄有刪改，嘉惠藝
林，克稱不朽之業矣。　道光元年辛巳秋九月十有二日大興朱錫
庚識。"

鈐有"大興朱氏竹君藏書印"、"朱錫庚印"白、"少河"白各印。（北京圖
書館新收之書。癸酉七月）

經典釋文三十卷　唐陸德明撰　存卷二十一、二十二兩卷公羊穀梁音義

清通志堂刊本。盧抱經文弨手校，所據蓋宋本也。公羊卷末有"乾隆
己亥三月十一日校竟，文弨""丁未二月五日出京口進便民河，舟中
閱"二行。穀梁卷末有"乾隆丁未二月六日舟中校，時將抵江寧，盧
弓父記"一行，皆朱筆。間有考定，細書於闌上。鈐有"武林盧文弨
家經籍"白、"盧文弨"白、"弓父手校"朱三印。（辛未）

經典釋文三十卷　唐陸德明撰

清通志堂刊本，臧在東鏞堂手校影宋本。臧氏所臨爲段若膺玉裁校
本，亦出朱文游家影宋本也。兹取各卷題記列後：

"丁亥莫春假陳碩府奐所藏段茂堂先生校本復校，惜行篋中僅携
泰誓至秦誓一卷耳。"尚書音義後

"道光七年三月十八日，假陳碩府所藏段茂堂先生校本復校一
過。"周禮音義後

"丁亥三月念六日假汪孟慈所藏葉本復校。"儀禮音義後

"老子竄改幾至不成文理，安得一北宋本正之。"

"丁亥三月念九日依葉本復校。"

"癸丑十月初九日臨校畢。巫山知縣段先生若膺曰：'寫本名銜在

毛詩末，甚是。故此書係南宋本。故尚書孝經等音義竄改最甚，
全非陸氏之舊，而毛詩或本之北宋，有乾德開寶間名銜，因仍之。
如徐盧兩家刻本移於卷終，似全書皆北宋本矣。'余是其論斷之
精，遂識以爲校勘之跋，内周官、儀禮最善，餘亦多佳者，不暇詳論
云。段君校訂處別以墨筆，帀月而卒業。武進臧鏞堂，時寓館於
金閶袁氏拜經閣。"

"此書舊藏吳縣朱文游家，學士盧召弓先生曾借校，今刻行抱經堂
本是也。近又歸同邑周漪塘。金壇段明府若膺聞之，往借是篇，
屬余細校，因復自臨一部。馮葉兩跋舊鈔有之，更有陸稼書盧學
士題未錄。庸堂同日記。"

"葉跋錄後：

此書從兄林宗借錢牧齋絳雲樓藏本影寫，書工謝行甫也，余幼時
曾爲之校勘。至乙巳春仲林宗死，所藏宋元刻本并抄謄未見之書
畫爲不肖子孫散没，糕擔煙檯往往見之，惟此書幸存，因而留之。
今之學者工於程朱之學，漢注唐疏塵封蠧蝕，安知有此等書哉。
按唐書，德明成此書，太宗讀而善之。太宗之時，儒臣濟濟，文教
大興，未若宋人之疑經謗傳也。後人不察，風靡草偃，且不知有德
明其人，何況此書。今絳雲已爲祝融所收，此書安得不寶重之耶。
記之以勉後人，勿効林宗之子孫爲厚幸矣。葉萬。"

"顧安道有宋刻毛詩傳箋，南宋光宗時刻也，其好處與岳本略同，
其所載音義佳處略書於此本上方。甲寅六月十九日若膺氏。"此跋
在毛詩音義後。

卷中校朱本用硃筆、校葉本用墨筆，卷尾皆記歲月。鈐有"李禮南藏
書記"朱文方印。（丙寅）

經典釋文三十卷　唐陸德明撰　　　　　　△二一三五

清通志堂經解本。顧之逵校，並臨惠棟、段玉裁、臧庸堂校及考證
語。顧氏識語錄後：有跋者錄子目，餘略。

尚書二卷

"前年從滋蘭堂朱氏得惠松厓先生校批釋文一部,惟尚書有宋槧本勘字,因用綠筆標之,松厓所校以黃筆別之。松厓此書校批甚略,不及段若翁之精深遠甚,然其改正之字如亡舜典一篇之亡及說文作譌之類則俱各指出,足稱校書之職也。甲寅二月朔抱冲記。"

毛詩三卷

"甲寅驚蟄燈下校 抱冲記"中卷末

"毛詩三卷余因勘宋刻巾箱本毛傳鄭箋附釋文者,曾略校幾處,如遶、諆、翰等字與此本合。暇日當細校,必更有出此本外也。抱冲校畢記。"

"黃筆惠松厓氏,墨筆段氏,丹筆葉林宗影抄本,若巾箱本另注出。又記。"

"葉抄本此下有名銜,今刻誤置爾雅後。"下卷末

禮記四卷

"右禮記釋文四卷余已用宋刻本校之矣,其點畫無甚關係者不錄。今又借得葉抄勘對本,再以墨筆校一過。臧君在東云:葉本禮記遠不如周、儀二禮。余謂並不如撫州本也。甲寅花朝逯記。"(余藏)

經典釋文三十卷 唐陸德明撰

通志堂刊本,吳江袁清賀傳錄校宋本。茲將各跋錄後,其與余所藏顧抱冲手校本相同者不具錄。

"癸丑十一月十二日臧庸堂爲巫山知縣段若膺先生校葉林宗鈔本,舊藏吳縣朱文游家,近歸同邑周漪塘,段先生往借是書,屬爲細校。又云:'寫本名銜在毛詩末,甚是。蓋此書係南宋本彙刊,故尚書、孝經等音義竄改最甚,全非陸氏之舊,而毛詩或本之北宋,有乾德開寶間名銜,因仍之。如徐盧兩刻皆移於卷終,似全書

皆本北宋本矣’。余歎其論斷之精，遂識此以爲跋語。中間如周
禮儀禮最精，餘亦多佳者，自信漏落者頗少矣，時寓於金閶袁氏拜
經閣。”

“甲寅春日假得先生是書，改正之處凡出於先生者，往往與松厓惠
氏相合。惠氏校改苦略，亦有可備決擇者，附於上方。後學顧之
逵記。”

“凡校宋本者，卽遇大謬於理者，苟與今本有異，亦必抹今本之是
而改宋本譌舛者於旁，此校宋本者之癖也。書惟斷之於理而已，
豈必惟宋是遵哉。所貴乎宋本者，爲其是處非它本所及，卽謬處
亦顯然可見耳。兹本始逐字照改，後漸以意去宋本之非者不録，
讀者亦以意會之可耳。己巳春正鐵君江沆識。”

“丙午三月，坊人以批本釋文求售，而索直甚昂，余未之應也，乃未
幾而竟爲有力者購去，方深惜之，猶幸因裝訂之故，原書尚存買人
處，爰以番餅三枚略買人屬其遲十日付去，乃得窮八晝夜之力照
録一通，今録畢矣，快何如之。爰書數語，亦以見貧士讀書之難
也。時道光二十六年四月六日，元和管慶祺書於體經堂。”

“庚午春向管君慶祺洵美處假得批本釋文，是丙午年所手録者，
噫！兵燹之餘，尚留是書，不禁忻幸。繙閱書中，見有亡友馬君劍
遠林校語兩條，尤爲可寶。原本用通志堂刊本照改塗乙，今一如
其舊云。校始於是春，僅得其半，辛未入都應禮部試，中輟一年，
至壬申孟夏續校乃蕆事焉。撫歲月而如流，慨良朋之徂謝，爰録
前輩諸先生跋語於前，爲能讀有用之書者勸，時時省覽，獲益良多
矣。是月十八日，吳江袁清賀子殀跋於鎔經室。”（徐梧生遺書，己巳三
月十六日閱）

公是先生七經小傳三卷　宋劉敞撰

宋刊本，半葉十行，行二十字，白口，左右雙闌，版心上記字數，下記
刊工姓名。宋諱殷、恒、樹皆缺末筆。鈐有徐乾學、曹溶、留真館、盧

保藏印。又"衛國經史之章"朱文大印。（清宮藏書，付廠市裝訂，因得見之。壬戌）

六經圖殘本

宋刊巾箱本，高四寸一分，寬二寸七分。存毛詩圖説計一至三十七圖，都三十九葉，春秋圖説存六十七至百十四，計五十七圖，都五十六葉，行格不一，十行十七字、十三行二十五字、十五行二十二字不等，四周單闌。宋諱貞、桓缺末筆。原跋録後：

"書籍最重宋本，而初印袖珍尤足寶貴。予鄙人也，未嘗學問，烏知此中奥義！緣辛未丙子六載之間，兩荷翠華南幸，當事不察，謬與陳設書史之任，何識何知，悚惶孔亟，辭不獲已。爰是勉力講求，多方咨詢，然終是門外漢也。計得宋本先後不下三十餘種，幸邀天鑒，賞收十餘種，餘悉因公用支取無存。承辦屢年，未得留存片紙，此中未免有情，復於書肆敝簏中撿得零落宋本百餘葉，雖屬斷簡殘篇，實是袖珍善本，付工裝成，聊以自娛，倘必完美是求，其不爲大力攫取者幾希，噫！凡事類然，寧獨此哉！乾隆丙子歲夏四月古歙浯村水南鄉杏城鄙人朱嘉勤記。"（韓左泉送閲。丁卯）

相臺書塾刊正九經三傳沿革例一卷

舊寫本，八行十七字。宋諱缺筆，當是從宋本影鈔者。鈐有"高郵王氏藏書印"、"憙孫印信"、"孟慈"各印。壬戌

相臺書塾刊正九經三傳沿革例一卷

清天都鮑氏困學齋寫本，十行二十字，墨格，左闌外下方有"鮑氏困學齋"五字。鮑廷博以朱筆校，又以墨筆校，識語録後：

"乾隆丁未七月十二日從丁小疋本校，青堆寓舍。"墨筆。

"乾隆丁丑春今日校正訖，綠飲居士誌。"

"傳是樓書目有宋刻本，未知尚在人間否。"朱筆。（余藏）

豫章熊先生家集七卷 <small>元熊朋來撰</small>

舊寫本,九行二十二字。前錄熊朋來傳,前六卷爲經説,第七卷爲雜
説。彭元瑞朱筆跋於卷首,兹移錄下方:

"天㦷之學極精細,大似劉仲原父,其論武成月日春秋周正周禮籩
豆實律同合聲辨且密矣。論易詩叶音,近代顧寧人易音詩本音所
從出也。至必欲改定洪範雜卦傳玉藻,未免南宋人習氣。若欲用
女冠比丘尼求雨,易笙魁漆木爲匏以召人之清廉,則迂矣。是集
乃經學之書,非其他詩文可比,通志堂刻入經解中,并第七卷雜説
統名曰經説,字句亦不能無譌,因以對勘,改正數十字。吾縣熊姓
最多,不知何派祖天㦷,安得好古者登梓專行之。乾隆戊申正月
開篆前校,四日竣,因記。芸楣。"

"經解附刻本傳云家集三十卷,考焦氏經籍志正同,今不可得而見
矣。此七卷目卽從經解錄出,標以家集而没其三十卷之數,鈔賈
之作僞也。二十七日燈下再記。"

鈐有:"南昌彭氏"、"知聖道齋藏書"、"遇者善讀"、"水香村父"各印。

(李佑臣藏書,乙亥正月見)

新編十一經問對五卷 <small>元何異孫撰</small>

元刊本,十四行二十五字,黑口,四周雙闌。書名大字佔雙行。前有
戊戌八月何異孫自序,行書七行,考其年爲順帝至正十八年。

鈐有"毛晉"、"毛扆之印"、"斧季"、"汲古主人"、"臣筠"、"三晉提
刑"、"元本"、"李"、"仲約"、"李文田"諸印。李氏有跋,錄如下:

"此書於光緒甲午十一月流轉廠肆,以十八金收得之。以校彙刻
目,方知汲古毛氏原有兩元刊,初收者無序,故通志堂本缺序文。
後收得此本,有序,卽陳仲魚所云鮑以文據以補缺者也。十二月
十日,順德李文田記。"

按:此書若農先生之孫携來舊京付裝者,蠹蝕殘損殆不可讀矣。斐

云持以相示，爲記之於此。昔年曾有盧抱經校本，其闕文皆補完，疑所據正爲是本也。癸酉十月二十三日。沅叔。

新編十一經問對五卷 元何異孫撰

舊寫本，清盧文弨、嚴元照校。有跋錄後：

"此元時茂林何異孫所著也。黃氏書目云：設爲經疑以爲科場對答之用。今案何氏自序其緣起，乃因小學訓導爲學生承問失對而停職，故緝爲是書，以助蒙訓，非爲科場科設也。元時爲校官者必先試而後授之，及至官，不得不勉盡其教人之責，撰爲講義，以時示諸生。其弊雖亦具文而已，然賢者尚能舉其職，不賢亦知顧其名。自今觀之，猶令人慨然思古風焉。是書固爲教小學設，然其所訓亦有折衷儒先，擇取精當，而不唯以一家之言爲墨守者，惡得而廢諸！異孫之履行吾未知其詳，其云豐城開州治之八月，會二教諭於講堂，因言及按察責訓導之事，考豐城之升爲富州在至元二十三年丙戌，書成而序繫以戊戌，則大德二年也。異孫蓋嘗爲校官於豐城者。書中引王稼孫先生講義。講暮春浴沂爲實周之夏五月，且云於杭州府學講此一章，則稼孫必是杭之校官，而郡志闕焉，其名不可考矣。志惟載何庚孫嘗爲吾杭教授，竊疑庚孫必異孫之訛，惟其同官，故知之詳悉如此，是又當著之，以諗夫修志者。是書有通志堂梓行本，無何序，卷有更易，而後二卷闕文最多。今本係從元版抄得者，乃毛子晉藏本，紙亦糜敝，然猶有可據以補通志堂之所闕者。其儀禮中有兩條本有問而無對，余爲足成之。此書於三禮祇略舉其郛廓，不若論語孟子之條析爲詳也。乾隆四十一年歲在丙申九月晦日東里盧文弨抱經氏書於鍾山書院。"

"此書通志堂經解所刻者失其自序，末二卷多闕字。抱經學士得元板鈔此本，乾隆甲寅學士曾郵示余，未及錄副。次年予得明人

藍格鈔本，較此更勝，即以呈學士。卷中字畫不甚明了者即據予本校改，時學士年七十有九矣，是年冬下世。學士既没，藏書星散，盡落估人手。仁和宋助教大樽與估人約，凡學士手校書每一册易以銀錢一餅，此書亦歸助教，予以明鈔本易得之。重是名儒手澤，珍秘不敢褻視。予別有校通志堂本，已貽錢唐何夢華。嘉慶十年歲在乙丑秋八月十二日，歸安嚴元照書於畫扇齋。"後鈐"香修"朱文小印。

鈐印有："虎林盧文弨寫本"朱、"抱經手校"朱、"樗蕙"朱、"嚴氏元照字久能今改字修能"朱、"香修"朱、"畫扇齋"白、"芳菽堂"白、"張氏秋月字香修一字幼憐"朱。（癸丑閱）

忠謨謹按：此書別有跋，收入藏園羣書題記續集卷一。

五經同異三卷　明顧炎武撰　　　　　△七九四五

清寫本。有朱錫庚跋，錄後：

"右五經同異不列序目卷數，分上中下三册，題東吳顧炎武寧人書，所載宋元諸儒論説。亭林宗漢學，又以同異命名，亦未能檃括是書之旨，始疑非亭林所訂，既觀其所采，皆與日知錄有合。蓋宋元之書多出臆斷，而其中亦有創獲卓識，以開後人之疑者，故先生特表而志之，萃□□此，以不没前人之功，尤推見古人好學樂善之心爲不可及也。夫學問至公，非可以凌越逞奇，先得我心，往往而然，先源後委，何必掩古人之長始自著耶！偶論及之，輒附書尾。時乾隆癸丑春二月朔旦，將事禮闈，未暇細繹，他日更校也。大興朱錫庚志。"

"是書本無名目，先生殆手輯以備檢閱，非成書也。同異之名疑後人所加。"（癸亥冬見于文林閣，周叔弢收去）

駁五經異義一卷補遺一卷箴膏肓一卷起廢疾一卷發墨守一卷

舊寫本。翁方綱朱筆點校。（吳估柳蓉春處見。乙卯）

古微書三十六卷　明孫𣤴編

綠格寫本,十行,行三十六字。題華容孫𣤴著録,麻城劉侗閱。前有河間范景文序,又自序,次古微書略例,次删微紋,次鑒定諸名公姓氏,次目録。

按:此書繕録甚精,俟檢刻本一核,有無異處,沅叔記。(斐英閣送閱,辛巳十月)

書古微四卷　清魏源撰

清何子貞先生紹基手寫本。竹紙朱闌,九行二十字。前有咸豐五年序,次例言二篇,次目録。字迹古茂可愛,漢字缺末筆,避家諱也。

(邃雅齋見。乙亥正月)

唐石經考異　清嘉定錢大昕撰　同邑後學黃鈞校

舊寫本,竹紙藍格,十二行二十四字。十二經皆全,無孟子。附删定禮記月令一卷,李林甫奉勅注。後有錢氏自序。(乙亥二月)

小 學 類

爾雅三卷　晉郭璞撰　附音釋　　　　　　△三三七二

宋刊本,半葉十行,行二十字,注雙行三十字。白口左右雙闌。後有顧廣圻跋。道光甲申

按:似紹興刊本。日本翻刻與此同。(常熟瞿氏藏,乙卯八月見于邕里)

爾雅注三卷　晉郭璞撰

宋刊本,八行十六字,注雙行二十一字,白口,雙闌,板心上記字數,下記刊工姓名。避諱至慎字止。

鈐有"宋本"、"甲"、"毛晉私印"、"子晉"、"汲古主人",又毛斧季印。

按:此書籤題經訓堂藏,則弇山尚書身後入官之物耶!(故宮博物院藏書。丁卯)

爾雅注三卷　晉郭璞撰

元刊本，小板心，八行十五字，黑口，左右雙闌，版心魚尾上方記大小字數。序後有大德己亥平水曹氏進德齋牌子六行，與繆藝風藏本同。有姚婉真跋，云得之士禮居。又心青居士跋。

鈐有："馬氏叢書樓珍藏圖記"朱、"味經書屋"朱、"竹農珍賞"朱、"天真閣"白、"山陰祁氏"白、"虞山張蓉鏡鑒藏"朱、"姚婉真印"白、"芙初女史"朱、"雙芙閣"白、"方氏若蘅曾觀"白、"半查"朱各印。（涵芬樓藏書。辛酉）

爾雅注三卷

明景泰刊本，十行二十二字，白口單闌。序篆文大字。（李木齋藏書,乙卯元日記）

爾雅注三卷

明刊本，十行二十二字，注雙行同，黑口，四周雙闌。有咸豐丁巳金匱張步瀛跋三葉，云以校元小字本及顧翻吳本，佳處悉與合，而更有勝二本者。

鈐有席玉照藏印。（涵芬樓藏書。辛酉）

爾雅注三卷 晉郭璞注

明嘉靖十七年吳元恭刊本，八行十七字，注雙行，白口，四周雙闌。每卷後小字雙行題經若干字，注若干字。卷中宋諱缺筆。前有嘉靖十七年吳元恭校刊爾雅序，次郭璞序。本書首行題"爾雅卷上"，次行下題"晉郭璞注"，三行上卷目，目後頂格題"釋詁第一"。

此書翻宋刻，書法極爲工秀。（余藏）

爾雅注三卷 晉郭璞注

明嘉靖十七年吳元恭刊本，八行十七字。前有嘉靖十七年秋七月二十四日東海吳元恭校刊本書序。清何友仲校，有跋錄後：

"正文將唐正經手校，再假顧人弘校本互勘。康熙己亥春二月穀雨前三日記。何友仲"

又有朱錫庚跋五十一行,署"道光二年壬午秋七月二十五日少河山人識"。文不具錄。(己未)

爾雅注三卷

明刊本,十行二十字,黑口,四周雙闌。(海虞瞿氏書,索八十元。辛酉)

爾雅注三卷

題宋刊本,九行二十一字,注雙行二十字。前篆文序。其與今本異者皆與石經釋文合。有周季貺跋。

按:是清刊本。(顧鶴逸藏書,壬子二月十一日見於吳門)

爾雅註三卷　晉郭璞撰　音釋三卷

明刊本,十行二十字,黑口,四周雙闌。每卷附音釋。有寶孝劼康題記,謂是景泰馬諒本,然無序跋年月可考也。(寶孝劼遺書,寶宅送看。辛未歲暮)

爾雅注三卷　晉郭璞撰　音釋三卷

明刊本,十行二十字,注雙行,大黑口,四周雙欄。每卷後附音釋。前郭璞序。本文首行題"爾雅卷上",次行下題"郭璞注",三四行低四格題釋詁等目,第五行低三格題"釋詁第一"。

鈐有:"孔繼涑章"白、"古中都王世雍氏私印"朱文小印、"孔子卅一世孫昭薰琹南氏印"朱文小印。(余藏)

爾雅註三卷　晉郭璞撰　音釋三卷

明刊本,十行二十字,注雙行同,粗單邊,版心無中縫。音釋坿每卷後,與本書相接。鈐有"文選樓"大墨記、"家在揚州文選隋曹憲故里"朱文印。

字體似萬曆刊本。(徐梧生藏書。乙丑)

新刊注釋爾雅三卷

明正嘉間刊本,九行十八字,注雙行同白口,左右雙闌,間有單闌。版心題爾上、爾中、爾下,注中音釋墨釘白文。卷中、下題"新刊大字

爾雅",每卷後題"新刊注釋"有郭璞序。

藏印鈐有:"何瑗玉印"白方、"端溪何叔子瑗玉號蓮盦過眼經籍金石
書畫印記"朱方。(甲寅)

爾雅疏十卷 宋邢昺撰　　　　　　　　　　　　△七三〇九

宋刊本,半葉十五行,行三十字,白口,左右雙闌。用洪武時官文書
紙印。七卷第八葉至卷末爲補刊。

鈐有"文淵閣印"、"汪閬源印"、"鱣讀"、"泰州劉麓樵購于揚州癸丑
兵火之後"白。(烏程蔣氏密韻樓藏。戊午)

爾雅疏十卷　宋邢昺撰　存卷五至七,計三卷

宋刊本,十五行三十字,白口,左右雙闌。版心上記字數,下記刊工
姓名,魚尾下記"雅疏"二字。與蔣孟蘋藏本同。(寶應劉翰臣藏。庚申
四月見)

爾雅疏十卷　宋邢昺撰

宋刊宋、元、明初遞修本,半葉十五行,每行三十字,白口,左右雙闌,
版心上記字數,下記刊工姓名。

按:陸心源氏題跋云:此書舊有二本,一爲士禮居所藏,一爲五硯樓
所藏,中經兵亂,世間未必有二,且未知此帙爲誰氏所藏。然以余所
見,密韻樓蔣氏藏有一帙,爲士禮居舊物,則陸氏所得嘗爲袁氏本
也。蔣氏本是洪武時官紙所印,此本爲元至順官紙所印,其印本亦
差相類,疑同時所印行也。余更別見一本於江北舊家謹案:即寶應劉啟
瑞翰臣。是世間固有三本矣。且卷中補版正多,當是元脩明印,陸氏
謂咸平祖本,非其實也。(日本靜嘉堂文庫藏書,己巳十一月十三日閱)

爾雅注疏十一卷　晉郭璞、宋邢昺撰　存第一卷

元刊本,序及經均大字九行二十字,注雙行,接經文下,低一格,每行
二十字。疏提行,以陰文"疏"字別之,亦雙行二十字。　前爾雅序,
郭璞序,邢昺疏。序後連本文,板式如下:

序後連本文

爾雅兼義一卷上　郭璞注

釋詁第一（楊守敬氏藏，其子秋浦相貽）

爾雅注疏十一卷 晉郭璞撰注　宋邢昺疏

元刊明修本，九行二十字，黑口，單闌。補刊葉中縫有"正德六年刊"，某人贗寫，某人刊等字。

鈐有"訪西齋圖書印"、"士安印"、"姜氏所藏"、"樗庵漫士"、"醒園居士"各藏印。（來青閣寄來，已收。丁巳）

爾雅註疏十一卷 晉郭璞注　宋邢昺疏

武英殿本。孔葒谷繼涵以元本手校，極細。（徐梧生遺書，己巳二月見）

爾雅註三卷 宋鄭樵註　　　　　　　　△八五五

元刊本，十二行二十一字，注雙行同，大黑口，四周雙闌。摹印極精。

（海源閣書，辛未二月十二日觀於天津鹽業銀行庫房）

爾雅注二卷

慈水葉自本刊本。盛百二手校。卷首有"乾隆甲午中秋後八日依內府板略校，秦川識"，朱筆題記。

鈐有"盛百二"、"秦川"、"柚堂"、"臣百二"、"惜分書屋"、"秀水盛氏柚堂圖書"各印。（余藏）

爾雅新義二十卷 宋陸佃撰

舊鈔本，十行十九字，注大字低一格。首行題"爾雅新義卷第一"，次行低九格題"陸氏"二字，三行頂格題"爾雅卷上"，四行題"釋詁第一"，均是舊式，當從舊本出也。前有元符二年五月山陰陸佃農師序，大字七行。

己未七月得於杭州梅花碑述古齋。此書自粵雅堂叢書外，刻本絕少，重其出自舊本，且有人以朱筆校正，因遂收之。

爾雅一切注音十卷

清嚴鐵橋可均手稿。（辛酉）

爾疋小箋四卷

稿本。劉文淇、劉寶楠、汪喜孫校。汪喜孫跋。周鑾詒、費念慈觀款。（壬子）

輶軒使者絕代語釋別國方言解十三卷　晉郭璞撰

△一一二七四

宋慶元六年尋陽郡齋刊本，半葉八行，每行十七字，注雙行小字同，白口，四周雙闌。版心上方記大小字數，上魚尾下題方言幾，下記刊工姓名，可辨者有毛俊、余莘、余俊、章智四人，又蔡、度、寅、諒各一字。宋諱構、朗、慎、桓、敦、恒、樹、惇、廓皆爲字不成。前郭璞序，次慶元庚申會稽李孟傳刊書序，次慶元庚申東陽朱質序。朱序末葉鈔補，卷二第一二葉亦係鈔補。

鈐印有：“橫經閣收藏圖籍印”朱長、“華亭朱氏”白方、“顧仁效收藏圖書”朱方、“仁效”朱方、“顧元慶鑒賞印”朱方、“季振宜藏書”、“揚州季氏”、“滄葦”、“振宜之印”，均墨印。

李序闌外有“野竹齋裝”墨書四小字，沈辨之舊藏。有沈曾植、繆荃孫、楊守敬、鄧邦述、章鈺、王闓運、袁克文、内藤虎、李盛鐸跋。

按：此書即讀書敏求記所記之本。據敏求記言，舊藏宋刻方言，牧翁爲余題跋，後歸之季滄葦云云，此本正有季氏四印。然牧翁跋已不存。蓺風老人謂跋當在朱質序後，以書禁嚴時撤去一葉，影寫六字補之，信矣。又卷二第一二葉亦同時一手影寫。考敏求記言，卷二故吳有館娃之宮，秦有榛娥之臺，俗本脱秦有二字，馮定遠嘗笑曰，并榛娥而吳之矣云云。宋刻此節正在第一葉之末，意此等恢談，當日牧翁於眉間必有識語，故并易之以泯其迹也。此書自季氏散出後沈晦殆二百年，乾嘉諸老皆不得見，壬子歲盛氏意園書散，余得之正文齋。亟郵致東瀛，精印百本，以貽同好。

忠謨謹按：此書有跋，收入藏園羣書題記初集卷一。

輶軒使者絕代語釋別國方言解十三卷 _{晉郭璞撰}

△一一二七五

明正德四年李珏刊本，十行十六字，白口，左右雙闌，板心上方間記字數。全書八十二葉通號。十三卷末有慶元庚申會稽李孟傳跋，又正德己巳七月吉旦澶淵李珏跋。後附劉歆揚雄書。

李珏跋録後：

> "子雲方言宋閩、蜀、江右皆有刻本，數百年來世不易見。茲出知蘇之長洲，兵部都君玄敬家世藏書，間出以相示，蓋江右本也。容齋隨筆謂子雲答劉子駿書稱嚴君平，而君平莊姓，又謂書稱汝穎之間，先漢無此語，以爲漢魏之際好事者爲之。予謂他書可僞而方言不可僞，蓋非齎素油問上計孝廉異語，必不能爲此。且葛稚川、郭景純皆去漢未遠，學號絕倫，稚川嘗亟稱之，而郭氏復爲之注，使其果僞，二子曾無一言及之，顧有待於後之人耶。予三復是書，愛其奇而惜其不傳也，遂捐俸鋟之於木，與世之好古者共。正德己巳七月吉旦澶淵李珏書。"

鈐有"沈辨之印"。（余藏）

釋名八卷 _{漢劉熙撰}

明刊本，十行二十字，白口，四周單闌。卷首劉熙序，序後有陳道人刊書記四行，次目錄，次本書。鈐有孫伯淵白文印。

按：此書見平津館藏書記，列入宋板，殊不可解，要是正德間所刊。今所行者以呂仲木嘉靖刊本爲佳，然已改爲九行，要不及此之罕覯，故亦良足珍耳。（蟫隱廬羅子經寄來，云得之蘇州姚彥侍家。戊午）

釋名八卷 _{漢劉熙撰}

明嘉靖三年甲申儲良材刊本，九行二十字，白口，單闌。前嘉靖甲申儲良材刻釋名序，次劉熙序。序後舊跋四行，列如下：

"右釋名八卷,館閣書目云:漢徵士北海劉熙字成國撰,推揆事源,釋名號,致意精微。崇文總目云:熙卽物名以釋義,凡二十七目。臨安府陳道人書籍鋪刊行。"

首行題"釋名卷第一",次行題"劉熙字成國撰",下列篇目,目後低三格題"釋天第一"。

後嘉靖三年呂柟序,序後跋八行,錄如下:

"釋名今無刊本,兹所校者又專本無副,正過亦八十餘字,皆以義揆諸義者,故義若可告,卽爲定改,求而不得,仍存其舊。序中'可謂'二字、釋國篇'譚'首之譚一字、釋姿容篇'邊目'二字、釋言篇'說日'二字。操功之'功'一字曾疑爲'切'字、曜薔之'曜'一字、釋疾篇'汪一'二字凡十一字皆闕未改,俟有他本及知釋名者。柟又識。"

末有嘉靖壬午書後一篇,缺後半葉,失去撰人。鈐有"養安院藏書"朱文長印,是曾入東瀛者。(余藏)

釋名疏證八卷補遺一卷續釋名一卷 清畢沅撰

清乾隆五十四年畢氏靈巖山館刊本。舊人臨顧廣圻校。書衣有篆文題字,卷末有朱筆二行云"顧千里再校一過,時距先師徵君之歿幾廿年矣。楓江儆舍燈下記"。全書眉上行間朱墨爛然,攷訂改正不少。前有沈維驥手跋二則,錄後:

"咸豐辛酉二月先君子購得篆文釋名疏證十卷,爲元和顧千里先生廣圻校本。先生爲吾吳校勘名家,其師艮庭先生聲璒乾隆制科孝廉方正,善治經,有古文尚書刊刻行世,世所謂江尚書也。釋名疏證十卷爲艮庭先生手書之書,皆小篆,與江尚書略同。先生平生每作字必爲篆文,故其精如此。以上皆先君子語。此書尚爲初印,又經千里先生校過二次,真不可多得之書,敢不寶諸。時光緒二十五年九月重陽日長洲沈維驥重裝訂訖於江寧學舍。"

"卷首有陳奐之印,知此書曾在石父先生家,先生著毛詩傳疏精確無比,亦艮庭先生入室弟子。"

"先府君云:此書別有正字二本,亦經訓堂所刻,余家購得後篆字正寫二書,皆爲丁泳之士涵母舅借去,七年見還。其正字二本,府君先將顧校過入,未畢一卷經泳之母舅手過校完畢見還。母舅爲石父先生高弟,學有師法,今將還書時寫條一紙並裝卷首,以誌韻事。"

鈐有"陳奐之印"、"立齋藏"、"南雅"、"沈寶謙印"、"濟之讀過"各印。校郎奎金本用墨筆。(余藏)

博雅十卷　魏張揖撰、隋曹憲音解　　△七三一一

明正德十五年皇甫録世業堂刊本,八行十五字,黑口,左右雙闌。每卷書名下題"魏張揖撰","隋曹憲音解",二行。"後學吳郡皇甫録校正"。三行。黃丕烈用影宋本校正。宋本行欵與此本正同,但每卷無撰人及校刻人兩行耳。前後有黃跋四則。不具録。前有皇甫沖序。録之子也。(辛酉二月朔見於蔣夢蘋家中)

廣雅十卷　魏張揖輯

明畢効欽刊本,九行十八字,白口,四周雙闌。卷第一首葉板心下方有"鄧班寫、熊一清刊"小字二行。前有張揖上書表。(戊午夏得於文友堂)

字林考逸八卷　晉呂忱撰

清紅格寫本,紐匪石以説文、一切經音義校過。陳倬培之過録。(癸亥)

匡謬正俗八卷　唐顔師古撰

舊寫本,十一行二十四字。前有"宋本"七叠文印,又"馥"字印,"鷦安校勘秘籍"朱文印。據此知從宋刊影鈔也。(己亥)

羣經音辨七卷　宋賈昌朝撰　存卷第三四兩卷

題"宋朝奉郎尚書司封員外郎直集賢院兼天章閣侍講輕車都尉賜緋魚袋臣賈昌朝撰"。宋紹興十二年汀州寧化縣刊本,半葉八行,每行大字約十四,小字三約當大字二,黑口,左右雙闌。板心記刊工姓名,有黃戩、黃七二人。宋諱玄、敬、殷、讓、恒、耿、覯均缺末筆。

鈐有"乾隆御覽之寶"、"天祿琳琅"、"天祿繼鑑"、"五福五代堂古稀天子寶"、"八徵耄念之寶"、"太上皇帝之寶"諸璽及"毛晉私印"、"毛氏子晉"、"子晉書畫"、"汲古閣"、"聖清宗室盛昱伯羲之印"、"完顏景賢精鑒"諸印,又袁克文氏諸印。

李盛鐸氏有跋,錄後:

> "此書各家著錄多係影宋本,以宋刊原帙久歸天祿石渠,無由獲見。此本璽識宛然,殆何時失散流出,歸於鬱華閣,今爲抱存所得,洵可珍也。此紹興壬戌汀州寧化所刊,故避諱至覯字,於宋代爲此書第三刻。乙卯夏日盛鐸記。"(庚申歲收得)

重刊埤雅二十卷 宋陸佃撰

元末刊本,版匡高五寸六分,寬三寸五分,半葉十行,行十九字,黑口,四周雙闌。前有宣和七年六月序,題"男朝請郎直秘閣權發遣淮南路計度轉運副使公事借紫魚袋陸宰撰"。次目錄。卷九下注云:"共玖簡,內缺一、缺五。"卷十上云:"共拾簡,內缺。"卷十三下云:"共十一簡,內缺十一。"卷十四下云:"共玖簡,內缺七。"(辛未十月)

爾雅翼三十二卷 宋羅願撰

明正德十四年羅文殊刊本,十行十九字,黑口,左右雙闌,版心上記字數,下記刊工人名。前有正德十四年己卯都穆序。

按:此書宋元均有刊本,都元敬藏宋刊本後歸李工部彥夫。是本爲羅氏後裔所刻,蓋卽從李彥夫宋本翻雕者,然則明代此書刻本莫先於此矣。(余藏)

駢雅七卷 明豫章朱謀㙔撰

明刊本。有萬曆己丑陳文燭序,又男輔國中尉統鍜序。用爾雅之例
而隸以駢字。

按:此書與玄覽同刻,而行欵不同。（壬午元月）

字詁一卷義府二卷　清黃生撰

光緒丁丑刊本。（辛未二月見於上海）

周秦名字解故二卷　清王引之撰　　　　　　△七三〇三

清嘉慶刊本。王引之刪改稿本,簽題殆滿。

周秦名字解故附錄一卷　清王萱齡撰　　　　△七三〇四

清道光刊本。（上二書合裝一函,盛昱遺書,索二十元,壬子見）

　　　　　　　　　　　　以上訓詁

急就篇注一卷　唐顏師古注　　　　　　　　△七九五六

明寫本,瀾版藍格,十四行二十二字。

黃丕烈校并手跋二則。又鈕匪石長跋,并手牋一通。（周叔弢藏。癸
酉）

說文解字十五卷　漢許慎撰　存木部殘卷

唐寫本,存六紙,九十四行,自木部柤字起,楬字止,一百八十八字。
硬黃紙,堅靭似敦煌經卷。篆法絕精,楷法亦美。

有米友仁跋十八字,寶慶十年俞松妝池題記,並曾國藩、莫友芝題詩
及劉毓崧、張文虎、方宗誠、莫氏父子跋語。莫氏曾摹刊行世,家有
其書,不復具錄。

按:此卷歸莫氏後,其孫經農觀察流寓維揚尚能守護勿失,其歸匋齋
也當在光緒季年督兩江時。鼎革後爲景樸孫所得,秘不示人,余屢
造半畝園求一寓目,竟不可得,暮年海外乃獲一見,題名卷尾,輟筆
爲之憮然。（日本內藤虎家藏書。己巳十月二十八日閱）

說文解字十五卷　漢許慎撰

宋刊本,半葉十行,每行二十字,合大小二十五字,白口,左右雙闌,

板心上記大小字數,下記刊工姓名。補板有重刻二字。王蘭泉昶舊
藏。有阮元手跋。

按:此本近已影印行世,不更詳記。曾見李木齋先生藏半部,余亦藏
殘本第六卷。諸本均摹印甚晚,迭經補刊。（日本靜嘉堂文庫藏書。己巳
十一月十三日閲）

說文解字十五卷 漢許慎撰　存卷二上下、卷五上下、卷六上下、卷十三上下、卷十四上下、卷十五上下

宋刊本,半葉十行,每行十七至二十字不等,注雙行二十六至二十九
字,白口,左右雙闌,版心上記字數,下記刊工姓名。

按:此與麗宋樓藏本同。德化李氏亦藏半部,爲卷一。卷八至十三,
共七卷。（日本內藤虎次郎藏書,己巳十月二十八日閲）

說文解字十五卷 漢許慎撰　　　　　　　　　△七三一五

清汲古閣刊本。孫星衍、顧廣圻、瞿中溶校。（涵芬樓藏書。己未）

說文解字十五卷 漢許慎撰　　　　　　　　　△七三一六

清汲古閣刊本。袁廷檮依初印本校。（涵芬樓藏書。己未）

說文解字十五卷 漢許慎撰

清汲古閣刊本。錢景開照麻沙宋本校黃筆、黃丕烈照汲古閣原本校
並批藍筆、半農老人箋閲說文棟參。朱墨筆。三者均是過錄本。（涵芬
樓藏書。己未）

說文解字韻譜五卷 南唐徐鍇撰

元刊本,七行,每行篆文五字,注四字當篆文一,黑口,四周雙闌。鈐
有"天得菴"楷書朱記、"江風山月"、"莊福堂"諸印。（辛未）

重刊許氏說文解字五音韻譜十二卷 宋李燾撰

宋刊明修本,半葉七行,行十二三字不等,大字約占小字六。卷中慎
字稱御名。（于右任書,癸亥十月李子東送閲）

說文解字五音韻譜十二卷 宋李燾撰

明陳大科刊本，七行十四字，黑口，四周雙闌。前有雍正十三年吳玉搢跋。是後人重録，文近千言。鈐有"寶篆齋藏書印"白文。（庚午）

説文解字補義十二卷 元包希魯撰

明刊本，六行，注二十五字，篆文大字一當小字六，黑口，四周雙闌。（余藏）

説文解字通釋三十八卷

舊寫本。前人以朱筆校過，題"淮陰辟園顧文英録"，末有己未秋繭園校第四次畢云云，不知何人也。鈐有"修汲軒"、"海源閣"、"楊保彝藏本"各印。（海源閣遺籍。庚午）

説文考異五卷 附録

舊寫本。有顧廣圻、劉履芬藏印。（壬子）

説文古本考十四卷 清沈濤撰

原稿本。鈐有盛伯羲昱藏印。（壬子）

大廣益會玉篇三十卷 梁顧野王撰　唐孫强增字　宋陳彭年等重修 玉篇廣韻指南一卷

元延祐二年圓沙書院刊本，半葉十行。牌子如下：

> 龍集乙卯菊節
> 圓沙書院新栞　　（南皮張氏書，壬戌春見於日新報館）

大廣益會玉篇三十卷 梁顧野王撰　唐孫强增字　宋陳彭年等重修

元至正二十六年南山書院刊本，十二行二十一字。目後有"至正丙午良月南山書院新栞"木記。（壬子春見於正文齋譚篤生處）

大廣益會玉篇三十卷 梁顧野王撰　唐孫强增字　宋陳彭年等重修 新編正誤足註玉篇廣韻指南一卷

元建安蔡氏刊本，半葉十三行。卷五末有木記：

> 建安蔡氏
> 鼎新刊行

廣韻指南後有草書木記八行。

大廣益會玉篇三十卷 梁顧野王撰　唐孫强增字　宋陳彭年等重修

明經廠刊本，白棉紙印。半葉九行，每行大字約十七，小字雙行，行約三十四字，黑口，四周雙闌，版心上記玉篇幾，下記葉數。前有大中祥符六年牒文，次顧野王序及玉篇啟，次總目，次玉篇廣韻指南，次本書序文，亦半葉九行，行十七字。

牒文後有紀昀行書題識六行。録如次：

"余閲微草堂所藏玉篇凡三本：一爲吳郡張氏所刊，朱竹垞先生序之者。一爲棟亭曹氏所刊。一卽此本。三本此本最在前，次序較後二本不同，而排比整齊，似乎删削注文以就行欵者。雖未必明代中涓所爲，然其非宋人原書則確也。己卯二月四日河間紀昀題。"（龔仙舟藏書。壬午）

大廣益會玉篇三十卷 梁顧野王撰　唐孫强增字　宋陳彭年等重修

日本翻元南山書院刊本，十二行，注雙行二十八字，大字約每行二十字，黑口，四周雙闌。首大中祥符六年牒文，次序，次進書啟，次總目，次指南，指南後有"至正丙午良月南山書院新梫"兩行牌子。

卷末有慶長九甲辰夏五月鐵山叟家鈍刻書跋行書十一行。鈐有"爲可堂藏書記"朱文印。（徐梧生遺書。丁卯）

千字文一卷蒙求一卷胡曾詠史詩一卷

元刊本。三種同式，六行十四字，注雙行同，大黑口，四周雙闌。（丁卯七月見，故宮藏書）

纂圖附音增廣古注千字文上下卷

日本古刊本，七行二十字，注雙行同。題勅員外郎散騎侍郎周興嗣次韻按，原文如此。梁大夫内司馬李邅注，有自序一首。録後：

"注千字文序　梁大夫内司馬李邅　鍾繇千文書如雲鵠遊天，羣鴻戲海，人間茂密，寔亦難遇。王羲之書字勢如龍躍淵門，虎卧風

閣，故歷代寶之，傳以爲訓，藏諸秘府。逮於永嘉年失據，遷移丹陽，紫川途阻，江山遐險，兼爲石勒逼逐驅馳，又逢暑雨，所載典籍，從茲糜爛，千字文幾將湮沒。晉末宋元皇帝恐其絕滅，勑遂令右將軍王羲之繕寫其文，用爲教授。但文勢不次，音韻不屬，及其獎導頗以爲難。至梁武帝受命，令員外散騎侍郎周興嗣推其理爲之次韻。夫學者蓋立身之本，文者乃入官之始也。是以開天立地，三曜於是生焉；二儀卽立，四節以之由序。上古玄朴，墳典之誥未弘；下代稍文，丘索之書乃著。故五經諸字，卷軸弘多；積載累功，用窺其户牖耳。千字文簡要略，義括三才，包覽百家，意存省約。上論天地，下次人倫，義及九州，汎論五岳。日月星辰之度，建首明王；三皇封禪之書，亦在其内。前漢後漢之事，次第俱論；秦始刻碑之勳，於斯辨釋。然王羲之本有餘文，傳通世俗，以爲法軌，蕭王乃令周興嗣次韻正之焉，得千字，文慳義奧，詮者難尋，若不解釋，無以得悟。寂雖不敏，曾在學，依據諸處，敢注斯記。意淺義深，如或未周，輒率己情，萬無一是。上纔其所見，以曉愚蒙，若有智者，望垂更爲潤色焉”。此書袁滌菴逸藏，云是内藤虎所貽。

干禄字書一卷　唐顏元孫撰

宋寶祐丁巳刊本，半葉四行，字數不等。有陳蘭孫跋，字大徑寸。鈐有半樹齋戈氏藏印。（平湖葛氏藏書。癸丑）

干禄字書一卷　唐顏元孫撰

明嘉靖六年丁亥孫沐萬玉堂刊本，八行十七字，板心下方有“萬玉堂雕”四字。宋諱缺筆加圓圈。

有嘉靖丁亥丹陽孫沐後序。（丁巳）

干禄字書一卷　唐顏元孫撰

清朱振祖手寫本。朱氏字恭父，號香溪。有乾隆辛酉香溪手跋：

"曩在京師楊梅竹斜街骨董鋪內見有舊搨顏魯公干祿字書碑帖一冊，愛不忍釋，惜悤悤南歸，未及購之。後留心兩三載，遍覓此碑不得。今年夏余於古藤精舍避暑，偶從友人處借抄符山堂刻本，稍慰飢渴之思。此書經上谷陳祺公、崑山顧寧人、關中李天生、淮陰張力臣四先生考正，已成完書，但上層辨誤不無疏處。余不揣淺陋，隨就所聞見略綴一二考證，非敢自附於四先生之後，或亦學者質疑辨難之意也夫。

時乾隆辛酉七月十一日香溪謹識。"

鈐有"陳鱣疏記"。　"海寧陳氏向山閣圖書"各印。（癸亥）

五經文字三卷 唐張參撰　九經字樣一卷 唐唐玄度撰　五經文字疑一卷　九經字樣疑一卷

清孔氏紅榈書屋刊本。全書用朱筆點定，後有孔繼涵跋，刪改甚多，當是孔氏手筆也。（余藏）

五經文字三卷 唐張參撰　九經字樣一卷 唐唐玄度撰

卷端莫友芝題字云：

"道光丁酉，獨山莫氏據遵義鄭氏巢經巢藏孫季述校祁門馬氏本寫藏影山草堂。"

後有鄭珍跋語云：

"此五經文字九經字樣鋟本，孫淵如先生手爲細校，密書上方，於張、唐之闕失補正殆盡。乙未春得之京師，適友人莫紫湘得西安石本，就取對校，然後知馬氏此刻有脫有誤。"（己未）

汗簡七卷 宋郭忠恕撰

傳寫本，後有馮己蒼舒跋，陸心源定爲馮氏手寫本。

按：此書筆蹟庸俗，乃近數十年中鈔胥所傳錄者，斷非馮氏手蹟，其錢遵王藏印亦僞，陸氏殆爲賈人所紿耳。憶己未秋余游淮南，聞書估陳蘊山言，昔年在常熟購得馮己蒼手寫汗簡，爲崇禎末避兵鄉中

所書,有手跋數行。然則真本固在虞山,存齋所得爲贗鼎無疑矣。
(日本靜嘉堂文庫藏書,己巳十一月十五日閱)

佩觿三卷　宋郭忠恕撰

明嘉靖六年丁亥孫沐萬玉堂刊本,八行十七字,小字雙行二十四五字,板心下方有"萬玉堂雕"四字。郁松年藏印。(辛酉二月朔見於蔣孟蘋家)

佩觿三卷　宋郭忠恕撰

清康熙四十九年張士俊刻澤存堂五種本,初印。前有清高宗御題七律一首。前後有"天祿琳琅"、"乾隆御覽之寶"、"太上皇帝之寶"、"八徵耄念之寶"、"五福五代堂寶"、"天祿繼鑑"各璽。

按:天祿後目載此書御題詩及璽印均同,卽此書也。以清初印本而認爲宋刊,致勞九重之題詠,可異甚矣。(丁巳十二月廿七日寶瑞臣見示)

佩觿三卷　宋郭忠恕撰　　　　　　　　　　△七九七六

清張士俊刊澤存堂五種本。何心友煌據趙清常琦美抄本、萬玉堂刊本校。(癸酉十一月十二日見。周叔弢藏)

新集古文四聲韻五卷　宋夏竦撰

舊寫本,半葉七行。題"開府儀同三司行吏部尚書知亳州軍事上柱國夏竦集"。前有竦進書表,表後列本書。(辛酉見,獨山莫棠藏書)

字苑類編十卷

宋刊本,十行十八字,注雙行。鈐陳鱣印。(顧鶴逸麐士藏。壬子)

類篇十五卷　宋司馬光等撰

影宋本,八行十六字,注二十字。題作宋鈔,要是明人手迹,鈐有"廣運之寶"及文徵明、項子京諸家印記。(故宮藏書,丁卯七月閱)

復古編二卷　宋張有撰

清乾隆四十六年安邑葛鳴陽刊於京師。據桂馥、翁方綱、錢大昭、汪啟淑、程魚門各本校刊。刊本似照程藏影宋本。有校正一卷,附錄一卷。

有人校過，似是徐星伯松手筆。鈐有徐星伯印及葉名澧印。（涵芬樓藏。己未）

復古編二卷 宋張有撰　　　　　　　　　　　　　△三三七八

明馮己蒼舒手寫本。跋錄下：

"崇禎辛未七月抄

此編甫鈔成便爲何士龍借去，越六年丙子始見歸，如見故人，如得已失物也。九月十七夜記"鈐長樂小印。（海虞瞿氏藏書。癸酉）

復古編二卷 宋張有撰

影寫宋刊本，半葉五行。有黃丕烈藏印。據後跋，係借錢求赤家本所鈔。（涵芬樓藏書。己未）

復古編二卷 宋張有撰

舊寫本。翁方綱據影宋本吳本校。（涵芬樓藏。己未）

增修復古編四卷 宋張有撰　明吳均增補

明初刊本，七行，注雙行二十七字，大字一當小字六，黑口，四周雙闌。大字篆書，小字正書，注中六義、意、聲、借等字以陰文別之。前有凡例八條，說文解字六義之圖一葉。首葉題"吳興張有謙中編輯"，"後學吳均仲平增補"兩行。

按：是書余壬子歲於都中得上帙，印本絕精美，今歲游竹西，在文海樓書肆得殘帙，回都檢敝簏出以相際，則正符所缺之卷，喜其闕而復完，屬工精爲裝治，登之目錄。可見凡缺篇殘簡均不可交臂失之也。己未十月初七日薑荄記於霜紅龕中。

又按：此書刻工篆法與說文解字補義同，當是永樂間同時所刊也。

重續千字文 宋葛剛正撰

影宋本，大字四行，小字每三行占一行。題"水雲清隱丹楊葛剛正撰並篆注"，下卷題"丹陽葛氏篆注重續千字文"。前有淳祐戊申水雲清隱丹楊葛剛正德卿序。鈐有毛氏、席氏印。（葉定侯藏書，甲戌四月閱）

漢隸字源五卷碑目一卷附字一卷 宋婁機撰

宋刊本，半葉五行，注雙行十七字。首洪景盧序，大字，半葉五行，行十一字。次綱目碑目，半葉九行，行十九字，白口，左右雙闌，版心上記大小字數，下記刊工人名。末有附字三葉，葉尾有嘉定壬申重修題記四行，錄如下：

"文正公集並奏議、漢隸字原歲久漫滅，嘉定壬申郡丞莆陽宋鈞重修。"

書衣有何紹基識語，錄後：

"此宋版字源，朱笥河先生藏本，今歸道州何氏。憶得此書時與吾仲弟子毅共相欣賞，今毅歿已廿年，每一檢閱，不勝愴愴。咸豐己未二月暖叟記"

鈐有"華之方印"、"大興朱氏竹君藏書之印"、"朱錫庚印"、"劍光閣印"、"道州何氏"、"何紹基印"、"子貞"等印。

按：此書諸家著錄未見宋刊。汲古閣有影鈔本，後歸錢塘丁氏，今藏江南圖書館。皕宋樓有寫本，傳明陸師道手寫以詒文徵明者。此本朱竹君笥舊藏，後歸道州何氏。近年何氏書散，輾轉收歸北京圖書館。余嘗取校汲古閣本，勘正頗多。汲古本於宋諱無一缺筆，嘉定重修題記四行亦無之，故余頗疑毛氏付梓時並未親見宋本也。余別有跋詳之，此不贅。（壬申）

忠謨謹按：此收入藏園羣書題記續集卷一。

漢隸字源五卷 宋婁機撰

翁方綱借朱笥藏宋本校，又以丁小疋所校記於上。

班馬字類二卷 宋婁機撰

汲古閣影宋鈔本，八行，大字十六七，小字二十二。鈐有毛氏父子印及"宋本"、"甲"諸印。此與明翻本不同，明本諸字接連而下，此本每字提行，又版心濶大，較明本約周大一寸。（辛酉二月朔見於蔣孟蘋家中）

隸均十卷 宋劉球撰　存表文十一行,碑目十二開半,卷三下平、卷四下平、卷六上聲、卷八去聲、卷九入聲。缺卷一、二、五、七、十,計缺五卷

宋拓本。存卷中時有缺番,茲取諸家題跋錄後:

"復藏隸韻十卷,獨缺碑目一冊,刻本卽從此冊摹出上版,惜少表文半篇及碑目半冊,未知海內藏弄家得有全帙否?嘉慶壬申正月五日秦恩復識。"

"敦夫太史所藏乃餘清齋之故物,董文敏有跋語,惜缺表一首。老友趙晉齋云,天一閣藏本有表文半篇,今爲芸臺先生所得。碑目亦殘缺不全,藩曾補完之。敦夫刻本碑目下半冊卽藩所輯也。嘉慶庚辰九月廿一日江藩識。"

"此宋拓隸韻舊人罕見之,其所摹各碑以今存者較之,無一筆差謬,然則碑之亡者皆可依據,勝於展轉以意全之矣。元家藏此半部,共七冊,合之江都秦氏所藏半部竟成全璧,兩淮黜使阿厚庵鋟於木板,世人始共寶之矣。阮元"

"敦夫先生所藏隸韻半部道光丙申燬於火,求廬山真面者惟此區區耳。咸豐元年正月滬上徐渭仁記。"

"秦氏殘本今在程蘭川通判處,辛亥八月親見之,丙申之說人言不足信也如此。"

"癸丑之春蘭川時在北捕通判任,金陵失事之後,至今不通音問,其所携宋板碑刻能無遇刦火否?余藏此本困圍城者半年餘矣,身命如夢泡,安能保此!若我兩家藏本俱遭兵燹,則人間無片紙支字,幸有阿厚庵之轉刻,使古人精靈不至絶滅也。咸豐四年二月二十一日,滬上徐渭仁,時年六十七。"

"范氏、秦氏藏宋刻隸韻知之已久,而未得見。香岩翁獲古墨本每以見示,獨未及此,光緒丁亥來吳門,始從嗣君遠宸獲觀。聞秦氏本已燹,斯本乃碩果僅存,其寶之哉!能靜居士趙烈文謹識。"

"婁氏字原首書碑名於目,以下所采之字但以數記之,使人按次以

求其目，檢閱爲勞。此劉球隸韻例仿字原，而每字卽注碑名於下，最爲直捷，顧易爲陰文，反使椎拓維艱。細玩此本，當日亦是木質，以其無石泐痕墨色深淺不一知之，阿厚庵重刻又易爲陽識，則印工較易，故今流傳尚多，可謂善變矣。余在日本曾得一古刻殘本，非字原，亦非隸韻，而每韻之字較婁、劉爲多，疑是元人所爲，未能詳也，附記於此。宣統元年三月廿三日宜都楊守敬記。”

“説文每字單收，且多小篆，故以分部爲精。隸書每字數體，一朝各異，故惟分韻始明。顧南原隸辨截然分韻，向不知其所由，嘉慶八年七月十九日，芸臺夫子入覲，過岱西之張夏驛，出示所藏隸韻，始知隸辨所宗，並得古今韻字之別，且其前敍碑目，可補諸書未備，惜殘缺過半，僅留吉光片羽耳！濟寧王宗敬謹識。”

“光緒三十四年戊申夏四月，高郵吳同甲在江寧節署敬觀。”

“隸均六册西蠡費氏所藏，今歸匋齋尚書，光緒三十四年三月在江寧節署寶華盦敬觀。張謇”

“丙寅秋七月銅山張伯英勺圃觀於北京後海之橋西草堂。”

此帖涂厚盦鳳書持以相示，屬爲介於北京圖書館中。今春曾代館中收宋刊漢隸字源，得此可爲一家眷屬也。是書舊爲天一閣所藏，後歸於阮文達，後此則徐紫珊、沈韻初遞相收弄，光緒中爲吾鄉李眉生所得，今册中“鄞江李氏”及“蘇隣鑒藏”二章尚存。眉翁歿後，其古書名畫多爲費屺懷太史得之，此帖大率於辛卯壬辰間亦歸桃花塢矣。匋齋督兩江時，屺懷已歿，其子叔謙昆仲又以獻之。近年端氏收藏星散殆盡，勺圃乃以重金獲焉，今又駸駸不自保矣。百餘年來流轉凡六七姓，而完好如故，亦云幸矣。沅叔，辛未十一月初二日。趙撝叔題簽，封面有西蠡校記一行，其外册標題則沈韻初筆也。

忠謨謹按：此書有跋，收入藏園羣書題記初集卷一。

龍龕手鑑四卷 遼釋行均撰

宋刊本,半葉十行,行大小三十字,白口,左右雙闌。版心上記字數,
下記刊工人名。武林高瑞南藏書,有明徐熥手跋。（余藏）

龍龕手鑑四卷 遼釋行均撰

明影寫宋刊本,半葉十行,大字一當小字四。序文殘剝,祇餘半葉中
段數十字。鈐有"虞山錢曾遵王藏書"朱文小長方印。

按:述古堂書目宋刻外有鈔本,卽此帙也。（庚午）

集漢隸分韻七卷

元刊本,七行十四字。（正文齋見,壬子）

集漢隸分韻七卷 殘本

元刊本,六行十字,小字四當大字一,黑口,四周雙闌。（孫壯家閱）

漢隸分韻七卷

明刊本,八行二十二字。似活字本。有嘉靖庚寅冬十一月丁未沮洹張
璉識。（戊辰）

漢隸分韻七卷　　　　　　　　　　△一〇九九一

舊寫本,半葉六行,吳兔床鶱以元本校。鈐有"兔床山人"、"葵里"、
"吳玉簪"、"王乳山房"、"軍曲侯印"、"紅藥山房收藏私印"、"祝淵印
信"、"靚士"諸印。（景樸孫遺書。丁卯）

漢隸分韻二册 四明董元宿守素氏註錄

開化紙舊寫本。有嘉靖庚寅張漣序,次例目。鈐有"沙陽郭氏家藏"
印。（丙寅）

六書本義十二卷 明餘姚趙古則撝謙編注

明萬曆三十八年金陵楊君覭校梓本,十四行二十八字,白口,四周雙
闌。分數位、天文、地理、人物上、人物中、人物下、草木、蟲獸、飲食、
服飾、宮室、器用各編,編爲一卷,凡十二卷。前有六書綱領六葉,本
義圖六葉,凡例九則。篆字一當大字六。有始豐徐一夔序、環中老人檇
李鮑恂序洪武十三年孟夏、天台林右序云古則爲宋秦悼魏五十二代孫,趙古

則自序洪武十一年。鈐有"唐寅之印"朱、"六如居士"白二印。皆僞。
（戊辰）

六書索隱五卷　題明楊慎撰

清初精寫本，半葉四行，篆文大字一當注文小字六。題新都楊慎著，
建業許天敍、歐陽序校。舊簽題云"楊升菴先生手書六書索隱未刻
遺稿"。葉奐彬德輝跋語亦稱爲升菴手書。鈐有"商丘宋氏家藏"
印。

按：審其字迹及開化紙則清初人所摹，斷非升菴手筆也。（己巳四月）

同文備考八卷聲韻會通一卷韻要粗釋一卷

明王應電著，羅念菴序，王希秉序。明嘉靖刊本。鈐有明善堂藏印。
（滂喜齋藏書。丁卯）

字考啟蒙十六卷　明周宇撰

明萬曆刊本，十行二十一字。刊工古雅而精緻。有萬曆十一年癸未
關中周宇子大自序。

卷一至五、正形考，卷六至十殊音考，卷十一至十五辨似考，卷十六
通用考。（癸丑）

諸史夷語音義四卷　明陳士元撰

明萬曆刊本。自史記至元史，解釋夷語。（壬戌春滬市所見）

正韻篆二卷　明沈延銓撰

明天啟二年自刊本，八行，每行大篆字五，板心上記韻部，下記葉數，
白口，左右雙闌。（同古堂見。丁巳）

厄言一卷　清馮李驊撰

錢唐馮李驊撰。前有例言十四則。以許氏説文爲主，而辨其字繆誤
者一百四十餘條，又附雜説十篇，蓋爲初學識字而作也。（丙子）

以上字書

廣韻五卷　宋陳彭年等撰　存卷一、二、四，凡三卷　　△一一二七七

宋刊本，半葉十行，每行二十字，注雙行二十七字，白口，左右雙闌。版心上魚尾下記韻上平三字，下方記刊工姓名，有徐杲、徐昇、徐高、徐顏、徐茂、徐政、丁珪、王琬、包正、余永、余竑、徐岐、阮于、朱琰、朱亮、毛諒、吳亮、陳錫、陳詢、陳明仲、顧忠、孫勉、許明、姚臻、梁濟，凡二十五人。每卷末標題後有新添類隔，今更音和切及補字二行。宋諱玄、殷、弘、敬、匡、胤、貞、朗皆爲字不成。前列景德四年十一月十五日牒，又大中祥符元年六月五日牒。每卷韻目後卽接連本文。

鈐印列後："玉蘭堂"白、"梅谿精舍"白、"銕硯齋"白、"竹塢"朱、"宋本"朱橢、"神品"朱、"毛晉之印"朱、"一名鳳苞"朱白、"海虞毛表奏叔圖書記"朱、"古虞毛氏奏叔圖書記"朱、"汲古閣圖書記"朱、"字子晉"白、"奏朱"朱、"滄葦"朱、"季振宜印"朱回文、"季以祈珍藏"白、"季天民印"回文、"季應召章"白回文、"應召"白、"季應召印"朱回文、"季蓋臣圖書"朱、"浮海"朱葫蘆印、"杏花春雨江南"朱、"韡韡齋"白、"江左"朱、"京口張氏珍藏"朱、"依居士"朱、"存齋"朱隸、"陸費墀印"白。

按：此書刊工與家藏景祐本史記補板及樂府詩集多同，或是南北宋之交浙杭所刊，爲現存廣韻最早刊本。白麻紙，初印精湛，每紙均有程氏朱記，當是造紙者印記。甲寅夏得一册於廠市同好堂，復得二册於丁娃肆中，云跑城者購自北城地攤，其言荒忽未可信。三册均完好，似非殘帙，餘二册必存。余廣布耳目，迄今數年，乃杳無朕兆，未知何日得爲延津之合也。（丙辰）

廣韻五卷 宋陳彭年等撰

宋刊本，版匡高七寸，橫四寸九分，半葉十行，每行小字二十至二十八字不等，白口，左右雙闌。版心上記字數，下記刊工姓名。鈐有"島田翰讀書記"白文長方大印。

按：此帙乃岩崎氏購於本國者，非晊宋樓中物也。與余藏本正同，爲廣韻最早之刊本。（日本靜嘉堂文庫藏書，己巳十一月十五日閱）

廣韻五卷 宋陳彭年等撰

宋刊本,版匡高七寸一分,寬四寸九分。半葉十行,行歀尺寸與前本同,第此爲後刊也。姑舉數葉證之,如卷一第七葉東下注文"舜七反"三字,前本誤"舜七支",此本作"舜士支",更多誤一字。刊工有宋琚、方堅、王恭、方至、吳志、秦暉、沈思忠、王玩、陸選、余敏、秦顯、朱玩、金滋諸人,與前本無一同者,可爲翻刊之一證也。(日本静嘉堂文庫藏書,己巳十一月十三日閱)

廣韻五卷 宋陳彭年等撰

宋刊本,版匡高七寸一分,寬四寸九分,半葉十行,每行二十字,注雙行二十五字,白口,左右雙闌,版心上方記字數,下方記刊工姓名。前載景德四年敕牒,次大中祥符元年敕牒,次陸法言序,次長孫訥言箋注序,次孫恒唐韻序。宋諱頊、佶、桓字皆不避。

按:此本行歀及版式與余藏本同,惟刊工姓名咸異。蓋余藏本爲第一刻,此則翻本也。此亦市橋獻書之一。(日本内閣文庫藏書,己巳十一月十九日觀)

鉅宋廣韻五卷 宋陳彭年等撰

宋乾道五年己丑建寧黃三八郎書鋪刊本。版匡高六寸四分,寬四寸七分弱,半葉十二行,注雙行二十三四字不等,白口,左右雙闌,版心上記字數。字體秀勁,仿褚河南。序論後有牌子一行,文曰:

"己丑建寧黃三八郎書鋪印行。"

宋諱避貞字,卷中桓、構、敦、慎皆不避,然以字體刀工核之,要是南渡初閩中刊本也。書衣有日本舊人題皇祐元年刊本。

卷中東字注"舜七反"三字不誤。(日本内閣文庫藏書,己巳十一月十九日觀)

廣韻五卷 宋陳彭年等撰

元至正二十六年丙午南山書院刊本,十二行十五六字,注雙行。序文後有牌子,文曰:

```
至正丙午菊節
南山書院刊本
```

按：此本注文已刪落，不足貴也。

又按：此書載日本訪書志，言首題陳州司馬孫愐，改“司法”爲“司馬”，當是淺人所爲。且注文亦簡略，與至順本又不盡同，可證明明代廣韻刊本之刊落注文非中涓所爲矣。又明代永樂甲辰廣成書堂刊本、弘治辛酉劉氏文明書堂刊本皆改“司法”爲“司馬”，實此本之作俑也。（日本内閣文庫藏書，己巳十一月十九日觀）

廣韻五卷 　宋陳彭年撰

元至正二十六年丙午南山書院刊本。半葉十二行，每行大字約十五六，小字二十八，黑口，左右雙闌。序後木記二行，與前書同。

廣韻五卷 　宋陳彭年等撰

元余氏雙桂書堂刊本，半葉十三行。卷五末有“建安余氏雙桂書堂鼎新鋟梓”木記。（盛氏意園遺書，壬子歲見）

廣韻五卷 　宋陳彭年等撰

明經廠本，棉紙印。半葉九行，行大字十七，小字雙行約三十四字不等，黑口，四周雙闌，板心上方記廣韻卷第幾，下記葉數。首陳州司馬孫愐序，半葉九行二十字。次本書。本書每卷首行標“廣韻某聲卷第幾”，次韻目，目後卽接正文。每卷後隔行附新添類隔更音和韻若干字。序前附葉有紀曉嵐昀手跋二段，第一段十七行，第二段五行。孫愐序後又有紀氏跋四行。照錄如次：

“廣韻五卷明時内府所刊行，顧亭林重刊於淮安者卽此本也。大體與張氏所刊宋本廣韻相類，惟獨弁以孫愐唐韻序，及二十文、二十一殷各注獨韻爲不同。考唐人諸集，以殷韻字少不能成詩，往往附入真、諄、臻。如杜甫東山草堂詩、李商隱五松驛詩，不一而足，然絕無與文通者。說文所載唐韻反切殷字作於身切，欣字作

許巾切,直用真、諄、臻中字爲切脚,可知殷不通文猶是唐人部分。且殷字爲宋廟諱,故殷芸改稱商芸,殷文圭稱湯文圭,其餘宋韻存於今者無不改爲二十一欣。此本猶標殷字,必非宋書。故余跋張本廣韻,頗以切韻、唐韻宋時皆名廣韻,疑此本卽孫愐書,雖無確證,然孫愐以後陳彭年以前修廣韻者猶有嚴寶文等三家,斷以殷之一字,決爲未經重修之本則似可據也。注文相同,蓋卽丁度所譏多用舊文者。彭年等所修玉篇較舊文亦無大增損,可以互證。其文似經刪削,朱竹垞謂明代中涓爲之,然考東字下張本注曰舜七友有東不訾,此本誤作舜之後有東不訾,黃公紹韻會所引乃同此本,則此本元時已然,不必出自明代中涓矣。緣二本並行,頗滋疑惑,故略爲考證書之卷首。己卯正月二十六日,河間紀昀題"後鈐"臣昀印"白雙邊、"曉嵐氏"朱、"校書天禄"白、"紀十八"朱、"春帆"朱各印。

"同年王舍人琴德博雅士也,藏有元人所刊小字廣韻,與此本正同,卷末稱乙未歲明德堂刊,不著年號,而字畫板式確是明以前書。内匡字韻下十二字皆缺一筆,蓋因麻沙舊本翻雕,而改補宋諱未盡者。益信當日卽有此本,非明代中涓所删矣。二月初四日,昀再題。"

"余得王舍人元槧廣韻,知此本確爲宋代舊書,然終以不著年號爲疑,後閲邵子湘古今韻略目録,十二文下注廣韻文、殷各獨用,例言又曰宋槧廣韻五卷前有孫愐唐韻序,注簡而有古意,然則此爲重刻宋本無疑矣。二月六日紀昀又記。"

每卷首葉鈐紀氏藏印,文曰:"瀛海紀氏閲微草堂藏書之印"朱文。(壬午)

廣韻五卷 宋陳彭年等撰

明刊本,半葉十二行,黑口四周雙闌。序後有木記文曰:

```
□□壬子詹氏
進德精舍新刊
```

卷一末有攀桂坊詹氏校刊一行，繪小兒持牌於手。（癸丑）

大宋重修廣韻五卷 宋陳彭年等撰 存上平、下平、入三卷

清影寫宋刊本，十行二十字。宋諱桓字不避，與古逸叢書本同，刊工人名亦合。鈐有“會稽章氏式訓堂藏”印。（余藏）

集韻十卷 宋丁度等撰

宋刊本，半葉十行，大字三當小字四，小字雙行，行二十九至三十一字，白口，左右雙闌。版匡高廣異常，縱九寸四分，廣六寸六分。卷十後有寶元二年九月十一日延和殿奉旨鏤板施行牒文，下列趙師民等銜名十八行。又慶曆三年八月十七日雕印成延和殿進呈，奉聖旨送國子監施行，下列賈昌朝等銜名八行。後有田世卿跋。照錄於後。

“景祐元年三月，太常博士直史館宋祁、三司戶部判官太常丞直史館鄭戩等奏：昨奉差考校御試進士，竊見舉人詩賦多誤使音韻，如敍序、坐坐、氏氏之字，或借文用意，或因釋轉音，重疊不分，去留難定，有司論難，互執異同，上煩聖聰親賜裁定。蓋見行廣韻、韻略所載疎漏，子注乖殊，宜棄乃留，當收復闕，一字兩出，數文同見，不詳本意，迷惑後生。欲乞朝廷差官重撰定廣韻，使知適從。詔祁、戩與國子監直講王洙同刊修，刑部郎中知制誥丁度、禮部員外郎知制誥李淑詳定。又以都官員外郎崇政殿說書賈昌朝嘗纂羣經音辨，奏同刊修。至寶元二年九月書成上之。寶元二年九月十一日延和殿進呈奉聖旨鏤版施行。

校勘天平軍節度推官承奉郎試大理評事充國子監直講兼冀王潤王宮教授臣趙師民　校勘朝奉郎秘書省著作佐郎充國子監直講兼蘇王宮伴讀武騎尉臣孫錫

刊修宣德郎守大理寺丞史館檢討兼國子監直講同知太常禮院臣王洙　刊修宣德

郎守尚書刊部員外郎直史館同修起居注判三司鹽鐵勾院上騎都尉賜緋魚袋臣宋祁　刊修朝奉郎尚書司封員外郎直集賢院兼天章閣侍講判大府寺同管勾國子監事輕車都尉賜緋魚袋臣賈昌朝　刊修龍圖閣直學士朝散大夫行起居舍人權知開封府兼織内勸農使上騎都尉陽武縣開國男食邑三百户賜紫金魚袋臣鄭戩　詳定翰林侍讀學士朝散大夫行尚書吏部員外郎史館修充宗正寺修玉牒官勾當三班院兼管勾詳源觀事輕車都尉平棘縣開國伯食邑八百户賜紫金魚袋臣李淑　詳定翰林學士兼侍讀學士朝請大夫尚書左司郎中知制誥判秘閣兼判太常禮院羣牧使柱國濟陽郡開國侯食邑一千一百户賜紫金魚袋臣丁度慶曆三年八月十七日雕印成延和殿進呈奉聖旨送國子監施行　朝散大夫右諫議大夫參知政事輕車都尉河内郡開國侯食邑一千户食實封貳百户賜紫金魚袋臣賈昌朝　推忠協謀佐理功臣開府儀同三司行刑部尚書同中書門下平章事兼樞密使集賢殿大學士上柱國臨淄郡開國公食邑一萬五百户食實封叁仟壹百户臣晏殊　推忠協謀同德守正佐理功臣特進行工部尚書同中書門下平章事兼樞密使昭文館大學士上柱國京兆郡開國公食邑七千五百户食實封二千肆百户臣章得象。”“世卿舊聞集韻收字最爲該博，搜訪積年，竟未能得，皆云此版久已磨滅，不復有也。世卿前年蒙恩將屯安康，偶得蜀本，字多舛誤，間亦脱漏，嘗從暇日委官校正，凡點畫錯謬者五百三十一字，其間湮晦漫不可省者二百一十五字，正文注解脱漏者三十三字。繼得中原平時舊本重校，修改者一百五十五字。舊本雖善，而書字點畫亦有謬誤，復以說文、爾雅等書是正，改定凡五百一十五字，因令鋟版以廣其傳。自淳熙乙巳九月至丁未五月，僅能畢工，亦庶幾不作無益害有益之義也。武功大夫高州刺史充金州駐劄御前諸軍都統制田世卿謹跋。”

按：此書載日本訪書志。楊惺吾曾以曹棟亭刻本校過，又據汲古閣影宋本對勘，十合八九。惟汲古本十一行，與此非出一源。蓋汲古祖本是慶歷本而有修板，此則淳熙十四年丁未金州軍重刻也。（日本帝室圖書寮藏書，己巳十一月十一日觀）

集韻十卷 宋丁度等撰

清曹棟亭寅刊本。段若膺玉裁以影宋本校,有跋録後:

"凡汲古閣所鈔書散在人間者無不精善,此書尤精乎精者也。書成於宋仁宗寶元二年,故太祖、太宗、真宗及太祖以上諱及其所謂聖祖諱皆缺筆。禎字下云:"知盈切,上所稱,説文祥也。"上所稱,猶言今上之名也,故空一格。不言諱者,嫌於名終則諱也。禎不缺筆蓋影字失之。或云禎字本空白不書,但注云"知盈切、上所稱",以別於他諱也。自英宗以後諱皆不缺筆,則知所影者的爲仁宗時本無疑。但其板心每葉皆云某人重刊、某人重開、某人重刋,則亦非最初板矣。丁度等此書兼綜條貫,凡經史子集小學方言采擷殆遍,雖或稍有紕繆,然此是資博覽而通古音,其用最大。自明時已無刊本,亭林以不得見爲憾。康熙丙戌,棟亭曹氏乃刻之。今年居蘇州朝山墩,從周君漪塘許借此本,校曹本舛錯,每當佳處,似倩麻姑癢處爬也。凡曹缺處此本皆完善,而曹所據本與此本時有不同。上聲十四賄此本以"梁益謂履曰屧"六字綴于隧字注,曹本則無此六字,而空白二寸弱,蓋最初板當大書"屧"字,注云"梁益謂履曰屧",正在曹本空白處耳。余復以己見正二本之誤,他日有重刊此書者,可以假道。汲古閣子晉、斧季印章重重,當時寶愛亦云至矣。百數十年而周君珍藏,可謂傳之其人。周君學問淹雅,又復能作荆州之借,流布善本於天地間,以視世之扃鐍宋槧不肯借讀者,其度量相去何如也。乾隆五十有九年歲次甲寅六月十四日金壇段玉裁跋。"(徐梧生遺書。丁卯)

集韻十卷 宋丁度等撰　　　　　　　△七九九〇

清康熙四十五年曹寅揚州使院刊本。陳鱣據宋刊本手校,並録段玉裁跋,文見前書,不録。

鈐有"仲魚手校"、"仲魚圖象"、"得此書費辛苦後之人其鑒我"三印,

又"小天籟閣"、"漢晉齋"、"馬二槎"各印。(余藏)

集韻十卷 宋丁度等撰

清康熙四十五年曹寅揚州使院刊嘉慶十九年顧廣圻重修本。有顧氏序。湯裕校影宋本。

> "同治乙丑五月初九夜校影宋本始。馬君遠林有校刊記,凡今新校出者以〇別之。錢唐湯裕識。"(己未)

切韻指掌圖不分卷 題宋司馬光撰 △九五九〇

宋刊本。序文八行十五字。檢例七行十六字,又八行十八字,又八行十六字,又十行十七字。次字母圖,次類隔圖,次字母四聲圖。其字母標以陰文。末有嘉泰癸亥番易董南一跋,跋後有紹定庚寅四世從孫□跋。兩跋皆行書,半葉九行,闌角有"程景思刊"四字。全書白口,左右雙闌,下方記刊工姓名,有:顧、林寵、信、葉室、万全、永、周文昌、万可、万千、陳琳、林宏、林盛、雯、永寧、中、呈。版匡高營造尺七寸八分,寬五寸三分。半葉。 字體仿顏平原,敦厚方滿,惟第五十三葉卽圖之末葉似後刻補入者。

藏印如下:"沈弘正印"、"字公路"、"陳寅之印"、"陳氏惟寅"、"任俠自喜"、"大雅"、"叢書堂印"、"東平王一十六世孫"、"天禄琳琅"、"天禄繼鑑"、"嘉慶御覽之寶"。

卷中弘、貞、抾、玄、朗、匡均缺末筆。(清宮舊藏,壬申正月初六見於文友堂)

忠謨謹按:此書別有跋,收入藏園羣書題記初集卷一。

韻補五卷 宋吳棫撰

元刊大字本,十行,注雙行二十四字,大字一約當小字二。序十行十二字。前有書目三葉,末吳棫記六行。鈐有"毛晉私印"、"子晉"、"黃琳美之"、"休伯黃琳印"、"九龍山人"、"濮陽李廷相雙檜堂書畫私印"、"菊山人"、"大興徐氏藏圖籍之印"半爲滿文、"袁廷檮借觀印"、"江左僧彌"各印。

此本與余舊藏本同。甲戌四月觀於長沙葉啟勳定侯家。

韻補五卷 <small>宋吳棫撰</small>

明許宗魯刊本,九行十七字,注雙行同。前乾道三年徐藏序,次引用書目,後附吳棫跋。後有許宗魯序,謂從都太僕得嘉禾舊刻,又假楊儀部所藏互校,嗣又屬吳士皇甫生、宣城梅氏覆校,乃鋟諸木。蓋亦歷數校而後成,宜其訛謬較少也。

按:此書余舊藏有元刊本,友人吳佩伯<small>慈培</small>校過,謂尚不及此本佳也。（余藏）

韻補五卷 <small>宋吳棫撰</small>

清影寫元刊本,十行,每行小字二十四五字不等。卷首韻補書目,目後有吳棫跋語。鈐有“賜硯齋”、“種香林”、“項奎私印”、“東井”、“毛氏子晉”各藏印。

余舊有元刊本,讓與袁寒雲,今得此寫本,虎賁中郎之似,聊可慰情矣。（己未）

韻補五卷 <small>宋吳棫撰</small>

景寫明刊本。有蔡賡年跋二葉甚詳,言勝張刻繆校。又有盛昱跋,謂卽嘉禾本也。（壬子）

附釋文互注禮部韻略五卷

宋刊本,半葉十行,行小字四十,大字一當小字四,白口,左右雙闌,版心上記字數,下記刊工姓名。卷五後有牌子如下式:

　　嘉定六年四月望
　　鋟版於雲間洞天

鈐有:“玉蘭堂”、“梅谿精舍”、“季振宜讀書”、“滄葦”、“乾學”、“王雲私印”諸印記。

按:此書爲揚州何氏舊藏,考爲第一刻本,瞿氏藏本恐尚在後,惜匆匆不及校勘。五卷末嘉定牌子恐是後人補刻,其實刻本尚在前,或是高、孝時所刊也。壬午冬文禄堂王進卿送閱,癸未正月二十五日

閱畢還之。藏園

附釋文互註禮部韻略五卷　　　△七九九一

清康熙四十五年曹寅揚州使院刊本。陳鱣手校宋本，並録周錫瓚
跋：

> "此書邵僧彌家藏本，上平聲缺首五頁，上聲缺三十五三十六頁，
> 去聲缺首葉，入聲缺廿五頁下五頁，其餘殘缺字甚多。余於南城
> 顧抱冲處借所得顧步巖家藏汲古閣宋本六册，其韻略條例一册邵
> 本所缺，倩友王士安照樣補録於後，並補書缺頁十三頁。其缺字
> 處不敢輕加全補，用別紙附録於每册之後。緣毛本亦有殘缺，後
> 人乃用曹棟亭本補完，細核宋本微有不同處也。其黑圈識者邵本
> 字未缺，因文及之。紅點識者毛本用曹本全補。略爲識別，俾後
> 之覽此書者有可攷訂，不至如毛本用後來刻本妄加全補焉。嘉慶
> 壬戌仲秋，漱六居士周錫瓚記。"

紹定庚寅上巳
重刊於藏書閣

卷中有"仲魚圖象"、"仲魚手校"三印。又有馬二槎藏印三方。（余
藏）

增修互注禮部韻略五卷　宋毛晃增註　毛居正重增

宋刊本，十行十六字，注雙行二十六字，白口雙闌，版心上記字數，下
記刊工姓名。凡卷中"增入"、"新增"、"今圈"、"重增"、"晃曰"等字
皆以白文別之。版式闊大，高八寸八分，闊六寸裁尺。前有紹興三十
三年十二月日衢州免解進士毛晃進表。

鈐有："賜龍堂"、"彭瑞毓圖書記"、"定丞過眼"、"鴻寶堂印"、"少題"
諸印。（徐梧生遺書，己巳五月見）

增修互註禮部韻略五卷　宋毛晃增註　毛居正重增

元至正十五年日新書堂刊本，半葉十一行。卷一後有"至正乙未日
新書堂重刊"牌子。（盛昱遺書。壬子歲見）

增修互註禮部韻略五卷 宋毛晃增註　毛居正重增　缺上平一卷

元明間刊本,十一行,小字二十八,大字一約當小字二,黑口,左右雙
闌。次行題衢州免解進士毛晃增註,三行題男進士居正校勘重增。
鈐有"陳廷瑾"、"鳳觀堂"二印。(徐梧生遺書。丁卯)

增修互注禮部韻略五卷 宋毛晃增註　毛居正重增

元刊本,十一行,小字二十八九字,大字約十四字,細黑口,左右雙
闌。陸氏原標宋本。

按:此本字體圓渾,刊工纖細,望而知爲元刊,不知陸氏何緣致誤。
且宋本余曾見兩部,版大近尺,字極疏健,與帝室圖書寮藏集韻相
類。(日本靜嘉堂文庫藏書,己巳十一月十五日閲)

紫雲增修校正禮部韻略釋疑五卷 宋郭守正撰

影元寫本,題"廬陵進士歐陽德隆釋疑","紫雲山民郭正己校正"。
半葉十三行,注雙行三十字,大字一當小字四。前有桂馥跋。(癸丑
見,已收)

五十先生釋疑韻寶五卷

元刊本,十一行,黑口,左右雙闌。前有紹定庚寅袁文焴序。

按:卽押韻釋疑也。(日本帝室圖書寮藏書,己巳十一月十一日觀)

文塲備用排字禮部韻註五卷

元至正十二年壬辰徐氏一山書堂刊本。前載科舉條例甚詳。廟諱
只於英宗,而今上皇帝不名。黃丕烈手錄錢大昕跋。(南陵徐積餘乃昌
積學齋藏書)

魁本排字禮部韻注五卷

元刊本,十二行,黑口,四周雙闌。標題或作新編禮部韻註,或作辨
疑禮部韻註。封面元式如下:

```
堂书新德
　书魁
。新本
瑞　排
州　字
元
本
補
字
辨
疑
。
禮
部
韻
註
```

存去上入三卷。首冊以元刊本玉篇配入，題曰文塲備用補定增注禮
部玉篇。目後有牌子，文曰：

```
歲次乙亥孟秋
碧溪吳氏新刊
```

本書半葉十三行。

次冊下平韻以日本五山刊增俻互注禮部韻略配入，半葉十一行，黑
口，左右雙闌。每字下凡其子居正校勘重增者均以陰文別之。

此書余己未六月過上海見於古書流通處，乃貴筑黃再同藏書，雖雜
配成帙，然以其書究爲罕覯，因以廉值得之，它日庶幾遇元本焉。十
月初七日裝訖因記。菫荼。

改併五音類聚四聲篇十五卷

明成化十年刊本，十三行，大板心，黑口，四周雙闌。前有御製序。
棉紙初印。鈐有"拜經樓吳氏藏書"、"紅藥山房收藏私印"。均朱文長
方印。（己未）

正德乙亥重刊改併五音類聚四聲篇海 金韓孝彥撰

明刊本，十行，黑口，四周雙闌。版高九寸許。（庚午）

大明萬曆己丑重刊改併五音集韻十五卷 附新編篇韻貫珠集

一卷 京都大慈仁寺後學沙門清泉真空編 附經史正音切韻指南一卷

至元二年丙子關中劉鑑大明自序

題"溽陽松水昌黎郡韓道昭改併重編"。明刊本,大版心,半葉十行,每行小字雙行三十二字,大字一當小字四。(癸丑)

新刊韻略五卷

影元本,八行二十字。有正大六年河間許古道真序。前有聖朝頒降貢舉三試程式。鈐繆氏藝風堂藏印。(古書流通處送閲。壬戌)

元聲韻學大成四卷 明濮陽淶撰

題"廣德真庵濮陽淶調叶"。有萬曆八年吳同春序,又濮陽淶自序。鈐有安樂堂明善堂藏印。(潘伯寅遺書。辛巳)

音論三卷詩本音十卷 明末顧炎武撰 音學五書之二

閩中林氏銅活字本,板心有"福田書海"四字。前有鑄銅字序一首,錄如下:

> "世有銅板之書,而銅板之傳甚少。春祺齠年即聞先大父與先君論説古銅板書,恒愧惜世無銅板,致古今宿儒碩彥有不刊之著述而無力刻板,與夫已刻有板而湮没朽蠹終同於無板者難更僕數,春祺心焉説之。弱冠就學古杭、姑蘇,從親宦游洛陽、粤海,每接見名公大人,亦無不以古銅板之書爲可寶貴,然舉世刻之者卒罕覯。歲乙酉捐資興工鎸刻,時春祺年十八。至丙午而銅字板告成,古今字體悉備,大小書籍皆可刷印,爲時二十載。計刻有正韻筆畫楷書銅字大小各二十餘萬字,爲之實難,成更不易,中間幾成而不成者屢矣。今幸成此銅板,則古今宿儒碩彥有所著述無力刻板與夫已刻而湮没者,皆可刷而傳之於不朽。是春祺不惜耗資二十餘萬金,辛苦二十年,半生心血銷磨殆盡,岌岌乎勉成此,庶亦勿忘祖與父之夙志云爾。春祺世籍本古閩福清之莆田,因即名此銅板爲福田書海云。古閩怡齋林春祺誌。"

鎸刊銅板姓氏在詩本音末葉

> "古閩三山林春祺怡齋捐鎸　兄季冠痴石較刊　長子永昌正畫

次子毓昌辨體。"(西小市古香齋送閱。丁卯)

韻歧五卷 清廣陵江昱賓古輯

清刊本,寫刻殊精。有乾隆商橫執徐小至常寧段永孝序,曠敏本序,乾隆庚辰弟恂後序。自跋云韻中互收字音殊義別、按部分舉,尤異者析之云云。昱,德量之父也。